教練的語言學

動作教學指導的藝術與科學，
從實證研究教你如何透過精準提示大幅提升運動表現

尼克‧溫克爾曼 Nick Winkelman ——著　吳妍儀——譯

THE
LANGUAGE
OF
COACHING
The Art & Science of Teaching Movement

各界讚譽

「在《教練的語言學》中，尼克‧溫克爾曼做到我先前以為不可能的事情。他在一本教科書程度的運動學習教育書籍中，結合了所有學科、所有層級的教練都可以即時利用的實用策略。本來你要做一輩子的教練，靠著機緣巧合，才會學到他概述的某些能力——而且甚至到了那時候，你還是會少了點什麼。尼克的作品會讓教練們迅速跟他們的運動員與客戶達到有效溝通——還有出眾結果。我真希望我二十年前就擁有這本書了！」

——艾瑞克‧克雷西（Eric Cressey），肌力與體能訓練專家（CSCS）、

紐約洋基隊球員健康與運動表現總監

「尼克是我們這個領域裡的聰明年輕新血之一。《教練的語言學》延續了尼克優越的進步：從教練變成講師，現在則成為作家。」

——麥克‧波羅伊（Michael Boyle），麥克波羅伊肌力體能訓練中心創辦人

「我樂於稱呼尼克‧溫克爾曼是『教練的教練』。在我認識尼克的十年裡，他已經證明自己是業界的肌力體能訓練以及教練藝術的權威之一。尼克有能力用很平易近人的方式來傳達資訊，讓他的講述語氣溫暖而受人歡迎。在我們這個業界裡，他是少數我會仰賴並徵求建議的對象，而且我很興奮能夠繼續在有疑問時，把尼克當成必定求教的資訊來源。我會把《教練的語言學》當成禮物送給數十位教練與運動員。」

——唐‧薩拉迪諾（Don Saladino），名人訓練師、健康與運動表現專家，

以及驅力健康俱樂部（Drive Health Clubs）的創辦人兼負責人

「無論你是運動教練、肌力與體能專家或者是物理治療師，你都需要跟你的運動員或客戶有效溝通。尼克‧溫克爾曼用《教練的語言學》把教練的科學帶到另一個層次，並且提出真實世界中有效的策略，能夠改善的不只是溝通，還有終極目標——客戶要的成果。《教練的語言學》是一部傑作，它已經是我旗下所有教練的指定讀物了。」

——艾爾文‧科斯葛羅夫（Alwyn Cosgrove），

健身教練與成果健身中心（Results Fitness）負責人

「尼克‧溫克爾曼的熱情、智慧與知識，幫忙把運動學習的科學轉變成一種可以消化應用的架構。他的著作《教練的語言學》，會是讓運動員與客戶達到成果的無價寶貴工具。」

——亞歷‧齊默曼（Alex Zimmerman），二分點健身房（Equinox）

的X層級（Tier X）部門資深總監

「尼克‧溫克爾曼幫助我在聯合測試會取得優勢，並且徹底善用我所接受的訓練。他的書《教練的語言學》，會幫助其他運動員做到同樣的事。」

——唐塔利‧坡（Dontari Poe），卡羅萊納黑豹隊防守截鋒

「《教練的語言學》是一本有突破性、而且經過詳細研究的書，提出對使用者很友善的實用方式，讓教練可以連結到訓練結果。每位教練的書架上都該有這本書。」

——馬丁‧魯尼（Martin Rooney），戰士訓練（Training for Warriors）創辦人，
曾任數百位國家美式足球聯盟（NFL）、終極格鬥冠軍賽（UFC）、
國家籃球協會（NBA）、國家女子籃球協會（WNBA）、美國職棒大聯盟（MLB）
與奧運選手的教練、《教練對教練》（Coach to Coach）作者

「尼克‧溫克爾曼幫忙改善我的心態，並且介紹我認識一種達到最高程度運動表現的新方式。靠著《教練的語言學》，他會為你做到一樣的事。」

——普林斯‧阿穆卡瑪拉（Prince Amukamara），芝加哥熊隊

「採用一種合乎邏輯、由證據引導的途徑，尼克從根本消滅了教練與運動員之間的溝通障礙。如果你的工作內容描述包括傳達觀念，企圖藉此改善他人的身體能力，就讀《教練的語言學》吧。」

——安卓里歐‧史皮納（Andreo Spina），皇家脊骨神經運動科學學院（加拿大）
人體運動學學士、脊骨神經醫學博士、運動專業脊療師、動作與活動度教練，
功能解剖研討會（Functional Anatomy Seminars）執行長

「利用溫克爾曼與高水準運動員交流的廣泛個人經驗，《教練的語言學》拆解了我們的假設中的缺陷，檢視我們的話語內容與說話方式中看似微小的變化，如何能夠讓我們教導的運動員學習的內容更持久。對於教練指導文獻來說，本書肯定會被證明是重要又持久的貢獻。」

——道格‧勒莫夫（Doug Lemov），《王牌教師的教學力》（Teach Like a Champion）、
《王牌教師的教學力2.0》（Teach Like a Champion 2.0）
以及《完美練習》（Practice Perfect）作者

「在《教練的語言學》中，尼克對教練指導的世界做出一個重要的貢獻。結合了綜合性科學文本與實用操作者手冊，這是所有教練必讀的書籍。」

——史都華‧麥克米蘭（Stuart McMillan），ALTIS執行長、短跑教練

「我很榮幸能在正式工作坊的環境下，花了一段密集時間向尼克學習。這些講習是奧運教練等

級的工作坊與簡報。我可以誠實地說，這樣的教練提示指南有證據基礎，高度實用，而且可以即時應用。尼克的知識、態度跟溝通技巧，提供了極高水準的運動表現強化。對於涵蓋範圍很廣的各種運動，我都高度推薦他的作品與程序；他的方法會讓你成為更好的教練——就是這樣！」

——巴比·麥基（Bobby McGee），奧運教練（在亞特蘭大奧運、倫敦奧運與里約奧運都曾協助奪牌）、團隊領袖與高效能支援工作人員

「身為盲人運動員的教練，我一直在尋找更好的方法，在不需要視覺參照物的狀況下也能描述行動與動作。在跟尼克共事以後，我有了一組完美的口語提示技巧，可以用最棒的方式教導我的隊伍！」

——傑克·契考斯基（Jake Czechowski），美國女子國家盲人門球隊首席教練

「尼克的提示指南，讓我有了我用過最有效的教練技巧。這套方法教我們的教練群如何避免製造出複雜的狀況，並且給我們的運動員雷射般的焦點，專注於做出最高水準表現時真正重要的事情上。」

——麥克·柯恩（Mike Kohn），美國長雪橇首席教練

「尼克的作品是我們國家隊教練課程裡的寶貴成分，對於如何跟運動員溝通並引出更好的表現，提供了獨特而實用的洞見。他的實用途徑與方法，以策略性、邏輯性的方式，幫助增強教練一運動員之間的理解。曾在我們的部分課程中經歷過他的訓練的教練，立刻就看到顯著的成果。尼克的作品是寶貴的工具、，可以被應用在各種不同的程度與運動上。」

——克莉絲汀·伯格（Christine Bolger），美國奧運與帕運教練教育部門

「我（在一個美國奧運與帕運委員會國家隊教練研討會裡）從尼克身上學到的極實用策略，立即幫助到我的雙人花式滑冰運動員。我對於提示方式的理解改善了，使用有目的而目標清楚的類比，引導出更快的技能習得，尤其是三周跳。」

——巴比·馬丁（Bobby Martin），美國花式滑冰教練

「尼克解鎖了世界各地高效能教練共享的超能力。偉大的教練指導技術，跟精確而有目的的溝通是息息相關的。整頓好溝通方式，就跟糾正代償動作模式一樣關鍵。尼克持續不懈地埋首研究，而且具備只有進行數千次教練教學才會得到的實用知識。《教練的語言學》會讓你還有我們這個領域都變得更好。」

——馬克·維斯特根（Mark Verstegen），EXOS運動表現專家訓練課程創辦人兼總裁

「精通你的本行業務，只是教練任務的一部分：更重要的部分是傳遞知識。這不只要有高級的

講話技巧——同時掌握了你要說什麼跟如何說——還要有意識地聆聽，因為聆聽是通往理解的門道，而理解是通往有效關係的途徑，對動機的重要性更不在話下。尼克優秀的著作是大家期待已久的，確實聚焦於溝通——運動表現教練中最關鍵卻受到長期忽略的面向上。」

——朱利安·崔爵（Julian Treasure），五度 TED 演講講者、

得獎著作《如何讓人聽見》（*How to be Heard*）作者

「我參與從復健到運動表現的『動作訓練比賽』裡越久，我就越欣賞認為資訊、經驗跟反省有同等價值的看法。在《教練的語言學》中，尼克指引我們不要過度重視其中一個面向，低估其他面向。」

——葛雷·庫克（Gray Cook），物理治療碩士（MSPT）、骨科臨床專家（OCS）、

肌力與體能訓練專家（CSCS）、功能性動作系統（Functional Movement Systems）

共同創辦人、《動作》（*Movement*）作者

「現在我們全都能夠取得我們工具箱裡的最強工具——語言。在《教練的語言學》裡，尼克捕捉到要對我們的運動員創造出一個動作經驗，以便激發出他們的最佳表現時，刻意與有效的溝通有多重要！」

——安娜·哈特曼（Anna Hartman），運動傷害防護員（ATC），MovementREV 創辦人

「在《教練的語言學》中，尼克·溫克爾曼把一個複雜的題材與其中大量的研究及證據，搭配上他對這個主題的專業知識，然後壓縮成一本極端實用又容易消化的書。對於跟其他人一起工作、設法要讓他們變得更好的每個人來說，都是必讀之書。」

——布蘭登·馬切洛（Brandon Marcello）博士，高效能策略專家

「劃線強調：我們說的話很重要。我們的言語搭建橋梁，跨越教練科學與教練藝術之間的鴻溝。在這本書裡，尼克漂亮地做到了這個工作，透過我們全都有的最重要工具——溝通，來幫助教練活化他們的訓練計畫。這本書不只是幫助你做個更好的教練，也會幫助你跟你的客戶建立更好的連結，最後改善他們的成果。」

——蘇·法松（Sue Falsone），碩士（MS）、物理治療師（PT）、

運動臨床專家（SCS）、運動傷害防護員（ATC）、肌力與體能訓練專家（CSCS）、

骨科徒手治療證照（COMT）、結構與功能教育（Structure & Function Education）主席、

《運動傷害完全復健指南》（*Bridging the Gap From Rehab to Performance*）作者

給吾愛：妳是我的真理，我最要好的朋友，也是我的靈感泉源。

給葛蕾西與馬登：找到你們心中所愛，然後全力以赴。

給馬蒂、羅西與凱格：你們永遠都是屬於我們的混亂。

CONTENTS

推薦序

丹尼爾‧科伊爾（Daniel Coyle），《天才密碼》（*The Talent Code*）作者

在運動中，每個偉大時刻都會發生兩次。

首先，它發生在達成成就的時刻，在那讓人喘不過氣、雷電般的瞬間，一名運動員踢進致勝的一球、靠著驚人的指尖神技接殺，或者贏得一場重要的競速比賽。那是在強光中被捕捉到的部分——我們大多數人記得的部分。

但還有另外一個時刻，發生在幾秒鐘後，在明亮的光線之外。那是運動員與教練彼此連結，私下慶祝的時刻。他們彼此碰拳、或者擁抱、或者就只是相視一笑，那種傻呼呼的大大微笑。不需要言語，因為沒什麼要說的，就只有一個溫暖的、共享的真理：嘿，我們辦到了。

達成成就的第一時間很令人興奮——這就是為什麼我們熱愛運動。可是我更愛這第二個時刻，因為它更巨大。它包含了發生在運動員與教練之間那一整段瘋狂、令人氣急敗壞、痛苦又充滿啟發的旅程。而每次我們見證到這個快樂時刻，都會引出一個問題：我們如何讓這種時刻更常發生？換句話說，偉大的教練指導其實是怎麼構成的？

本書要講的正是這件事。

歷史上與傳統上來說，偉大的教練指導一直被看成某種魔術。按照這種思維，魔法大半是寓於教練本人之內——在他們的利眼、他們的直覺還有他們待人的方式之中。因此我們假定偉大的教練（伍登〔John Wooden〕、隆巴迪〔Vincent Lombardi〕、史坦格爾〔Casey Stengel〕、波波維奇〔Gregg Popovich〕）都是巫師。這種思維方式有其道理，但也導致某些問題。

問題之一，就是這樣並不科學。在我們生活的世界裡，醫師、工程師、建築師與其他每一種專業人士的技巧組合，都是建立在以證據為基礎的研究、還有持續精進的方法構成的地基上。不管基於何種神祕的理由，事實證明教練文化大半對科學免疫，讓教練們靠著朦朧又不可靠的星辰——傳統、直覺與軼事——來指引自己。有時候這樣效果很好。但深入追究，這樣很不清不楚。就連最根本的問題都有著不確定性：設計練習的最佳方式是什麼？給予回饋的最佳做法是什麼？

另一個問題是，這樣創造出一個互相抄襲的世界。如果你看到成功的教練對著運動員大吼大叫，你很自然地假定這必然是最佳教練方法。如果你看到其他成功教練對運動員輕聲細語，你就假定他們是對的。如果你又看到另外一些教練跟他們的運動員稱兄道弟，你又假定他們是對的。但說真的，到底哪個才對？

幸運的是，有一種比較好的方式，是由新生代的研究者跟教練們所領導的，他們為科學世界與教練技藝的世界搭起一座橋梁。而沒有人比尼克‧溫克爾曼做得更有效了。

二○一七年九月，在亞利桑納州古德益的一間歡朋酒店會議室裡，我第一次見到溫克爾曼。溫

克爾曼來此對克里夫蘭印第安人隊發表演講，我是這支球隊的顧問。跟我們的大市場競爭者不同，印第安人隊沒錢買好手；我們必須自己培養，所以我們執著於理解並改善教練的技藝。那天房間裡擠了五十個人，包括教練、球團營運人員、球員發展部員工、領隊跟球團總裁──一大群人。大多數人對溫克爾曼所知不多：他們只知道他曾經在橄欖球業界工作，有高效能表現方面的背景，拿到了運動學習的博士學位，而且對於注意力焦點與提示做過一些很吸引人的研究。房間裡充滿期待，也許還有一點點懷疑心態。然後他開始了。

「為了創造出能夠調適的運動員，我們必須做同樣可以調適的教練，」他這麼說道。然後他向我們示範要怎麼做。在兩天時間裡，溫克爾曼把整個團體帶進運動員與教練之間的地景之中，描繪了其中的地圖。他從基礎開始往上教學，從嘉布莉葉・沃爾夫（Gabriele Wulf）對於內在與外在提示的研究開始，然後往外朝著設計練習方式的技藝發展。他給出一個工具箱，裡面是可以照著採取行動的清晰觀念。它引人入勝、有用、讓人大開眼界。事後我告訴溫克爾曼，他應該寫一本書。他微笑著說道：「我已經開始寫了。」

所以這本書出現了。我會讓他來解釋他的著作，不過請讓我給你們兩個迅速的建議：（一）讀的時候請拿著鉛筆或者螢光筆，因為你會想要做註記；（二）把你人生中的重要教練們列成一張清單，因為你也會想要送他們一本。

在更重大的意義上，這本書來得正是時候，因為運動世界改變得很快。在過去幾年裡，資料革命徹底重新定義運動員與教練之間的關係。在我們生活的世界裡，週末高爾夫球手與慢跑者都有辦法取得的運動表現資料，程度之高是僅僅十年前的專業運動員做夢都想不到的，而這樣的新世界產生出刻不容緩的問題：在運動員有管道取得精確回饋的世界裡，教練們要如何提供價值？你可以靠人工智慧當教練嗎？教練真正的意義是什麼？

某些人唯恐這種資料革命意味著教練指導的終結，我卻主張相反的看法：教練會變得比過去更加寶貴。從教練指導模型繼續由運動界拓展到商業界及其他行業的態勢裡，我們看到了證據。不難想見的是，在不太遠的未來，每個人都會有一位教練幫忙在工作、人際關係、體適能、營養、領導能力等需要的任何方面引導他們。這意味著溫克爾曼在這本書裡探索的問題，正是那些會在將來引導我們的問題：你如何以一種能夠解放他人能力的方式溝通？你如何辨識障礙並加以克服？那不只是運動方面的問題；它們是人生的問題。而隨著對這些問題的探究，我們會持續學到溫克爾曼透過書頁教給我們的更重大的教訓：魔法不在於誰是教練，而在於教練做了什麼。

作者序

我們直取重點。你想知道這本書在幹嘛，還有為什麼你應該在乎。

然而在我回答這些問題以前，我需要先分享我會做的兩個假設：

一、你對於動作教學有興趣。我說的**動作教學**，意思是你想知道你能如何幫助其他人學會動得更好。動得更好，可能基本到像是幫助一個小孩學騎腳踏車，也可能複雜到像是幫助一名專業高爾夫球選手精進他們的揮桿技巧。到最後，動作就是動作，而我假定你想要在這種教學上變得更好。

二、你對於教練語言有興趣。我說的**教練語言**，意思是你說出來影響一個人動作方式的話語。這包括了私人教練在教導客戶怎麼做箭步蹲（lunge）時做的指示，籃球教練用來幫助選手精進跳投動作的簡短提示，或者物理治療師在幫助中風患者重新訓練步態時提供的回饋。無論在什麼脈絡下，我都假定你想要知道你的話語如何影響動作。

如果我的假設偏離靶心，那麼這本書可能不是為你而寫。不過，要是你發現自己點頭同意，那麼我建議你繼續讀。

我相信這本書的潛能，最好是透過你自身環境的透鏡來揭露。所以，我會希望你去想像你打算應用本書觀念的脈絡。舉例來說，如果你是美式足球教練，你會從視覺上想像你在練習時間的狀態；如果你是體育老師，你會從視覺上想像你上課的樣子；如果你是物理治療師，你會在視覺上想像你在一節復健療程中的樣子。

現在既然你視覺化想像了你的脈絡，我還要你在其中填滿你過去曾經面對的一個實際教學場景。對於美式足球教練，這可能是某次你在教擒抱技術的時候；對於體育老師，這可能是某次你在教小學生足球如何傳球的時候；對於物理治療師，這可能是你幫忙一位病患重新學習一種深蹲模式的時候。

就像一部在心裡上演的電影，我希望你在你心中播放你的教學場景。在你看的時候，我希望你注意你跟你眼前那些人溝通的方式。我特別希望你聚焦在**你所說的話**跟**他們如何動作**之間的關係。

這裡是你觀察自身行動時可以考慮的某些問題：

- 你如何知道要說什麼？
- 你如何知道什麼時候說？
- 你如何知道該說多少？
- 你如何知道這樣是否造就出差別？

剛才在你心中播放的場景，代表著一個獨特的教學時刻。雖然任何一個這樣的時刻，個別而言可能看似不重要，到最後卻是它們的總和決定一個人學到什麼。在此，學習是一個人離開時帶走的東西。它是他們掌握動作進步的能耐。它是他們在沒有你——促成這些變化的訓練師、教練或治療師——的狀況下，表現出這些改變的能力。

因此，在每個教學時刻的內部，都隱藏著學習的潛能。然而，就像任何教導動作的人能夠證實的，在此並無保證可言。無論我們的工作對象是一位似乎一走出健身房就忘掉一切的客戶，還是一位掙扎著要表現得跟練習時一樣好的運動員，所有動作指導專業人士都知道，學習可能有多麼難以捉摸。

就在這裡，在教導與學習的十字路口，我們的故事開始了。

然而在我繼續之前，重要的是我得澄清幾個詞彙。如果我們要談到教導與學習，那麼我們就必須同意我們要怎麼稱呼負責教導的人跟負責學習的人。這個配對可以有很多的名稱：老師—學生，訓練師—客戶，治療師—病患，家長—孩童，教練—運動員，族繁不及備載。只因為我的背景是在肌力與體能訓練，所以我決定在這本書裡使用**教練—運動員**這樣的配對。

我強調做這個選擇的理由，因為讓你在「教練」這個詞彙裡看見自己，並且在「運動員」這個詞彙裡看到你工作的對象，是很重要的。因此，就算我的措辭暗示了教練—運動員的配對，請理解這本書對於**所有動作指導專業人士**都普遍適用。

在我整個職業生涯裡，我致力於理解人如何學習動作。精確地說，我一直致力於理解教練有最大影響力的那部分學習過程。在多年的研究、應用與反省之後，我相信把一位教練對學習過程的影響力，分解成**計畫安排**（programming）跟**教練指導**（coaching）兩個範疇是最好理解的。

計畫安排代表著這名運動員在漸進訓練計畫的脈絡下，被要求做到的所有**身體事務**（例如訓練、比賽、運動、動作或者技巧）；我把這個稱為**做什麼**（What）。教練指導則代表一位**教練說出來**影響這些身體事務如何執行的一切話語；我稱之為**如何做**（How）。

現在，我要你問自己兩個問題：

一、你要向一百位同儕做簡報的時候，在計畫安排跟教練指導這兩種學習影響因素裡，報告哪一項你會比較自在？

二、在計畫安排跟教練指導這兩種學習影響因素裡，你每天花比較多時間投入的是哪一項？

要是有人在我的職涯早期問我這些問題，我會很快就說我更樂意針對**計畫安排**做簡報，而且很明顯地，我每天花更多時間在**教練指導**上。如果我非得猜測，我會說我的答案反映了絕大多數讀到這些話的人會有的想法。事實上，我的經驗暗示，大多數動作指導專業人士就會這樣回答這些問題。

你看出這裡的反諷之處了嗎？

我們花在教練指導的時間，遠超過我們做計畫安排的時間。然而，我們大多數人會發現，後者用嘴巴講遠比前者容易很多。為什麼會是這樣？我相信理由分成兩個部分。首先，如果你檢視動作指導專業人員的教育，你就會發現學位跟證書對於**做什麼**的強調遠超過**如何做**。其次，之所以比較強調**做什麼**，是因為這是看得到、摸得到的，而且動作指導專業是建立在這個基礎之上。所以很合理的是，大家談論自己**做什麼**的時候，比談論**如何做**更自在。然而在培養動作指導專業人士的過程裡，我們犯下了失職之罪。在不知不覺中，我們忽略去發展教練指導的隱形技巧。我們忘記了少掉**如何做**的**做什麼**，就像是沒有駕駛的汽車。我們讓動作指導專業人士自謀生路，透過無人引導的嘗試錯誤過程來學習，多半靠運氣而不是憑意志選擇。

　　《教練的語言學》會制止這種狀況。

　　這本書尋求的是讓看不見的東西變得……看得見，檢視教練的話語跟運動員的動作之間的交互作用。從核心來說，這是一本關於溝通與關係的書。它談的是理解一位教練的觀念，如何透過他們的話語，轉變成一位運動員的動作。它談的是揭露教練指導的藝術有個科學上的手足，而偉大的教練不論有意無意，都讓這種藝術兼科學用對運動員最好的方式彼此交融。

　　如果你同意你**如何做**教練指導，跟你指導人去**做什麼**一樣重要，那麼我歡迎你加入我的任務，幫助教練們去輔助這個世界用更好的方式動作，一次用一個詞彙。為了達成這個目標，我寫下了這本書，幫助所有層級與背景的動作指導專業人士，學會遣詞用字的必要技巧，就跟外科醫師使用手術刀一樣精確。

　　這本書分成三部。第一部跟第二部各涵蓋三章，第三部則有四章。每一部的開端都是一個開場白，按年代記錄我自己的教練之旅，還有讓自己致力於**如何做**，能夠對你跟你照管的對象造成多深刻的衝擊。

　　在第一部「學習」之中，我們聚焦於人學習動作的方式上，強調教練能發揮最大影響力的元素。第一章〈學會這件事〉，分成三節來幫助你確認（一）（使用3P運動表現檔案〔3P Performance Profile〕得知）需要得到教練指導的是什麼，（二）學習看起來像什麼樣，以及（三）運動表現的短期改變與我們想要的長期學習之間的差異。理解學習是什麼以後，我們轉換到探究影響學習的因素。

　　第二章〈付出注意力〉涵蓋了學習任何事情的第一步——付出注意力。這一章分成三節，巡遊大腦並且檢視心靈的三種狀態：（一）漫遊中，失去焦點，（二）被吸引並開始聚焦，（三）保持專注。在過程中，我會討論你可以用來吸引你的運動員、並且讓他們保持專注的簡單策略。

第三章〈記得當時〉涵蓋了學習任何事情的最後步驟：記住它。這一章分成三節，首先把短期記憶與長期記憶介紹給你。在看到記憶寓於何處之後，我們會檢視記憶是如何製造出來的。在過程中，我會分享幾個關鍵，讓你能夠變成一位令人難忘的教練，你觸發的學習能夠長久留存。

在第二部「教練」中，我們檢視一位教練的言語如何影響一位運動員的焦點，還有這個焦點對於學習或者精進一個動作所具備的影響。第四章〈找到焦點〉，開頭是對於**教練指導溝通迴路**（coaching communication loop）的解析，這裡概述了何時、還有如何使用教練指導語言來教導或者精進一個動作模式。理解到教練指導語言的不同範疇以後，我們會聚焦在被稱為**提示**（cueing）的範疇中。提示是教練在一位運動員動作前使用的短句。如同你會看到的，提示接收了我們絕大部分的注意力，因為對於一位運動員會聚焦的事情、還有他們因此會學到的事情來說，提示有最大的影響力。分成三節的這一章，會繼續討論到提示連續體與充滿說服力的研究敘述，它們勾勒出教練應該使用哪些類型的提示，來讓學習與表現達到最佳狀態。

第五章〈下提示〉，聚焦於幫助你建立起技巧，去創造與改編你的提示，以便配合動作還有進行動作的運動員。為了達成這一點，你會學到3D提示模型，這個模型提供你一種有系統的方式，可以去創造並操作你的提示，去服務你工作的對象。在過程中，我會分享範圍很廣的種種指標（我喜歡稱之為提示小撇步！），會幫助你在最艱困的教練指導情境中精進你的提示。

第六章〈做類比〉，聚焦於一種被稱為「類比」的特定種類提示，它指的是把運動員熟悉的事物，拿來跟他們正在學習的動作中的一項特徵做比較。利用類比模型，你會學到如何應用我見識過最強勁的一項教練指導工具。藉著學習如何把運動員的經驗跟語言，壓縮成你用來教導他們的類比，你會加速他們的理解，同時建立更強的關係。

在第三部「提示」中，我們聚焦於培育你在第二部中確立的提示行為。第七章〈道路地圖〉是為了你——讀者——所寫的，因為我知道改變你溝通的方式可能有多困難。在本章我提出一個計畫，來幫助你創造提示的習慣。只有靠著檢視一種習慣，我們才能擾亂它、挑戰它，並且把它打造成某種新事物。如果你想把前六章的一切帶進真實世界裡，理解這一章的內容有關鍵的重要性。

第八章〈肌力訓練動作提示〉、第九章〈爆發力與增強式訓練動作提示〉跟第十章〈速度訓練動作提示〉，包含了總共二十七種動作序列。書中美麗的圖像捕捉到在動作搭配上驅動我們的語言時可能達成什麼，而透過這些圖像，這些例子讓提示模型與小撇步變得鮮活。這些例子的用意在於描繪出本書中的概念，激發你自己的創造力，並且提供你一個基礎，讓你能在這個基礎上建立你自己的提示習慣。

我是為你寫下這本書。為什麼？因為你知道你對人的影響，不只是訓練次數與組數；你知道你說的話很重要；而且你知道，到頭來是你跟你的運動員之間的空間，在決定你的影響力。

問題是，你會用什麼填補那個空間？

致謝

在寫這本書時我感受到的所有情緒之中，感激是最突出的。

給我的父母：感謝你們給我這份稱為生命的禮物，還有把生命活到極致的種種工具。媽，妳在我的童年裡填滿了奇妙驚喜與想像力。如果不是因為妳，我永遠不會用現在的方式說這個故事。爸，你教導我要有始有終，而且要致力達到卓越。在我想要走容易的路，或者質疑我完成此書的能力時，是你的聲音在我心中響起。

給我的祖父：感謝你無盡的支持。你知道這趟旅程是從何處開始的，而我知道如果你仍然與我們同在的話，會多麼引以為傲。

給我高中的肌力與體能教練，魯迪（Rudy）：感謝你讓我看到做個很棒的教練、還有更重要的是做個很棒的人，究竟是什麼意思。你教導我，指導人跟指導選手是一樣重要的事。

給我的導師J. C.：感謝你教導我教練語言的價值。是你對於教練提示的精準使用，讓我睜開眼睛看到事實：我們**如何做**教練指導，就跟我們指導別人**做什麼**一樣重要。

給我的導師，吉多‧范萊西根（Guido Van Ryssegem）：感謝你堅定的信念、支持與挑戰。在你的辦公室裡，我分享了我對教練語言的第一批想法，並且說有一天我會針對這個主題寫一本書。許多人會嘲笑我青澀的夢想，但你沒有。你反而叫我趕緊著手工作。

給我的導師，馬克‧維斯特根（Mark Verstegen）：你教導我做個謙卑的僕人是什麼意思——每天早上醒來，致力於你的技藝，給某人你的全部，不求任何回報，提供服務好讓別人能夠成功。我以謙卑僕人的身分寫下這本書。我的希望是，這本書能夠為別人做到你為我做過的事。

給（過去與現在的）運動表現（Athletes' Performance，現在的EXOS）團隊，包括Craig Friedman、Luke Richesson、Darryl Eto、Ken Croner、Joe Gomes、John Stemmerman、Jeff Sassone、Masa Sakihana、Katz Abe、Kevin Elsey、Eric Dannenberg、Ben Dubin、Denis Logan、Perey Knox、Tristan Rice、J. P. Major、John Barlow、Joel Sanders、Nicole Rodriguez、Brett Bartholomew、Brent Callaway、Victor Hall、Russ Orr、Anthony Hobgood、Scott Hopson、Amanda Carlson-Phillips、Danielle Lafata、Michelle Riccardi、Bob Calvin、Debbie Martell、Sue Falsone、Anna Hartman、Darcy Norman、Omi Iwasaki、Graeme Lauriston、Trent Willfinger與Dan Zieky：你們不只是同事；你們是朋友。我希望你們每個人都以某種方式在這本書裡找到你們自己，因為我們同在的時光，無可磨滅地銘刻在我寫的每個字裡。

給我所有過去與現在的運動員：感謝你們把自己的目標與抱負託付給我。我不能說我總是做對了，但我可以說我總是全力以赴。少了你們，這本書會變得不可能，因為有你們，許多運動員與教練會獲益。

給克里斯‧波利爾（Chris Poirier）、「表現更好」運動訓練器材平台（Perform Better）的團

隊，還有安東尼‧雷納（Anthony Renna）：你們給我一個平台，呈現我對教練語言及提示的觀念。安東尼，我是在「肌力教練」（*The Strength Coach*）播客上第一次分享我對於提示與溝通的觀點。克里斯，我是在「表現更好」的舞台上第一次簡報這本書裡的提示模型。少了你們，證明《教練的語言學》的合理性所需的高漲自覺意識，永遠不可能達到。

給嘉布莉葉‧沃爾夫（Gabriele Wulf）與賈瑞德‧波特（Jared Porter）：言語無法捕捉到我有多感激你們，還有你們對運動學習與教練指導的貢獻。這本書裡沒有一個部分不是在某方面受到你們的影響。我會永遠感謝我們一起討論思考與動作交會之處的時光。

給許多曾經對注意力焦點、語言與教練指導領域做出貢獻的研究人員與專業人士，包括 Sian Beilock、Anne Benjaminse、Nikolai Bernstein、Suzete Chiviacowsky、Dave Collins、Edward Coughlan、Mihaly Csikszentmihalyi、Anders Ericsson、Damian Farrow、Paul Fitts、Timothy Gallwey、Dedre Gentner、Alli Gokeler、Rob Gray、Nicola Hodges、William James、Marc Jeannerod、Daniel Kaneman、Rebecca Lewthwaite、Keith Lohse、Richard Magill、Cliff Mallett、David Marchant、Richard Masters、Nancy McNevin、Wolfgang Prinz、Friedmann Pulvermüller、Thomas Schack、Richard Schimidt、Charles Shea、Robert Singer、Mark Williams、Daniel Wolpert、Will Wu、Rolf Zwann：感謝你們奉獻你們的人生，來讓不可見的事物變得可見。

給麥可‧波斯納（Michael Posner）：感謝你花時間檢視我談注意力的章節。你的洞見與回饋是無價之寶。

給丹尼爾‧沙克特（Daniel Schacter）：感謝你花時間檢視我談記憶的章節。你的洞見與回饋是無價之寶。

給麗莎‧費德曼‧巴瑞特（Lisa Feldman Barrett）、班傑明‧勃根（Benjamin Bergen）、尼克‧查特（Nick Chater）、朱利安‧崔爵（Julian Treasure）：感謝你們花時間討論你們各自的著作，還有它們跟教練語言之間如何有關聯。你們細緻的觀點影響了這本書的許多部分。

給我的朋友，麥特‧威爾基（Matt Wilkie），還有我的妻子，布莉特妮（Brittany Winkelman）：感謝你們提供這本書每一章最早的閱讀心得。如果沒有你們持續一致的回饋與支持，我不相信我們有可能達成現在的結果。

給麥克‧波羅伊（Mike Boyle）、艾爾文‧科斯葛羅夫（Alwyn Cosgrove）、艾瑞克‧克雷西（Eric Cressey）、道格‧勒莫夫（Doug Lemov）、布蘭登‧馬切洛（Brandon Marcello）、史都華‧麥克米蘭（Stuart McMillan）、布萊安‧米勒（Bryan Miller）、馬丁‧魯尼（Martin Rooney）、唐‧薩拉迪諾（Don Saladino）、安卓里歐‧史皮納（Andreo Spina）以及亞歷‧齊默曼（Alex Zimmerman）：感謝你們檢視完整草稿較早的版本。我極其感激你們的支持，還有對本書訊息的信念。

給丹尼爾‧科伊爾（Daniel Coyle）：感謝你在整個寫作過程裡持續的支持與建議。你對草稿的

洞見與回饋是無價之寶，而且絕對肯定改善了最後的成品。

給傑森・穆季尼奇（Jason Muzinic），人體動力學出版社（Human Kinetics）的副總裁與部門主任：感謝你在我的書上冒險，並且對我有信心。在其他出版社說**世界還沒準備好接受這個**的時候，你說**這正是我們需要出版的東西**。

給羅傑・厄爾（Roger Earle），我在人體動力學的組稿編輯：我對你的感謝發自內心深處。你花了無數小時在電話另一頭傾聽、提供建議還有支持。我認為你是真正的朋友，而我永遠不會忘記你曾經為我做過的事。

給蘿拉・普利安（Laura Pulliam），我在人體動力學的策畫編輯：感謝妳盡力支持這本書的精神，並且確保它在編輯過程中保有它的聲音。跟妳共事很愉快，對於妳的支持與編輯上的導引，再怎麼謝妳都不夠。

給尚恩・羅斯福（Sean Roosevelt）、瓊恩・布魯米特（Joanne Brummett）、凱莉・伊文斯（Keri Evans）還有麗莎・萊尼斯（Lisa Lyness），這本書封面與內頁視覺影像背後的藝術天才們：感謝你們接收我的想法以後鮮活地呈現出來。你們讓讀者看到在想像符合動作的時候，可能做到什麼。

給我在人體動力學的團隊中的其他人，Julie Marx Goodreau、Shawn Donnelly、Doug Fink、Alexis Koontz、Jenny Lokshin、Karla Welsh、Martha Gullo、Susan Allen、Susan Summer、Amy Rose、Jason Allen、Matt Harshbarger、Laura Fitch、Kelly Hendren還有Dona Abel：感謝你們讓這本書有可能誕生。雖然我跟你們每一位的互動程度各有不同，這並沒有減損我對你們的支持與貢獻所產生的感激。

也給你，我的讀者：感謝你花費你的時間與金錢來精進自己，好讓你能夠幫助其他人。我是為了你還有你服務的對象，才寫下這本書。

照片出處

頁21：Human Kinetics/Sean Roosevelt

頁33：Human Kinetics/Sean Roosevelt

頁34：Human Kinetics/Sean Roosevelt

頁35：Human Kinetics/Sean Roosevelt

頁62（從頂端順時鐘方向）：Xrrth Phl Xek Pach Cha/EyeEm/Getty Images; Vyacheslav Prokofyev\TASS via Getty Images; FotografiaBasica/DigitaVision/Getty Images

頁70-73：iStockphoto/studioaraminta

頁105：iStockphoto/studioaraminta

頁148（由上而下，由左至右）：Photo by Bill Jelen on Unsplash; Eyewire; Photo by Sergi Viladesau on Unsplash; ©Human Kinetics; ©Human Kinetics; Photo by Jilbert Ebrahimi on Unsplash; Photo by Javardh on Unsplash; jacoblund/iStockphoto/Getty Images; Photo by Moritz Mentges on Unsplash; Photo by Lopez Robin on Unsplash; Photo by Aaron Huber on Unsplash; Photo by Bill Jelen on Unsplash

頁154（上）：Ostill/iStock/Getty Images

頁158（上）：Ostill/iStock/Getty Images

頁162（上）：Ostill/iStock/Getty Images

頁213（由上而下，由左至右）：Freepik.com; Photo by Milovan Vudrag on Unsplash; dlewis33/iStockphoto/Getty Images; Brand X Pictures; ©Human Kinetics; Copperpipe – Freepik.com

頁248（由上而下）：Pramote Polyamate/EyeEm/Getty Images; MATJAZ SLANIC/ E+/Getty Images

頁251（由上而下）：Ratnakorn Piyasirisorost/Moment/Getty Images; Andipantz/ E+/Getty Images; RainStar/E+/Getty Images

頁254（由上而下）：Shunli zhao/Moment/Getty Images; Zhiwei Ren/ EyeEm/Getty Images; Sharon Vos-Arnold/Moment/Getty Images

頁257（由上而下）：Stephan Knodler/Getty Images; Malcolm MacGregor/Moment/ Getty Images; Geoff St Clair / EyeEm/Getty Images

頁260（由上而下）：MATJAZ SLANIC/E+/Getty Images; Mint Images/Getty Images; Ceneri/Getty Images

頁263（由上而下）：Matthieu Girard/EyeEm/Getty Images; Silvia Brinkmann /EyeEm/Getty Images

頁266（由上而下）：Matt Dutile/Image Source/Getty Images; Colin Anderson Productions pty ltd/DigitalVision/Getty Images

頁269（由上而下）：Nao Imai/Aflo/Getty Images; Hideki Yoshihara/Aflo/Getty Images; Caspar Benson/ Getty Images; Sharon Vos-Arnold/Moment/Getty Images

頁272（中）：Grandriver/E+/Getty Images

頁278（中）：3alexd/E+/Getty Images

頁281（上）：PhotoAlto/Sandro Di Carlo Darsa/Getty Images

頁282（下）：Mark Scantlebury/EyeEm/Getty Images

頁285（下）：Martin Deja/Moment/Getty Images

頁294（下）：Jan Tong / EyeEm/Getty Images

頁297（由上而下）：Dmytro Aksonov/E+/Getty Images; Xinzheng/Moment/Getty Images

頁300（下）：Xinzheng/Moment/Getty Images

頁306（下）：Fuse/Corbis/Getty Images; Riccardo Vallini Pics/Moment/Getty Images; Joseph Van Os/ Stockbyte/Getty Images

頁307（下）：Alexeys/iStock/Getty Images; KTSDESIGN/SCIENCE PHOTO LIBRARY/Getty Images; Fhm/Moment/Getty Images

頁311（上）：Nguy?n Ð?c M?nh/500px Plus/Getty Images

頁314（由上而下）：Juanmonino/E+/Getty Images; John White Photos/Moment/Getty Images; Ricardo Gomez-Perez / EyeEm/Getty Images; Carla Sousa / EyeEm/Getty Images

頁315（下）：MATJAZ SLANIC/E+/Getty Images; Bgblue/DigitalVision

頁318（由上而下）：Grandriver/E+/Getty Images; Stan Tekiela Author / Naturalist/ Wildlife Photographer/ Getty Images; Image Source/Getty Images

頁321（中右插畫）：paolo81/iStock/Getty Images

頁324（由上而下）：Helmut Meyer zur Capellen/Getty Images; focusstock/Getty Images; JESPER KLAUSEN / SCIENCE PHOTO LIBRARY/Getty Images; Tom Brydon/ EyeEm/Getty Images

頁327（由上而下）：Stocktrek Images/Getty Images; ViewStock/Getty Images; ViewStock/Getty Images

頁328（由上而下）：NoDerog/E+/Getty Images; PhotoAlto/Sandro Di Carlo Darsa/ Getty Images

頁331（下）：C Squared Studios/Stockbyte/Getty Images; C Squared Studios/Stockbyte/Getty Images; Photo by Pop & Zebra on Unsplash

頁332（由上而下）：Kevin Chen/Eyeem/Getty Images; Fanjianhua/Moment/Getty Images

頁335（由上而下）：Mint Images/Getty Images; Tomasz Zajda / EyeEm/Getty Images; MATJAZ SLANIC/E+/Getty Images; Bgblue/DigitalVision; tzahiV/Getty Images; PhotoAlto/Sandro Di Carlo Darsa/Getty Images

頁338（下）：MATJAZ SLANIC/E+/Getty Images

頁339（由上而下）：Anton Petrus/Moment/Getty Images; Bill Hornstein/Moment/ Getty Images; Julien Corbion / EyeEm/Getty Images; Mitch Diamond/Stockbyte/Getty Images

就像快速逼近的警笛，我的鬧鐘漸強的響聲打碎了我的睡眠，驚醒我迎向新的一天開端。在習慣黑暗的過程中，我的胸口突然有一股劇烈的跳動朝我襲來，一種拒絕被忽略的堅定重擊。這種感受的強度之高，要是發生在其他時候，我可能就會叫救護車了。然而今天不是普通的日子，完全不是，今天是會界定出一個職涯的那種日子，將標記出從學徒變成師傅、從學生變成老師的轉換——今天是我接掌EXOS國家美式足球聯盟（NFL）聯合測試會準備課程的日子。

一九八二年初次舉辦的NFL聯合測試會（NFL Scouting Combine），變成了希望加入NFL的新秀展現他們已經做好準備的首要場合。NFL聯合測試會在印第安納州印第安納波利斯的盧卡斯石油體育場舉辦，是在二月最後一週進行的年度活動，就在NFL選秀大會之前的兩個月。在三天勞累的過程裡，平均來說有三百三十位來自全國的新秀，受邀來完成大規模的一系列身體與心理測試，讓這個營隊得到了**你人生中最重大的面試**這個頭銜；當你想到每年進入哈佛的人比入選NFL的人還多時，就會知道這是很貼切的名字。

雖然營隊頭兩天要求選手們應付五點鐘的起床號，詳盡的醫學評估，還有深夜的面試，卻是最後一天讓NFL聯合測試會贏得它的國際吸引力（澳式足球也如法炮製，成立了自己的AFL選秀聯合測試會）。最後一天，在全國電視轉播中，選手們被要求在一個稱為**赤身奧運會**（Underwear Olympics）的大場面裡展現出他們的身體技巧。每位選手都被要求完成垂直跳、立定跳遠、40碼（37公尺）衝刺、折反變向（pro-agility drill）、三錐變向（three-cone drill）測驗，還有一組特定位置的訓練。只有幾個回合可以展現你擁有的能力，而你未來的雇主會仔細檢視你的一舉一動，所以選手跟球探極其重視這個帶來高度壓力的活動，並不令人意外。

我已經在EXOS工作三年了，在這家公司還叫做「運動表現」（Athletes' Performance，簡稱AP）的時候，就跟它一起開始了。在第一年，我初嚐了聯合測試會準備課程的滋味。我很快得知，優秀的大學美式足球員設法要為聯合測試會做好身心準備，希望二月時的傑出表現有助於他們在四月選秀時的處境，對他們而言，AP就是最受歡迎的「進修學校」。說我很著迷是保守的說法——我告訴自己：「有一天我會負責經營這個課程。」

AP已經變成專業運動員或未來專業運動員的聖殿。透過AP創辦人兼總裁馬克·維斯特根的遠見與遠見，這個機構已經變成人類運動表現的公認領袖。這種地位是維斯特根整合了某些最優秀的

心智與方法，橫跨心態培養、營養、動作與恢復各方面，製造出一種訓練環境與系統的結果，至今仍影響著世人思考運動表現的方式。

在加入 AP 的第一年，我有幸認識聯合訓練教練指導中的精英路克‧李奇森（Luke Richeson）、達若‧江藤（Darryl Eto）與喬‧高姆斯（Joe Gomes）。在接下來三年裡，在我們支持這些 NFL 的明日之星時，我跟這些教練一起工作，並向他們學習。我看到加諸於他們每個人身上的艱鉅責任，年復一年為了改善課程的需要做出不知厭倦、有時得不到感謝的努力，確保前人的遺緒傳承下去，也讓另一代運動員有機會在他們人生中最重大的面試裡，做出最好的表現。

隨著黑暗讓出位置給光明，「這個責任現在屬於我」這個領悟湧入我的覺察之中，觸發了我胸中無可逃避的如雷心跳。然而任何恐懼或不確定感，在我轉進我們亞利桑納州鳳凰城的運動表現中心車道時，都很快被聚焦與專注所取代。

路克已經去了傑克森維爾美洲豹隊，滿足了他在 NFL 工作的目標。達若也轉換跑道，接下休士頓火箭隊的一個職位。這意味著喬‧高姆斯跟我會共同指導聯合測試會準備課程的速度訓練部分，預期中我將來免不了要獨自經營。就像人生中大多數的事情一樣，計畫會改變，而我接到消息，說我會比預期中更早接掌這個課程。

現在坐在駕駛座，我專注於一絲不苟地執行這個課程的每個細節。在這個時候，我把一節成功的訓練定義成每個動作都以臨床式的細節解釋過，以軍事化的精確度來掌控時間，而每回訓練次數跟組數都有所本。這個課程是由我們這個時代最成功的一些運動表現教練，經過多年工作催生出來的，我沒有忘記這個事實。我這個教練不會讓這份遺產、還有建立它的教練們聲名蒙污。這就是為什麼我繼續辛苦工作，最小的細節都不放過，而且在過程中確保我的運動員們也都如此。

是透過最後這一點的透鏡，還有這種類型的教練指導對學習動作可能產生的影響，我才發現通往這本書的那條路徑。這全都從一月初的一個星期一早晨開始。我們在跑道上進行一連串操練，為接下來的衝刺訓練時段做準備。我回想起在輪到每一個小組的時候，我在操練前、中、後都提供了詳細的指導，以外科手術般的精確度使用語言並且糾正動作。在我心裡，我所說的一切都表達清楚、時機正確。如果我的話語聽起來很好而且有實質效果，我很高興，故事就結束了。然而這不是故事的結尾：事實上這只是開始，因為我很快就領悟到，就算我的話有道理，也不表示它們能造就出差別。

我不確定為什麼這一節訓練在我心裡特別突出，但我很感激事實如此，因為接下來的反省引導我去質問自己如何做教練指導，同時揭露了幾個振聾發聵的真相。首先，我提供給運動員極多的資訊，期待他們記得並且應用我說的每件事，這樣是不公平的。雖然經驗與教育告訴我注意力與記憶力是有限資源，我在進行我的教練指導時，卻始終如一地忽視這個事實。儘管是好意，我卻像太多

教練一樣，是個長期溝通過度的人。其次，這種溝通過度的一項後果，就是我覺察不到我的運動員專注於什麼事情上。我給出太多提示，以至於無法知道是哪個提示打中目標，更別說是哪個提示有幫助、哪個提示造成妨礙了。考慮這些觀察的時候，我問自己一連串困難的問題：提示的品質與份量，對我的運動員學習與發展的能力有什麼樣的影響？首先靠著簡化，然後在訓練過程中優化他們的焦點，我能夠把我的運動員得到的收穫再往前推進多少？有沒有一種教練指導的科學，可以用資訊來充實常被說成是藝術的教練技藝？

───────────────────────────────

　　這個故事真實反映出我的早期教練生涯，提供了本書第一部的基礎。最重要的是，那第一年教會我光是教練指導課程是不夠的，你也需要做人的教練。我們需要考量影響一個人如何學習的所有因素，尤其是注意力與記憶的影響。藉著了解注意力形塑記憶的方式，還有記憶因此為學習服務的方式，我們就會變得遠比過去更擅長施展激發持久改變的教練指導語言。

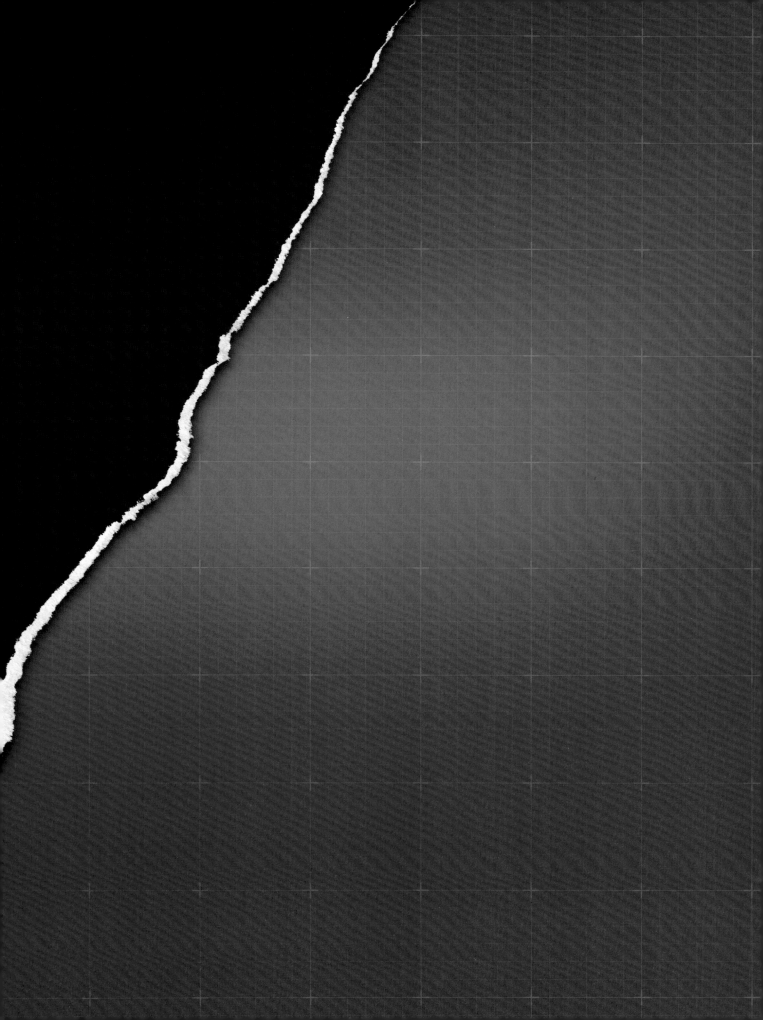

學會這件事

在二月底踏出飛機，印第安納波利斯清爽的空氣似乎讓五感變得更敏銳，讓教練跟運動員們準備好面對 NFL 聯合測試會的無情環境。因為這是我第一次出席，除了我聽過的故事以外，我不知道我還要期待什麼。然而我確實知道一件事情——我胸口沉重的怦怦心跳回來了，這次理由很清楚。在僅僅三天裡，我的運動員們會跟他們那個位置的最佳運動員競爭，全世界都看得見。

我們的八週訓練課程效力，會在聯合測試會的最後一天受到考驗，而運動員們首先必須先承受密集的面試跟醫療評估。從日出時的藥檢到午夜的會議，運動員們的性格受到考驗、知識獲得評估、健康經歷篩選。因此，為了避免不必要的壓力跟焦慮，我們為特殊事件做好準備，並且控制可以控制的變數。從打包午餐放在行李提領處，到設立位於旅館宴會廳內的臨時運動表現中心，我們 EXOS 團隊在經營的是一個家外之家。

在最後一天，等待我們的運動員上場跑步時，那種懸念偶爾幾乎讓人窒息。雖然我們知道選秀狀況不只取決於聯合測試會，我們也知道快得驚人的40碼（37公尺）衝刺時間，可以鼓勵一支隊伍再多看一眼。因此，我們靜靜地坐著，擠在我們旅館宴會廳的一台電視機前面，每個教練都等著他們的運動員起跑。在你的運動員終於出現時，時間似乎開始放慢，同時你的心跳開始加速。在一瞬間，他們暴衝出起跑線，在五秒左右以後，時間出現在螢幕上，你的運動員40碼（37公尺）衝刺的命運就此決定。

在第一年，我注視著我那些運動員的時候，我評估他們的時間，把這些時間拿來跟我們的測驗前成績做比較，然後我重看影片，評估他們從起跑到結束的衝刺技巧演化。目標是理解如果有任何改變，是出現在哪裡。我的運動員是因為變得比較強壯、可以產生更多功率，所以跑得比較快嗎？（20）。或者，他們跑得比較快是因為協調性的變化，讓產生力量的方向和菁英跑者一樣。（8、16）？說真的，這些因素的任何組合都可能加強衝刺表現，但在我的例子裡，有一個因素似乎比其他因素都更突出。

　　雖然運動員在超過40碼（37公尺）以後跑得比較快，我的教練之眼認為這跟車子的升級（亦即力的強度大小）比較有關，跟駕駛的技術（亦即力的協調與方向）比較無關。在重播每次的40碼（37公尺）衝刺時，我持續看到我以為我們在準備過程中已經改過的動作錯誤。舉例來說，本來從起跑姿勢出發時能維持平背的運動員現在駝背了，在他們出發朝著終點線跑去的時候看似幾乎要跌倒。其他曾被指導過高抬膝（forward knee drive）有多重要的運動員，現在卻回歸短而急促的步伐，我們會預期在兩歲小孩鬧脾氣時看到的那種。無法迴避的真相是，在我的運動員離開我們在鳳凰城的訓練設施後，到他們在印第安納波利斯跑那40碼（37公尺）之間的時間裡，有事情發生了。

　　雖然我的運動員表現改變過，他們用來達成改變的技術卻沒有。從這項觀察中出現了一個簡單的問題：為什麼我的運動員在訓練時表現的衝刺技術有所提升，測驗完成時間也縮短了，在聯合測試會的時候卻無法有相同程度的表現？在練習中的表現，還有未來練習或競賽中觀察到的表現之間，我們能夠如何解釋這種差別，不論好壞？在回答這個問題時，對於人類學習動作的方式，還有因此應該用來指導人類動作的方式，我們肯定找得到通則。

第一部分：檔案

　　在討論在練習之間、或者從練習到比賽之間浮現的正面或負面變化時，我們首先必須校準我們指涉到的變化是什麼。要討論身體隨著時間會經歷的每一種適應型態，會超過這本書的範圍；我們主要關心的，反而是跟改善個人動作、協調性並表現運動技巧的能力有關聯的適應過程，這種過程被稱為**運動技巧學習**（motor-skill learning）。因此，為了對運動技巧學習是什麼有更好的理解，值得簡短討論一下它不是什麼。為了達到這個目的，透過一項熟悉類比的透鏡來框限我們的討論，是很有用的。

　　請考量下面這個類比，並且填寫空白處：

> 車子之於人體，就像駕駛之於人類的 ＿＿＿＿＿＿＿＿＿＿＿＿＿＿＿＿＿＿＿＿。

　　你有答案嗎？可能會從心裡冒出的字眼是**大腦**。一輛車，就像一具身體，提供了動作的潛能；然而沒有駕駛，尤其是沒有駕駛的大腦，就談不上有什麼動作了。就連自駕車都需要在汽車的作業系統裡塑造一個**駕駛**。因此，這個類比的用途就是提供我們一個有用的框架，可以討論運動技巧學習方面的邊緣適應（peripheral adaptation）——用車子來代表——跟中樞適應（central adaptation）——用駕駛來代表——之間的關係。

3P 運動表現檔案

一開始先造訪這個類比的出生地，同時討論它的用途（讓教練把它當成心理模型〔或者捷徑〕，替他們企圖解決的問題排定優先順序）會很有幫助。在我指導運動員為 NFL 聯合測試會做準備（其實是為普遍而言的所有運動做準備）的那些年裡，有一項觀察變得很清楚：每個運動員都必須採取一個非常不同的路線，來發揮他們的潛能。為了闡明這一點，讓我們來想像有三個防守後衛（defensive back，簡稱 DB）要為 NFL 聯合測試會做準備。我們的防守後衛一抵達，就經歷了一連串被用來建構個人化運動檔案的評估與篩檢。這個運動檔案接著被用來排定運動特質的優先順序：這些特質如果有所改善，會幫助這些防守後衛把他們的抱負轉化成能力。我們會使用的運動檔案，被稱為 3P 運動表現檔案[1]（見圖 1.1），它之所以出現，是因為有需要迅速指認出影響某個既定動作（例如跳躍、短跑跟敏捷度）表現的限制性因素。值得注意的是，這種優先排序的途徑並不是運動員獨有的，所以可以被用來建立任何人口中任何動作的檔案，提供給教練、訓練師與治療師一種推進運動技巧學習的個人化途徑。現在，在我們回到防守後衛的故事以前，讓我們簡短地考量 3P 運動表現檔案的每一個元素，還有這種方法對於發展運動技巧可以產生的影響。

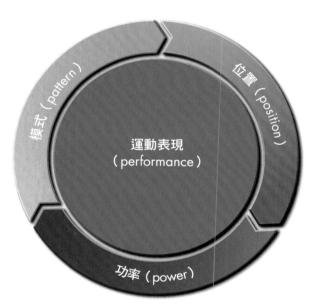

圖 1.1／3P 運動表現檔案

---

1 3P 運動表現檔案（3P 是位置〔position〕、功率〔power〕跟模式〔pattern〕的縮寫）的靈感來自我的前同事維克多・霍爾（Victor Hall）。在二〇一〇年，霍爾教練製作了一個瞬間上搏（power clean）的指導影片，並且貼到他的部落格「教練教起來」（Coach 'Em Up），使用的標題是「奮力一搏」（"Clean it Up"）。在這支影片裡，霍爾教練概述了一個三步驟的先後順序清單，用來糾正瞬間上搏動作：第一步：他們可以處於正確的身體位置嗎？第二步：他們可以執行正確的動作模式嗎？還有第三步：他們可以用正確的速度動作嗎？我在 EXOS 的時候，把這個模型演化成 3P 運動表現檔案。這個檔案到最後整合進 EXOS 的訓練系統及其教育課程中。

位置（Position）

位置，第一個P，問的是這個問題：運動員具備有效做出動作所需的活動度（mobility）與穩定度（stability）嗎？換句話說，運動員能夠進入並維持跟運動技巧相關的身體位置嗎？比方說，在教導運動員如何在10碼（9公尺）中加速，如圖1.2a所示，我們會想要看到他們能夠同時收縮與伸張他們的髖部，又保持脊椎中立。這確保了他們能夠在動作所需的範圍內運作，執行人體力學上希望做到的模式，同時還容許個人變化。進一步說，我們會想看到運動員在跟加速相關的關節上有適當的穩定性（例如軀幹穩定性、髖穩定性，還有腳踝與腳的穩定性）。這種穩定性，或者控制力，提供了能夠建立更複雜動作或協調模式的基礎。

功率（Power）

功率，第二個P，問的是這個問題：運動員有有效執行動作所需的必要肌力與爆發力嗎[2]？雖然功率對於所有動作來說都很重要，在一個人需要迅速克服自己的身體質量時尤其重要。所以，任何需要運動員把自己的身體推進到某個特定方向的彈震式動作（ballistic movements），都有資格說是一種功率依循模式（power-dependent pattern）。舉例來說，如同在圖1.2b中描繪的，在一位運動員開始跑（跳或改變方向）的時候，他們必須藉著在正確時刻、朝著正確方向產生一個很大的力，來

2　在這個脈絡下，我用功率這個詞彙，來代表跟某項動作表現相關的整體肌力與爆發力性質。在這種狀況下，當我用「功率」這個詞彙時，我是把它當成包含一切的詞彙來用，承認它是力（force）乘上速度（velocity）的產物；這解釋了任何動作的動態特徵。

圖1.2 ／（a）需要達成正確身體**位置**所需的活動度與穩定性，（b）在製造進行動作所需的**功率**時牽涉到的肌肉組織，以及（c）與奠定動作基礎的**模式**相關的協調性。

抵銷自己的身體重量。如果運動員缺乏適當程度的功率，他們會很難達成最佳表現，因為這些動作模式的有效性，有一部分是取決於相關肌肉產生作用力的特性。相對來說，有限度的彈震式需求（例如深蹲、壺鈴擺盪跟二頭彎舉〔bicep curl〕）不需依靠產生最大功率完成動作，這類動作當使用的重量過重而無法完成時，調整使用的重量即可（不需考慮動作執行速度，除了力量外影響功率的另一決定因素）。所以，動作的種類與特性顯示運動員產生功率能力的重要性，也影響著所有移動模式。

模式（Pattern）

模式，第三個P，問的是這個問題：運動員具備有效進行動作所需的必要協調性嗎？在這個脈絡下，協調性指涉的是：與執行某個動作模式相關的關節動作，在空間與時間上的組織，如同圖1.2c所示。因此，從定義上來說，我們可以看到協調，或者模式，難分難解地連結到與位置及功率範疇相關的特徵上。透過我們開頭時的類比透鏡來看，位置與功率所代表的身體性質就像一輛車，其中包含著性能／運動表現的能耐，而模式就像駕駛，要實踐那種表現必須要有駕駛。而就像高性能跑車少了有經驗的駕駛就無效一樣，有經驗的駕駛少了高性能跑車也一樣無效。所以教練的主要責任，就是用3P運動表現檔案來指認出他們的問題是出在車子、駕駛，或者是兩者的結合。

運動表現（Performance）

一旦結合起來，三個P就帶來了最後一個P，**運動表現**，它可以被定義成一項運動技巧經過測量的輸出值（例如舉起的重量、達成的時間，或者拿到的分數）。應用到我們的防守後衛身上，我們感興趣的是影響40碼（37公尺）衝刺表現的位置、功率與模式。為了拆解這一點，讓我們來看看我們的防守後衛如何累計3P運動表現檔案。在表1.1裡面，我們看到一個可以被用來做3P檔案的相關評估與篩選的分析實例。更進一步，圖1.3提供了每個防守後衛的檔案。每個檔案的建立基礎，都在於防守後衛的3P表現，從-5到+5，0則代表平均結果。對於這個例子的目的來說，討論任何一個測量數字的表現並不重要；然而將兩種表現進行綜合比較就顯得相當重要。

表1.1

範疇	性質	評估與篩選的例子	測量值／公制
位置	活動度與穩定性	動作範圍	動作程度
		功能性動作篩選	得分（滿分 21）
功率	相對肌力	下肢推（頸前蹲〔front squat〕）	每一磅體重舉起的磅數
	相對功率	下肢推（垂直跳〔vertical jump〕）	每一磅體重產生的瓦數
模式	協調性	0-10 碼（加速）	影片分析：技術
		10-20 碼（轉換）	影片分析：技術
		20-40 碼（絕對速度）	影片分析：技術
表現	結果	0-10 碼分段時間	分段時間
		10-20 碼分段時間	分段時間
		20-40 碼分段時間	分段時間
		0-40 碼分段時間	分段時間

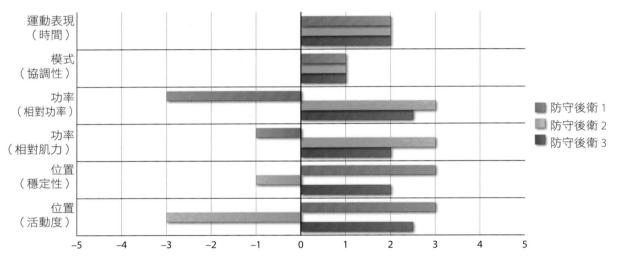

圖1.3／防守後衛經過評估與篩選的運動表現檔案，列在表1.1裡。結果由一個由 -5 到 +5 的量尺來代表，0代表位置上的平均值。正得分是超出平均，負得分則是低於平均。訓練優先排序，是根據個別防守後衛強項與弱項的比較而建立的。

應用 3P 運動表現檔案

　　如果我們檢視每個檔案（見圖1.3），從頂端開始，我們會看到所有三位防守後衛的成果表現與模式是類似的，這也就是說，他們在類似的時間裡用相同的衝刺技術跑完40碼（37公尺）。這是很重要的一點，因為發現運動員有類似的動作模式與表現成果是正常的；然而，改善這些基線測量值的途徑，對每個運動員來說總是獨特的。

　　跟這些防守後衛的模式與運動表現不同，我們看到他們三人全體在功率與位置的測量值上各有差異。也就是說，每位運動員都在處理一輛獨特的車，如果拿去給一位技師看，就會需要針對這輛

車的不同部位做服務。因此教練的一個關鍵責任，就是去理解車子跟駕駛如何互動而達到測量中的成果表現，從中提供哪裡需要服務的洞見。

為了闡明最後這一點，確定被觀察模式上的位置與功率是很重要的。如同我們提過的，防守後衛們用了一種相似的短跑模式，在這個例子裡，我們會描述這種模式是一種過快的腿部動作。這表示他們踏出超出必要的步伐去涵蓋某個特定距離，而在這過程中，產出的整體力量與速度比別種狀況下可能產生的少些。這種衝刺技術的後果，或者可能的起因，是髖部屈曲與伸展的減少，這在視覺上表達出這種衝刺模式特有的、像小孩鬧脾氣似的腿部動作。然而為了理解為什麼這種技術會浮現，我們需要考量每個防守後衛的位置與功率特徵。

請花點時間看看圖1.3裡的檔案，嘗試替每位防守後衛進步空間最大的區域排定優先順序。你注意到什麼？很有可能，你看到防守後衛一號有恰當的活動度與穩定性（亦即位置），而在相對肌力與功率的表現方面有缺陷；防守後衛二號有適當的相對肌力與功率表現，卻有活動度與穩定性方面的缺陷；防守後衛三號則沒有特別明顯的缺陷。在集體採納並應用到先前描述過的衝刺模式上的時候，我們現在對同樣的衝刺模式有三種可能的解釋。具體來說，認為防守後衛一號採用短而急的衝刺模式，是因為沒有能力迅速產生大力量，這點可從他缺乏功率表現上獲得解釋；而同時可以推測，防守後衛二號採用這種衝刺風格的理由，可能是因為他無法達成並維持必要的髖部彎曲與伸展；接著，基於防守後衛三號在他們的運動檔案中沒有任何突出缺陷的事實，很公平的推論是，他的衝刺風格純粹是他們天生的協調性造成的後果，不是因為某種隱藏的身體缺陷。

雖然這種做法有幾分過度簡化的味道，但這確實傳達出一種實用的方式，讓我們理解正在處理的動作問題本質為何。舉例來說，讓我們假定我們跟這三位防守後衛已經共同工作四個星期了。我們開始發現，雖然三位運動員都在進步，一號跟二號的進步卻沒有三號那麼快。邏輯指出這不是教練指導的結果，因為三個運動員全都接收到同樣的指示，而且經歷了同樣的訓練課程。因此，姑且這麼說，我們對待「駕駛」的方式似乎對三號奏效了，然而跟一號與二號的車子相關的機械問題，似乎在阻礙進步。因此三號從駕訓學校中獲益了，然而一號跟二號會需要特定策略來克服他們的缺陷。一旦解決問題，他們的模式與結果導致的表現，應該很快就會有反應。

雖然是假設性的，這個例子還是反映出我自己一再發現的處境，而根據無數次的對話，這也反映出教練指導與復健中的一種常見現象。因此，從必要性與實用性中誕生的3P運動表現檔案、還有相關的車子與駕駛類比，足以提供一個發展運動模式及其身體依賴性（也就是姿勢跟功率）的實用架構。所以，在我們討論在下一節將更仔細定義的運動學習時，我們必須承認，有些身體因素對協調性有實質的影響。因此，有時候乍看像駕駛問題的東西，實際上可能是被誤判的車輛問題。基於這個理由，為了澄清本書要傳遞的訊息，我們會只聚焦在最適合發展動作**模式**的運動學習策略上，尤其是提示。所以說，教練的責任是理解到一項有效教練指導策略失敗時，實際上失敗的可能是一項經過偽裝的生理缺陷。

第二部分：過程

前一節提供我們一個架構，可以去理解支撐一個動作模式發展的因素。我們現在會把注意力轉回總結本章第一節的問題：練習中的表現，跟未來練習或競賽中的表現之間是有差異的，我們要如何解釋我們觀察到的差異？具體來說，雖然與位置及功率進步相關的結構性（邊緣）適應，有改變身體的持續影響力，與模式改變相關的神經性（中樞）適應穩定度通常就低得多，而且對於引起這些變化的條件高度敏感。換句話說，如果我們伸展做得夠多，我們會變得很靈活；如果我們舉重做得夠多，我們就會變壯。然而做出某個動作模式的行為，並不保證它達到最佳狀態。

要證明這一點，不用捨近求遠，就回想某一回你觀察到某個運動員的動作模式在一週之初有明確進步，接著卻在同一週結尾徹底倒退回原來（不想要的）模式。這種場面對教練跟運動員來說都太常見了，而且指出短期的運動學習表現，跟它的長期持續表現之間，存在著某種根本的差異。為了理解為什麼（對於一個運動技巧而言）劇烈的改變並不總是會持續，我們需要建立好幾個定義。為了框架出這些定義，請思考下面這些故事：

▶ 故事 A

一位運動表現教練跟一位運動員共事，要進行奧林匹克舉重。這名運動員是大學足球訓練計畫裡的新鮮人，從來沒有被教練指導過怎麼正確地舉重。在跟這位運動員合作幾週以後，教練辨識出一個持續的趨勢。具體地說，在教練提供個人化的提示教導運動員的時候，他的反應很正面，在技術上有明確的進步。然而任何改變都是短暫的，教練注意到運動員的技巧很快退步，在後續訓練時間裡回到本來的基線上。

▶ 故事 B

一位私人教練要修正一位客戶的深蹲。客戶告訴這位私人教練，他／她跟孩子玩的時候膝蓋會痛。在評估過客戶的深蹲技術以後，這位私人教練注意到客戶的膝蓋在向下做深蹲的時候往內夾了。辨識出這可能是造成問題的因素以後，私人教練嘗試提示客戶脫離這個模式。儘管他告訴客戶「讓膝蓋對齊腳趾」，還有「把膝蓋往外推」，客戶在一次又一次訓練時間裡繼續回歸老習慣。在諮詢過一位同事以後，私人教練轉換策略，在客戶膝蓋上方加了一條短彈力帶，然後鼓勵客戶在深蹲時「保持彈力帶緊繃」。新的策略導致客戶的深蹲模式有了明顯可見的變化，在幾次訓練時間以後，無論有沒有彈力帶或私人教練的提醒，這種變化都很輕鬆地維持下去。

對許多教練來說，故事 A 跟故事 B 中呈現的場景都極其熟悉。我們可以在每一位練習狀況很

好、正式表現很差的運動員身上，看到故事 A 的反響，而故事 B 則捕捉到每位教練在追求的結果。所以，為了幫助教練們把他們旗下運動員的故事從 A 轉移到 B，我們必須要理解這兩種場景中的基本差別。

運動能力 vs. 動作學習

故事 A 跟故事 B 之間的決定性差異在於結尾。也就是說，在故事 A 裡教練很困惑，因為運動員只能在有人提醒他這麼做的時候，表現出期望中的水準。相對來說，故事 B 裡的私人教練改變了他的教練策略，能夠刺激客戶的深蹲技術產生持續的改變。在兩個故事裡，教練跟私人教練都能夠改善**運動能力**，這裡指涉到的是運動行為裡的短期改變，在練習時間中或者剛結束時可以被觀察並測量到，然而只有那位私人教練能夠促進**動作學習**，這反映在能夠支持長期保持運動技巧的運動行為，有了相對來說較為持久的改變（15）。因此，就如同故事之間的區別所強調的，運動能力上的改變並不必然指出動作學習上的改變。更有甚者，在練習的脈絡中，有許多方法已被證明能夠改善運動能力，然而只有精選的少數方法一貫地提振長期的動作學習。基於這個理由，我們會把注意力轉向定義用來發展並評估運動技巧的脈絡，提供教練一個自然的架構，用以評估他們的教練指導方法有效性。

獲取階段 vs. 記憶保留階段

在兩個故事裡，都有一段時間是運動員跟客戶練習一種運動技巧，同時從他們的運動表現教練與私人教練那裡接收訊息。在這種最初的練習期間，無論是單一的練習時段或者一連串的練習時段，描述的都是**獲取階段**（acquisition phase）。這個運動技巧發展階段的常見特徵，是教練會在事前提供運動員指示，接著在動作進行以後會給出回饋。此外，教練可能也會操縱運動技巧中的某些特徵（如故事 B 中在膝蓋上方加一條短彈力帶），幫忙鼓勵做出一個想達到的改變。實際來說，任何影響一種運動技巧的嘗試，無論是透過顯性或隱性的手段，都可以被看成獲取階段的辨識性特徵。因此，就算是在已學會動作的例子裡，嘗試進一步改善運動表現，就算是重新進入獲取階段的範疇。

雖然教練通常會利用在獲取階段中的變化當成進步的指標，動作學習的終極評估，需要一段發生在未來某一刻的**記憶保留階段**（retention phase），此階段處於相關的脈絡之中，而且沒有任何教練指導的影響。舉例來說，在故事 A 裡面，每個練習時段都可當成是一個記憶保留階段，這時教練能夠在提供指示以前監看運動員執行奧林匹克舉重。然而教練要是很快提醒運動員關鍵性的提示，那麼教練就會失去直接評估記憶保留的機會，也因此無法評估學習成果。因此，如同我們會在下一節裡看到的，我們必須小心，不要假定現在由教練導入的改變，就是未來運動員會持續擁有的改變。

第三部分：區別

　　對我們許多人來說，最難忘的童年經驗之一，就是學習如何騎腳踏車。我知道這點，所以在我女兒終於要學騎她的第一台兩輪車的那天來臨時，我從自身經驗中召喚出似乎有用的記憶。雖然我不想讓她到頭來撞進灌木叢裡，就像我第一次自己騎車時那樣，我確實承認我爸用來教我的那套方法很有價值；其中包括簡單的提醒，像是「專注於前方」、「踏板踩到底」，還有「維持腳踏車平衡」。備妥了這些提示，還有我爸的聲音在腦中迴盪，強調「就試試看」的重要性，我們出發到公園去開始練習。

　　一如預期，前幾次練習時段的特色是我女兒大喊「別放手」，而我一再重申「我不會」，同時慢慢地讓她在我沒有出手支撐的狀況下騎車。免不了的是，她的自在與平衡感逐漸增長，而她很樂意讓我跟在她旁邊跑。在導向這一刻的前幾週裡，有個現象不斷出現。我女兒會結束一個練習時段，在她的騎車能力上取得小小的進步，接著她在下個練習時段開始時，明顯比上次我們結束時更進步。也就是說，她在一個練習時段裡體驗到的進步，在我們下次練習之前的預備階段裡（通常是間隔幾天），似乎增幅了。我女兒因為終於學會騎腳踏車的事實而心滿意足，我則很興奮地看到最重要的運動學習原則之一在運作。

　　對於任何在學習新技巧的人來說，這項觀察都很常見，它是**表現─學習區別**（performance-learning distinction）的一個完美範例，這種區別對照了通常在教練影響下促發的運動技巧短期改變（亦即運動能力），以及無論教練是否在場都能表現出來的長期改變（亦即動作學習）（7、13）。因此，我在一個練習時段裡從我女兒的運動能力上觀察到的改善，並不代表已發生的動作學習整體來說達到什麼程度。這對教練們來說是一項重要考量，因為我們常常從單一練習時段裡看到的進步，來評估我們的有效性。然而正如前一小節裡討論過的，這樣很輕率，因為已經有證據指出，單次運動能力改變不足以代表長期動作學習的成效（3、15）。

　　在為最後這一點提供證據之前，先讓我們考量三種可以藉著表現─學習區別來解釋的結果（見圖1.4）。第一種結果是，在獲取階段達成的運動表現，優於記憶保留階段的運動表現。這是故事A裡的狀況，運動員的舉重技巧在教練能做提示的時候（亦即獲取階段）是有效的，然而一旦移除教練指導的影響（亦即記憶保留階段），很快就退步了。身為教練，我們需要很快發現這種狀況，因為運動能力上的退步是一種跡象，指出運動員要不是依賴我們的教練策略，就是沒有適應我們設計的學習環境。第二種可能的結果是，在獲取階段達成的運動表現在記憶保留階段維持住了。這是故事B裡的狀況，客戶深蹲技術的改善，從獲取階段維持到記憶保留階段。這種運動能力的維持或者穩定，通常是一種強烈的暗示，指出雖然記憶保留跟因此產生的學習已經發生，如果需要進一步的改善，教練策略或課程安排是必要的。第三種可能的結果，就像我女兒學騎腳踏車時的狀況（故

事C），是記憶保留階段的運動能力比獲取階段更好。這第三種結果在學習新技能的人身上很常見，這是好的跡象，顯示教練已經使用了有效的教練指導策略，因為練習條件所鼓勵的運動系統改變，只有在一段時間的記憶儲存與運動適應發生之後，才會完整實現。

圖1.4描述的三種場景，提供了某種學習上的GPS，告訴教練這位運動員是否朝正確方向移動。這個資訊會幫助教練，根據運動員落在這個連續狀態上的哪個位置，來重新導引教練指導策略。更進一步說，在這些記憶保留階段，教練們被鼓勵要一貫地使用動作模式與運動能力成果，

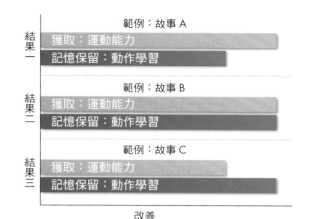

圖1.4／可能從一項學習刺激（獲取階段）跟學習刺激的評估（記憶保留階段）之間浮現的三種可能結果。每個結果都代表討論過的其中一個故事，在此結果一代表故事A，結果二代表故事B，結果三代表故事C。

來評估動作學習。假設有個跟運動技巧相關的度量系統（例如舉起的重量、跑一段距離所需的時間，或者傳球精確度），教練要察看在動作模式或能力中有沒有正面變化。

在應用這個策略的時候，教練們可以利用我喜歡稱為「沉默組數（silent sets）」的作法。舉個例，就說那位在故事A裡的教練嘗試了對於奧林匹克舉重的新提示，想要看看這些提示是否導致進步的運動技巧記憶保留。為了測試這一點，教練沒有在一個後續的訓練時段裡立刻提醒運動員這些提示，反而會利用一個或更多個沉默組數；這時他們一語不發，就只是觀察運動員做這個動作。如果運動員維持或者改善了在先前訓練時段裡看到的變化，那麼教練就可以很有信心，學習已經發生了。反過來說，如果運動員仍然在退步，那麼教練就知道運動員需要更多時間才能完全適應，或者他們可能需要演化他們的教練指導策略。到最後，運動員應該會開始重視沉默組數，因為這是一種機會，讓他們的教練（還有他們自己）看出他們精通了某個動作，或者還在半途中。

現在既然我們已經確立跟表現—學習區別相關的關鍵詞彙，就讓我們來檢視兩個研究範圍，一瞥這種區別如何運作吧。

練習與學習

你有看過籃球隊或足球隊練習嗎？如果有，那你毫無疑問看過運動員列隊經歷操練——投球、踢球與傳球——執行一次又一次的重複動作。乍看之下，這種身體形式的死背式記憶法，跟一個人小時候用來學習字彙的方法很像：第一步，把一個字寫在索引卡的一面，然後把定義寫在另一面；第二步，瞪著那個字跟定義，直到你認為你能夠記住為止；第三步，出聲拼出那個字，指出定義；然後是第四步，檢查你是否正確，然後重複。雖然在突發小考之前不久用上這招收效良好，如果老師在三天後突然來個記憶保留測驗，要求你在一句話裡用到每一個字，就不太可能奏效。如同我們

會看到的，運動也不例外，人的練習方式，在很大的程度上決定了他們打得有多好。

「有種最佳方法可以設計練習、從而支持學習」的觀念，在過去四十年的大半時候，一直是研究人員、教練跟教師很感興趣的領域（14）。研究人員原則上同意，如果學習要達到最佳程度，練習需要對運動員施加某種**理想程度的困難**（1）。雖然此說可能乍看違反直覺，但一個孩子的觀點有助於揭露背後的邏輯。

我兒子三歲時看到他姊姊完成了幾個簡易拼圖，隨後就開始對拼圖感興趣了。雖然他還沒準備好面對他姊姊在拼的一百片公主宮殿拼圖，他已經很能夠應付他舊有的八片木頭拼圖了。在他攻克了幾個這樣的拼圖以後，他很快就變得興味索然，去找其他更有挑戰性的東西。他幫助他姊姊的嘗試失敗了，表示他還沒準備好拼一百片拼圖；然而他肯定能夠拼完描繪出某些他最愛的迪士尼角色的二十片拼圖。雖然簡單，這個例子描繪出關於學習的兩項基本真理。第一，你必須對你在學的事情感興趣，第二，需要有某件事情讓你學習。也就是說，一旦八片拼圖不再帶來挑戰，我兒子就失去興趣了，因為沒有任何新事物可學。同樣地，在面對一百片拼圖的時候，他還沒發展出處理這種複雜性的必要技巧，因此在反覆失敗以後也失去興趣。然而給他二十片的拼圖，他的興趣就被激發了，因為這裡有個新挑戰能夠激勵他，他也有能力克服。

金髮姑娘原則

這個故事捕捉到了一般所說的**金髮姑娘原則**（Goldilocks principle），這種原則提出的看法是，一個特定的暴露經驗（例如暴露於困難狀況中）需要在某個特定頻寬之內（亦即「剛剛好」），以便鼓勵一個期望產生的變化（例如學習）。在運動學習中，這個觀念被轉譯成關達尼奧利與李（Guadagnoli and Lee）（5）所說的**挑戰點假說**（challenge point hypothesis），這個假說提出學習是學習者可得資訊的結果（見圖1.5）。換句話說，如果資訊太少或太多，學習就有限制，而在可得資訊與學習者準備吸收的程度相符時，效果會最好。從實際層面來說，一項任務的相對困難度，決定了對學習者來說有多少資訊是可用的。所以，如果我是某件事情的新手，一個小挑戰起初會導致很大的學習影響，因為我能夠吸收關於一項任務（例如打出T座上的棒球）的所有可得資訊。然而如果我在面對的是一個超出我能力範圍的挑戰，那麼我就無法吸收提供給我的過量資訊（例如打中扔過來的棒球）。反過來說，如果我是處於光譜另一端的專家，對我來說的挑戰需要夠高，才能從某個既定運動技巧（例如打出真人投手投的球）裡抽取新的資訊。說到底，資訊無論是內隱的還是外顯的，都是來自逐漸解決難題的獎賞，或者在我們的例子裡，是解決動作問題所得的獎賞。身為教練，我們的工作是創造出讓運動員稍微超出舒適圈之外的學習條件，確保他們總是有新鮮劑量的可用資訊。

練習多變性

為了進一步證明練習環境的重要性，讓我們考慮波特（Porter）與同事們所做的一連串研究。

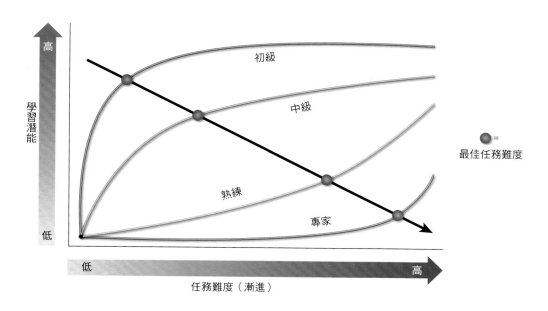

圖 1.5／挑戰點假說。
經過許可改編自關達尼奧利（M.A. Guadagnoli）與李（T.D. Lee）的文章，〈挑戰點：概念化運動學習中多種練習條件的一種架構〉（"Challenge Point: A Framework for Conceptualizing the Effects of Various Practice Conditions in Motor Learning,"），刊登於《運動行為期刊》（*Journal of Motor Behavior*）第三十六期第二號（2004 年）：212-224 頁。

以理想程度的困難（desirable difficulty）的概念為基礎，波特與麥吉爾（Porter and Magill）（10）檢視了一般被稱為「情境干擾」（contextual interference）的練習多變性，對於一群新手的籃球傳球準確度有何影響[3]。參與者被拆成三組：一個是低變化小組，他們進行「每組傳球一次」這種型態（例如雙手過頭傳球）的反覆練習，然後逐漸進行到有第二還有第三次傳球的型態（也就是段落練習〔blocked practice〕組）；一個是高變化小組，以隨機次序進行全部三種傳球型態的練習（亦即隨機練習組）；還有一個漸進組，有著從低變化（亦即段落練習）到高變化（亦即隨機練習）的練習結構。後來得到波特與賽米（Porter and Saemi）（11）證實，又有波特與貝克曼（Porter and Becker-man）（9）的延伸研究結果顯示，雖然在獲取階段，各小組之間並無差異，到了記憶保留階段，漸進組表現優於段落練習組與隨機練習組（見圖1.6）。這表示比起只是在低變化或高變化條件下練習，有系統地增加練習多變性（亦即金髮姑娘原則），會讓運動學習變得更好。

3　練習多變性跟情境干擾，都是用來形容練習時段中情境改變有多頻繁的詞彙。因此，舉例來說，如果一位教練要讓運動員們做個練習，而他們一整季都在做完全相同的這一種傳球練習，那麼我們會說，這裡只有最低度的練習多樣性。相對而言，如果一位教練時時刻刻都在改變訓練內容，那我們會說這個時段有高度練習多樣性。現在，正確分量的練習多樣性依運動員的技巧水準而定；然而在原則上，我們知道隨著某個人能力的進步，他們會獲益於練習多樣性的增加。如果你考量到大多數運動，尤其是團隊運動，就本質上來說就是多變的，那這個發現應該就很合理。

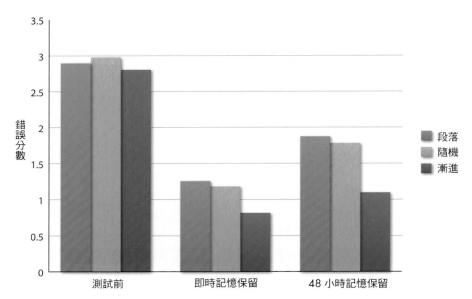

圖 1.6／測試前、即時記憶保留測試、還有四十八小時記憶保留測試的平均絕對誤差（average absolute error，簡稱 AE）分數。
經過許可重印自 J・M・波特（J.M. Porter）與 E・賽米（E. Saemi），〈在情境干擾中，中度熟練學習者因為系統性增加練習而獲益〉（"Moderately Skilled Learners Benefit by Practicing With Systematic Increases in Contextual Interference"），《教練指導科學國際期刊》（International Journal of Coaching Science）第四期第二號（2010），61-71 頁。

　　這個研究跟其他類似研究，提供我們第一批清楚的範例，說明表現─學習區別的運作狀況（2）。就算低、高跟漸進的練習多變性，在獲取階段導致的表現類似，在記憶保留階段評估學習狀況的時候，這種相似性就消融了，結果對漸進練習多變性比較有利[4]。因此從教練觀點來看，我們看到練習的結構直接影響到長期的運動學習。這是照著運動員現有的運動表現程度，來操縱練習多變性的結果，而藉著正確程度的多變性或挑戰，讓運動員保持投入，並且讓他們隨著任務相關的資訊來調節注意力（4）。如同我們會在下一節開始看到的，這種注意力調節不只是支撐著有效的練習設計，也支持著有效的教練指導。

教練指導與學習

　　如果你是學習教練指導的學生，你免不了會先看到一支叫做「來自 J・C・安德森的歡樂高爾夫球小撇步」（"Funny Golf Tip from J.C. Anderson"）的影片（21）。雖然這個對於教練指導提示的諷刺影片很誇張，它也熟悉得驚人，因為它傳達出大多數教練在職涯後段開始領悟到的些許真理。身

4　傳統上來說，情境干擾研究檢視的是段落練習跟隨機練習之間的差異，證明雖然段落練習支持較佳的短期表現，隨機練習卻傾向於支持較優越的長期學習（亦即表現─學習區別）。然而我們無法把所有練習設計都化約成段落、隨機或漸進；如前所述，我們反而必須讓運動員還有他們在學習的技術，搭配上正確程度的多變性。話雖如此，如果我們讓一個訓練時段變得太容易，或者太常變得太容易，我們就有被虛假安全感拐騙的風險：事實是，運動員練習時乍看在進步，就只是「在比賽時還沒搞清楚狀況」。

為教練，我們很容易落入說得太多、太頻繁的陷阱裡（在我的職涯早期肯定如此）。舉例來說，你有沒有提出關於深蹲的長篇說教，結果只是讓你的運動員回頭望著你問「所以你要我幹嘛？」，或者給你的運動員一個臨時短跑演講，結果只是讓他們做出跟你期待中正好相反的事？這些例子是教練指導可能怎麼搞砸的少量樣本，捕捉到教練可能有多容易就在無意中誤用語言——常常根本搞不清狀況。相對來說，一位教練如果很熟悉教練指導語言與運動技巧學習之間的交叉點，就會了解要說什麼、何時說，還有說多少，才能鼓勵隨著時間穩定下來的進步。為了闡明這一點，讓我們看看教練指導對話裡的「說什麼」部分，並且凸顯另一個「表現—學習區別」產生作用的例子。

教練指導提示

為了檢視教練語言（亦即「說什麼」）對於運動表現與學習的影響，我們會考慮來自嘉布莉葉·沃爾夫（Gabriele Wulf）的兩項研究；她是一位研究者，等你讀完這本書，你會變得對她相當熟悉。沃爾夫很有興趣知道不同種類的教練指導提示對學習排球發球的影響，她跟同事們邀請一群沒有排球經驗的**新手**，還有一群有些許排球經驗的**進階**參與者，來參與他們的研究（19）。任務要求參與者在一個排球場的右側就位，然後發球過一張標準網，設法打中一個設置在球場對面、長寬各三公尺的目標中心區（外圍有一圈長寬四公尺、還有一圈長寬五公尺的目標區，打中每個目標區各會拿到三、二、一分，如果打出目標區外則是零分）。有一半的參與者（亦即一半的新手跟一半的進階者）會有教練指導介入：他們會接獲關於身體動作的教練指導提示，這被稱為**內在焦點**（internal focus），另外一半接獲的教練指導提示則跟他們設法達成的成果有關，這被稱為**外在焦點**（external focus，見表1.2a）。給出的教練指導提示跨越兩個練習時段（獲取），彼此相隔一週（見表1.2b）。參與者進行五組、每組五次的發球；在每一組動作後，一位實驗人員會以他們最明顯的技

表 1.2a ／內在與外在提示同時應用在新手與進階參與者身上

內在焦點	外在焦點
把球拋高到擊球**手臂**前的位置。 在擊球時猛扣**手腕**，製造出球的前向轉動。 在擊球前不久，把你的重量**從後腿轉換到前腿**。 弓起**背**，先讓**肩膀**加速，然後是**上臂**、**下臂**，最後是你的**手**。	把球直直**拋起**。 想像在你手裡握著一個碗，然後**用呈杯狀的手擊球**，製造出球的前向轉動。 在擊球前不久，把你的**重量轉換到朝著目標**。 就像甩鞭子一樣地**擊球**，就像騎師騎馬一樣。

表 1.2b ／排球教練指導研究設計

獲取		記憶保留
第一天（第一週）	第二天（第二週）	第三天（第三週）
五組練習×五次發球 每組發球練習（共五組） （二十五次發球）之後給予個人化提示	五組練習×五次發球 每組發球練習（共五組） （共二十五次）之後給予個人化提示	三組練習×五次發球 沒有提示、促發或提醒 （發球十五次）

術錯誤為基礎，給參與者單一的、個人化的教練指導提示（外在或內在）。在第二次練習時段之後一週，參與者回來完成一個發球十五次的記憶保留測試，這時候不會給他們任何提示、促發或提醒（見表1.2b）。一如預期，進階參與者表現勝過新手，這跟他們屬於內在還是外在焦點組無關。然而有趣的是這個事實：在進階組與新手組裡，接收外在焦點提示的人拿到的精確性分數，都比接收內在焦點提示的人更高。而且，這個運動表現上的差異在記憶保留測試裡還拉大了，顯示出採用外在焦點的人有明確勝過內在焦點組的學習優勢（見圖1.7）。

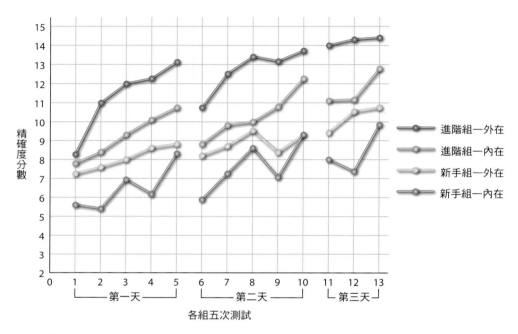

圖1.7／跨越內在與外在焦點組的進階與新手參與者的擊球精確度結果。經過許可重印自G・沃爾夫，N・麥考內爾，M・加特納與A・史瓦茲（G. Wulf, N. McConnel, M. Gartner, and A. Schwarz），〈透過外在焦點回饋增強運動技巧學習〉（"Enhancing the Learning of Sport Skills Through External-Focus Feedback"）《運動行為期刊》（*Journal of Motor Behavior*）第三十四期第二號（2002）：171-182頁。

在一個跟排球實驗一起出版的後續研究裡，沃爾夫跟同事們把他們的發現延伸到足球場上。這次他們徵召了有**一些**足球經驗但不到進階程度的大學生。這個任務要求參與者把一顆足球踢向掛在15公尺（16碼）外的一個目標（方形標的長寬各1.4公尺，懸在離地1公尺〔1.1碼〕的地方；中央目標區是長寬各80公分，有兩個外圍區，每一個都是15公分〔6吋〕寬；擊中各區，由裡到外分別會得到三、二、一分，如果踢到目標區外就是零分）。參與者隨機被分配到四個小組的其中一組：有一個外在焦點組在每次試踢後都會得到一個教練指導提示（100%外在組），另一個外在焦點組則是每三次有一次會得到教練指導提示（33%外在組）；有一個內在焦點組會在每次試踢以後都得到一個教練指導提示（100%外在組），另一個內在焦點組則是每三次有一次得到教練指導提示（33%內在組）（見表1.3a與1.3b）。教練指導提示是在單一練習時段中給出的（獲取），在一週後有一個

記憶保留測試。練習時段分成六組，每組踢五次，記憶保留測試則分成兩組，每組踢五次。跟排球研究一樣，實驗人員根據參與者被指定的提示頻率（100%或者33%），提供參與者單一、個人化的教練指導提示（外在或內在）。結果再度顯示兩個外在焦點組在練習時段裡，達到的整體踢球準確度超過兩個內在焦點組；外在100%組表現類似外在33%組，而內在33%表現超越內在100%組。在記憶保留測試裡，精確度繼續改善，而每一組的相對表現仍然保持不變（見圖1.8）。

表 1.3a ／以 100% 與 33% 的回饋頻率，分組提供的內在與外在提示

內在焦點	外在焦點
把你的**腳**放在球的中線下方以便舉球。 把你的體重跟不踢球的那隻腳放在球後面。 **鎖住**你的**腳踝**，並且用腳背擊球。 在你把你的腿**往回擺**的時候保持**膝蓋彎曲**，然後在接觸前**伸直**你的**膝蓋**。 為了擊球，**腿**的擺動應該盡可能拉長。	**踢球**的中線下方以便舉球；也就是說，踢球的下方。 **維持在球的後方**，不要超過它，而且要往後傾斜。 **朝向目標擊球**，就好像要傳給另一個運動員。 在**接觸球**以前，用像是揮動高爾夫球桿那樣的長槓桿動作。 為了**擊球**，創造出一種鐘擺運動，盡可能拉長時間。

表 1.3b ／足球教練指導研究設計

獲取	記憶保留
第一天（第一週）	第二天（第二週）
六組 X 五次踢球 每次踢球 100% 得到個人化提示（共 30 次） 每三次有一次，33% 得到個人化提示（共 10 次） （30 球）	二組 X 五次踢球 沒有提示、促發或提醒 （10 球）

　　整體而言，這些研究凸顯了所有運動學習中最有力的發現之一（17）：比起往內聚焦於動作過程本身（例如「鎖住你的腳踝」），往外聚焦於動作環境（例如「踢球的下方」）或者結果（例如「朝向目標擊球」），無論是用字面意義的語言還是類比來輔助，都一樣導致更優越的運動表現與學習。如同我們在足球研究裡所看到的，這個發現極其有力，以至於我們實際上看到參與者因為減少暴露於內在提示中而獲益（也就是說，在練習與記憶保留階段時，內在33%組表現優於內在100%組）。

　　不同於練習多變性，從內在焦點到外在焦點的漸進式轉換是否有理由根據，似乎還沒有一個中間立場，雖然這還有待明確的研究。反之，在嘉布莉葉‧沃爾夫巨大的貢獻之下，超過二十年的研究一致證明，教練應該鼓勵運動員在動作時採納外在注意力焦點（17）。透過這個做法，教練們不只會在練習時提升改善的表現，更重要的是還會提升學習的持久性。所以，我們有了第二個表現—學習區別的範例，這個範例闡明了這個事實：不只是練習的內容在決定學習狀況，一個人的心靈內

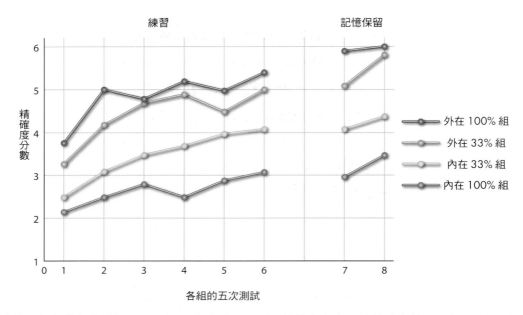

圖1.8／跨越內在與外在焦點組，33%與100%的時間得到回饋的參與者踢球精確度結果。經過許可重印自G‧沃爾夫，N‧麥考內爾，M‧加特納與A‧史瓦茲（G. Wulf, N. McConnel, M. Gartner, and A. Schwarz），〈透過外在焦點回饋增強運動技巧學習〉（"Enhancing the Learning of Sport Skills Through External-Focus Feedback"）《運動行為期刊》（*Journal of Motor Behavior*）第三十四期第二號（2002）：171-182頁。

容也是。

　　而我們接下來就會轉向最後這一點。儘管有超過二十年的研究支持採用外在焦點對於學習的益處，證據跟我自己的經驗都指出，較廣大的教練社群（例子見12）與復健社群（例子見6）對此的理解發展得很慢。因此，我們會把本書剩下的頁數，都奉獻給理解教練語言如何影響注意力，然後又接著影響一個人對運動技巧學習的注意力。我會嘗試讓看不見的東西變得看得見，向教練、訓練師跟治療師一起展示要如何質詢他們最常用的教練工具：他們的聲音。

總結

　　許多人認為約翰‧伍登（John Wooden）是有史以來最偉大的教練之一，他的名言是「在他們學會以前，你不算有教」。伍登教練的話放在這一章的敘述裡正恰如其分，指出了無論你的頭銜是什麼──教練、訓練師或治療師──你都要負責創造出讓學習成功的條件，所以你首先是一位教師。心懷這個重責大任，我寫下這本書給每個教導動作的人，還有那些想要變得更擅長教學的人。無論你是一位在培育對運動初生熱愛的體育老師、是一位幫助別人重拾動作獨立性的物理治療師，還是一位設法幫助運動員推進動作可能性邊界的教練，這本書都會提供你必要的工具，去創造難忘的學習。

　　我們的旅程開端，是檢視一個我們稱為3P運動表現檔案的心智模型。如同你會想起的，3P是**位置**、**功率**跟**模式**，整體而言會引發**運動表現**。既然這是一本完全聚焦在語言跟運動技巧學習上的書，我們用一輛車跟駕駛的類比，來框架運動學習是什麼與不是什麼。比起車子所代表的身體周邊特徵（活動度、穩定性、肌力、爆發力等等），我們會聚焦在「駕駛」身上，他的功能就像是包含在神經系統內（尤其是大腦中）的中樞適應。因此，成功應用這些策略，在此包含要求我們預設自己在處理的是駕駛的問題，而不是車子的問題。這並不是說我們不會平行發展車子跟駕駛，我們會的。不過，為了最充分地利用此書，你必須能夠辨識出何時一個問題**可以靠教練指導解決**，所以會受到教練指導語言的影響，還有什麼時候一個問題**可以靠訓練解決**，所以需要持續的訓練刺激來克服一項身體限制。

　　接下來，我們探討的是運動學習的關鍵詞彙與情境脈絡。具體來說，我們證明了學習介入，或稱獲取階段，容許一位教練衡量並評估當下的運動表現，而長期運動學習的評估卻必須發生在延遲的記憶保留階段裡。我們把這個表現—學習區別，定義成從運動表現與運動學習之間浮現的差異，並且引用來自練習設計（亦即練習多變性）以及教練指導提示（亦即提示）這兩個領域裡的證據。除此之外，注意力，或者注意力焦點，也可能是一種影響學習的媒介，因為它關聯到解釋練習多變性（7）與有效提示（18）益處的理論。因此，在第二章裡，我們會把我們的焦點轉移到注意力，並且開始分析自主動作下的認知現象。

付出注意力

注意力：入門

你是否曾經一覺醒來，發現自己突然可以講並且理解一種新語言？或者你是否曾經在鋼琴前面坐下，彈出的不是讓你心生懷舊之情的小蜜蜂，而是從你指尖下神奇地跳出貝多芬的第五號交響曲？你很可能會說不，因為醒來發現自己有這些新生的能力，會很快向你暗示你根本還沒睡醒，因為這些事情只有夢中才有。而雖然未來可能有一天下載一項新能力就跟下載一個新的app一樣容易，就現在來說，我們必須接受我們就是要用老方法學運動技巧：透過練習來學。

然而，就像我們在第一章結尾討論過的，如果我們想要持續改善運動技巧學習，光練習是不夠的。練習的品質反而需要被看得跟練習量一樣重要，甚至更重要（16）。不過什麼算是高品質的練習，還有我們在整個過程中付出注意力的方式，會如何影響到它？要回答這個問題，稍微探究一下日益漸增的專業技術研究證據是有幫助的做法。

發展專業技術

安德斯・艾瑞克森（Anders Ericsson）博士是一位生於瑞典、目前在佛羅里達州立大學工作的心理學家。雖然艾瑞克森博士在好幾項科學領域裡做出了顯著的貢獻，他最知名的是他針對練習如何影響專業技術所做的研究。在他們開創性的研究〈刻意練習在成為專家表現中扮演的角色〉（*The role of deliberate practice in the acquisition of expert performance*）裡，艾瑞克森博士及他的同僚（16）從西柏林音樂學院招募了三批小提琴手。按照年齡與性別分組，以他們在音樂教育系註冊時的狀況為基礎，有十位小提琴手被鑑定成「最佳小提琴手」；有十位是「優良小提琴手」；還有十位被認定為「音樂教師」。在三次面試的過程裡，學生們提供研究人員資訊，說明他們何時開始拉小提琴，還有他們從開始練琴以後每年累積的單人練習平均量。這個資料讓艾瑞克森跟他的團隊得以辨識出來，是累積的練習量還是練習習慣解釋了音樂能力上的差別。

這個現在很知名的結果，顯示出一個明顯的趨勢。「最佳小提琴手」累積的單人練習時數，在他們十八歲的時候（平均7410小時）明顯多於「優良小提琴手」（平均5301小時），兩組人累積的

練習時數都遠比「音樂教師」組來得多（平均3420小時）。這個發現得到的進一步支持，是由針對十位「專業小提琴家」的二度分析所提供的；他們是柏林兩個國際知名交響樂團的成員。跟「最佳小提琴手」類似，這些專家到他們十八歲的時候，平均累積了7336小時的單人練習時數。因此，資料清楚顯示單人練習時數的累積，解釋了一部分的專業技術之道。

艾瑞克森的論文被引用超過8000次，而且激發了對於練習與專業技術之間的交叉點更進一步的探究，而且明顯強調運動方面的專業技術。舉例來說，貝克、哥提與亞博涅西（Baker, Côté, and Abernethy）（4）發現，比起非專業（省級或者州級）團隊運動員對於特定運動的練習時數（～2900小時），專業（國手程度）團隊運動員明顯累積更多（～5709小時）。進一步說，專業運動員在他們得到國家隊資格的時候，每週練習他們的運動二十小時，然而非專業運動員在參與運動相同年份的時候，每週練習時數只達到九小時而已。

雖然邏輯指出，練習時數是決定專業技術發展的主要因素，研究人員同意，練習的品質是關鍵。舉例來說，在使用同一組資料的後續出版研究裡，貝克、哥提與亞博涅西（5）證明了跟非專業運動員比較，專業運動員花了明顯較多時間競賽、練習並且接受個人化指導，在此同時非專業運動員卻花明顯較多時間跟朋友打球、重量訓練、做有氧體能運動。瓦德、霍吉斯、史塔克斯與威廉斯（Ward, Hodges, Starkes, and Williams）（51）肯定了練習時數花在哪裡、如何使用的重要性，他們發現比起年齡跟經驗相同的業餘足球員，菁英選手不只是花更多時間練習，他們還特別去參與包含較高程度決策活動的練習。

基因因素給予每位運動員獨特的身心工具箱（例如身高、體重、身體形態與人格）（25, 48），雖然我們無法低估這種影響，但毫無疑問，累積的時數以及高品質練習的時間，是專業方程式的根本部分（31）。因此，檢視有效練習的基礎特徵，並且辨識出注意力的調節性角色，是很重要的。

刻意練習

雖然艾瑞克森跟其他人清楚證明了練習的質與量都很重要，大眾媒體卻揪著「一萬小時定律」這個誘人的想法不放。許多人相信，這個詮釋是來自麥爾坎·葛拉威爾（Malcom Gladwell）在他的書《異數》（*Outliers*）（53）裡，對艾瑞克森的作品所做的總結，無意中暗示專家技術就在一萬小時的短程旅行之外。投入你的時間，然後你也能變成專家。這個觀念雖然很吸引人，卻有個小問題——這是假的。

艾瑞克森在他自己的書《刻意練習》（*Peak*）裡糾正了這個想法，他說「這個法則非常吸引人……可惜，這條法則有諸多錯誤……卻是現在許多人對練習成效的唯一了解。」（14）（中譯本 p. 155）事實是，在許多研究、特別是針對團體運動的研究中，已經證明了要達到專家等級的表現，必要的練習時數有很大的變化性，有許多例子都引用了在不到一萬小時內達到國手級資格的狀況（24）。因此，如同艾瑞克森在1993年的論文裡指出的，「專家表現者跟正常成人之間的差異，反映

出在一個特定領域裡花一輩子時間刻意努力改善表現」。（16）這句引言反映出刻意練習的原始定義，指出基礎的有效練習是一種刻意而為的聚焦努力。強調這項特徵的艾瑞克森，擴充了**刻意練習**的定義，提出它「包括提供立即回饋，問題解決與評估的時間，還有重複表現以便精修行為的機會」（15）。建立在這個定義上，艾瑞克森推薦刻意練習中要包括清楚的目標、一個明確的焦點、有相關性的回饋，還有程度適中的挑戰（見圖2.1）。

圖2.1／安德斯・艾瑞克森的刻意練習模型中的首要與次要特徵。

目標

　　艾瑞克森指出目標設定是刻意練習的四大支柱之一，這不令人訝異，因為目標設定對於表現的正面影響，是心理學上最穩固的發現之一（29）。界定清楚的目標把意義帶進學習環境中，而這自然就會指引我們對什麼事投入注意力。

　　在1993年的論文裡，艾瑞克森博士及同僚（16）描述了影響表現的目標性質。首先，目標幫助運動員把注意力導引到一項運動技巧中與目標相關的特徵上。舉例來說，如果我剛得知如何在打網球時用正手球回敬一記發球，那麼注視這顆球穿過擊球點，會比聚焦於步法或者手臂位置合理得多，因為後者是由前者所引導的。第二，比起簡單或含糊的目標，有挑戰性的目標導向更多的堅持與努力。回想第一章還有我們的討論：我兒子想要找出一套有適當挑戰性的拼圖。如果目標太容易，達成時的滿足感就比較少。而一旦達成目標後的滿足感沒了，努力跟堅持很快就會被侵蝕掉了。

　　雖然目標有許多種類，對發展運動技巧的目的來說，有兩個普遍範疇是相關的。給定一個情況，一位教練或運動員可以辨識出**過程導向目標**（process-oriented goal），它跟練習的運動技巧中

的一項特定技術特徵有關。舉例來說，想像一位英式橄欖球教練，想要改善一位球員的向左傳球速度。教練辨識出球員會花這麼長時間的理由，是因為一個往前畫圈的動作，而非直接把球橫越身體後出手。為了糾正這一點，英式橄欖球教練設計了一個場景，在其中球員往前移動的時候，一位防守隊員直接衝向他，創造出一種跟比賽相關的情況。教練接著提供一個簡單的提示，盡可能在最後一刻告訴球員把球傳到左邊。這個提示的功能是限制防守球員的奪球能力，並且迫使球員迅速而直接地傳球給他的隊友。教練繼續進行訓練，並且提供球員這個目標：完成十組成功的傳球，傳給在球員左側跑6.5碼（6公尺）的隊友。考量到教練可以改變防守球員用多快的速度接近進攻球員，任務難度很容易調整；每次重複之中所獲得的外在回饋，則肯定了這個場景的屬性足以鼓勵運動技巧表現上的改變（30）。

除了過程導向的目標以外，一個教練或運動員可以建立**成果導向目標**（outcome-oriented goals），這個目標聚焦於運動技能練習後的成果或結果。讓我們繼續談英式橄欖球的例子，假定球員成功地修正了自己的技術，從而改善了球出手的速度還有球的飛行路線。一個自然的進展，是把目標轉移到期望結果的一個特徵上。在這個例子裡，目標可能是**空間上的**（亦即精確度），需要球員傳球，好讓隊友在他們胸前接到球，而不是必須轉身去接球。或者目標可以是**時間上的**（亦即速度），而英式橄欖球教練可以用一把測速槍來確定傳球的實際速度。所以，教練可以設定界線，指出他要球員用多快的速度傳球，建立一個有適當挑戰的速度與精確度的關係。

雖然在一般狀況下，我們透過短期、中期與長期時間尺度的透鏡來看目標，刻意練習原則則會建議，我們應該找出可以應用在運動技巧練習重複階段的微目標。在本質上來說，這種作法把**為什麼**（目標）放在**做什麼**（行為）之中，並且提供導引焦點的必要條件。

焦點

在我女兒要五歲大的時候，她開始對樂高感興趣了。身為一個小時候愛玩樂高積木的人，看到我女兒從那堆小積木裡發現同樣的喜悅與奇想，讓我很興奮。在其中一次堆積木時光裡，我們在建造一個未來忍者城堡，而我隨口問我女兒學校情況如何。我女兒沒抬頭，全心全意在拼忍者惡棍，她說道：「爸，我在想辦法聚焦。可以拜託你等一分鐘嗎？」我同時感受到莞爾與訝異，我女兒的反應讓我想起刻意練習的第二項特徵：焦點的重要性。

直覺上來說，我們知道要聚焦於某件事，就意味著我們無法聚焦在每件事情上。這就是為什麼你在高速公路上遇到意料之外的車流時，你會停止跟你車上的乘客說話，或者把音樂轉小聲。同樣地，這就是為什麼圖書館很安靜，錄音室的音量很大，團隊運動只用一顆球，因為我們的注意力容量有內建限制。不意外的是，科學界早就理解到人能得到的選擇數量，跟他們做出選擇的速度之間有交換關係。這條原則被稱為**希克定律**（Hick's law）（30），它描述一個人用來做決策的時間，是他們可得選擇數量的一個函數。舉例來說，如果牆上有十個燈排成一圈，而你被要求迅速反應，在

那些燈亮起的時候（一次一個）拍下去，你會發現在有十個燈的條件下，你的平均反應時間，遠比完成只有五個燈的相同任務時慢上許多。如同我們隨後會討論到的，這個現象是注意力容量限制的一個函數，這解釋了為什麼分配注意力到十件事物上，遠比分配到五件事物上更困難得多。

從教練指導觀點，說出「那又怎樣」是相當簡單的：如果我們的運動員沒有聚焦於某件事（在理想狀態下就是正確的那件事），那他們可能因為任何事分心，尤其是在選擇數量提高的時候。所以，促進刻意練習的一個重要部分，就是**顯性地**透過使用口語提示來導引焦點（也就是說，「在你的下一次練習裡，我要你聚焦在X」）或者**隱性地**透過設計好的活動，把成功的結果連接到某個特定焦點上。在許多方面，有效的口語提示（這會是本書第二部裡的焦點）是經過偽裝的微目標。也就是說，對於一位短跑者來說的成果目標可能是在1.85秒內跑10公尺（11碼）；然而為了達成這個目標，教練可能會要求這位短跑者聚焦於「壓低姿勢，盡你所能快點衝出起跑架」。這個提示闡明每次、每組或每節訓練的微目標，可以被置入運動員採用的焦點裡，讓這些提示彼此相連到難分難解。

然而，如同諺語所說的，你可以把一匹馬牽到水邊，卻不能逼牠喝水。翻譯成教練語言，我們都知道我們無法一直提供答案，總有一天運動員需要自己參透事情。舉例來說，一個動作情境可能太過複雜，無法用單一口語提示來掌握住整個任務（例如一位四分衛需要掃視全場，選擇最適合的接球對象），或者我們可能希望運動員想出如何靠自己解決動作問題（例如在一對一練習裡，閃避一位衝過來的防守球員）。考慮到這些跟脈絡相關的動機，要幫助我們的運動員達成想要達到的目的，教練們需要理解如何建立只有在焦點得到正確引導時，才能夠解決的動作情境。

為了闡明最後這個論點，請試想這位教練的狀況：他想改善一位冰上曲棍球球員在一對一防守情境下，做出較佳選擇的能力。對教練來說很明顯的是，有時候球員在防守情境中會失去或者錯置焦點，而且被孤立在側翼的時候會變得很脆弱。證據指出這種類型的迅速決策，有一部分可以由運動員聚焦或專注於任務的相關特徵、同時屏棄不相關特徵的能力來解釋（22）。因此，我們的教練想要產生出一個動作情境，能提供這位冰上曲棍球球員機會，重新導正他／她的焦點，方法是改善他／她在一對一情境裡的防守決策。從防守追蹤的角度來看，我們知道一位球員的質心（center of mass，簡稱COM）是直接關連到他們身體最後的動作，還有身體會移動的方向（7）。所以一般來說，團隊運動中的專家會比非專家花更長時間聚焦於COM，或者軀幹，而結果顯示非專家比較容易被頭跟四肢的動作誤導（8）。知道這一點的教練，在邊牆（boards）跟中央冰區（center ice）之間創造出一道13碼（12公尺）的航道（動作區），並且把進攻翼鋒放在距離防守翼鋒16碼（15公尺）的地方（決策區）。為了操縱決策時間，教練讓防守翼鋒一開始背對著進攻方，只有得到警示要轉身的時候才轉身。實際上，教練吹了第一聲哨音來觸發進攻方的前向運動，第二次哨音則觸發我們的防守方轉身打球。到最後，我們這位球員的成功或失敗繫於他是否夠迅速解讀進攻方動作（亦即預期），並且運用這個資訊來進行防守調度，導致延遲的前向進展（forward progress）或者轉

移球權（turnover）。假定我們的球員身體夠快又夠強壯，在這個場景裡出現失敗，就直接反映出是焦點放錯位置或搞錯時機。因此，給予夠多的重複練習，來自成果的回饋就會制約球員正確聚焦，以便增加他／她的成功率。

　　無論是透過顯性還是隱性手段，我們在練習中聚焦的方式，或者練習鼓勵我們聚焦的方式，都對於接下來的學習品質有直接的影響。因此我們的目標與焦點，用途在於定義出某個特定反覆練習中的注意力焦點。教練有責任確保目標對於這種技術來說是恰當的，而且焦點跟目標有相關性。不過，既然運動技巧一直在演化，教練與運動員都需要及時的回饋，以便知道什麼時候重啟目標、更新焦點。

回饋

　　麥可・喬丹（Michael Jordan）以他勤奮不懈的工作倫理與練習態度著稱，他有句名言：「我的職涯中投籃不進超過九千次。我幾乎輸了三百場比賽。有二十六次，我受到託付要投出贏得比賽的一球，而我失手了。我人生裡曾經一而再、再而三地失敗。而這就是為什麼我會成功。」就像1990年代的許多孩子一樣，我把這句話貼在我牆上，但我一直沒體會到其中深意，直到我領悟到「沒有失敗，只有回饋」（羅伯特・艾倫〔Robert Allen〕的話）為止。

　　在刻意練習的所有內在成分之中，回饋是最根本的。少了回饋，運動員就沒有進步的感覺，在進步停滯的時候也無法做調整。幸運的是，有許多形式的回饋，其中某些是直接建立在運動技巧本身之中。具體而言，牽涉到一顆球或同等設備的運動，說到底都包含精確性元素，因此自然富含回饋。從籃球到羽毛球、板球到冰壺運動，對於一個得分嘗試（例如進入籃框或球門、擊中、落點控制，或者與一個目標的接近程度）是否成功，這些運動都提供了運動員立即的回饋。在同樣程度上，在帶來得分機會的動力流動中（例如傳球精確性、接球成功，或者某個防守或進攻決定的成果，像是英式橄欖球的陣線突破），這同一批運動對於行動的結果提供了寶貴的回饋。然而，運動並不必然需要一顆球來提供回饋。相反的，任何對於某個運動技巧的結果有內建感官資訊（亦即視覺、聽覺、觸覺及本體感覺）的運動，都可說是有**任務內部回饋**（task-intrinsic feedback）。

　　雖然所有運動技巧至少都有一個層次的任務內部回饋，這種形式的回饋，有時候不足以引出改善成果的運動表現改變（例如守門員開球的精確度）。因此一位教練的必要性，深植於這個事實：運動員需要來自外部來源的某種補充回饋，一般來說被稱為**擴增性回饋**（augmented feedback）。舉例來說，請考慮奠基於主觀得分判準（亦即裁判）的運動，它們跟客觀得分判準（例如得點、時間、距離或重量）的運動相反。前者包含體操、跳水跟花式滑冰，總是需要某種形式的外部回饋來傳達跟一種運動技巧有關的技術目標與藝術性，是否達到期待中的標準。此外，如同在本段開頭所暗示的，就算一種運動技巧裡就有內建回饋（例如足球裡的頭槌精確度），也可能有藏在成果錯誤中的技術性錯誤。因此，如果一個精確度錯誤帶來的回饋，不足以驅策運動技巧上隱性或顯性的改

變，那麼就需要一位教練引進可以協助運動員做出必要改變的擴增性回饋。

擴增性回饋主要有兩種形式。第一種跟我們對於成果導向目標的描述相符，被稱為**結果獲知**（knowledge of results，簡稱KR），定義是有關於這種運動技能成果的外在呈現資訊。這可能簡單到像是告訴一位運動員一次測試是否成功（例如說，在一次短跑中是否達到目標時間或者速率）。或者更常見的是，一位教練可以提供一個對於成果的具體描述（例如跳出的距離、達到的高度、跑出的時間、得到的分數、射出的距離等等）。這個資訊警惕運動員注意達成的成果距離期待的成果有多近。如果預期跟達成的成果很相近（例如說，目標：投中我百分之七十五的罰球；成果：投中我百分之七十七的罰球），那麼運動員就把他們現在的運動策略跟成功聯想在一起，運動技巧行為就得到強化。反過來說，如果預期跟達成的成果差異很大（例如說，目標：讓百分之六十從沙坑打出的高球打進離洞口5呎〔1.5公尺〕的位置；結果：讓百分之三十從沙坑打出的高球打進離洞口5呎〔1.5公尺〕的位置），那麼運動員就會立刻警惕到動作策略上可能有個錯誤，而且需要額外的資訊來引出改變。

這個額外資訊是以**表現獲知**（knowledge of performance，簡稱KP）的形式出現的，KP的定義是一種外在呈現資訊，跟導致運動表現成果的動作特色或過程有關。這裡也一樣，跟我們先前描述的過程導向目標相當一致。回想第一章還有我們對於3P運動表現檔案的討論，我們可以看出來，KP直接對應到我們對於運動技巧的運動模式（或稱協調性）的討論。因此，一旦一位教練感覺自己觀察到一個穩定的動作模式，也就是說，這個模式的錯誤或有效性是一致的，那麼教練就符合使用KP回饋的必要條件[1]。一旦達成這個必要條件，教練就有兩種回饋可資利用。第一類的KP回饋被稱為**描述性**KP（descriptive KP），以描述性的詞彙概述出模式（例如「在第二次爆發上搏的時候，你沒有完全伸展你的髖部」或者「在你垂直跳的時候，你很有效地完全伸展你的髖部了」）。第二類KP回饋被稱為**指定性**KP（prescriptive KP），不只是描述動作模式的本質，也指定了一個焦點提示，用以糾正或肯定現在的動作策略（例如「你從T座上把橄欖球踢下來的時候，你抬頭看；你下次練習踢球的時候，聚焦在商標上」或者「在你把高爾夫球從T座上打下來的時候，你保持低頭；在擊球期間持續聚焦在球上」）。

在此刻有個合乎邏輯的問題會浮現：哪一種回饋比較好？就像大多數事物一樣，這個問題沒有單一答案，因為這要看好幾種脈絡性因素而定，至少要看運動員的經驗水準。話雖如此，有幾個學習理論可以幫助我們縮小範圍到一個可能的答案上。最廣泛被接受、而且與我們對回饋的討論相關的答案之一，是首先由費茲（Fitts）（19）提出、後來由費茲與波斯納（Fitts and Posner）（20）發

1　直到你確定你嘗試糾正的動作錯誤或者你想要強化的技術特徵為何以前，你不會想要開始提供技術上的回饋（亦即KP）。因此，在你提供KP回饋以前，重要的是你已經看過夠多次重複練習（也就是說，請回想沉默組數），以便確定運動員真實的動作模式。教練們太常在看清楚以前就提供教練指導，因此引進可能遮蔽住運動員正常動作模式的新資訊。這就是為什麼在你嘗試改變他們的動作方式以前，先仔細看運動員的動作會這麼重要。

揚光大的三階段學習模型。具體來說，費茲與波斯納提出這個看法：學習雖然在本質上是非線性的，卻普遍遵循由一個認知階段（cognitive stage）、一個聯想階段（associative stage），還有一個自動階段（autonomous stage）鋪排而成的途徑。簡而言之，人類從必須顯著聚焦於某個運動技巧表現（亦即低經驗，像是第一次學走路或騎腳踏車），發展到能夠在沒有顯著焦點的狀態下執行某個運動技巧（亦即高經驗，像是能夠在走路或騎腳踏車時持續進行對話）。因此我們可以假定，一個低經驗的運動員並沒有完整理解到某個運動技巧的內在運作方式，所以並沒有準備好自行糾正任何不在某種程度上連結到任務內部回饋的動作特徵。所以，在談到擴增性回饋的時候，低經驗的人普遍來說會從指定性質的KP中獲益，而有高經驗的人比較有準備去利用KR，或者描述性質的KP。在實踐上，教練們會用上全部三種回饋，而且到最後應該照著他們的運動員對某個特定教練指導提醒的反應性（運動表現），還有他們在長時間內的任何穩定改善表現（運動學習），來引導教練的作法。

　　雖然關於回饋還有更多話可以說，接下來的段落會提供一張地圖，讓教練有效應用支持著種種回饋形式的核心原則。我鼓勵感興趣的教練去讀麥吉爾（Magill）與安德森（Anderson）的書《運動學習與控制：概念與應用》（*Motor Learning and Control: Concepts and Applications*）（32），其中對於回饋與影響回饋應用的情境脈絡因素，有深入的討論。

　　做個總結：無論來源為何，對於刻意練習來說，回饋就像是心跳。在每一個動作中搏動著的回饋，從一次重複性練習中產生學習，並且把它注入下一次練習的生命之中。身為教練，如果我們堅定不移地促成一個回饋豐富的環境，接著只需要觀察旗下運動員的發展，就知道他們什麼時候準備好迎接新挑戰了。

挑戰

　　加諸於運動員的挑戰，代表了刻意練習的最後四分之一圓。如同我們在第一章裡討論過的，要讓運動員對練習保持投入、不至於氣餒，程度適中的挑戰是必要的。討論這個主題的時候，丹尼爾・科伊爾（Daniel Coyle）在《天才小書》（*The Little Book of Talent*）裡，概述了五十二個改善天賦的小訣竅。跟挑戰相關的是訣竅十三，科伊爾在此講到「找出甜蜜點」的觀念（10）。科伊爾花費多年研究為什麼世界上的某些區域，在某個運動裡產生多到不尋常的天才，被稱為天才的溫床，他做出結論：天才是靠著「稍微讓自己延伸到超過你現有的能力，花時間待在稱為『甜蜜點』的困難區域裡。這意味著擁抱重複練習的力量，好讓行動變得迅速而自動。這意味著創造一個練習空間，讓你可以延伸並且重複，保持投入，並且隨著時間改善你的技巧。」（10）

　　這個甜蜜點，跟我們在第一章描述的金髮姑娘原則類似，座落在兩端分別是「舒適圈」與「生存圈」的連續體中央。就像這些名稱暗示的，舒適圈的特徵是運動員在百分之八十的時間裡是成功的──無論評估的是質還是量──而且覺得普遍來說輕鬆不費力。相反地，生存圈的特徵是運動員成功的時間少於百分之五十，而且感到困惑絕望。然而，在這兩極之間有甜蜜點，甜蜜點的特徵是

運動員在大約百分之五十到八十的時間裡是成功的，在處理程度可以應付的挫折與困難，或者，我們可以稱之為一個可能達成的挑戰。

甜蜜點類似關達諾利與李（Guadagnoli and Lee）（23）的「挑戰點假說」（challenge point hypothesis），還有比約克與比約克（Bjork and Bjork）（6）的概念：創造理想程度的困難。所以，與你支持的模型無關，這裡的訊息很清楚——教練們需要操縱他們的教訓語言特徵（亦即他們說什麼、說多少，還有何時說）以及訓練設計（亦即型態、數量，還有訓練或活動的順序），以便產生一個乾淨俐落的挑戰，正適合他們合作的那些運動員的程度。

像 DJ 一樣調控刻意練習

前面的小節裡展示過刻意練習架構的功能性組成要素。雖然我們理解每個組成要素都可以個別操縱，我們也知道四個變數結合起來的影響是為了以下這個單一目的服務——把注意力聚焦在學習的運動技巧中最相關的特徵上。以這種方式，我們可以把目標、焦點、回饋跟挑戰想成像是DJ混音台上的增益旋鈕，共同調控在每次重複訓練時付出的注意力（見圖2.2）。從這個透鏡看去，教練就是DJ，把每個變數的增益旋鈕調高或調低，確保對於現在的情緒、時刻與動作來說，注意力混合得剛剛好。

雖然一開始我們就心想著目的地，現在操作你的混音器（姑且這麼說）時，我們會往後退一步，檢視我們設法影響的注意力系統基本的性質與行為。因為就像DJ需要理解音樂的結構，教練們也需要理解注意力的結構。

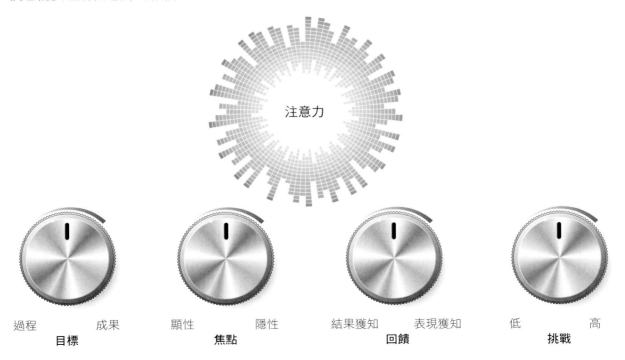

| 過程 | 成果 | 顯性 | 隱性 | 結果獲知 | 表現獲知 | 低 | 高 |
| 目標 | | 焦點 | | 回饋 | | 挑戰 | |

圖2.2／像個DJ般操作刻意練習。

注意力的運作

　　在你剛搬到亞利桑納州鳳凰城的時候，你其實會意識到兩件事：炎熱與響尾蛇。當你走進機場航廈時襲向你的陣陣熱氣，還有地磚拼成的蛇似乎在你去領取行李時跟著你的霹啪聲響，都肯定了這種感覺。在我的例子裡，地磚拼成的蛇變成進駐我心靈的真蛇，似乎也進駐了我走過的每一片灌木叢。因此，當我為了上班走過一排灌木叢時，我可能陷入沉思，我的心智到處漫遊，而突然間卻聽見樹叢裡有一陣窸窣聲。每次都一樣，我會避開冒出聲音的地方，轉過頭去，聚焦我的注意力，等著那隻爬蟲類出擊。

　　雖然很聳動，這個故事卻是真的，而且捕捉到我們的注意力系統運作方式的本質。如同我們會深入討論到的，我們的注意力焦點持續被更新，加入一個既定情境脈絡最重要的資訊。因此，在灌木叢裡有窸窣聲警告我可能有危險的時候，我在上班路上思考的速度加強計畫，很快就喪失優先性了。而且，雖然這種注意力渙散，可能有時候跟我們的專注能力彼此扦格，到頭來擁有一個持續處於自動導航狀態、掃描世界尋找危險的注意力系統，還是個明確的生存優勢。然而一旦危險的威脅消失了，我們想要有能力迅速把注意力重新導向對我們最重要的事情上。

　　在某方面來說，我們的注意力系統就像心智的電影院，劇情長片會天衣無縫地從我們自己的思緒與我們週遭的世界之間流過，提供一種沒有中斷的感受，我們稱之為意識。跟這種注意力觀點相符，威廉・詹姆斯在他的開創性著作《心理學原理》（52）裡，正確地陳述了下列看法：

　　　外在秩序的數百萬個項目被呈現在我的感官之前，卻從來沒有妥當地進入我的經驗。為什麼？因為它們對我來說毫無趣味。我的經驗是我同意去關注的事物。只有那些我注意到的項目在我心中成形——少了選擇性的興趣，經驗就是徹底的混亂。（p. 402）

　　在更近期，闡明心流狀態的研究者米哈里・契克森米哈伊（Mihaly Csikszentmihalyi）（12），用這個方式描述注意力：

　　　注意力可以決定哪些事會出現在意識中，而且我們也需要注意力來執行發生在意識裡的其他心靈活動，像是記憶、思考、感覺和做抉擇等，所以我們可以把它視為一種精神能量。沒有這股能量我們就成不了事，而做事的時候會消耗這股能量。因著使用這股能量的方式，我們創造了自己。我們的記憶、想法與感覺都由它塑造。但是從另一個角度來看，這股力量也是我們控制、受我們支配的，因此，它變成了我們試圖改善經驗品質時最重要的工具。（原書 p. 79；中譯本 p. 63）

詹姆斯與契克森米哈伊兩位都捕捉到了我們注意能力中的美感與複雜性。從功能上來說，只有我們注意到的東西，我們才能夠有所覺察。所以，注意力可以被看成是學習的貨幣——被付出或者投資——而且是教練必定會最敏銳地選擇影響的運動員心智特徵。然而，要精確掌握你影響他人注意力的能力，重要的是首先體會我們的注意力系統是如何組織起來的。具體來說，注意力的運作就像是自動配電盤一樣，會隨著情況需要迅速地改變我們的焦點，我們則對此渾然不覺。然而令人驚訝的是，我們的注意力雖然為我們的世界提供了一種統合感，它在功能上其實是分配到整個腦部，被稱為注意力網絡（attention network）（17）。這個整體性的網絡是由三個次網絡組成的，如果你想說成是三層濾網也可以，依據它們的功能來命名——警覺（alerting）、導向（orienting）與中樞執行（central executive）（37）。這個總體性的注意力網絡對人類功能運作來說相當重要，以至於某些研究人員相信，它的運作就像一個器官系統，以類似一個器官釋出維生荷爾蒙的方式提供了意識的內容（39）。然而，在我們討論是什麼產生出聚焦的注意力之前，先討論未聚焦的注意力——也稱為心智漫遊（mind wandering）的基礎，會很有教育意義。

第一部分：失焦

讓我們考量一個教練指導情境，在團隊運動中工作的人對此都太過熟悉了——訓練時段前的團隊講話。情境脈絡是我們的籃球教練跟球員們在教室環境裡，教練正在為那個週末的比賽預習隊伍的防守策略影片。

教練：「好，找個位子坐下來。用不著說，這週末會是我們今年最大的挑戰。布雷丹頓中央隊有這一州數一數二的進攻能力，我們要拿出今年最好的防守表現才能贏。一如往常，我們想要打快節奏的籃球。艾希莉，在我們的防守系統裡那是什麼意思？」

球員（艾希莉）：「保持持續的溝通和清晰的區域防守策略，首先在地面上爭搶球權，在空中爭搶籃板球，並在我們的全場緊迫防守中維持內部位置和間距。」

教練：「好極了，艾希莉。凱蒂，我們想要進行的是哪種全場緊迫？（沉默）」

教練：「凱蒂？」

球員（凱蒂）：「喔，抱歉教練。你剛才說什麼？」

身為教練，我們全部人都經歷過這種反應，或者該說是缺乏反應。無論對一支隊伍或者直接對一名運動員說話，我們全都曾經碰到某人心智漫遊的狀況。然而，在我們馬上因為別人失去專注而批判他們之前，讓我們先迅速地考量這種事在我們自己的生活中有多普遍存在。舉例來說，考量一下你有多少次忘記你在讀書，或者在你講話的對象說「所以你怎麼想？」的時候，你才猛然回到現

實？更好的例子是，有多少次你在紅綠燈下乾坐，直到汽車喇叭交響曲響起的時候才想起綠燈意味著可以通行了？

真相是，我們全都很容易心智漫遊，而如果一位運動員恍神了，我們不該覺得自己被冒犯。我們反而應該設法理解為什麼心智漫遊會發生，還有我們身為教練可以做些什麼。

漫遊的心

心智漫遊可以被定義成一種心智轉移，遠離了主要任務目標，跑到個人或者不相關的目標處理上（46）。原則上，心智漫遊是聚焦注意力的相反，因此成為對學習的最大威脅之一。但為什麼會發生這種事？

跟本書敘述相關的是，心智漫遊現象會出現，有兩個主要理由。第一，研究已證實一個人心智漫遊的程度與其工作記憶的容量成正比變化（45）。也就是說，平均而言，如果你比較難把資訊（舉例來說，一個電話號碼）存在你的短期記憶裡，你就比較有可能讓自己的心智轉移（33）。在這個例子裡，比起工作記憶容量較高的運動員，工作記憶容量較低的運動員會比較難回想起大量的比賽或者一連串教練提示。因此，在面對太多資訊的時候，他們比較可能心思飄移，他們對於聽到或讀到內容的理解度因而降低。因此，從教練指導的觀點來看，我們應該設法讓我們傳遞出去的每個訊息都清楚簡潔，同時記得要讓人留住口說資訊，事實上少即是多。

其次，不意外的是，心智漫遊是受到動機以及對學習主題的興趣影響（50）。因此，就像讀一本不有趣的書會觸發心智漫遊，對於接下來的訓練時段種種細微之處做冗長的演講，也會導致心智漫遊。所以，如同我們會在隨後幾節裡談到的，教練們應該嘗試精心製作對旗下運動員個人來說很重要的訊息，要引人入勝而且易於理解。

雖然心智漫遊可能對資訊的理解與保留有負面影響（35），有個光明面是教練應該覺察到的。首先，考慮到我們整天花多少時間心智漫遊（有些人估計是百分之五十），心智漫遊有某些益處應該不令人意外。具體來說，心智漫遊跟自傳性規畫（autobiographical planning）有關聯性，這是指我們在自己的反思時刻會計畫未來。雖然花太多時間在過去或未來上，可能導致不快樂的心靈（27），正確分量的沉思可以是很正面的。實際地說，在訓練之前，請考慮給運動員們五到十分鐘反省跟放鬆，刺激他們去思考自己想在這一節基本預備練習時做到什麼事。這個場的功能就是一個理想的論壇，讓預期中的心智漫遊走在接著會發生的細節前面。

第二，可說是更為重要的是，心智漫遊的益處是會帶來創意洞見。具體來說，雖然我們許多人直覺上知道極度專注後的休息是必要的，心智漫遊對創意努力的益處，卻只做過有限的研究。然而貝爾德及同僚（Baird and colleagues）（3）現在已經證明在心理上休息一下，容許心智漫遊一番，實際上有益於以創意解決問題，這是又一個理由要在訓練中策略性地安插休息時間，尤其是在教導複雜技巧、或者要求運動員參與時段密集的決策時。如同尼采所說：「所有真正偉大的思考，都是

在散步時想出來的。」在我們的例子裡，一位球員要在下次重複練習時做對，所需的可能就只是一次短短的散步，或者喝口水。

預設模式網絡

事實證明，心智漫遊在我們的大腦中有個家，而且被稱為**預設模式網絡**（default mode net-work）。具體來說，預設模式網絡是一個腦區叢集，在休息狀態下持續表現出較高的腦部活動，而且參與了自發認知，或稱心智漫遊（42）。賴希勒與同僚（Raichle and colleagues）（43）首先指認出來，有三個主要腦區在休息（不論睜眼或閉眼）時會增加活動，並且在回應目標導向思維與行為的時候活動會減少。因此，回到我們的DJ混音台類比，我們可以把預設模式網絡想成是A聲道，在交叉漸變器在左手位置的時候處於活躍狀態，注意力網絡則是B聲道，在交叉漸變器在右手位置的時候處於活躍狀態。就像把漸變器來回滑動會改變在揚聲器上播放的歌，轉換腦部網絡也會改變心智的內容。

構成預設模式網絡的三個主要腦區，是腹內側前額葉皮質（ventral medial prefrontal cortex，簡稱VMPC）、背內側前額葉皮質（dorsal medial prefrontal cortex，簡稱DMPC）以及後扣帶回皮質（posterior cingulate cortex，簡稱PCC）。雖說你就算不記得這些腦區也不會有嚴重後果，注意它們在心智漫遊方面的功能卻相當有趣。具體來說，VMPC跟社會行為、心情控制與動機驅力有關聯性；DMPC則是與自我導向的判斷與思維有關聯性；PCC則跟海馬迴裡的自傳性記憶形成有直接連結（42）。如果我們考慮心智漫遊通常容易導向有關我們的過去、未來或創意上的掙扎等想法，這些功能性腦區構成預設模式網絡，應該就不令人意外了。除此之外，要是你知道預設模式網絡會用掉大腦能量預算的百分之六十到八十，可能還會覺得很有趣；考量到大腦只占身體的百分之二，卻消耗掉百分之二十的身體能量總需求，這點還滿重要的（44）。因此，為了克服待在我們自己腦袋裡的這種天生傾向，我們必須幫助我們的運動員改變聲道，把他們的心靈從漫遊狀態移動到驚嘆狀態。

第二部分：開始聚焦

讓我們接續先前的對話。凱蒂的教練在球隊會議中問她一個問題，這才把她帶回現實。

球員（凱蒂）：「喔，抱歉教練。你剛才說什麼？」

教練：「我要妳提醒全隊，我們打的是哪種全場緊迫。」

球員（凱蒂）：「喔對。教練，我們打的是2-2-1全場緊迫。」

教練：「沒錯。我們打2-2-1想達成的是什麼？」

球員（凱蒂）：「我們想對邊線發球持續施壓，壓迫百分之七十五的場子。我們也想保持內場位置，不讓她們把球傳到中央。」

教練：「為什麼保持內場位置很重要？」

球員（凱蒂）：「這讓我們可以把進攻轉移到界外，創造出困住持球球員的機會。」

　　如同我們先前討論過的，大腦會在下列狀況下預設進入一種心智漫遊、或者白日夢模式：（a）沒有覺察得到的威脅，因此沒有理由監控外在世界，或者（b）沒有新穎或有趣的資訊出現在個人的周遭環境裡，或者（c）沒有覺察到有必要聚焦注意力在一個內在思維或者外在刺激上。因此，就像一台電腦如果沒在使用，免不了會進入休眠模式，我們在沒有值得考慮的思維或刺激時也會進入休眠模式。所以對教練來說，重要的是理解是什麼觸發人們從預設模式網絡轉換到注意力網絡。

　　丹尼爾・列維廷（Daniel Levitin）博士是加拿大麥基爾大學的心理學教授。我最初開始注意到列維廷博士是在讀了他的暢銷著作，《大腦超載時代的思考學》（*The Organized Mind: Thinking Straight in the Age of Information Overload*）之後。我會向任何有興趣理解人類心靈的人推薦這部力作，書中對於我們大腦的「注意力轉換」（attentional switch），揭露了很有價值的洞見（28）。在這個例子裡的**轉換**一詞，像是燈泡開關（light switch）或者鐵路轉轍器（railroad switch），名符其實代表一種從預設模式網絡到注意力網絡的轉換。因此，在我們的教練必須重複叫凱蒂名字的那一刻，我們看到轉換發生了。凱蒂從她自己的思維深處退出，重新浮現，準備好去看她錯失的東西。

　　你自己想想，你一天裡有多少次（更別說是你的整個職涯了）看到這種轉換發生：眼睛從呆滯無神到閃閃發亮，腦袋從低垂到抬起，姿勢從癱坐到強健；心情也從氣餒轉換到充滿決心。我們全都見識過有效溝通與有效訓練時段設計的結果，因為證據是建立在我們的運動員的行為之中。所以，就像我們在討論心智漫遊時所做的一樣，讓我們考量這種轉換如何發生、出現在大腦中的何處，還有我們能做什麼來鼓勵這種轉換。

尋求新奇的心智

　　在討論心智這種尋求新奇的機器時，溫妮佛瑞・蓋勒格（Winifred Gallagher），在她的書《新：理解我們對新奇與改變的需要》（*New: Understanding Our Need for Novelty and Change*）裡指出「關於潛在威脅與資源的重要資訊，比較有可能出自嶄新或不熟悉的事物中，而不是從同樣的老套裡出現」（21）。她繼續引述亞歷山大・波普（Alexander Pope）的話，他這麼說：「別第一個嘗試新事物，然而也別最後一個放下舊事物。」這些引言中的智慧機巧不該被低估，因為很清楚的是，在人有機會對抗、逃跑、僵住或交朋友之前，他們必須先有警覺性才做得到這些事。所以說，借用列維廷博士的另一句話，我們應該把我們的大腦想成一個「改變偵測器」。

　　我們時時刻刻都體驗到這種改變偵測，而且很輕易就被愚弄到相信我們是撥動開關的因果主導

者。這其實大大偏離了真相，因為我們的大腦處理外在與內在世界的感官資訊（亦即視覺、聽覺、觸覺、本體感覺與內感受）的時間，比我們能對這些資訊做出有意識決定的時間更早得多；前者稱為「由下而上處理歷程」，後者稱為「由上而下處理歷程」（34）。所以，在我從我的燕麥粥上抬頭，看到我家後院有隻狐狸的時候，當我突然感覺路面顛簸不平，把方向盤抓得更緊的時候，當我聽到一聲巨大噪音就轉頭閃躲的時候，或者在我們拿到贏得比賽的落踢射門（drop goal），把兩手伸向半空的時候，我都可以相當確定，我的反應是由我環境中有意義的變化自動觸發的。然而我們也不該因此覺得自己沒有任何控制力，因為一旦我覺察到我家後院有隻狐狸，我就可以有意識地決定不讓我亢奮的狗兒出去；就像我可以轉頭看出剛才那聲巨響是一顆氣球破了，我繼續走路很安全。所以，我們的變化偵測器就只是要警示我們注意事實：某件沒料到的事情發生了，而我們要怎麼處理這個資訊，是取決於我們。

從演化觀點來看相當明顯的是，這種尋求新奇的行為會支持生存。雖然某些人可能會覺得我聽到樹叢裡有窸窣聲響就跳起來很爆笑，這在非洲大草原上對我們其實很有用。然而現實是，在今日的世界裡，我們比較可能死於心臟病而非動物攻擊，也因此我們找到了新的方式，來滿足我們對新奇的根本需求。這個需求導致某些人所說的「注意力經濟」被創造出來，在這種狀況下，每種生意與經濟體都在爭取我們的一小塊注意力，持續地尋求更好的新方法，來讓我們投入、點擊或購買。實際上，假如運動員們進入任何更衣室或者訓練前休息區可以帶手機，那你就會看到很多垂下的腦袋跟移動的拇指。從某一方面來說，我們的手機已經變成尋求新奇行為的歸航裝置。雖然爭奪我們注意力的戰爭還在持續，我的目標並不是專注於事態有多暗淡絕望；我們反而要來檢視，教練們可以怎麼樣利用這一點帶來優勢。

要理解是什麼讓某件事新奇或有趣到讓人付出注意力，重要的是要定義出**顯著性**（saliency）的概念，這可以被描述成一種突出、或者不同於其他的體內或體外刺激（49）。具體來說，一個顯著刺激被認為有一個或更多個下列特色（13）：

● 情境依賴顯著性

如果一位運動員覺得一個刺激對他有用，他就可能認為它是顯著的，這也就是說它有相關性。就像我們在看《威利在哪裡？》圖畫書的時候，威利的圖像會變得顯著，同樣地，如果你是個跑衛，防守線上的一個漏洞就會變得很顯著，如果你是個攀岩者，山上的一個踏腳點也會變得很顯著。請把情境依賴顯著性想成促發（priming），從某方面來說就是——認識到的用處越大，你會注意到的可能性越高。

● 強度依賴顯著性

如果一個刺激的強度或突然的程度足夠的話，一位運動員可能會認為它是顯著的。所以，一

個平常很安靜的教練在大喊，或者一只哨子突然尖銳地響起，有可能足夠引起一位運動員的注意。

● 頻率依賴顯著性

如果一個刺激出現的頻率足夠，一位運動員可能就會認為它是顯著的。因此，一個稀鬆平常的刺激要是一次又一次出現，因為頻率的關係，可能就會抓住這位運動員的注意力。在行銷上，他們稱之為「七次法則」，這個法則說人需要看到一則廣告七次，才會點擊或購買。身為教練，我們可以用亞里斯多德式三重技巧來確保（a）我們告訴他們我們要說什麼，（b）我們說了這件事，然後（c）我們告訴他們我們說過什麼。以這種方式，每個人都可以相當清楚，最重要的訊息被聽進去了。

● 新奇依賴顯著性

從新奇的方向來討論顯著性時，有時候最顯著的刺激，實際上就是新的或不一樣的刺激。因此身為教練，我們捕捉注意力的最佳工具之一，就是乾脆去改變事情。這可以容易到像是促成圍成一個大圈來做暖身，而不是排成一直線；問問題，而不是永遠在下命令；或者給出選項（例如兩種不同的體能訓練），而不是永遠都先指定。

進一步說，一個刺激的顯著性，據說是受到下面這些因素影響（49）：

● 先前的經驗與記憶

一個跟明確正面或負面情緒相關的刺激，有可能會被視為顯著的。這就是為什麼我三歲大的孩子在聽到他要去看醫生的時候會淚眼汪汪，立刻假定他要打針（也就是他在診所時最顯著的記憶）。因此這在教練們的控制範圍內，他們可以創造出摻雜著兩極化情緒的記憶，如果再度透過相同的場景加以刺激，很有可能會抓住他們的運動員的注意力。只要提到某個特定的體能訓練時段、或者暗示要練習提早結束，不用再多說，你就會看見你的運動員立正站好，耐心地等待你說明交戰規則。

● 現在的身體狀態

一項刺激對於某個人現在的身體狀態有什麼相對益處，會影響到這個刺激的顯著度。也就是說，如果某人正處於反覆短跑的體能訓練時段裡，而且徹底精疲力竭了，現在可能不是從邊線上喊出教練指導提示的最佳時機。反過來說，如果一位舉重者在掙扎要完成一次舉重，那麼他們很有可能會敞開心扉，聽取任何可能有幫助的教練指導提示。

● 目標與動機

如果一項刺激並沒有跟一個人的目標與動機達成一致，那麼優先順位就可能被與目標動機一致的其他顯著刺激所取代。運動表現教練們總是在處理這種事：因為我們在教跟運動員的運動有關的運動技巧（例如短跑或深蹲），卻不是那個運動本身。因此，在我們要求某些運動員進重量訓練室的時候，我們會聽到這類的話出現在回應裡：「我只想打球」或者「這是要怎麼幫助我改善我的投球」。因此，教練們需要能夠利用隱喻跟類比，來把平常的事情連接到有意義的事情上——「這不是深蹲；這是爭球時刻的身體姿勢」或者「這不是跳躍；這是會讓你贏得比賽的網前攔截」（見第六章）。

● 唱名遊戲

從教練指導的觀點來看，最容易切換這個注意力轉換開關的方式，就是用你的運動員的名字，這個現象有個名稱叫「雞尾酒派對」效應。有證據顯示，就算在吵雜的環境裡，像是派對中，有部分百分比的人會偵測到他們的名字，就算這名字是在另一個不相關的對話裡被提起的（9）。所以說，我們被制約從小就對我們的名字有反應（在幼小的子女衝向街道或者把手伸向熱爐子的時候，這是父母唯一擁有的工具），而且這是所有教練都能用的簡單策略（也就是說，插入人名，然後給出指示、提示或回饋）。

整體而言，我們可以看到情境脈絡、我們的內在狀態，還有我們周遭的外在世界結合起來，達成一個對於任一既定刺激的顯著性淨值，而如果這個淨值夠高，當事人就會偵測到一個改變，並且付出注意力。因此，要扳動這個「顯著性轉換開關」，教練們需要透過文字、行動與環境，創造出迫使運動員付出注意力的經驗。實際地說，我鼓勵你把這些策略編入你現在的教練指導課程中，看看會發生什麼事。如果一個策略贏得一笑、一個正面的非口語反應，或者一個行為上的轉變，那就堅持下去。如同我喜歡說的，如果他們在笑，他們就有在聽。或者，如果這個策略無效，就試試別的作法，並且繼續重複，直到你得到你想要的反應為止。這本書要提供你的是各種策略，而不是規則。就像個運動員，我們需要利用來自環境的回饋來引導我們的行為。接下來，我們會簡短地檢視我們的顯著性轉換開關的電路配線。

顯著性網絡

就像預設模式網絡有自己在神經解剖學上的特殊地位，顯著性網絡也有。不過，在我們出發巡禮之前，且讓我們先體驗它的行動狀態。看一眼接下來的三張照片，然後看看每張照片裡特別突出

的是什麼。

　　好，你看到什麼？如果你是來自駕駛靠右的國家，像是加拿大，我會猜你在A照片裡沒看到什麼獨特的東西；然而如果你是來自駕駛靠左的國家，像是南非，那麼車道方向就會抓住你的目光。B照片應該是普遍性的，這表示你可能毫無困難地看到中間那個小紅人。最後，對於我們之中那些不習慣在萬聖節或星際大戰日搭地鐵的人來說，C照片裡的達斯維達會看起來很奇特而突出。因此，就像前鋒在傳球保護（pass protection）時一直抬著頭，掃視著是否有任何難搞的防守者企圖襲擊四分衛，你的注意力也是這樣掃視這些影像，要找出「這些東西裡有哪一樣與眾不同」。在前述任何一種狀況下，顯著性網絡都在辛勤工作，精確標出接下來注意力應該部署在何處。

　　無論你是被貓踩到臉所以從夢中醒來，還是在派對裡有人突然從房間對面叫你，有兩個獨特的腦區會活化並且觸發你的反應。第一個腦區，而且可說是兩個腦區中比較有名的那個是腦島（insula），或者更具體地說，是前腦島（anterior insular，簡稱AI）。安東尼奧・達馬吉歐（Antonio Damasio）博士在他的書《笛卡兒的錯誤：情緒、理性與人腦》（*Descartes' Error: Emotion, Reason, and the Human Brain*）（54）中推廣普及的想法是，前腦島是在體內安排路線、發送感官資訊（例如痛、體溫、肌肉與內臟感覺、飢餓與口渴）的關鍵角色，這些感受通常稱為「內感覺」，被送到注意力網絡，好讓它可以得到一個情緒標籤（例如：喜悅、哀傷、憤怒、恐懼或噁心），或者藉此展開行動（例如說，如果餓了就會去吃，如果有興趣就會靠近，如果被嚇到就會逃走，如果好奇心被激發就會去要電話）（11）。考慮到除了其他腦區、尤其是頂葉皮質區

以外，是前腦島回應著來自體外的顯著感官資訊，我們應該不會意外前腦島是顯著性網絡的中樞（13）。

顯著性網絡中包含的第二個腦區，是前扣帶皮層（anterior cingulate cortex，簡稱ACC）。雖然它跟前腦島共同分擔某些責任，在控制顯著性刺激造成的認知與運動反應時，它扮演的角色更重要（34、36）。安排路線傳送維生資訊到大腦的結果之一，就是AI跟ACC位於核心，透過一組稱為馮‧艾克諾默神經元（von Economo neurons，簡稱VENs）的獨特神經纖維，定位並連結預設模式網絡與注意力網絡（47）。在評論到這個連結還有顯著性網絡的功能時，曼儂與烏丁（Menon and Uddin）（34）說：「整體來看，AI跟ACC透過由上而下的控制，幫忙整合由下而上的注意力轉換。透過促進AI與ACC之間迅速信號交換的獨特身體結構通道與馮‧艾克諾默神經元，顯著性網絡處在很好的位置，能夠影響的不只是對顯著感官刺激的注意力，還有運動反應。」（p. 9）

在稀鬆平常的汪洋之中，顯著性網絡確保讓我們找到異乎尋常、或者至少對我們來說相干的資訊。因此身為教練，我們需要用前述的種種策略與洞見，來確保轉換開關打開，運動員的注意力被導向環境中最相關的聚焦提示或刺激。讓我講清楚；如果你沒有正確理解這一點，那本書中就沒別的東西管用了。傳達一個有效聚焦提示的益處，是取決於運動員在動作時有聽見、理解並且積極聚焦在提示上。所以，我們的訓練時段顯著性跟我們的溝通品質，到最後會決定我們能夠多擅長**抓住**那些運動員的注意力；然而要理解如何**保持**運動員的注意力，我們需要理解最後一個網絡。

第三部分：聚焦中

這些年來，我已經發現要抓住並保持一位運動員的注意力，最棒的辦法之一就是讓他們體驗注意力的運作。為了做到這點，我像魔術師般應用了障眼法跟誤導，不過我偷走的不是他們的手錶，而是他們的力氣。為了闡明你也能如何改善你的運動員對於注意力的態度，我描述場景及技巧如下：

教練：「集合……在我們考量眼前的訓練時，我們必須問自己一個重要的問題：我要做什麼來確保我今天變得更好？雖然你們每個人對這個問題都會有不同答案，有一個事實是不變的真理：我們會改善的只有那些我們聚焦的技巧跟能力。也就是說，如果你沒有聚焦，在訓練期間分心，你頂多只能發展不完全的技巧跟不一致的結果。為了向你們證明這點，讓我請你們其中一位站到中間來。」

「羅伯特，我要你面對整個隊伍，兩腳與肩同寬，然後把你比較強壯的那隻手臂直直伸出來，遠離你的身體。現在，我要你想像你的手臂跟身體是鋼鐵做的。所以，在我壓下你的手腕時，別讓我把你的手臂推下去。」

行動：緩緩地壓在運動員的手腕上，鼓勵他們盡可能保持手臂伸直、強而有力。讓其他運動員為他們歡呼。慢慢地壓，加強力量值到手臂稍微往下移動一點點，然後維持五秒。整體而言，運動員會保持強而有力，而且應該很難移動他們的手臂做出範圍顯著的活動。

教練：「羅伯特，感覺如何？你很強還是很弱？」

運動員（羅伯特）：「我覺得很強，教練。」

教練：「正是如此。你把你的全副焦點跟注意力都放在這個任務上，而且你很成功。讓咱們做同樣這件事，不過做個小變化。保持你的兩腳寬度，手臂伸直。我現在要你從一百開始倒數……大聲數……每次減二。喔，而且我也要你用你的眼睛追蹤我的手指。你做所有這些動作的時候，別讓我把你的手臂往下推。準備好了？」

運動員（羅伯特）：「是！」（隊上響起歡呼）

行動：運動員會從一百開始出聲倒數，每次都減二。你會面對他們，就跟先前一樣，一隻手放在他們的手腕上，你另一隻手的食指會在他們眼睛前面。在他們開始倒數的時候，到處移動你的手指，鼓勵他們保持目光鎖定在你的手指上。在這同時，慢慢地施壓到他們的手腕上（就跟先前一樣的時間還有壓力）。他們的手臂會明顯更容易移動，而他們會想要停止講話跟用眼神追蹤你的手指，這是為了專注於他們的手臂。鼓勵他們不要停止講話跟眼神追蹤。

教練：「羅伯特，感覺如何？你很強還是很弱？」

運動員（羅伯特）：「這次弱得多。」

教練：「大夥，就像那樣，我可以靠著讓你從手上的任務分心，來奪走你的力氣。這個示範跟你沒專注於眼前任務的時候沒有差別。你的心智居中調節你的表現——永遠別忘記這一點。」

　　我非常鼓勵你在你的運動員們身上嘗試這個活動，它闡明了我們的注意力網絡最重要的特徵——需要專注的努力。然而如同我們已經看到的，我們個人思緒與動機的引力，還有我們尋求新奇的固有需求，把這種專注的努力給稀釋掉了。因此，以上一節為基礎，一旦我們撥動了顯著性轉換開關，把燈打開，我們就需要部署有效的教練戰略，讓燈繼續亮著。要拆解我們如何做到這一點，我們接著會稍微討論注意力網絡的組成，接著做最後的討論，談是哪些主要因素在調節我們維持聚焦注意力的能力。

注意力網絡：警覺、導向與執行控制

　　麥可‧波斯納博士是奧勒岡大學的認知神經科學家，也是心理學系的退休教授。波斯納博士對心理科學的巨大貢獻廣為人知，他充滿開創性的作品，是來自他對於注意力網絡的闡述。波斯納博

士跟他的同僚利用好幾種腦部造影技術，指認出三個獨特的腦部網絡，它們共同組成了注意力網絡（17）。在他的著作《社會世界裡的注意力》（*Attention in a Social World*）中描述這三個腦部網絡時，波斯納博士說「我們可以把注意力看成牽涉到用特殊化的網絡來執行下列功能，像是達到與維持警覺狀態、導向感官事件，並且〔透過我們的執行系統〕控制思緒與感受」（38）。在定義這三個網絡的時候，波斯納與羅斯巴特（Posner and Rothbart）（40）描述**警覺網絡**「是達成並維持一種對進入的刺激高度敏感的狀態」；**導向網絡**則是「〔選擇〕來自感官輸入值的資訊」；而**執行控制網絡**是「監控並解決思緒、感受與反應之間的衝突」（p. 7）。

如同你可能已經注意到的，警覺與導向網絡似乎非常類似上一節裡描述過的顯著性網絡，因為它們確實就是。具體來說，它們分享同樣的神經結構位置，而且透過被稱為「優先性地圖」（priority map）的東西，集體決定什麼事物會進入我們的執行性注意力網絡——我們的意識覺察中。就如同這個名稱所暗示的，**優先性地圖**整合了通過顯著性網絡、由下而上的感官資訊——來自我們內在與外在世界的感官資訊，還有來自注意力網絡的由上而下資訊——相關性、報酬與目標——以便到最後決定注意力要導向哪裡（18、41）。一旦注意力被鎖定在它的目標上，我們就可以有信心地說，它舒舒服服地坐在我們的執行控制網絡的神經結構中間，重要的是，在前額葉皮質裡。然而身為教練，我們的工作還沒做完——抓住注意力是容易的部分；保持運動員的注意力才是關鍵。

控制注意力

在這一整章裡，我們都用音樂製作跟DJ混音做類比，來幫助我們理解注意力在刻意練習架構下的角色。所以在我們討論如何控制（master）注意力的時候，我們也會最後一次運用音樂來類比。音樂上的mastering（母帶後期處理），是製作一首歌的最後過程——如果你想的話，可以說是我們的注意力焦點淨值。它的特徵是**壓縮**，壓縮是把聲軌黏合在一起，統合聲音；確保組成歌曲的每個元素都有正確的音量；並且做等化（equalizing／EQing），確保這首歌裡最重要的元素都夠突出。控制注意力，從教練的觀點來看也無二致，因為我們需要壓縮或者縮短我們的訊息，以避免資訊過載，同時「等化」我們的語言，以確保最重要又最有趣的部分夠突出。

壓縮注意力：少即是多

講到注意力容量（attentional capacity），諾貝爾獎得主、《快思慢想》作者丹尼爾·康納曼（Daniel Kahneman）博士說，「注意力就像預算，你可以分配你有限的預算到各個活動，如果超出預算，就會失敗」（26，中譯本 p. 42）。在運動中，我們對這種事有個稱呼——「分析癱瘓」（paralysis by analysis）。而雖然我們通常把這個投射回運動員身上，說「他們失常了」、「他們心智不夠堅強」或者「他們就是不聽人話」之類的話，我們也能夠同樣輕易地說，是「我們的訊息不夠清楚簡潔」，「我們沒讓他們擁有正確的焦點」，或者「我們講太多了」。我不是在提議說運動員不該為表

現不佳負起部分責任，不過，我們這些教練確實應該要把鏡子轉過來面對自己，好讓我們能夠接受我們這部分的責難。

為了闡明這一點，請看圖2.3。在此，我把注意力比喻成一個聚光燈，大小固定，而且一次只能夠應付這麼多資訊。如同我們在這一節開頭討論的，我們有個整體性的要求，要把注意力部署到身體任務上。雖然注意力的分量，跟我們的任務經驗還有任務的複雜性是成正比的，我們可以很有信心的是，每個身體任務都要求占據一部分我們的注意力。所以，如同下圖上半部所代表的，我們的運動員有部分的注意力被任務本身占據了。此外，很有可能你會提供某種口語指示，而就算你沒有，很有可能運動員會專注於某件事情上。因此，運動員的想法——由下圖下半部代表——也會占據他們的一部分注意力區域。所以，對運動員來說訊息越短越熟悉，需要的注意力就越少，反之亦然。我們手上剩下的東西，可以被稱為我們的「注意力儲備」（attentional reserve）。身為教練，我們應該致力於永遠留下盡可能多的注意力儲備，尤其是在我們所指導的運動技巧或情境，還需要運動員做決策的時候。所以，我們可以用以下這句話來總結這一節：用最少的字說最多的事，並且使用「每次練習只給一個提示」的注意力節省原則——這也是整本書裡其中一個最重要的建議。

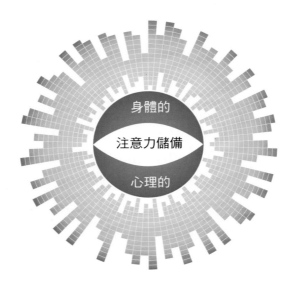

圖2.3／注意力容量
改編自麥吉爾（R. A. Magill）與安德森（D. L. Anderson）的《運動學習與控制：概念與應用》（*Motor Learning and Control: Concepts and Applications*），第十一版（New York: McGraw-Hill Education, 2017），203頁。

講清楚些，就是我們可以提供大量的回饋，並且參與關於動作技巧或情境的討論（見第四章）；然而在運動員的行動時刻來臨時，我們需要做出每一項努力，把我們的想法總結到一個提示、一個聚焦點中，一次一個就好。否則當我們給運動員多到超過心智負荷的資訊，可能會發生下列三種狀況：（a）因為資訊過載，他們會把你說的一切拋諸腦後，專注於別的事情；（b）他們會嘗試同時聚焦於每一件事情上，結果並不成功；或者（c）他們會挑最有趣或者最後一個接收到的那

一點來聚焦。這裡的關鍵重點是，你不知道他們會聚焦在什麼上，而導致你無法用他們的動作表現來判斷你的語言影響。所以說，如果你想要把你的教練指導影響從機率決定變成由選擇決定，那你就應該一次只提供一個提示，並且讓來自一次練習的回饋，影響你在下次練習中鼓勵的焦點。

等化注意力：相關性、報酬與目標

在前一節裡，我們討論了由新奇或顯著性驅動的注意力觸發。我們取樣了多種策略，教練可以用來影響大腦對顯著刺激的天生親和力。然而，每個提示、訓練或經驗不可能一直都會不同於上一個，因此一旦注意力被捕捉到，我們仍然有責任幫助運動員確認如何做出最佳投資，讓注意力維持不墜。

考量到最後這一點，從你的運動員的觀點來看，你會想要長時間聚焦在哪一種資訊上？你想到的是什麼？我的猜測是，你會說類似這樣的話：「我重視的觀念」、「會幫助我達成目標的資訊」，或者「在某方面對我很有益處的思維」。如果我的觀點跟你的相近，那麼我們就是朝著正確方向移動，我們對於維持思考動力的這份直覺是有許多科學證據支持的。

德州A&M大學心理系的助理教授布萊安・安德森（Brian Anderson）博士論證說，除了由顯著性還有新奇驅動的觸發物以外，我們也有由目標與價值驅動的觸發物（1、2）。因此，假定沒有立即威脅我們性命的事物需要我們關注，我們就有餘裕去注意目標取向的思維。所以，如同我們先前討論過的，清楚概述「某個焦點會如何幫助你的運動員達到一個目標」，會增加這件事在他們心中維持優先性的可能。再者，如果我們的注意力在某方面得到回報，那麼那個念頭或者環境刺激，下次出現的時候就會得到較高的優先性。

從教練指導的立場，我們很快就能看到，注意力的價值如何透過我們的提示而產生。舉個例，就說我們提供一位運動員一個單一提示，並且評估這個提示對運動表現的影響。假定這個提示有正面的影響，重複得到正面回饋的報酬，造就出這種改變的焦點也將因此得到正面回饋。在這一刻，這個提示的注意力價值變得有優先性，因為這位運動員把提示的聲音以及它所鼓勵的焦點，跟正面的經驗聯想在一起。

照著同樣的路線，我們可以預先讓我們的教練指導語言裡，充滿我們知道運動員熟悉又有興趣的字句、詞語跟範例。所以，舉例來說，如果我在跟一群年輕運動員一起工作，我會樂於鼓勵他們在一個增強式訓練（plyometric drill）裡跳高一點，我可以叫他們「像鋼鐵人一樣炸到天空中」。假設這些運動員很愛漫威電影，我使用這個提示，可能就比要他們「盡你們所能從髖部爆發」更可能成功。到最後，我們用來傳達一個提示的語言，會名符其實地決定它的持續力，所以請明智地選擇。

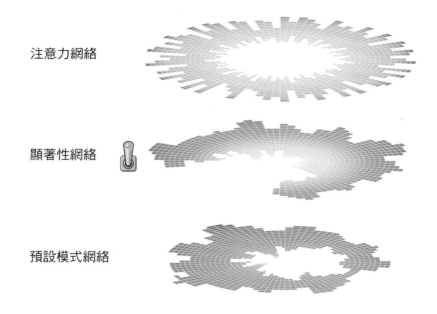

注意力網絡

顯著性網絡

預設模式網絡

圖 2.4 ／三個組成多種模式的整合網絡，我們的注意力可以透過這些網絡做轉換。

總結

我們從注意力入門開始這一章，討論了刻意練習受注意力影響的特徵：目標、焦點、回饋與挑戰。我們從一開始就想好要達到什麼終點，而能夠描繪出有效練習的圖像，提供你某種藍圖。然而如同我們所知，一份素描並不是一座雕像，就好像一份藍圖不等於一棟建築。所以，為了把這些概念帶進三維世界，我們需要討論學習的生命之源：注意力。

在討論注意力的時候，我們走上一趟穿越三種獨特心智狀態的旅程（見上圖2.4）。首先，我們討論了失焦的心靈，我們稱之為心智漫遊，還有這個腦內空間的相關成本效益分析。我們接著遊歷了預設模式網絡，心智漫遊的神經結構之家，然後揭露形式是如何被綁在功能上。其次，我們討論了透過打開顯著性轉換開關的過程而開始聚焦的心靈。也就是說，我們的大腦一直把最重要的資訊排在最優先順位，讓我們去注意，而顯著性網絡就在這個排序過程的中心位置。最後，我們討論了學習的關鍵——注意力網絡，聚焦在它的能力上：警覺、導向與控制我們的注意力聚光燈內容。重要的是，我們討論了壓縮過的資訊——用最少的話說最多的事——還有等化過的資訊——如何確保我們把語言連結回對運動員來說最重要的事——提供讓每個提示有黏著性所需的基本成分。

總之，這一章的目標是提供你一趟祕密旅行，參觀大腦與我們的注意力網絡運作。理解這個資訊，提供了這本書其餘部分賴以建立的地基。無論你現在知道了沒，如果前面的資訊聽來合理，那你就已經踏上應用後續推薦方法的路了。然而，在我們接觸到實用洞見的貴重寶藏之前，我們需要再走一趟最後的旅行，探訪學習的最後歇息之地——我們的記憶系統。

記得當時

記憶：入門

在 我們開始追溯記憶之旅以前，讓我們把你的記憶帶出來做一次快速的試車。一開始我們會玩一連串經過設計的遊戲，用來測試你的短期記憶與長期記憶。在每個遊戲裡，你都會得到一組簡單的指示，一連串可以讀的詞彙或者段落，然後是一個迅速的記憶保留測試，看看你能記得多少。仔細閱讀、保持專注，然後我們會在另一頭會合，看看你做得怎麼樣。

工作記憶遊戲

一開始，我們先玩兩個專為測試你的工作（短期）記憶而設計的遊戲。在第一個遊戲裡，你會被要求閱讀並回想一張詞彙清單。在第二個遊戲裡，你會被要求回憶同樣數量的詞彙，只是這回這些詞彙會被嵌入一個段落裡。在兩個遊戲裡，你的目標都是記得盡可能多的詞彙。

記憶遊戲一

接下來是十五個隨機挑選的詞彙（別偷看）。在你開始讀這整張清單的時候，設定計時三十秒。按下碼錶，然後專注地讀這些字，直到時間結束為止。準備好紙筆，因為你一完成，就要闔上書本，看你還記得多少字。

設定好三十秒碼錶……然後開始計時。

馬	鉛筆	文件夾	兔兔	煞車
書桌	草莓	輪胎	長頸鹿	粉筆
車輪	牛奶	窗戶	地板	花生

迅速闔上書本，盡你所能寫下越多詞彙越好。現在檢查你的記憶，在十五個詞彙裡，你記對了

記憶遊戲二

　　約翰的女兒要七歲了，為了她的生日派對，約翰需要到店鋪裡採買十五項物品。接下來的段落描述約翰的這趟行程，還有他在店裡買的品項。在你開始讀這個段落以前，設定計時六十秒。按下你的碼錶；然後讀完這個段落，你的用意是要記住十五個品項。準備好紙筆，因為你一完成，就要闔上書本，看你還記得多少品項。

　　設定好六十秒碼錶……然後開始計時。

　　在約翰抵達店鋪的時候，他看著他的採購清單，然後看到清單分成三個部分——食物、烤肉跟派對。因為約翰走進店鋪的食品區，他先拿了那些品項。在農產品區，約翰拿了他清單上的頭兩項物品——**萵苣**跟**番茄**。約翰接著移動到麵包零食貨架，去拿下兩項——**麵包捲**跟**薯片**。最後，約翰走向肉櫃去拿最後一樣食物——**火雞漢堡肉**。約翰很快地走向店鋪的戶外用品區，去拿烤肉用品。因為這是這一季第一次烤肉，約翰拿了新的**烤肉架**、一個**金屬翻面鏟**、一個**烤肉刷**、**打火機油**，還有一袋**煤磚**。最後，約翰去店鋪的派對部門，挑了**公主主題圖案的盤子**、**禮物袋**、**氣球**、**包裝紙**跟一個**皮納塔**（裝禮物的紙製造型容器）。離開店鋪的時候，成功完成購物任務的約翰取道回家，去佈置女兒的生日派對。

　　迅速地闔上書本，並且盡你所能寫下約翰在店鋪裡購買的品項，越多越好。現在再度檢查你的清單，對照段落裡寫到的十五項以不同字體強調的物品。你記對了多少個？

　　所以，如果你人在賭場裡，你會比較想在哪種遊戲上下注？我會押不少錢，賭你會選二號遊戲而非一號。但這是為什麼？看到兩個遊戲都包含十五個詞彙，為什麼這些詞彙在二號遊戲之後會留在你心裡，在一號遊戲裡那些詞彙卻似乎從你心裡走岔路跑掉了？

　　首先在一號遊戲裡，你得到的是一張沒有脈絡的詞彙清單，在二號遊戲裡，這些詞彙卻有廣泛的脈絡，而且鑲嵌在一則故事的敘述之中。再者，一號遊戲並沒有在這些詞彙跟你既有的知識之間做任何聯想，二號遊戲卻讓相關的詞彙湊成一堆、或者一塊塊拼起，並且把它們連結到各知識範疇中（也就是說，你會為生日派對跟烤肉而購買的那種物品）。所以二號遊戲鼓勵你在視覺上想像約翰的經驗與他購買的品項，讓你可以把這個新資訊聯想或者錨定到你的既有知識上面。反過來說，在一號遊戲裡，除非你在這些詞彙中間創造一個故事（隨後會對此多談一些），你很可能嘗試透過

迅速重複把每個字記在心裡，希望在你記憶力耗盡以前把那些詞彙寫到紙上去。這跟把電話號碼記在腦袋裡夠久，直到把它寫下來為止是一樣的，一號遊戲暴露了你的工作記憶限制。然而如同二號遊戲顯示的，如果透過我們已知事物的透鏡來呈現新資訊，這些表面的限制就可以被克服或繞過。因此，記憶遊戲闡明了無論出現的資訊量多寡，資訊的框架能夠如何影響它的心理黏著度。

長期記憶遊戲

現在我們已經看到你的心智短期狀態，讓我們倒轉一下，看看你的記憶長期表現如何。接下來的記憶遊戲相當簡單。讀這個段落，設法記住段落中描述的經驗，盡可能記住細節。盡你所能，把這個記憶留在心裡，然後重新播放，就像在一台高解析度電視上播放一支影片。

花點時間掃描你的記憶，找出下列經驗：

▶ 記憶 A

回想過去幾年，並且找出一個非常正面的記憶。也許你去度了一個棒得驚人的假期，或者剛剛結婚。或許你有了第一個孩子，或者剛從大學畢業。無論是哪個記憶，把它記在心裡，並且容許你的感官被傳送回當時。設法注意你在哪裡，你在做什麼，你穿著什麼，還有你有什麼感覺。

▶ 記憶 B

回想距今一週前（比方說要是今天星期三，就回想上星期三）。再一次設法注意你在哪裡，你在做什麼，你穿著什麼，還有你有什麼感覺。

你怎麼做？有可能你很快地翻遍你的記憶頻道，找到高解析度的記憶A，一個明顯的選擇。相反的，找出記憶B可能感覺比較像是在調整一台舊電視機的天線，你試著從心靈的靜電干擾之中找到那個記憶。問題是為什麼。也就是說，為什麼重新汲取某些記憶這麼不費力，要重拾其他記憶卻這麼費力，或者看似不可能？回想第二章，這個答案有很大部分在於我們部署注意力的方式上。如同我們討論過的，大腦對於新奇事物比恆常之事更敏感。所以，如果在我們即時的環境裡沒有預期之外或者有趣的事情，那麼我們的注意力就不會接收到警示。因此，我們在典型狀況下不記得一般性質的經驗，反而會總結這些經驗，創造出一個在有需要時可以被召喚出來的平均性記憶。你可以告訴別人你通常穿什麼去工作，或者一般來說吃什麼當晚餐；然而要是你被迫當場回想某件特定的服裝或某一餐，你肯定會有困難。反過來說，最簡短的經驗，例如踢進贏得比賽的一球或者撞爛一輛車，可以立刻變得銘刻在我們的記憶裡，鉅細靡遺，不需要練習。在現實中，你會發現記得你第一輛車的品牌跟型號，會比記得本書第一章標題更容易。理由很簡單：一項經驗越是不尋常、對個人越重要，我們就越有可能完整回想起來（total recall）。

記憶裡有什麼？

　　我成長過程中最喜歡的電影之一，就是1990年版本的《魔鬼總動員》（*Total Recall*）。背景在「不太遙遠的未來」，情節是以回憶（Rekall）公司為中心建立的，這家公司的專長是植入記憶：「你夢想著在海底渡假，卻負擔不起嗎？你總是想攀登火星上的山脈，現在卻年紀太大了嗎？那麼就來回憶公司，在這裡你可以買下你的理想假期記憶——更便宜、更安全、比實際經驗更好。」阿諾‧史瓦辛格飾演的道格拉斯‧奎德被這套宣傳詞給說服了，去那裡植入了以情報員身分去火星旅行兩週的體驗；然而有事情出錯了，道格拉斯帶著他不信任的記憶，被留在那裡探索一個不熟悉的世界。

　　雖然這部電影似乎非常遠離現實，但稍微試想一下，就會揭露出教練與回憶公司之間的平行相似性。舉例來說，回憶公司向人收錢，然後在他們腦中植入假記憶，教練向人收錢，置入真實的記憶；回憶公司希望它的顧客們帶著難以忘懷的經驗離開，教練們則希望他們的運動員體驗到難以忘懷的運動表現；回憶公司用先進科技來直接植入記憶，教練們用的是——什麼呢？這就是問題，對吧？我們教練要用什麼東西，在我們的運動員腦中植入難以忘懷的記憶——而且不只是講起來多采多姿的回憶，而是需要在正確時間、正確地點、想都不用想就執行正確動作所需的動作記憶？為了回答這個問題，我們需要從回答一個比較簡單的問題開始。在我們能夠理解記憶怎麼進來以前，我們必須先體會記憶是什麼。

　　一九四九年知名加拿大心理學家Ｄ‧Ｏ‧赫布（D. O. Hebb）出版了《行為的組織》（*The Organization of Behavior*），讓我們對記憶的理解大幅上升（75）。在這個經典文本裡，赫布提出看法：記憶，還有隨之而來的學習，是由彼此連結的神經元網絡所代表的，他稱之為「細胞群組」（cell assemblies）。赫布認為這些神經網絡之所以激發，是為了回應感官輸入（例如教練指導提示、日落，或者鮪魚三明治的臭味），因此導致的腦部活動就代表對於那個刺激的感知。如果同樣這些神經網絡在沒有感官輸入的時候也激發了，因此導致的活動就被認為是代表關於刺激的概念，或者一個記憶。這解釋了我們的獨特能力：回憶有趣的一小段資訊、重新經歷細節鮮明的經驗，或者視覺想像一個從我們的過去中建構的未來。到最後，如果這些神經網絡夠常被激發，聯想會被建立起來，大腦也會經歷了熔接神經連結的變化，把我們對世界的感知蝕刻進我們大腦的解剖結構裡。雖然從赫布最初出版的文獻之後，關於記憶基礎的曲折之處與細節都已經有了研究上的進展，以下這個觀點是不變的：大腦是一種很能夠適應——某些人會說是很有可塑性——的神經網絡，有無窮無盡的聯想能力。透過這個透鏡，我們可以開始體會860億神經元跟100兆連結是如何提供動力給我們的意識，把大腦變成生物。

　　除了Ｄ‧Ｏ‧赫布對於記憶的結構提供了一個健全解釋，威廉‧詹姆斯在他一八九○年的書

《心理學原理》（40）中也提供了對於記憶構成最初的解釋之一。在描述記憶時，詹姆斯很流暢地說出下面的話：

> 思想之流持續流動著；但它的大部分片段都落入了遺忘的無底深淵。對於其中一些，在它們通過的瞬間，並沒有記憶倖存下來。對於其他片段，記憶就局限在少數的片刻、幾小時或者幾天。但另外還有一些片段，留下了無可毀滅的遺跡，而且藉著這種手段，可能在有生之年都會被憶起。（p. 1286）

詹姆斯接著描述，這種短暫的記憶是我們的初級記憶（primary memory），我們現在稱之為工作記憶，而無可毀滅的記憶則是次級記憶（secondary memory），或者嚴格意義上的記憶（memory proper），現在我們稱之為長期記憶。然而詹姆斯也問了一個重要的問題：「我們可以解釋這些差異嗎？」也就是說，我們的外在世界如何變成我們的內在世界，而為什麼某些記憶得到終生會員資格，其他記憶卻只拿到一日通行證？這帶著我們回到回憶公司跟我們的問題——我們如何把難以忘懷的記憶植入我們的運動員腦袋裡？

為了回答這個問題，透過由赫布、詹姆斯與許多其他人提供動力的數十年研究與實用洞見，我們接下來將會像任何新的記憶一樣，周遊我們的記憶系統，先從一趟遊歷我們工作記憶的遠足開始，接著是一趟進入我們長期記憶的旅程。在進入我們的長期記憶時，我們會注意到道路上的分岔，一條路領著我們到我們的外顯記憶（explicit memory），這是跟「知道」有關的種種記憶，另一條路則領著我們通往我們的內隱記憶（implicit memory），這是跟「做事」有關的種種記憶。在這個交接點，我們會思考產生出這些獨特形式記憶的心理歷程。最後，遵循我小時候最喜歡的一個節目《魔法校車》（*The Magic School Bus*）的精神，我們會加入費老師的班級，潛入大腦中，仔細看看記憶如何透過編碼、鞏固與提取的過程成形。

第一部分：工作記憶

我們全都體驗過寫得流暢的好書跟並非如此的書之間的差異。閱讀前者不費吹灰之力，然而閱讀後者很費神。而且，雖然某些人會把這一點歸咎於故事品質，同樣的人可能會很訝異地得知，工作記憶在此軋了一角。為了闡明這一點，請看下面的句子：

一、運動員把球踢過球門。
二、球越過球門是在運動員踢了它之後。

　　你覺得哪句話比較容易讀？如果你像大多數人一樣，你會偏愛第一句話。理由相當簡單。第一句用的是主動語氣，行動是照著生活中的順序發生（也就是說，運動員踢球，球越過球門），第二句話卻是用被動語氣寫，你要到句尾才發現是誰做了這個動作（也就是說，球越過球門，運動員踢球）。這就像一位喜劇演員在你聽見笑話以前，就把笑點先告訴你了。但先不管糟糕的文法，你還是能夠理解兩句話的意思，你可以把這個功能歸功於你的工作記憶。具體來說，第二句話占用你工作記憶的程度比第一句話來得嚴重，因為你必須在心裡先記住結果，直到你讀到句子的尾巴，發現是誰做了這件事為止。因此，你的大腦必須更努力工作，才能夠像理解第一句話那樣地理解第二句話。

　　這個簡單的練習，展示了我們這趟巡禮中的第一個記憶系統——短期記憶，或稱工作記憶。雖然這兩個詞彙常被交替使用，研究人員同意，**短期記憶**指的是資訊的暫時儲存，而**工作記憶**則指涉到一個用來暫存並操作理解、學習與推論所需必要資訊的系統（4、6）。從運動學習的立場來看，我們可以延伸這個定義，去包含工作記憶在整合新資訊與長期記憶資訊，以便支持決策跟動作執行這方面所扮演的角色（47）。為求清晰，並且考慮到短期記憶的儲存特徵在工作記憶的定義中已有解釋，我們會在這本書剩下的部分裡，都使用工作記憶這個詞彙。

　　身為人類，我們很熟悉這個記憶系統，因為我們每次忘記剛查過的電話號碼，或者想不起剛認識的人叫什麼名字，就是在這方面受挫。雖然表面上這些「記憶之罪」看似系統內的缺陷，如果你想，可以說成是「演化的不幸事故」，但更仔細看就會揭露，這個缺陷實際上是一種設計出來的特殊功能，為的是要把資訊過濾成可以讓人照著行動的「組塊」（chunk），在過程中只有有意義的資訊會存活下來（62）。

　　如同知名的哈佛研究學者丹尼爾・沙克特（Daniel Schacter）在他引人入勝的文章〈記憶七罪：心靈如何忘卻與記得〉（The Seven Sins of Memory: How the Mind Forgets and Remembers）（76）裡指出，如果**心不在焉**（abesentmindedness）——導致記憶薄弱或者忘記做某件事的那種不專注狀態——並不是內建在腦子裡，那我們就會變得記得住每一件不論平常或驚人的事，卻對我們儲存的內容沒什麼控制能力。而且，雖然某些人會把這種徹底記住的能力看成超能力，在我們諮詢真有這種能力的極少數人口時，他們提出的詮釋卻非常不同。

　　這種狀況被稱為「高度優異自傳性記憶」（highly superior autobiographical memory），簡稱HSAM，有這種狀況的人可以鉅細靡遺地回想起他們從童年開始的每一個經驗（43）。被問起這種狀況的時候，吉兒・普萊斯（Jill Price）這位第一個被診斷出HSAM的人提供了一個令人驚訝的回應：

　　　　每次我看到一個日期從電視上（或者任何地方）閃過，我就會自動地回到那一天，然後記起我當時在哪裡，我在做什麼，那是星期幾，如此一直延續。這是沒有止境、無可控制的，而

且讓人徹底精疲力竭⋯⋯大多數人稱之為天賦，但我稱之為負擔。我每天都在腦袋裡經歷一遍我的整個人生，這要逼瘋我了！

如同我們在第二章討論過的，注意力的功能是工作記憶的守門人，心智的保鑣，只讓最相關、最有趣或最重要的資訊進來。就像你不會去店裡採購每一種商品一樣，你也不會想要每個記憶在心靈中都占有同樣地位，讓你無法分辨無趣跟獨特的記憶。因此，下一次如果你忘記一個或好幾個新朋友的名字，請想想若非如此會怎麼樣，然後感謝你的記憶正常運作。

就算我們接受工作記憶表面上的限制是特色而非缺陷，事實卻沒有改變：在我們的心靈劇院裡，座位是有限的。所以，教練們總是會受到挑戰，要確保正確的觀念搶到前排座位。基於這個理由，我們會以第二章的觀念為基礎，並且檢視工作記憶的結構與功能，為理解言語的聲波如何轉變成動作力學打下地基。

工作記憶結構

一九三四年生於大不列顛的亞倫・巴德利（Alan Baddeley），以他對於工作記憶的多重組成理論模型所做的開創性研究聞名於世（7）。雖然當時工作記憶模型已經存在（3、14），也已經有人提出（19），巴德利與葛瑞恩・西奇（Graham Hitch）在一九七四年建立的模型，仍被公認是對於工作記憶的形式與功能最精確的表述。基於這個理由，我們會使用巴德利對工作記憶最近期的詮釋，這出現在他的論文〈工作記憶：理論、模型與爭議〉（Working Memory: Theories, Models, and Controversies）中。

巴德利與西奇的原始模型（7）提出這個看法：工作記憶不是一個統一的系統（3），而是由三個獨特的子系統組成的，就像注意力一樣。這個模型是出自數十年的研究，其中評估了人類記憶新出現口語與視覺資訊的能力，而且在某些精選研究中還從長期記憶的角度來考量這些資訊。

如果我們試想一般來說會考量的資訊範疇，巴德利與西奇的提議並不令人驚訝：工作記憶的三個子系統包含了語音迴路（phonological loop，也就是說，一個口語跟一個聽覺系統）、視覺空間模板（visuospatial sketch pad，也就是一個視覺、空間與動覺系統），還有中樞執行系統（central executive，也就是一個注意力系統〔attentional system〕；參見第二章）（7）。**語音迴路**的定義是：一個子系統，用來暫時儲存、並且以默讀方式預演種種書面或口說變化的口語資訊。因此，你的運動員去理解、思考並應用你的指示、提示跟回饋的能力，需要一個運作順暢的語音迴路。接著，**視覺空間模板**的定義是：用來暫時儲存並操作視覺、空間與動覺類型資訊的子系統。因此，如果你提供一個提示，鼓勵你的短跑選手在鳴槍起跑前「想像一隻獵豹正從後面偷偷靠近」；讓你的選手解析影片，並且解釋他們能夠如何用更好的傳球，把他們的隊友安置到空間中；或者要求你的跳水選手解釋他們入水前在空中是什麼感覺，這些時候你就是從他們的視覺空間模板裡汲取資訊。最後，

中樞執行系統，我們在第二章定義過它在**注意力網絡**裡的角色，以指揮——心靈的指揮大師——的身分運作，結合並且考量來自語音迴路跟視覺空間模板的資訊，創造出我們稱之為意識經驗的心靈音樂。

整體而言，這三個子系統構成了巴德利跟西奇的多重組成工作記憶模型長達二十五年，直到眾人發現這個模型無法解釋所有資訊如何整合、並結合長期記憶裡的既有資訊中才告終。因此在二〇〇〇年，巴德利提出了這個模型裡的第四根支柱：情節緩衝區（episodic buffer），這根支柱可以把跨越語音迴路、視覺空間模板跟長期記憶的資訊結合，創造一個中樞執行系統可以使用並且查詢的融貫意識流。在他對於這個模型的最晚近理論討論中，巴德利說明，他把「工作記憶」看成是「一個複雜的互動系統，能夠提供一個介於認知與行動之間的介面，這個介面能夠處理某個形態範圍與處理階段的資訊」（6）。

工作記憶容量

既然我們把工作記憶看成是認知與行動相會之地，我們該思考它的大小，並且探討工作記憶容量如何影響學習。

藉著類比，我們可以把工作記憶想成是一間暗房，大小固定，而注意力就是我們用來在暗房中搜尋用的聚光燈。然而這個房間無法保留很多資訊，而我們能付出注意力的分量就更少了。

因此，運動員必須持續地用此刻最相關的資訊重排優先順序，並且更新工作記憶。把這點放在心上，我們就可以看出為什麼教練有需要做個溝通運動員，就像丹尼爾・科伊爾有一次對我說過的，要確保自己提供了足夠資訊讓運動員可以進步，但又不會多到超過他們的工作記憶範圍。

工作記憶容量可以被分解成口語回憶跟視覺回憶，這包括我們把示範行為轉換成自身動作的能力。在他一九五六年的論文〈神奇數字七，加減二〉（The Magical Number Seven, Plus or MinusTwo）（77）之中，喬治・米勒（George Miller）提出人類的口語回憶能力正如論文標題所示，是七加二或減二件資訊。然而在同一篇文章裡，米勒論證說，如果我們把片段資訊湊成「組塊」，我們顯然可以記得更多資訊。舉例來說，考慮下面這十二個字母：

N　B　A　M　L　B　N　H　L　N　F　L

按照米勒的估計，你只會記得這些字母的一部分；然而如果你的大腦抓到了模式，那你就可以把這個資訊變成三個字母為一串的組塊，代表NBA（美國職籃）、MLB（美國職棒大聯盟）、NHL（北美國家冰球聯盟）跟NFL（國家美式足球聯盟）。研究現在指出，雖然對於是什麼界定出一個組

塊的極限還沒有共識，我們的工作記憶可以一次保有四加二或減二件組塊的資訊（20、21）。

工作記憶宮殿

為了闡明最後一點，請想想看世界記憶錦標賽（World Memory Championships）。這個每年舉辦的活動，讓世界上最棒的記憶運動員齊聚一堂，伸展他們的心靈肌肉，並且替回憶的支配者戴上皇冠。在此讓你淺嚐這種滋味：二〇一七年，來自蒙古的蒙赫舒爾‧納蒙達赫（Munkhshur Narmandakh）在兩小時內回憶起一千九百二十四張撲克牌，創下了一項新的世界紀錄。這個壯舉讓人驚異之處，在於蒙赫舒爾只有一小時記憶那些卡片，這表示她必須以每1.87秒記一張的速度記憶那些卡片。

雖然我們可能認為蒙赫舒爾本人有某種特殊之處，我們卻會很驚訝地知道，她的大腦跟我們的並無二致（49）。當然，她可能有比平均值更好的工作記憶，但不是好到可以記住一千九百二十四張卡片。所以我們要怎麼解釋這些結果？幸運的是，喬許‧弗爾（Joshua Foer），一位自由記者兼《大腦這樣記憶，什麼都學得會》（*Moonwalking With Einstein: The Art and Science of Remembering Everything*）（78）的作者，回答了這個問題，同時記錄了他從普通人到變成記憶專業人士的旅程。在他二〇一二年的TED演講（84）裡，喬許分享了去採訪二〇〇五年美國記憶錦標賽，認識來自英國的奇葩記憶大師愛德‧庫克（Ed Cooke）的故事。愛德解釋說，錦標賽裡的每個人有的都是平均程度的記憶力，如果喬許自己毛遂自薦，連他都可以變成有高度成就的記憶力運動員。被這個想法說服的喬許用掉整個二〇〇五年，應用他從愛德跟其他記性絕佳之人身上學到的技巧，這些人包括金‧皮克（Kim Peek），這位自閉天才是好萊塢經典電影《雨人》（*Rain Man*）裡達斯汀‧霍夫曼（Dustin Hoffman）的角色靈感來源。二〇〇六年，在天天訓練記憶力一年以後，喬許出現在他一年前採訪過的美國記憶錦標賽裡，身分不是記者而是參賽者，而且讓喬許驚訝的是，他拿了第一名。

喬許如何做到這件事？這又告訴了我們什麼關於工作記憶的事？還有最重要的，我們如何能夠利用這些洞見來幫助我們的運動員掌控他們的記憶？為了回答這些問題，我們需要回溯到兩千五百年前的某一刻，當時一位希臘詩人，凱奧斯島的西摩尼德斯（Simonides of Ceos）剛完成為色薩利貴族斯克帕斯（Scopas）寫的祝賀詩。正要坐下的時候，西摩尼德斯突然被叫到外面去，見兩位帶來緊急消息的男子。在他走出宴會廳的時候，建築物倒塌的聲音驟然粉碎了夜晚的寂靜。笑聲被尖叫聲所取代，而這個意外造成的毀滅破壞讓死者們都面目全非，他們哀悼的家人對於要埋葬哪具遺體大感苦惱。在震驚之中，西摩尼德斯要他的心靈把他送回站在桌子前方的那一刻，給他一個清楚的視野，看見所有出席者與他們就座的位置。帶著釋懷與懊悔，西摩尼德斯小心翼翼地引導每個家庭到他們心愛的人曾坐過的位置旁，提供他們安慰，還有他們如此急切盼望的了結。

這個經典故事雖然籠罩在哀傷之中，卻有一絲希望的微光。這個故事向我們證明，記憶被放在鮮明的脈絡中時更強固得多，在這個脈絡有情緒顯著性跟經驗獨特性的時候尤其如此。如同喬許

所學習到的，這個故事催生出一種記憶技術，被稱為**記憶宮殿**，或稱位置記憶法〔method of loci，loci 是「位置」的拉丁文〕。為了應用記憶宮殿，你首先需要有某種你想要回憶起來的東西，就說是你剛加入的隊伍裡所有運動員的名字吧。在你坐下後，你要做的不是嘗試靠蠻力把名字跟臉帶進你的記憶裡，而是視覺化你家的入口──對，我說的是你家。現在，你看著第一個運動員的大頭照，就說他名字叫做喬丹‧韓森吧，你把喬丹放在你家的門前。你注意到喬丹穿著一件飛人喬丹T恤，而你有個愉快的驚喜：喬丹在門口替你開門，迎接你回家。在你走進你家的時候，你注意到文尼‧拉森，你的第二位運動員，坐在樓梯底下拉小提琴；你一邊恭維他的演奏技巧，一邊走進廚房。在進入廚房的時候，你看到查理‧富蘭克林，你的第三個運動員，扮成查理‧卓別林，穿著他磨損得很舊的西裝、圓頂禮帽跟手杖。你恭維查理舞跳得好，然後繼續在屋裡走動，直到你把每位運動員都放進你的記憶宮殿為止。這個故事教我們的是，把新資訊包裹在某種我們已知的脈絡中，要回想起來會容易很多。

駭進工作記憶

雖然記憶宮殿可能看似愚蠢或者太誇張，但就是因此才會這麼有效。具體來說，記憶宮殿技巧使用的是一種早已行之有年的學習策略，稱為**精緻編碼**（elaborative encoding），這可以被定義成經過改善的記憶保留──把即將學習的資訊跟記憶中既有資訊聯想起來所產生的成果。克雷克與洛克哈特（Craik and Lockhart）（22）首先從處理的層次方面呈現出這一點，論證說在學習早期階段的處理「深度」，可以解釋某件事在將來會被回憶得多清楚。舉例來說，在一個經典研究裡，克雷克與圖爾溫（Craik and Tulving）（23）讓受試者使用四種從「淺層」到「深層」不等的策略來編碼詞彙。在策略一裡，受試者被要求評論一個詞彙是用大寫還是小寫字母寫下的。在策略二裡，受試者被問起目標詞彙是否跟呈現的詞彙押韻（例如說，呈現詞彙：這個字跟possum〔負鼠〕押韻嗎？目標詞彙：awesome〔令人驚嘆的〕；答案：是）。在策略三裡，受試者被要求在目標詞彙與呈現詞彙之間做出一個聯想（例如說，呈現詞彙：這個詞彙是一種車嗎？目標詞彙：apple〔蘋果〕；答案：不是）。在策略四裡，受試者被要求指出目標詞彙是否在脈絡上符合某個被呈現出來的句子（例如說，呈現的句子：這男孩跟他的朋友們玩_____；目標詞彙：swimming〔游泳〕；答案：不是）。

遵循這個編碼策略，受試者接受了一個突襲記憶保留測試，看看他們能夠回想起多少目標詞彙。如同一個人會料到的，那些使用較深層處理（亦即策略三與四）來編碼目標詞彙的人，表現優於使用淺層處理（亦即策略一與二）的人。清楚地說，深層或者精緻的編碼要求人思考即將記憶的資訊中的意義，而不只是一個表淺的特徵，並且透過一個複誦過程，把這個資訊整合到既有的語意、視覺、空間、動覺或聽覺知識架構中。

因此，記憶宮殿是精緻編碼的極致。利用工作記憶的情節性緩衝來發揮影響力，我們能夠用中樞執行系統，把透過語音迴路或視覺空間模板進入心靈的資訊，跟存在於長期記憶中的資訊聯想起

來。少了從頭開始創造記憶的需要，既有的神經網絡活絡起來，歡迎新資訊進入，這跟編輯你桌面上既有的一份Word文件並無差別。

你不必成為記憶冠軍才能用這些記憶編輯技巧。身為教練的你現在就可以用上。你就只需要在準備給運動員指導、提示或回饋的時候，稍微考慮一下。也就是說，如果你可以把你想要他們帶著上場的資訊，跟已經在他們腦袋裡的觀念跟概念連結起來，那麼你就會發現他們的理解度跟記憶力都會改善。如同我們在第六章會談到的，部署這種技巧的最佳方式之一，是運用類比跟隱喻，這也就是說，你用你的運動員熟悉的某樣東西，來描述某樣不熟悉的東西。為了捕捉這個觀念，請思考下面的例子：

珍是一位肌力與體能教練，與班合作訓練他的深蹲技巧。班掙扎著要做出有效的深蹲動作，他深蹲時一直讓他的膝蓋遠遠突出於腳趾之外。關切到這樣可能會在將來導致班膝蓋痛，珍在設法找出一個會幫助他做出必要技術改變的提示。考量過這個問題以後，珍想到兩個她認為可能有效的提示：

◆ 提示A：「在你往下深蹲的時候，把你的髖部往後推到你的腳跟之後。」
◆ 提示B：「把你的髖部往後推，就好像你要坐在一張不穩的公園長椅上。」

你會偏好把焦點放在哪個提示上？對大多數人來說，第二個提示提供一個在情緒本質上讓人能夠認同的影像。也就是說，你可以視覺想像並且模擬坐在一張不穩定的公園長椅上是什麼感覺。相對來說，告訴某人「讓你的髖部保持在你腳跟後面」，就像是要求他們靠著評論一個詞彙是用大寫還是小寫拼成來記住它。這樣做把注意力拉向**做什麼**，但忽略了**如何做**。這就跟設法靠著字母而非字義要學習一個詞彙一樣。因此，公園長椅類比賦予了意義，可以被轉換成一個人做深蹲的方式。用鼓勵細緻編碼的聯想性質語言，可以幫助你的運動員把新概念掛在既有的記憶掛鉤上，做出一個迷你宮殿，一次消化一個提示，從而支持他們學習。

工作記憶跟教練行為

雖然大多數教練會同意，教練指導過度或者提示過度，可能會給工作記憶太大負擔，並且增加分析癱瘓的機率，他們的行為卻通常反映出完全不同的一組信念。舉例來說，在他們的研究〈理解功率與教練在職業英式足球中的角色〉（Understanding Power and the Coach's Role in Professional English Soccer）裡，波特拉克、瓊斯與庫雄（Potrac, Jones, and Cushion）（57）發現菁英教練花了他們8.9%的時間在技巧執行前提供指示，22.9%的時間則在技巧執行期間提供指示，還有22.6%的時間是在技巧執行後提供回饋。與之形成對比的是，用來問問題的時間是2.3%，還有14.54%的時間是保持沉默。值得注意的是這個結果並不獨特，因為過度仰賴指導是教練行為文獻中最常見的發

現之一（24、31）。

　　雖然我們知道不是所有的指導都是生來平等，這意思是有些指導比其他指導更容易處理跟記住（例如類比），但這並沒有去除我們的工作記憶有容量限制的事實。因此，我們提供一位運動員的資訊量，需要跟他們能理解、而且還要在執行動作時能夠聚焦的資訊量成比例。布沙德與同僚（Buszard and colleagues）（15）強調這一點，評估了工作記憶與指導的互動對於兒童學習籃球投球任務的能力有何影響。在每一組練習之前，所有的小孩都被要求讀同樣的五種指導（十二組，每組二十球，分散在三天內），研究人員發現在工作記憶（亦即口語、視覺空間及注意力）評估中測驗分數高的孩子，從前置測驗到事後測驗的投球表現有明顯的改善，而且在一週後的記憶保留測試裡表現也有明顯的增加。反過來說，在工作記憶種種向度上測驗分數低的孩子，顯現出相反的模式，他們從前置測驗到記憶保留測驗的表現每況愈下。這個結果並不令人驚訝，因為研究已經顯示視覺空間工作記憶與注意力，是運動學習的預測指標（66）。

　　從這一節裡呈現的證據中，可以衍生出三個關鍵重點。首先，教練運用指導的頻繁程度，遠超過其他教練工具（例如提問或者引導發現）。所以，教練們有提供過量資訊、或者用無法支持理解與學習的方式框架資訊的危險。基於這個理由，我們鼓勵教練們運用「一次練習一個提示」的策略，來避免工作記憶負荷過重，並且確保技術中被觀察到的改變，與更新過的焦點連結在一起。第二，雖然每個人的工作記憶都能力有限，這個限制卻是因人而異。這解釋了為什麼某些運動員可以應付很多指導，還對表現跟學習沒有負面影響，然而其他運動員卻無法如此。因此，去認識你的運動員、讓你的語言適應他們的限制，是無可取代的作法──這是科學中的藝術。最後，如同我們在討論記憶宮殿時展現的，資訊被框架或詮釋的方式，直接影響人能夠積極注意多少資訊。這就是為什麼我們說一幅畫抵得過一千個字，還有為什麼教練應該努力提供能刺激心靈劇院的指導、提示與回饋。

第二部分：長期記憶

　　如同我們在前一節裡討論過的，大腦運用工作記憶讓相關的資訊進來，把不相關的資訊留在外面。所以，大腦傾向於投資在激起好奇心、跟動機相符，或者提供維生洞見的思維上。然而工作記憶就像等候室，只容許資訊在短時間內占據一個有限的空間。一旦心智決定一個思維或者經驗值得保留，它就需要有個地方放。這座記憶銀行，我們稱之為**長期記憶**，容許我們重新經歷過去，好讓我們可以從現在的這些經驗裡獲益（69）。我們做這種心靈時間旅行的能力，在動物界中有真正的獨特性，也是我們這趟記憶旅程的下一站。

無法製造記憶的男人

　　如果你讀一本談記憶的書，你很有可能會讀到H・M（亨利・莫雷森〔Henry Molaison〕）的故事。H・M小時候被一輛腳踏車撞倒，因此撞到了頭，讓他有五分鐘失去意識。接下來的腦傷導致被認為無法治療、讓人失能的癲癇。苦於癲癇超過十年又無法工作，H・M在一九五三年經歷了一個劃時代的手術，把他的海馬迴、杏仁核與部分顳葉皮質切掉了。

　　在手術之後，H・M的癲癇減少了，他的智力與人格也沒有明顯改變。儘管有了這樣的成功，H・M很快出現了新的問題：他無法再產生新的記憶了（65）。H・M保留了手術前的大部分早年長期記憶，也有完好無損的工作記憶，可以記得他剛遇到的人叫什麼名字。然而，如果這個人第二天再回來，H・M就不記得見過他了。所以，無論H・M重溫那個經驗多少次，他都缺乏把它存進記憶中的心理機制。

　　當時還是年輕心理學家的布蘭達・米爾納（Brenda Milner）是D・O・赫布的學生，她著手要去了解H・M獨特的心靈，還有這可能會揭露記憶的何種本質。有許多年，米爾納每個月都去拜訪H・M，後來得到一個歷史性的發現。她觀察到H・M雖然無法回想起人物、地點或事實，卻保留了發展新運動技巧的能力（54）。在他被要求看著自己反映在鏡子裡的手與一顆五角星，來照樣畫出一個五角星後，H・M進行了橫跨三天的練習，並展現出優異的記憶保留，儘管他想不起來曾經進行過這個任務（67）。

　　這個觀察及許多後續觀察，提供證據支持了多重長期記憶系統的存在：一個系統儲存事實與事件，另一個系統儲存技巧與習慣。雖然在像H・M這樣的失憶症病患身上可以分辨，一個沒有腦傷的人不會意識到有分開來的記憶系統。在日常生活中，這一點有其優勢。然而對每個系統的獨特之處發展出一種鑑賞力，可以幫助教練們學會如何促進而非阻礙他們的運動員製造記憶的能力。

多重記憶：一則簡史

　　雖然是米爾納跟她的同僚提供了多重記憶系統某些最早期的支持證據，先前已有許多科學家與哲學家曾經對長期記憶的本質，做過類似的觀察。舉例來說，在一八〇四年，法國哲學家曼恩・德・畢罕（Maine de Biran）發表了〈習慣對於思想功能的影響〉（The Influence of Habit on the Faculty of Thinking），在這篇論文裡他提出了對於有意識與無意識記憶系統最早的描述之一（11）。在描述德・畢罕對於無意識記憶系統的觀點時，丹尼爾・沙克特說明：「在充分重複之後，〔當事人〕到頭來可以在自動化與無意識的狀態下執行一項習慣，而且沒有覺察到行為本身、或者先前〔讓當事人〕學會這個習慣的事件。」（61）

　　對這個觀點的支持，是從對失憶病患的早期研究中誕生的。在一個現在很知名然而手段可議的一九一一年研究裡，愛德華・克拉帕黑德（Edouard Claparède）冷不防戳了一位沒起疑心的病人的手（79）。在後來的會面裡，這位病人拒絕跟克拉帕黑德握手，雖然她已經想不起那個痛苦的經驗

了。此事提供了進一步的證據，指出有一種形式的記憶可能激發人的反應，即使當事人無法有意識地回想起激發此事的經驗。

在克拉帕黑德戳刺不知情病人的同一年裡，亨利・柏格森（Henri Bergson）在《物質與記憶》（*Matter and Memory*）裡提出看法說「過去存活在兩種獨特形式中：第一，在運動機制裡；第二，在獨立的回憶裡」（10）。某些經驗導向「做事」的記憶，控制行為中身體變化（運動學習）的機制，就藉此被鎖在我們的無意識中；同時其他經驗導向「知道」的記憶，關於人物、地點與事實的資訊，就可以藉此有意識地被回憶起來。這個觀念為即將到來的記憶研究黃金時代提供了理論性的燃料。而如果說二十世紀是記憶研究的黃金時代，那丹尼爾・沙克特就是其中一個「金童」。

多重記憶：「知道」vs.「做事」

在一九八〇年代中期，丹尼爾・沙克特跟他的同事（80、81）產出一連串的論文，為我們現在用來描述這些獨特形式記憶的這組詞彙，提供理論上的合理性證明。具體來說，**顯性記憶**是一種記憶形式，支援有意義地回憶過往經驗中衍生出的資訊（例如人物、地點、事實跟觀念），而**隱性記憶**則是另一種記憶形式，支援不用意識控制的技巧表現（例如閱讀、騎腳踏車跟開車）。在描述這兩種形式的記憶時，沙克特（61）指出「如果先前的經驗促進了某項任務的表現，並且在過程中不需要有意識或者刻意想起那些經驗，這時被揭露的是隱性記憶，〔然而〕在某項任務表現需要有意識回憶先前的經驗時，被揭露的就是顯性記憶」（61）。藉著類比，我們可以把顯性記憶想成是我們所知道的事，隱性記憶則是我們所做的事。同樣地，在講到運動的時候，我們可以把顯性記憶想成是比賽規則，隱性記憶則是需要照著這些規則玩的行動。

在每一種記憶形式裡，有各式各樣的子範疇被指認出來。具體而言，顯性記憶一般來說可以被歸類為**情節性的**（episodic），它被定義成個人經驗的記憶，發生在某個特定時間、在某個獨特的脈絡裡；或者是**語意性的**（semantic），它被定義成獨立於經驗之外的知識（亦即事實、觀念與概念）（68）。簡單地說，情節性記憶提供了心靈「時間旅行」的基礎，容許你重新造訪過往經驗，並且快轉到即將發生的經驗去，而語意性記憶可以總結成你的「世界知識」（28）。在教練指導的脈絡下，在資訊激發出一個要被視覺化的影像或經驗時，我們會利用運動員們的情節性記憶；在資訊促發出要被概念化或抽象化的事實、規則或觀念時，我們就利用他們的語意性記憶。在許多例子裡，兩種形式的記憶會彼此對應，因為我們會利用自己的語意性記憶，從經驗中衍生出意義來：為什麼我在應該傳球的時候投球？我下次處於那種防守狀態的時候，我應該做什麼？我能夠如何改善我的技巧，好讓我下次不會再錯過那個抬腳的動作？

同樣地，我們的隱性記憶可以被分解成多種子範疇，在此其中兩個是有相關性的。首先，隱性記憶可以在**促發**（priming）的形式下浮現，這時一個人因為先前曾經暴露於那種資訊之下，所以可以比較快取得知覺或概念知識。舉例來說，在運動中我們通常會回顧影片，希望能夠辨識出一個對

手暴露形跡的動作：某籃球球員偏愛往左邊移動；某投手在要投快速球時，會在準備投球動作前丟下他的手套；或者某橄欖球員在打算開跑的時候把球塞到側邊下方。有這些視覺訊號出現時，運動員在知覺上被**促發**要在比賽裡察覺這些提示，並且比沒回顧影片時更快做出決定。

第二種隱性記憶是以**程序性**記憶（procedural memories）的形式出現，它是在大腦皮質下區域以及脊髓中組織並且協調出來的複雜運動技巧。這種記憶範疇，代表的是教練們每次要運動員練習一項技巧時，試圖互動並且修改的神經網絡。從走路到跑步，切入到跳起，每個運動技巧都在無意識的層次上受到神經系統的控制與部署。你可能在想，可是意圖跟注意力、有意識的控制、目標導向行為又怎麼說呢？我們不是有意識地在控制與操縱我們所有的動作嗎？答案是很複雜的，不過簡言之，不是的。我們並未有意識地控制支撐我們行動的每一分自由、肌肉收縮跟細胞歷程。

為了說明這一點，讓我們想像一個簡單的運動任務，像是拿起一杯水。一旦你注意到你渴了，你的大腦就會發動一連串行為，這些行為需要天衣無縫地整合隱性與顯性記憶。首先，你把口渴跟會解渴的行為聯想在一起。這需要某個程度的語意性知識，告訴你說水不同於清潔劑，口渴時喝這種液體比較好。其次，你需要情節性知識，以便回想起你最近把一杯水放在旁邊的桌子上。第三，你部署了一個隱性運動計畫，容許你伸手拿玻璃杯，把杯子拿到你嘴邊，然後再把杯子放回桌上。如果一切進展良好，你有意識察覺到的唯一一件事，就是你有個目標，止你的渴，而這個目標達成了，你止渴了。你不需要花時間設定子目標：把你的手臂抬起十度，把手肘伸到九十度，打開你的手，抓住玻璃杯等等。現實是，除非你錯過了杯子或者撞翻了它，你不會警覺到你的動作細節。正好相反，你的動作在隱蔽的寂靜中運作，而起始於一個目標、結束於目標達成的顯性思緒連續體，在引導這個動作。

從早晨下床到投出贏得比賽的一球，我們的顯性（有意識）記憶建立了目標，而我們的隱性（無意識）記憶確立了需要達成目標的運動模式。我們現在必須面對的問題是，我們跟運動員的顯性記憶互動的教練語言，如何影響並改編鎖在他們隱性記憶裡的運動模式？為了回答這個問題，我們會檢視記憶如何經歷編碼、鞏固與提取的過程而成形。

第三部分：製造記憶

現在既然我們已經探索過我們主要的記憶形式，我們就準備好討論記憶被創造出來，並且蝕刻到我們心中的過程了。為了做這件事，我們會繼續我們的旅程，並且檢視我們如何透過編碼、鞏固與提取等階段來製造記憶。在記憶成形過程的每個階段，我們會考量不同記憶型態（也就是隱性跟顯性）之間的互動，還有記憶將要入住的相關腦區。

為了努力讓這個討論盡可能維持清晰，我們值得在此先短暫地校準一下教練們希望能夠送進旗下運動員的大腦、從而進入身體的種種記憶是什麼。具體來說，在牢牢聚焦於運動技巧學習的同

時，我們可以把這些記憶區分成三種獨特的範疇。教練設法產生的第一個記憶範疇，是我們所謂的**運動知識**（sport knowledge），這指的是執行一個運動技巧時的脈絡。在這個例子裡，脈絡可能包括比賽規則，還有對策略與對手的理解。這是有用的知識，限制一個人要怎麼部署運動技巧來達成一項成果，雖然這並不代表運動技巧本身。

我們會稱呼記憶的第二個範疇為**運動技巧知識**（motor-skill knowledge），這指的是與執行一項運動技巧直接相關的知識。如同我們在接下來幾章會詳盡討論的，這包括有關動作過程的資訊，也就是大多數教練會說成是技術或技術知識的東西；還有動作的成果，這關乎執行運動技巧之後應該因此達到的成果。簡單地說，這是我們的指示、提示跟回饋中包含的全部資訊。

記憶的最後一個範疇是**運動技巧執行**（motor-skill execution），這指的是在需要做出一項運動技巧的情境脈絡中，精確地執行這個技巧。這表示運動員不只能夠在孤立狀態下執行這個動作（例如改變方向），也能在他們的運動造成的知覺限制下進行（例如改變方向以便回應某個迎面而來的防守者）。在這種狀況下，我們可以直接把運動技巧執行想成是在回應運動學習時浮現的運動記憶（motor memories）（亦即運動模式〔motor patterns〕）。

把運動知識當成一個集合體來考量，我們可以看出它是一種同時具備語意性與情節性特徵的顯性記憶。同樣地，運動技巧知識也是一種顯性記憶，讓教練們可以用語言來描述一種身體動作。最後，運動技巧執行則是一種隱性記憶，透過練習而被運動技巧知識促發，並且銘印在大腦無意識的區域裡。考慮這本書的焦點，我們會從運動技巧執行與相關運動技巧知識的面向，來討論記憶的形成過程。

編碼記憶

記憶形成過程的第一階段被稱為**編碼**（encoding），這是把現在被關注的資訊連結到個人記憶中既有資訊的過程（63）。這個與程式編碼共通的詞彙相當名符其實的是，我們有著生物學上等同於行動網路的神經網絡，這些網絡表徵出種種知覺、行動、概念跟範疇。在我們關注某樣東西，打算記住它的時候，我們的大腦就會激發跟代表此處這個資訊的神經元叢集（請回想D・O・赫布的「細胞群組」）有關的神經元（28）。如同一個人可能會料到的，這些神經網絡越常激發，一個記憶成形、擴充跟強化的可能性就越大。因此，**一同激發的神經元會串在一起。**

雖然大腦仍然保有許多謎團，對於跟編碼過程相關的神經解剖學，我們卻有相當好的理解。為了證明這一點，我們會追隨馬卡斯的腳步，他是一個高中足球球員，在他的教練建議下，參與一個夏季短跑課程，以便增進他下一季的速度。雖然馬卡斯整個夏天都會繼續踢足球，他也會參與特別設計出來改善協調性與運動表現的速度發展訓練。因為馬卡斯不是個短跑選手，也從來沒有接受過短跑的正式教練指導，我們會假定，他的學習會橫跨費茲與波斯納提出的認知、聯想與自動學習階段（見第二章）。

編碼提示

讓我們從馬卡斯的第一次速度發展訓練時段，來開始我們的故事。他剛結束暖身，還有一連串非最大負荷（submaximal）的20碼（18公尺）短跑。現在他的教練覺得，他對於馬卡斯偏愛的短跑風格已經有了良好理解，接著提供了馬卡斯一個單一焦點的提示，例如「你跑的時候，專注於往前驅動你的膝蓋，就好像要打破一片玻璃」，然後要他下次短跑的整個過程裡專注地聚焦在這件事情上。

這個提示好好地安置在馬卡斯心中，這時他的工作記憶高度運轉，要留住這個資訊，立刻取得並且應用。如果在提示穿透他意識的這一刻，我們放大馬卡斯的大腦，我們會看到他的大腦皮質有些獨特的區域，在處理包含在提示中的那種資訊時，會隨著它們扮演的角色輕重，而有相應程度的活化。附帶一提，大腦皮質是大腦的最外層，支持著意識、感知、行動與目標導向行為。我們知道，馬卡斯會需要他的語音迴路來儲存並且複誦包含在提示裡的詞彙。在這麼做的時候，馬卡斯會徵召「布羅卡區」，額葉中跟語言複誦相關的一個側向部位，好讓他可以對自己重複這個提示，同時也會徵召他的顳頂區域，努力要儲存提示的內容本身（5）。

雖然馬卡斯會用他的語音迴路來處理提示中的語言，他會招募他的視覺空間模板來萃取提示中的視覺意義。為了做到這件事，我們會發現馬卡斯腦部後方的枕葉皮質活化起來，儲存視覺產生的資訊，同時他的頂葉皮質、前額葉皮質，還有前運動皮質的各個區域也都活躍起來，容許他查詢、整合並詮釋任何因為提示而被觸動的資訊（5）。而且，馬卡斯的語音迴路跟視覺空間模板要求他的中樞執行系統部署注意力，去確保提示的內容滲透到他帶進下一次短跑的意圖之中。因此，這會要求馬卡斯活化他的前額葉皮質，這個腦區號令著工作記憶中的注意力成分（42）。

雖然這個提示現在位於馬卡斯心靈的駕駛座上，如果他想要這個語言效力達到他的雙腿，他還是需要詮釋其中的意義。為了做到這件事，他的工作記憶需要透過情節性緩衝得到管道，通往他的長期記憶，這表示他會需要利用表徵短跑與打碎玻璃的神經網絡，好讓他的聯想網絡可以把這些想法編織在一起（也就是說「專注於往前驅動你的膝蓋，就好像要打破一片玻璃」）。如果這些表徵到頭來在馬卡斯心中很微弱、或者根本不存在，那在他短跑的時候，這個提示就無法造就出明確的差別。不過，如果這些觀念在馬卡斯心中有強烈清楚的表徵，他就能夠用包含在提示中的這些資訊，來影響他的下一次短跑。也就是說，要打破一片玻璃，一樣物體首先要以高速投射出去，然後接下來的碰撞會讓玻璃碎片往四面八方射出。因此，假定馬卡斯理解提示的內容，他就可以輕鬆地模擬，把他的膝蓋轉變成一個彈道拋射物，每一大步都炸穿一片玻璃。

這種模擬、或者任何模擬，都仰賴我們吸收新資訊（在這個例子裡是一個提示）並把它跟長期記憶中的資訊整合起來的能力。就像好萊塢電影製作人一樣，心靈取用不同的記憶片段，然後把這些片段編輯在一起，直到新思緒浮現為止。如果做得成功，我們的心靈劇院就更新了，而且開始放

映新片，讓我們可以第一次思考一個觀念或者一幅影像。

為了達成這種電影魔法，有三個獨特的腦區會被召來行動（28）。首先，如同我們已經討論過的，大腦皮質接收並處理進入的感官資訊（也就是視覺、聽覺、嗅覺、味覺跟觸覺）。其次，這個資訊被送到大腦的皮質下區域，稱為海馬旁迴（parahippocampal）區域，這裡透過一個「做什麼」還有一個「在哪裡」通道，負責整合並精緻化感官資訊。從功能上來說，「做什麼」通道處理思想與經驗的內容（亦即人、地點、物品等等），而「在哪裡」通道處理脈絡（亦即何時、何地）。這些通道匯聚在海馬迴，內容在這裡被置入情境脈絡中。這個新資訊接著被拿來比較我們長期記憶中包含的資訊，並且整合進去。這個精緻化的資訊，接著被重新導回原本的皮質區域，最初的感官資訊就是從這裡來的，而一個新思想就誕生了[1]。

在《記憶的認知神經科學》（*The Cognitive Neuroscience of Memory*）中描述這個過程時，霍華·愛肯包姆（Howard Eichenbaum）提到「內側顳葉〔海馬迴迴路，hippocampal circuit〕的角色，是增加大腦皮質表徵的儲存、改變大腦皮質表徵的組成，或者在其他狀況下修改大腦皮質表徵的本質」（28）。因此，每次資訊通過海馬迴，它不只是修改了我們即時的思緒，它還修改了我們的記憶。這就是為什麼我們要練習：我們越常回憶一則資訊，表徵這個資訊的網絡就變得越強健。反過來說，如果人缺乏海馬迴，就像H·M的狀況，他們會失去所有產生新的顯性記憶、或者修改既有顯性記憶的能力。所以說，我們可以把海馬迴想成一個作曲家，以作曲家寫樂曲的方式做出記憶，就像一次一個音符一樣，一次一個突觸，而前額葉皮質就是指揮家，協調我們的記憶，就像指揮家指揮音樂家們，形塑心靈的特徵，以便符合當時的心情（53）。

在我們脫離馬卡斯的大腦時，你會很驚訝地得知，我們剛才探索過的整個過程只花了幾分之一秒（64）。馬卡斯能夠把他教練的提示轉化成有意識的意圖，速度比尤塞恩·波特（Usain Bolt）一趟短跑前十公尺的速度還快。就這樣，馬卡斯完成了記憶形成過程的第一步：他編碼了教練的提示，這讓他可以在下一趟短跑前模擬或者視覺化他的運動意圖，在本質上就是在他的焦點正式上線以前先「試車」。假定這個提示通過了試車，馬卡斯現在準備好要短跑了。讓我們再回去放大馬卡斯的大腦，看看在運動意圖轉換成運動行動的時候，發生了什麼事。

編碼行動

跟編碼提示一樣，編碼行動需要幾個相連的腦區平行運作，把一個運動計畫轉換成運動行動。這點很重要，因為每個自主動作都需要顯性記憶形成來支持運動意圖（有意識的部分），也需要隱性記憶形成來支持運動行動（無意識的部分）。教練的必要角色，是確保每個記憶系統都被分派到

---

1 雖然把提示轉換到意識中的過程看似非常線性，就像一條生產線，實際上許多這些過程是平行發生的，有幾個回饋迴路把一個腦區連結到另一個腦區，如果你想，可以說是一種制衡原則。我已經強調了編碼明確資訊以便將來利用時，會牽涉到的主要腦區跟心理歷程；然而，在認知神經科學的這個領域裡，還有很多未知之事。

最適合達成的任務。我們的顯性記憶非常善於建立動作任務的目標或者成果（例如「把桿子推向天花板」或者「把球丟向外接員」），而我們的隱性記憶則非常善於部署並改造達成目標所需的運動行動（例如協調——動作的空間、時間與力量特徵）。用這種方式，顯性記憶連結到提供大腦要做「什麼」的動作意圖，就跟把一個地點輸入GPS一樣，而隱性記憶則連結到提供大腦「如何」做的動作行動——要達到「什麼」所需的指示或過程。有了這個資訊，讓我們重新跟馬卡斯會合，在這個神經學故事展開的時候一瞥他的大腦。

在馬卡斯放低姿勢時，他繃緊肌肉，準備接下來的短跑。在此同時，他的心靈在部署將會讓他沿著場地推進的運動行動之前，做了最後的準備。在最後一點心靈預演完成以後，馬卡斯的大腦加速行動，透過演化出來支持運動意圖（計畫）與運動行動（執行）的獨特運動迴路，送出一連串神經煙火。就像環繞一條賽道的一級方程式賽車，神經信號在皮質與皮質下的腦區之間循環，創造出持續流動的資訊，把意圖轉換成行動。雖然這些運動迴路分享了責任和神經上的特殊位置，確實看似有一個迴路引導著運動計畫，其他的迴路則引導運動執行。基於這個理由，我們會分別探究每個迴路，同時我們知道這些迴路是統整起來控制動作的。

計畫迴路　計畫迴路運作起來像是自主動作的神經觸發物，它被固定在解剖構造的檢修站上，其中包括運動皮質跟基底核內的區域；基底核是個種子似的結構，深藏在大腦的皮質下中央皺摺處。我們知道這點，是因為有多種研究檢視過那些計畫迴路結構中有或沒有損傷的人。舉例來說，在一組簡直像是發生在網飛《黑鏡》影集系列裡的外科實驗中，研究人員證明了直接刺激運動輔助區（supplementary motor cortex）（33），一個跟運動計畫有關聯的關鍵區域，結果會導致病患回報一種自主的「移動的衝動」，而刺激施加於主要運動皮質（primary motor cortex）（32），跟運動執行有關的一個關鍵腦區時，結果會導致病人回報說產生非自主、或者說並非出於個人意願的運動行動。值得注意的是，最後這一點有下列事實支持：皮質的運動計畫區在動作是由自己發動時會亮起，而同樣的腦區在動作是由外在刺激（像是燈光或聲音）觸發時會變暗（41）。所以有證據支持這個概念：運動計畫跟運動執行雖然有密不可分的連結，卻跟不同的腦區有關聯，任務的性質會指定每個腦區需要參與多少。

雖然運動皮質明顯地支持著運動計畫，現在已有證據顯示基底核有結構上的促發功能（2），在動作開始前幾秒鐘，這個腦區裡會出現活動（46）。尤其是從基底核到運動皮質的輸出值，是由多巴胺調節，這種神經傳導質跟報酬獎勵有關（72）。有人提出這些多巴胺輸入值獎勵過去導致正面行動成果的意向狀態，從而影響了運動計畫（56）。因此，如果基底核的多巴胺濃度減少了（這是帕金森氏症的一種特徵），接著運動皮質的輸出值會削減，導致震顫與運動控制降低（25）。這些運動控制上的改變讓人太衰弱，甚至連最簡單的自主行動都變得很累人。然而，把一顆球丟給一個有帕金森氏症的人，或者要求他們移動回應某個外在刺激，接著你就會很訝異地看到有多少人可以

接住球，而且正常地反應（這個現象被稱為帕金森氏症不協調運動〔paradoxical Parkinson's〕），因為計畫迴路看來並未牽涉到由行動迴路負責的自動運動行動（8、35）。

　　這種現象有個知名例子，出自米高・福克斯（Michael J. Fox）的一次訪問，他在一九九一年二十九歲的時候確診了帕金森氏症。在那則專訪中（85），你能夠清楚看到米高在討論帕金森氏症對他的生活有何影響時的靜止性顫抖；然而在這位《回到未來》的明星播放一支錄影帶，裡面是他自己毫無困難地溜冰時，又出現一絲希望之光。看起來像是奇蹟的狀況，是進一步的證據，指出運動計畫迴路跟運動行動迴路在結構上是相異的，容許帕金森氏症這類運動控制疾病的患者，可以用相對於內在刺激的外在刺激，繞過他們受損的計畫迴路，來導引他們的運動控制。相當名符其實的是，使用節奏性的聲響（44）或者視覺促發（8）可以調節動作節拍，容許以外在感官來源觸發行動迴路，而這個來源不需要來自計畫迴路的過多貢獻（39）。這提供強有力的證據，指出注意力與意圖的內容對運動控制有顯著影響，尤其在一個人的運動系統受到疾病損害時。我們會在後續章節裡重溫這個觀念，因為在其中埋藏著一個線索，讓我們可以藉此理解教練提示鼓勵下的焦點，如何能夠對我們學習移動的方式產生戲劇性的效果。

　　行動迴路　雖然馬卡斯的計畫迴路支持他移動的意圖，到最後他需要把這些意圖轉化成行動。為了做到這件事，他會需要一個**行動迴路**的協助，這是一個神經迴路，會連結到他的運動皮質，特別是他的主要運動皮質還有小腦，一個蝴蝶狀的皮質下區域，位於大腦的基底。這個行動迴路為兩個根本目的服務：（a）它把運動意圖轉換成運動行動，還有（b）以感官回饋為基礎，即時改造行為（45）。具體而言，主要運動皮質把身體的詳細地圖蝕刻到它的細胞裡。這些地圖看來包含控制所有可能動作的動能與運動學特徵的運動編碼（60）。因此，為了讓意圖驅使行動，行動迴路需要計畫迴路，好讓它知道要激發哪個模式、要抑制哪個模式（55）。為了做到這件事，計畫迴路以感官預測的形式提供資訊（59），這代表意圖被轉換成運動行動嘗試達成的感官目標。

　　為了闡明這一點，想像你正要搬到一棟新房子，而你正在把箱子放到搬家卡車上。你還剩下一個箱子，上面標明裝著廚房的湯鍋跟平底鍋。你準備要抬起一個沉重的箱子而蹲了下去，但讓你驚訝的是，你猛然站了起來，因為這箱子比你預期的輕。這個經驗違反你的預期，因為你的運動系統預測有個更沉重得多的箱子，而因此部署了比情況需要更多上許多的神經肌肉資源。這個故事展現出運動行動如何根據它們預測的感官後果來編碼。簡而言之，我們的運動行動是受到我們一旦完成行為後會有的感覺所引導的。在這種感覺被違反的時候，運動系統接收到錯誤訊號，運動學習就接踵而至，通常會經歷一個自我糾正的過程；相對地，一個肯定信號則可以強化已經在硬碟裡的運動模式。

　　「小腦」　雖然主要運動皮質通常被指涉為運動控制中的「最後共同路徑」，因為它直接連通脊

髓，小腦（cerebellum，拉丁文的意思即為「小的腦」）卻是行動迴路中不為人知的英雄。值得注意的是，小腦雖然在你的大腦總容積中只占百分之十，你頭殼裡的八百六十億神經元中，有超過百分之八十以它為家（37）。呼應丹尼爾・沃伯特（Daniel Wolpert）洞見深刻的TED演講標題（86），「大腦存在的真正理由」，在於我們有能力使用動作來當成連結意圖到結果的手段，而為了這一點，我們需要感謝我們的小腦。

小腦透過一個封閉迴路連接到運動皮質，讓小腦可以影響並修改從主要運動皮質被送到脊髓的運動信號。在此同時，小腦也有直接線路通往脊髓，讓它可以調校並改造已在發展中的動作模式。這個調校是反映小腦在同步動作時機方面所扮演的角色，這可能解釋了為什麼節奏提示有助於帕金森氏症病患改善他們的步態控制——在注意力聚焦在音樂提示時，他們的小腦就很適合控制動作。對於這種調校特徵的進一步證據支持，來自對小腦損傷中風病人的研究：他們可以學習一個動作的空間參數（也就是說移動到哪裡），但要學習動作的時間參數（也就是說何時移動）就會陷入苦戰（13）。因此，就在動能（力量）地圖似乎主宰主要運動皮質的時候，運動學的（動態）地圖似乎也主宰著小腦（50），支持著它們在控制動作方面的合夥關係。

除了調校運動系統，小腦可以比較主要運動皮質部署的運動信號跟實際發生的事，如同它常被稱呼的那樣，擔任「比較者」的角色（73）。具體來說，小腦被認為接收到主要運動皮質部署的運動信號副本——這是一份感官藍圖，或稱感知副本（efference copy），這是一般的稱呼（50）。小腦可以接著比較這份感官藍圖跟從脊髓送進來的即時感官回饋。這種比較的一個後果是，小腦可以藉著重新指導一個脫軌的動作模式，即時改造動作。這就是為什麼我們在早晨尖峰時間設法在忙碌的咖啡店裡穿梭時，很擅長不把燙到冒煙的拿鐵灑出來。

除了即時運動調整之外，小腦的比較能力也對運動學習有益。具體來說，在一個動作迅速被執行的時候，小腦並不總是有時間做即時改變。對於我們之中曾經咬到自己舌頭、跑步時絆倒，或者犯下任何一類運動錯誤的人來說，我們太明白這個真相了。可是不要怕，因為小腦還在這裡；也就是說，在我們的運動行動跟我們的運動意圖沒搭上的時候，小腦仍然能夠比較發生過的事跟我們希望發生的事。在這些拼圖碎片拼不起來的時候，我們的大腦產生出一個錯誤信號，「感覺就是不對」，警示我們注意那個錯誤組合。這個內建警示系統就座落在運動學習的核心，因為錯誤有支持我們自我糾正能力的功能；對於學習如何走路、騎腳踏車或者你能想到的任何其他事情來說，這都是真的。錯誤浮現出來，就像感官的警笛，告訴我們事情不對勁。在大多數狀況下，運動員有覺察到這些錯誤，而且可以用這個資訊來自我糾正。然而在許多例子裡，運動員感覺到錯誤，卻不知道怎麼做出改變。如果狀況如此，而你已經肯定這裡不存在身體限制，那麼這就是你帶著你的提示或約束介入，幫忙引導運動員進入一個新動作模式的時候了。

我們再度跟馬卡斯連線的時候，可以看到他的教練提出的提示已經成形，變成從他的基底核流向運動皮質的一股活化反應。在這個有意向性的信號擊中他的主要運動皮質時，運動計畫被轉換成

一個運動行動，被編碼成預測中的感官後果——就是該有的那種感覺。在轉換完成時，運動行動透過對脊髓的直接連結被傳遞到運動系統。在同一時刻，小腦接收到一個運動計畫副本，然後替自己做好準備，面對感官風暴，預備要透過持續的比較過程調校馬卡斯的運動系統，讓他的意圖搭上行動。就像一把散彈槍的反彈，馬卡斯炸出起跑線，一陣強烈的激發作用搏動著穿過他的肌肉。每踏出一大步，馬卡斯都用他的膝蓋猛撞「一片玻璃」，在他的心靈後方留下一條碎片堆成的路徑。一會以後，馬卡斯衝過終點線，短跑結束了。在他開始慢下來的時候，感官掃描開始了：「這趟短跑感覺如何？」「提示有幫助嗎？」「我做得好的是什麼地方？」「我下次應該聚焦在哪裡？」馬卡斯的內在對話，很快就碰上來自他教練的洞見與觀念。幾分鐘後，馬卡斯跟他的教練費力地處理完上回練習提供的資訊，確認出一個新的焦點，一個新的提示，而馬卡斯隨之回到起跑線，準備好再度奔跑。

鞏固記憶

　　一旦記憶透過編碼過程被請進大腦裡以後，這些記憶的鞏固過程就可以開始了。所需時間從幾分鐘到幾年不等，**鞏固**是把暫存的不穩定記憶，轉化成定居腦中的穩定記憶的過程（63）。鞏固發生在兩個不同的階段（29）：記憶起初是以一種流動狀態存在，由跟記憶內容相關的神經網絡內的一連串分子變化來代表，我們會稱之為**化學鞏固**（chemical consolidation）。隨著練習繼續，記憶網絡反覆地被激發，導向開始反映出我們長期記憶與學習的腦內結構性變化，我們會稱之為**結構鞏固**（structural consolidation）。

　　如同我們曾經仔細討論過的，資訊內容強烈地影響一件事有多難忘。你會回想起來，有高度情緒價值的資訊很適合抓住並維持我們的注意力，這是記憶形成的前兆，而情緒價值低的資訊就很難留在我們的心靈劇院裡。既然此事為真，毫不令人意外的是，記憶鞏固的第一階段，跟部分由大腦情緒中心「杏仁核」調節的神經化學變化有關聯性（51）。

　　在一項經驗被標記成有高度情緒價值的時候，它會觸發荷爾蒙從腎上腺中釋出；腎上腺是一個座落在你腎臟上方的三角形塊狀組織。這些荷爾蒙、腎上腺素（epinephrine）跟糖皮質素（glucocorticoids），以杏仁核為目標，杏仁核則接著調節神經傳導質正腎上腺素（norepinephrine）的釋出；在代表即將被學習的資訊的神經網絡裡，正腎上腺釋出對直接影響突觸的放電狀態。為了闡明這個過程對記憶鞏固的重要性，卡希爾與同僚（Cahill and colleagues）（17）給一組實驗參與者看一個分成三部分的故事，這則故事有個情緒中性的開頭、情緒強烈的中段（一個男孩被車撞了，然後去了醫院），還有一個情緒中性的結尾。在記憶保留測驗裡，研究人員發現，大家對於故事中情緒強烈的部分，記憶多過情緒中性的部分，這是我們可能會預期到的。然而在部分參與者吃了一種藥來阻斷腎上腺素與正腎上腺素的吸收時，他們記得情緒強烈內容的能力，就落到跟情緒中性內容一樣的記憶水準了。這個研究清楚顯示化學導入鞏固作用的重要性，但也顯示出情緒強烈的資訊

在大腦中得到優先待遇；在思考你的教練指導說詞時，你不該忘記考量這點。

呼應最後這一點，在教練最終可以影響的編碼期間，杏仁核的活化程度跟有多少資訊被記住直接相互關聯（16）。此外，如果某人的杏仁核受損了，或者像 H・M 的例子那樣被切除，他們形成新顯性記憶的能力就變得極端受限，情緒方面的記憶尤其如此（1）。從這方面來說，我們可以清楚地看到杏仁核跟它所控制的化學物質雞尾酒，是早期記憶鞏固的核心，對顯性記憶來說尤其如此。在你著手設計你的訓練，還有傳達你的教練指導提示時，請適當考慮這一點，因為情緒被觸動的時候，記憶就會啟動。

記憶鞏固的第二階段，可以比擬成我在我家洗衣服的方式。首先，我把乾淨的衣服放在洗衣籃裡拿上樓，然後把衣服全部倒在床上；這可以類比成仍然處於不穩定（沒摺好）狀態的新鮮記憶。接下來我折衣服，並且照著衣物類型來組織分類；這是類比到代表相同內容、會觸發記憶的聯想網絡。最後，我把所有衣服疊起來，然後放進衣服所屬的抽屜、架子或衣櫃裡；最後這一步是結構鞏固的正字標記，在此記憶從物理上重新組織、或者說搬運到設計來放置特定種類長期記憶的腦部網絡裡。為了證明一點，讓我們回去察看馬卡斯，看看他去上過幾週的短跑學校以後，現在他的大腦做到了什麼事。

鞏固提示

在跟他的教練共同工作幾週以後，馬卡斯已經累積了跟短跑相關的重要運動技巧知識。藉著指導、提示跟回饋，馬卡斯現在對於他一直在學習的運動技巧有了清楚的理解，而且更重要的是，也更了解幫助他執行動作的聚焦點。如同我們討論過的，這個明確資訊的處理，需要馬卡斯的大腦皮質與海馬迴迴路之間有天衣無縫的互動。所以說，這兩個腦區都牽涉到記憶的結構鞏固，應該不會讓人感到意外。

如同霍華・愛肯包姆在〈致皮質：為了記憶多謝你〉（To Cortex: Thanks for the Memories）（82）裡討論過的，海馬迴跟皮質在早期記憶鞏固中都扮演一角，這個過程從數週到數年不等。然而，一旦記憶被活化夠多次，它就不再需要來自海馬迴的生理結構支持，最後會以皮質為家。為了闡明這一點，請回想 H・M 的故事。雖然他不再有海馬迴與杏仁核，也因此無法再形成新的記憶，他還是能夠回憶他手術前的大多數記憶，這指出他的長期記憶已經從他的海馬迴搬家到皮質裡。然而有意思的是，H・M 並未保有他所有的長期記憶。事實上，H・M 無法回憶他在手術前幾年累積起來的大多數回憶。這項觀察支持這個概念：海馬迴最初是參與在長期記憶儲存的，會在一段長短不定的時間內留著記憶，然後記憶就會永久搬到相關的皮質區去。所以，在外科團隊「趕走」H・M 的海馬迴時，他們也趕走了仍然以那裡為家的記憶。

鞏固行動

就像顯性記憶經歷了結構與組織上的改變，隱性記憶也會需要在大腦裡到處遊走，直到找到永久的家為止。提醒一下：運動與頂葉這兩個皮質區，還有基底核與小腦這兩個皮質下區域，都參與了編碼隱性運動記憶。然而技巧的本質，支配著隱性記憶長期來說儲存在哪裡。

自主動作　如同多永與同僚（Doyon and colleagues）概述過的（27），在學習一個會自主部署的個別（discrete）或連續（continuous）技巧時——在明顯覺察的狀況下——起初會參與的腦區是前額葉皮質、運動皮質、基底核跟小腦。然而隨著練習，前額葉皮質的活化會平息下來，指出注意力需求減少了，運動皮質內部重新組織，小腦內的參與也會減少，而且維持在基底核的紋狀體區之內。為了支援你對此的理解，讓我們把這些發現先用一種個別運動技巧來說明，就說高爾夫球揮桿吧。

在你剛開始學習揮高爾夫球桿的時候，你必須部署非常多注意力來源（前額葉皮質）來支持運動計畫（運動皮質跟基底核），而且你的揮桿中會有不少動作錯誤（小腦）。然而隨著時間過去，你的運動計畫變得有效率又專注，不再需要來自你中樞執行系統的注意力強化。此外，你的模式會開始穩定下來，更少發生錯誤。更進一步說，因為在球道上沒有預期會有突然的擾亂，小腦在執行經過好好學習的揮桿時不會過度活躍。整體而言，計畫迴路跟行動迴路中非關小腦的部分，會掌控這個長期隱性記憶，小腦跟前額葉皮質則準備好在錯誤或新奇狀況浮現時介入。

反應性動作　雖然我們指導的許多動作可以分類至個別或連續技巧，現實狀況是，同一批技巧中有許多得在有即時適應需求的混亂運動環境裡施展。馬卡斯就是這種狀況的完美例子。身為一位足球球員，他鮮少在沒有對手的情況下短跑。既然知道這點，他的短跑教練免不了會引進帶球短跑、或者對一位防守球員做反應，在一個有脈絡相關性的環境裡刺激他的短跑能力。這種適應性需要運動系統一直糾正錯誤並提供回饋，毫無疑問，比起在無人阻擋的狀況下執行熟練的短跑，這樣做更加需要他的小腦幫忙。所以，一個動作要求一個人處理越多的可變性與適應性，小腦對於長期記憶鞏固的貢獻就越大。

「有可塑性的大腦」　隨著腦部造影技術的降臨，尤其是功能性磁共振造影或稱 fMRI 出現後，我們可以輕易地一窺菁英份子的心靈，自己看看那些結構性變化。舉例來說，麥奎爾與同僚（Maguire and colleagues）（48）在他們對倫敦計程車司機的研究中，顯示計程車司機身上跟空間對應相關的海馬迴區域，比普通受試者身上的更大，而那個腦區的大小跟工作年份相關。同樣的發現也已經在音樂家身上被觀察到了，研究人員顯示跟音樂技巧（例如弦樂器樂手的手指）有關的皮質

區跟完成的練習量成比例增大（30、34）。有趣的是，儘管所有這些腦內的結構有所變化，一項高度程序化技巧造成的成果淨值，整體而言卻是使腦部活動減少（36、74）。在你把這個觀察拿來對照你自己學習新技巧的經驗時，就顯得很合理。起初，這在心理上跟身體上都很讓人精疲力竭；然而隨著時間進展，你不再覺得像是必須部署同樣程度的心理與生理資源，去完成同樣份量的工作。這樣看來，記憶在結構上的重新組織，似乎是伴隨著一種被設計出來增進儲存與提取效率的過程。

雖然馬卡斯毫無疑問會繼續他的短跑訓練，在離開速度夏令營時，他至少可以隱性與顯性地心知肚明，新記憶已經在他心中成形了。起初他教練腦中的一個想法——一個提示——現在已經成熟了，變成他自己腦中的記憶。雖然這聽起來很像科幻小說，對於每組教練跟運動員還有每組師生來說，卻是現實。

提取記憶

在我們聽到邦·喬飛（Bon Jovi）的歌，講到「一槍穿心」、「該被責怪」等等，實際上根本不可能不接著唱出下一句歌詞。你不覺得這很有趣嗎？正常來說會溜出我們腦袋的歌詞，如果我們聽到了開頭幾句，就很容易記起來了。同樣地，你有沒有發現過，在聆聽一份舊歌單的時候，你的心靈會在現在這首歌結束的時候，開始播放下一首歌的前奏？這就好像你的心靈知道這些歌曲的確切順序，雖然你已經好多年沒聽這份歌單了。

這些例子展現出我們記憶形成過程的最後一項特徵，它被稱為**提取**，或者說是回憶起儲存資訊的能力。原則上我們從本章開頭就已經在講回憶了，因為任何進入你心中的思緒，都是某個已儲存記憶的演繹。從你見到某位老友後在你心中泉湧而出的種種故事，到運動員喊出正確打球策略的能力，這些例子都說明了大腦把我們的過去帶進現在的能力。然而我們的提取過程並不總是如我們所願，乖乖聽話；有時候記憶在我們舌尖上，就是說不出來。而且不只是顯性記憶如此，運動記憶也可能如此。無論是似乎要仰賴你的提示才能做出正確動作的客戶，還是掙扎著要表現得跟練習時一樣好的運動員，有無數的例子是運動記憶似乎失蹤了。因此對教練們來說，理解記憶提取的內在運作還有讓它運作的策略，是很重要的。

如同前面的例子所證明的，記憶在被提示要出現的時候，就會在我們心裡現形。用一個容易了解的例子來說，請試想下面兩位朋友之間的對話：

馬克：「嘿，瑪麗，妳最近怎樣？我覺得我幾百萬年沒見到妳了。」

瑪麗：「我知道，我們太久沒見了。我想我上次見到你是在邦·喬飛演唱會上。」

馬克：「喔，是啊，真是很棒的晚上。他的演奏曲版〈靠祈禱而活〉（Livin' on a Prayer）真是絕讚。」

瑪麗：「那整個晚上都很讚。你媽媽還好嗎？我聽說她摔了很嚴重的一跤。」

馬克：「多謝妳的慰問。還滿嚇人的，但她痊癒了，而且是徹底復原。」

瑪麗：「聽到這個消息真是太高興了。我爸去年受了一樣的傷，他花了好幾個月才恢復。」

　　如果我們把這個對話拆解開來，我們可以看到運作中的記憶提示。在瑪麗看到馬克的時候，會看見他立刻觸發他們上次見面時的記憶。這促發了馬克評論那天晚上特別突出的時刻。馬克提到了〈靠祈禱而活〉，提醒瑪麗她曾經想起馬克的媽媽。隨著馬克的近況報告，瑪麗覺得有必要分享她生活中的相關故事。如果你回想你跟一位朋友最近的對話，你會發現同樣的相互提示，在驅策進入你心中的每個想法。所以，所有形式的提示，都是任何記憶要被提取的必要條件。

編碼特定性

　　雖然提示很重要，它們卻不是光靠自己影響記憶提取。具體來說，一個記憶被編碼的方式，會直接影響這個記憶被提取的條件。這個概念被稱為**編碼特定性**（encoding specificity），主張被感知到的特定編碼（要被學習的內容＋學習脈絡＋心情）決定了什麼樣的記憶會被儲存，而被儲存的東西決定了什麼樣的提取提示會引出接觸管道（70）。為了說明記憶提取的這項特徵，克雷格‧巴克雷與同僚（Craig Barclay and colleagues）（9）要求參與者思考各種目標語句，像是「那男人抬起鋼琴」。在一個為找出促發記憶提取的最佳提示而設計的記憶保留測試裡，要回想起目標詞彙**鋼琴**，「某樣重物」這個提取提示，比「某樣發出美好聲音的東西」更好。然而，在目標語句是「那男人替鋼琴調音」的時候，發現的結果是相反的。就算**鋼琴**在兩個例子裡都是目標詞彙，句子裡的內容對於被提示的回憶都有直接的影響。編碼特定性這個特徵有 fMRI 研究的支持，研究顯示在編碼期間活躍的腦區，在提取時也很活躍，這提供了進一步的支持，指出記憶是儲存在它們接受處理的相同腦區（71）。

　　此刻你可能在想：「我不是用提示來觸發我的運動員對於語句的記憶；我是用提示來觸發他們對動作的記憶。」因此，值得好好考慮口語提示對動作回憶具備的效果。為了闡明這個主題，歐拉夫‧霍克、佛利德曼‧普佛穆勒與同僚們（Olaf Hauk, Friedemann Pulvermüller and colleagues）做了幾項研究，顯示大腦的語言處理區與運動區之間的互動。尤其是在一則二〇〇四年研究裡，他們用 fMRI 機器掃描實驗參與者，顯示出閱讀行動性動詞，像是**舔**（lick）、**撿**（pick）跟**踢**（kick），會激發與舌頭、手與腳相關的相同腦區。為了更進一步闡明運動皮質在語言處理中的角色，相同的研究團隊用穿顱磁刺激儀（transcranial magnetic stimulation）來強化跟腿、手臂或手相連的運動區活動。結果顯示，在運動皮質的腿區被活化時，比起沒有刺激的時候，參與者可以更快指認出跟腿相關的行動動詞（例如**踢**、**健行**跟**踏步**）；在指認跟手臂還有手相關的行動動詞（例如**交疊**、**打**與**抓取**）時，相關運動區被刺激也會造成同樣的狀況（58）。總體來說，這個研究支持了以下想法：處理某詞彙意義的腦區，就是讓這個詞彙的意義能在外界以行動表現（也就是說做出動作）的相同腦

區。因此，教練們應該把語言看成一種進入運動員運動皮質區的門戶，可以藉此揀選出最適合的提示，來代表他們希望看到運動員達成的動作成果。

脈絡特定性

雖然提取提示跟記憶目標之間的對稱性很重要，學習發生的脈絡也會影響未來的回憶。這被稱為**特定性法則**（the law of specificity），這個法則說，「學習是練習的事物與練習場所的副產品」，這也就是說，記憶是根據感知（感官資訊）跟行動（運動資訊）之間的互動而編碼的。因此，如果你在一個封閉環境裡致力於改善一位運動員的敏捷性，舉例來說，環境中沒有決策需求（好比說對手）或者競爭元素（好比說巨大噪音或壓力），那麼你就會發現學習結果無法完整轉換到運動脈絡。然而讓運動員逐步發展能力，在一個脈絡精確的環境下（例如在對抗對手的狀況下工作）部署這些運動技巧，你會產生出一個轉換公式。值得注意的是，雖然這本書主要聚焦於教練指導語言，不受教練口語促發影響的學習脈絡（例如實體環境、訓練或練習選擇、多變性與困難度），對於記憶提取還有習得素材的表達方式也有巨大影響。為了拓展你在這個領域的知識，我推薦你讀索德斯壯與比約克（Soderstrom and Bjork）的〈學習VS.表現：一個整合性回顧〉（Learning Versus Performance: An Integrative Review）（83），因為他們徹底地涵蓋了同時影響口語跟運動學習的脈絡因素。

心情特定性

就像有影響提取的外在脈絡因素，也有值得考慮的內在脈絡因素。研究已經顯示，我們發現在心情正向時要想起正向的回憶比較容易，在負面記憶方面也是如此（38）。這被稱為**心情一致記憶**（mood-congruent memory）。同樣地，我們傾向於編碼跟自己現有心情一致的資訊（12）。這被稱為**心情依賴記憶**（mood-dependent memory）。也就是說，在我們心情不好的時候，我們比較有可能編碼有負面情緒聯想的資訊，而我們心情好的時候，就比較容易編碼有正面情緒聯想的資訊。而且，現有心情狀態與記憶編碼之間的這種互動，會延伸到我們現在的身體狀態。具體來說，研究人員發現，在記憶提取期間採用的身體姿勢跟編碼期間一樣的時候，參與者可能以比較快的速率回憶起比較多的資訊（26）。我們的身體狀態以某種方式被編碼在記憶裡，這個觀念在我們身上如此根深柢固，以至於研究人員已經證明，我們可以在把彈珠滾上坡的時候回憶起較多正面記憶（進步跟正面性之間的隱喻性聯想），在把彈珠滾下坡的時候回憶起較多負面記憶（退步與負面性之間的隱喻性聯想）（18）。就像推特上的一篇推文一樣，我們的記憶似乎在編碼的時候，接收到將來可以藉此回憶的身體與情緒主題標籤。

錯誤標籤記憶

　　最後一個重點。記憶是有可塑性的，而且受制於長時間裡的改變與操縱。具體來說，每次我們提取一個記憶，激發相關的神經網絡，就可說是重新打開了 Word 檔案。所以，編碼的特徵還有隨之而來的記憶相關主題標籤，可能隨著時間而改變。這對教練們來說是關鍵，因為缺乏從練習到比賽的轉換，可能反映出不一致的學習（也就是說，練習了錯的東西，然後編碼了錯的記憶），或者這可能反映出不一致的提取。也就是說，雖然你練習了正確的運動技巧，編碼的特徵卻搭不上提取的特徵，尤其是學習的脈絡。因此，我們越常練習一個技巧，學習的可能性就越大。而那個練習（編碼）反應了越多的競爭要求（提取），轉換的可能性就越大。

　　整體看來，我們可以看出記憶是我們在編碼期間的經驗反應。因此，在現在的特徵對應到過去的特徵時，記憶提取的效果會最好。如同我們在接下來幾章裡會仔細討論的，教練們應該把口語提示當成是動作觸發物，用來警示運動員注意跟他們在做的動作相關的關鍵結果。在這種狀況下，最好的提示，會是從動作打算達成的成果來看，最完整捕捉動作應該如何執行的那些提示（例如「向上爆發，在球飛到最高點時接住它」相對於「爆發式伸展你的髖」）。同樣地，教練們需要記住，我們只會在我們練習過的事情跟我們練習過的地方變強。因為這個理由，學習脈絡需要對應到運動員希望有優越表現的競爭脈絡上。最後，請考量心情與身體狀態如何影響記憶編碼與提取。從編碼的立場來看，你讓運動員採用的姿勢，可能應該體現出你給予他們的資訊，這個意思是，如果你在談的是身體力量與執行速度，讓運動員們站著遠比坐著好上許多。同樣地，我們應該注意運用正面而非負面言論來編碼回饋。舉例來說，就算運動員犯了錯，就說他們在一次短跑中沒有做足夠的髖部伸展就好，你沒有任何理由不能把回饋或提示用正面方式框架起來。在這個例子裡，與其說「**你髖部伸展不夠**」，你應該說「**聚焦於把地面推開**」。假定我們想要我們的運動員在正面的腦內空間裡運作，我們有必要用正面的方式編碼提示，用等同於把彈珠滾上坡的方式提示。

總結

　　恩德爾・圖爾溫（Endel Tulving）很有說服力地描述過，**記憶**是「容許有機體從自身過往經驗中獲益的能力」（69）。這一點，以其最單純的形式來說，是每位教練與老師的責任。雖然我們沒有回憶公司的新奇機器，我們卻有能力使用提示來警示注意力、觸動記憶，並且鼓勵把語言轉換成學習的過程。然而要有效地做到這點，教練們需要考慮他們放在運動員腦袋裡的資訊分量與品質。如果我們呈現了太多資訊，我們就有風險會把工作記憶搞到短路、讓我們得知哪些提示有效的能力受限，或者在更糟的狀況下，還會觸發一種分析癱瘓的狀態。此外，我們知道我們的語言品質與精確度，是運動學習的基礎。也就是說，呈現出情緒功率跟視覺吸引力的語言，遠比提出視覺上不會

說話、動機上顯得平庸的字句讓人難忘得多。更重要的是，最好的提示要是沒搭配上要學習的運動技巧中最重要的特徵，就不會有效。所以一個提示的精確度，是仰賴它代表期望中動作結果的能力（例如「衝過來這裡」，「跳那裡」，「擒抱他」跟「側跨步閃過她」），同時解釋支撐那個結果的動作特徵（例如「把地面推開」，「朝天空爆炸」，「擠壓你的對手，就像罪犯手腕周圍的手銬一樣」，還有「踏到那個空間去，就好像妳在閃躲一輛卡車」）。

就像你在房子蓋好以前無法搬進去一樣，直到你了解學習的科學以前，你還無法體會有效教練指導的細微之處。因此，在第一部已經在我們的照後鏡裡以後，我們現在很適合一路開向第二部了。在接下來三章裡，我們會探究語言的內在運作，拆解運動技巧學習與提示內容之間的互動。運用證據、我自身的經驗，還有講一點故事，我們會逐步說明一系列的實用模型，它們會幫助你學習迅速產生並更新你的語言，去配合你的運動員需求，還有他們希望發展出的運動技巧。

第二部　教練

在 我搭上飛機離開印第安納波利斯飛往鳳凰城的時候，我覺得很放心，我的EXOS運動員們在 NFL聯合測試會裡表現一如預期。既然我是個新手教練，我的運動員們則在追求新手的位置，這棟紙牌屋有很多機會坍塌下來。幸運的是，我們讓它站穩了，而運動員們做了他們最擅長的事——在有用的時刻拿出表現。考慮到這種好運，你會認為我欣喜若狂；然而我幾乎稱不上滿意。我終於得到人生難得的機會，負起責任帶領國內最受敬重的聯合測試會準備課程，但在我目光所及之處，處處都有裂縫。儘管我有七年的教練指導經驗，我卻覺得我好像必須重新開始。

在那第一年之後， 隨著我清空原有想法，我體驗到了幾個有澄清效果的念頭，就算到了今天還在塑造我思考教練指導的方式。第一個觀念是以思想實驗的形式出現的。想像我們招募十位教練來做十週的速度發展研究。我們可以假定，這些教練們有相同的經驗跟教育程度。每位教練都會用相同的場地、訓練器材、課程跟運動員來輔助他們的訓練。因為由十位同樣的運動員跟每位教練合作是不合理的，我們會想像我們複製了十位運動員，好讓每位教練都得到生理條件上相同的同一組參與者。因此，課程、參與者跟場地全都是一樣的；唯一決定性的差異在於教練。這裡是要考慮的問題：在十週之後，全部十組人都會達到完全一樣的結果嗎？

在我的職業生涯中，我把這個場景跟問題呈現在數千位教練面前，而答案永遠都是一樣的，一聲響亮的「不」。我相信這個思想實驗，暴露出一個存在於每個教練心中的核心直覺——我們知道，**如何做**教練指導，對結果的影響跟教練指導的內容是**什麼**一樣重要。承認這一點絕對不是打算破壞課程安排與計畫（**做什麼**）的重要性；正好相反，最重要的是教練要知道繞圈跑並不會改善臥推，同樣地，短跑也不會改善一個人接球的能力。然而，我們要是認為結果就只是課程安排的後果，那就太天真了。另一種更寬大得多的觀點，給了教練指導與溝通（**如何做**）一席之地，把教練從課程設計師提升到人類的發展者。

在我對教練指導的沉思之中，我的好友克里斯·波利爾（Chris Poirier）推薦我讀《改變的力量：決定你一生的11個關鍵字》（*Aspire: Discovering Your Purpose Through the Power of Words*）。在

這本簡短易讀的書裡，凱文·霍爾（Kevin Hall）邀請大家重新考量我們話語中的意義與傳統。在我打開這本書，掃視目次頁的時候，第九章〈教練〉抓住了我的目光。結果教練這個詞彙是來自匈牙利城市寇奇（Kocs），這裡最知名的是製造出第一台彈簧懸吊系統馬車。這些「馬車」（coaches）是為當時的貴族設計，建造出來吸收掉凌亂不整道路上的顛簸曲折，好讓旅途更舒適。隨著時間過去，coach 這個詞彙就像許多其他詞彙一樣有所演化，產生了一個延伸定義，代表「某樣東西或某人，送一位重要人士到他想去的地方」（p. 222，中譯本 p. 200）。

但我們這些教練，是如何做到這件事的？我們用什麼樣的載具，服務我們那些運動員的旅程？哪種能源為這個過程提供動力？稍微反省一下，答案很快就自動揭曉了。以馬車車廂由馬提供動力、現代車廂（巴士）以燃料提供動力的相同方式，而我們這些教練則使用資訊，為我們的運動員的學習之旅提供動力。也就是說，我們花費多年學習生理發展，好讓我們可以教導運動員如何把這種學習應用到他們自己的身體上。透過這個透鏡，我們可以同樣容易地稱呼自己私人教師、導師或老師。

在最後這點之中迴響的領悟觸動了我的心弦，並且足以闡明關於教練之道的第二個重要觀念：教練們就是老師，運動員是學生，而我們的教學主題是動作。當這個觀念漂過我的心湖表面時，我在尋求的教練指導解決方案變得很清楚，而且發現它原來一直放在我車庫中的一個箱子裡蒐集灰塵。

我把灰塵從理查·麥吉爾（Richard Magill）與大衛·安德森（David Anderson）的書《運動學習與控制：概念與應用》（*Motor Learning and Control: Concepts and Applications*）封面上撢去的時候，我瞬間回到大學時代，我回想起我在那裡上過的唯一一門運動教學課，那是個中階程度的運動學習課程。很不幸的是，當時我沒能體會到運動學習的重要，尤其比不上我跟我選擇的這個產業賦予技術科學（解剖學、生理學跟生物力學）的價值。因此，我的教育與產業用來教導我的動作技術語言，到最後轉變成我用來做教練指導的語言——機械化、重視細節而死板。

在我拿著螢光筆開始閱讀的時候，白色的紙頁很快就被劃得黃澄澄的，同時我掙扎著要找出一個不重要的觀念。每翻過去一頁，我的直覺就獲得證實——一門教練的科學確實存在，而且它存在很久了。根植於第二次世界大戰時發展技術精良勞動力的需求，運動學習的領域嶄露頭角，幫助回答了一個基礎的問題：人如何學習運動技巧？雖然這個問題沒有單一答案，我在麥吉爾跟安德森對於教練指導語言的討論中，發現了我在尋找的東西，或許我該說是人——她的名字是嘉布莉葉·沃爾夫博士。

沃爾夫博士在位於拉斯維加斯的內華達大學擔任教授，在運動學習研究方面有多樣化的成就；然而，起初引起我興趣的是她討論提示（注意力焦點）如何影響運動技巧學習的作品。沃爾夫博士

發表了超過六十篇文章與一本書在談這個主題，在談到教練指導語言跟運動技巧學習之間的關係時，她是毫無爭議的思想領袖。

在讀過沃爾夫博士的名作，《注意力與運動技巧學習》（*Attention and Motor Skill Learning*）之後，我覺得我有必要聯絡她，從她身上學到更多事情。在拉斯維加斯主辦的一次全國肌力與體能訓練協會研討會期間，我們終於有了交談機會。語氣溫和、深思熟慮的沃爾夫博士歡迎我進入她井然有序的辦公室。當我站在運動學習的王族面前時，我忍不住感覺到一點追星族的興奮。沉著又有耐性的沃爾夫博士極為精確地回答我的問題，清楚地把事實與虛構、已知與未知分離開來。她在每一方面都符合專業人士一詞的意義。

隨著我們的對話將近尾聲，我感覺一股突如其來的責任感占據了我的思維。我有這種好運得以認識沃爾夫博士跟她的作品，但同時有多少教練會滿足於現狀，沒察覺到通往更棒的教練指導之路，就在他們一蹴可幾之處？有多少教練對自己的缺陷一直不以為意，每天都在違反運動學習的基本原則，卻一無所知？我必須有所作為。

在接下來幾年裡，我一直持續不懈，發展並且散播跟教練指導語言相關的觀念。我充滿了熱情也準備說服他人，我付出一切，要變成一個更好的教練，並且對任何願意聽的人重複我學到的事情。目標很簡單：把我們的教練指導方式，提升到跟我們的教練指導內容相同的水準，一次一個詞彙。接下來的頁面記錄了這趟旅程，而對於如何優化我們所說的內容，好讓運動員們可以優化他們的運動方式，我將展現出我所學到的一切。

找到焦點

在第一部裡，我們探究過注意力跟記憶對學習的影響。我們把這個基礎建立在以下這個論證上：注意力是學習的貨幣，在此心智投資決定了運動上的回報。在證明思想與行動之間的這個連結時，我們反覆斷言，教練的主要責任是用一種支持運動表現與學習的方式，抓住、保持並且引導運動員的注意力（見圖4.1）。

考量我在第一部裡強調了前兩個步驟，我現在會在第二部裡聚焦於引導注意力的藝術與科學上。做為開頭，對於提示、思維與行動之間的互動關係，且讓我們質詢一下自己的直覺。

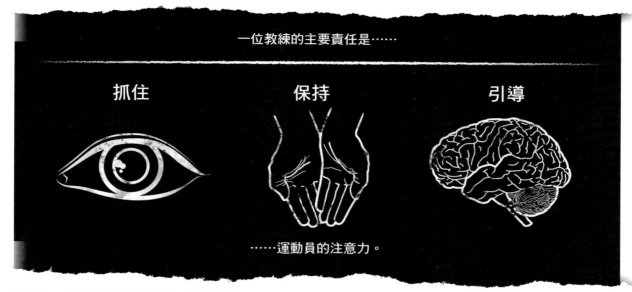

一位教練的主要責任是……

抓住　　　　　保持　　　　　引導

……運動員的注意力。

圖4.1　吸引運動員注意力的三步驟途徑

做提示

在第三章，我們見過了馬卡斯跟他的暑期短跑教練。在嘗試幫助他以更快的速率達到更多的髖部彎曲時，馬卡斯的教練提示他「把你的膝蓋往前驅動，就好像要打破一片玻璃」。一個同樣可信

的場景，可能會是馬卡斯缺乏適當的髖部、膝蓋與腳踝伸展，這是跟推力有關的生物力學問題。這種狀況表示你的運動員小時候似乎看了太多集「嗶嗶鳥」（Road Runner）卡通，從此採用一種短促的腿部動作，在可以只跨五步的時候踏出了十步。有這種技術錯誤的運動員，通常會獲益於鼓勵他們推得久些的提示，這樣能優化產出的功率，也因此優化他們加速的速率。

這個新的動作錯誤上傳到你心裡以後，讓我們再度跟馬卡斯還有他的教練會合。我們會想像馬卡斯的教練現在嘗試規畫出一個提示，以便改善馬卡斯下次短跑時前10碼（9公尺）的腿部伸展。以下是馬卡斯的教練在考慮的提示短清單。馬卡斯的教練會希望你幫忙，指出最有可能鼓勵出期望中的技術改變，同時又保持聚焦於執行速度的提示。為了幫助馬卡斯的教練，請遵循此處列出的四個步驟。

第一步：讀完以下這個提示清單。

提示A：聚焦在盡可能爆發似地**伸展你的髖部**。

提示B：聚焦在盡可能爆發似地**快速離地**。

提示C：聚焦在盡可能爆發似地**伸展你的雙腿**。

提示D：聚焦在盡可能爆發似地**衝向終點線**。

第二步：基於你的直覺或經驗，把這些提示從最有效（一）排到最無效（四）：

一 _____

二 _____

三 _____

四 _____

第三步：考量這些提示觸發的影像，把這些提示從最鮮明（一）排到最籠統（四）：

一 _____

二 _____

三 _____

四 _____

第四步：考量提示的內容，把這些提示從最技術性（一）排到最沒技術性（四）：

一 _____

二 _____

三 _____

四 _____

　　在我揭露我的預測之前，請花點時間思考這個習題。在你的答案中，你注意到什麼？有任何趨勢存在嗎？在你反省你用在教練指導動作的語言時，它跟你列為最有效的那些提示，在本質上有多相同，或者相異？要是你沒讀過這本書的第一部分，你對這些提示的排名會不會有所不同？

　　現在，對於我的預測，在提示**有效性**跟**鮮明性**這方面，我會猜測提示B跟提示D被你排在前面，提示A跟C則被排在後面。反過來說，在被要求從**技術**特定性來為這些提示排名的時候，我猜測你會反轉這個次序。無論你是否照我的預測來排列你的提示，這不重要，因為這一章的目的是要說服你，事實上這些提示就應該這樣排序。

　　讓我簡短地從概述我的論證前提開始。假定我們已經找出確切的動作錯誤，一個提示的有效性有部分是繫於它激發的影像精確性與鮮明性。在這個例子裡，精確性要求這個提示捕捉到在理想結果的脈絡下最相關的動作特徵。為了說明這點，讓我們比較提示A「伸展你的髖部」，還有提示B「快速離地」。

　　考慮到我們希望看到馬卡斯改善他的腿部延展，我們可以論證說，這兩種提示都瞄準了這個動作的相關特徵，不過分別把注意力導向任務的不同層次。具體來說，提示A要求馬卡斯聚焦在「伸展你的髖部」，這是腿部延展中牽涉到的一連串關節中的一個。相對來說，提示B鼓勵馬卡斯聚焦在「快速離地」，這是一項要仰賴腿部延展達到的結果。透過這個透鏡，我們可以看到提示A就包含在提示B之中，因為馬卡斯會需要調動協調髖部、膝蓋與腳踝的延展，以便有效地「快速離地」。既然如此，我們可以論證說，提示B對於期望達到的行動來說，是比較精確的表徵，因為它把低層次的技術特徵嵌入到一個高層次的結果中，同時還保留了「跑得快」這個終極目標。如果我們應用這個邏輯到全部四種提示中，我們可以明確指出，提示B跟D會比提示A跟C促成更精確的焦點。

　　讓我們看看同樣的邏輯對鮮明性來說是否也成立。根據定義，鮮明的影像就是會激起清楚強勁感受的那種影像。因此如果一個提示鼓勵一種影像，這幅影像精確代表某動作（**做什麼**）的目標特徵，同時又捕捉到人執行該動作（**如何做**）時應有的精髓或感覺，我們就可以說這個提示是鮮明的。為了測試這一點，讓我們比較提示C「伸展你的雙腿」，還有提示D「衝向終點線」。從影像方面來說，提示C把注意力引向任務的一個技術特徵，對於任何並非教練或生物力學家的人來說，這是個無聲的概念；提示D則靠著把賽車似的視覺畫面對應到短跑的脈絡裡，觸發了內心的劇場。至於從本質上來看，提示C也沒有提升它的地位，因為「伸展你的髖部」在脈絡上不明確，也不能引起興趣，提示D則充滿了意義與詮釋上的餘裕。在這個例子裡，**衝**（drive）可以對應到**開**（drive）賽車、**打出**（drive）一顆高爾夫球，或者**敲**（drive）一根釘子，而**終點線**明顯概述了運動員要**衝向**的目標或者終點。這張清單可以繼續列，但重點很清楚。「衝向終點線」是一種三重威脅，其中有它激發的影像、它鼓勵的力量，還有它跟短跑之間的關聯性。把每一點都考慮進來以後，我們可以自在地說，提示B跟D能創造的焦點比提示A與C更鮮明得多。

　　有趣的是，一方面我們嘗試做的改變是高度技術性的，但在另一方面，最有效的提示（至少以我提議的邏輯來說）是最沒有技術性的。我們可以把這個矛盾稱為**放大謬誤**，在這種狀況下我們的提示越是貼近那個技術錯誤，就越難改變它。為什麼？唔，這一章剩下的部分就是要講這個，簡單地說，聚焦在微觀細節得到的收穫，會在執行宏觀指令的時候失落。就像俗話說的，你越靠近一隻大象，你越難知道你正看著一隻大象。

　　所以你要在哪裡下你的賭注？我想馬卡斯跟他的教練越來越不耐煩囉。

教練指導迴路

　　在我們出發進入提示的宇宙以前，重要的是知道你要進入的是什麼狀況，因此你需要一張地圖。你問道，是哪種地圖？喔，不是你想的那種指出這是**哪裡**的傳統地圖，反而是指出這是**何時**的地圖。

　　如同你所知道的，這是本談論語言的書，關於我們在運動員動作以前，放到他們腦袋裡的最後觀念，也就是我們教練稱之為**提示**的東西。然而如同我們全都覺察到的，我們仰賴語言，遠遠不只是為了創造值得運動員注意的有趣金句。切合實際地說，我們在練習之前、之間跟之後，都在跟他們溝通。既然此事為真，如果我們要討論語言在引導注意力方面的角色，還有它對於運動技巧學習的影響，我們需要非常清楚這一章裡的策略應該在何時使用。這就是為何我們要有這份地圖。

　　讓我們先從明顯的事情講起：我們在談的，是我們用來迫使動作模式改變的詞彙。因此，當你提供的訊息與動作有關，接下來的推薦作法，你應該思考它們跟你提供訊息的時機有多大關聯性。反過來說，雖然在此包含的原則，可能激發超出以動作為基礎的討論會產生的點子，但這些策略或其背後的科學，卻不是以此為主要焦點。因此，我們不會討論如何提出一個振奮人心的賽前演講，或者如何安慰一位剛從你隊伍裡被割捨的球員。我們反而會讓你空降到哨音此起彼落的訓練裡，並且拆解你用來更新步法、翻新跑步方式，還有解決普遍技術問題的語言。

　　我們的靴子踏在地面上，訓練就要開始了，而我們處於可以提出訊息的位置。我們知道，我們會需要以某種形式的溝通來開始跟結束一節訓練。雖然跟提示不同，這個前後包夾的訊息，對於前瞻與回顧訓練的焦點與結果來說，還是很重要。具體來說，要開始一節訓練，從某些 WWH 開始總是很有價值。不，這不是某個新的摔角聯盟，這代表三個簡單的問題：我們在**做什麼**（What）？**為什麼**（Why）這很重要？我們要**如何**（How）達成它？在這個例子裡，**做什麼**就是對於會被涵蓋的動作、操練或者場景所做的描述（例如「今天，我們要聚焦在方向的改變上」）；為什麼則是對於這如何連接到一個核心目標的簡短解釋（例如「這會改善你在開放場地打球時閃避防守球員的能力」）；**如何**則摘要這節訓練裡的關鍵聚焦重點（例如「在整節訓練裡，讓側翼運動的三個 L 引導你——放低〔stay low〕、放輕〔stay light〕、放鬆〔stay loose〕」）。同樣地，為了結束一個訓練，你可以回顧，並且在最後補充一個「二加二」，意思是你回顧你原本的做什麼、為什麼跟如何做，然

後給你的運動員機會，評論這個時段進展順利、因此應該維持的兩個面向，再加上兩個有待改善的範圍，可以做為未來訓練的目標。雖然有許多其他方式獲得一節訓練帶來的知識，這個途徑確保了焦點總是經過校準，而學習變成把一節訓練連結到下一節的紅線。

雖然每節訓練的開始與結束，都容許預先計畫好的訊息傳遞，中間仍然需要一個適應性強但可重複，而且可以按照運動員學習需求打造的溝通模式。為了達成這種結構與彈性上的平衡，很重要的是讓教練們有個可以圍繞著這個活動運作的溝通模型，指引教練在運動員動作之前與之後（可能也包括中間）可以說什麼話。在承認這樣的模型有其必要性與用途之後，我概念化了教練指導溝通迴路，要大家注意在每次或者每組動作周邊最重要的五個教練指導時刻。用首字母縮寫DDCDD來代表的這五個時刻，指的是在教導一種運動技巧的時候，教練會**描述**（describe）它、**示範**（demonstrate）它並且**提示**（cue）它，運動員則會去**做**（do）它，而雙方都會**匯報**（debrief）它。

就像一首循環播放的歌曲一樣，你會發現DDCDD在整個訓練時段裡一直重複。如果這是新的一次或者一組練習，而你想要重設焦點，DDCDD；如果這是個需要解釋的新動作或操練，DDCDD；如果這是個需要脈絡的新比賽場景，DDCDD。你掌握到重點了，DDCDD代表一個溝通循環，環繞著你的訓練的核心元素或內容，而其中每一步都需要一個不太一樣的教練指導工具。要看這個教練指導迴路實際運作的樣子，請看下面這個關於傑克跟黛安的故事。

▶ 故事脈絡

黛安是紐哈芬高中的首席肌力與體能訓練教練，傑克則是棒球校隊的新人游擊手。黛安正跟傑克一起調整他的方向改變能力，因為首席教練覺得傑克從交叉步到加速的轉換快一點的話，他的盜壘技術會從中獲益。考慮到事實上傑克很可能以新人的身分開始上陣，教練已經要求戴安花額外的時間跟他工作，改善他的速度。現在趁著傑克與戴安開始他們的第二節盜壘速度訓練，讓我們加入他們吧。

▶ 第一步：描述它

黛安：「傑克，以我們的上次訓練為基礎，我們要精進的第一個技巧是從你的離壘位置盜上二壘。你記得我們在尋求的關鍵聚焦重點嗎？」

傑克：「記得啊，我應該試著在我的跑壘位置保持（下肢）張力、平衡跟寬度。」

黛安：「沒錯。現在，一旦我們扣扳機上陣〔衝刺〕的時候，關鍵是什麼？」

傑克：「嗯，保持低姿勢，還有猛蹬我的腿內側。然後拚命跑。」

黛安：（笑出聲來）「沒錯，傑克。好記性！」

「**描述它**」這個部分是用來引進新動作，或者提醒運動員一個技巧的結構或組織。你會解釋或討論動作的細節，避免非必要的技術語言。你不會、也不該在你的運動員每次做這個動作的時候就

加以描述，因為這樣會讓工作記憶增加不必要的負擔。目標應該是提供給予脈絡與支持安全性所需的最少量資訊。如同我們可以在故事裡看到的，黛安已經在他們的第一節訓練裡把交叉步教給傑克，所以要求傑克回憶起那個動作的關鍵特徵。這說明了雖然教練通常會是描述動作的人，卻不代表運動員不能參與，因為他們的加入會增進投入程度、支持自主性，還讓教練得以檢查學習狀況。

▶ 第二步：示範它

在讓傑克描述從交叉步到加速的關鍵原則之後，黛安繼續示範動作流程，強調放低身體高度、強力的內側腿推力，還有朝著二壘積極加速的重要性。就像「**描述**它」那一節一樣，任何時候你教一個新動作，或者想要提供一點補充課程的時候，你會「**示範**它」。讓你的運動員知道，如果他們想要再看第二次或第三次，你總是願意再度示範，是很寶貴的。進一步說，除非你都用一個詞的行動陳述來強調這個示範（例如拉長〔long〕、閃〔snap〕、爆炸〔pop〕、快速〔quick〕或者收緊〔tight〕），最好讓講話維持在最低程度，好讓你避免對運動員的注意力施加不必要的壓力。一旦你的運動員熟悉你在教的操練或動作，就不必再度示範，除非有個新運動員加入這個團體，或者你在利用示範來重溫或強調一個教練指導重點。

在實際應用上，示範可以由一位教練、一位運動員或一支影片來完成。初次示範的寶貴之處，在於向運動員展現有效的動作看起來像什麼樣。然而隨著時間進展，讓運動員觀察有效與無效策略也有其價值（3、4、56）[1]。如果運動員在團體中工作，並且得到機會看其他人移動（例如讓運動員在一次操練中互相搭檔並輪替，或者用瀑布式或骨牌式的開場方式，在這種狀況下讓一次一個運動員執行這個技巧，在他們完成自己這次訓練後，才觸發下一個運動員去做）。教練們也能夠觸發有效與無效動作之間的隱性比較，方法是用A跟B示範。舉例來說，在此A是指動作應該如何執行，B則是它不該如何執行。在示範動作的A版與B版以後，教練就要求運動員評論他們偏愛哪個動作，還有為什麼。我還沒看過有運動員團體猜錯的。

▶ 第三步：提示它

黛安：「傑克，我要你上前試試這個。我們來看看你先離壘，然後進入你的跑壘位置。我們的投手一準備投球就動身。這第一次練習，先聚焦在**努力推向二壘**。」

「**提示**它」的部分是你在運動員動作以前，幫忙讓最後一個觀念進入他腦中。這會是一個有優先性的思緒，你相信這個思緒會有助於改善動作執行。這個提示可以來自於你或者運動員；唯一的

---

1 證據已經顯示，同時看新手與專家執行動作，會讓學習狀況比光看新手或光看專家更好。這是基於這個前提：觀察者（運動員）能夠比較新手與專家執行者，增加錯誤的顯著性。這種顯著性有隱性資訊來源的作用，運動員可以把這種資訊應用在自己的動作執行上。

規則是「一的規則」：一次練習，一個提示，一個焦點。為了建立運動員的自主性與責任心，你會發現許多東西其實不需要提示，在一位運動員的經驗跟技術水準都增加以後尤其如此。話雖這麼說，總是有需要聚焦，因為沒事好想的心靈很容易就分神了。因此，「**提示**它」應該要是每位運動員在每次練習前堅定想法的短暫時刻。在傑克與黛安的例子裡，講到（**描述**它）跟觀察到（**示範**它）的每件事，都被過濾成六個字的提示「努力推向二壘」。

▶ **第四步：做它**

傑克照著建議繼續執行動作。黛安站在外野，好讓她可以清楚看到傑克對投手動作與時機的解讀，還有他從交叉步到衝刺（盜壘）的執行。「**做**它」這一節最重要的面向，是確保你的位置可以看見動作展開的目標特徵。把你自己放在一個可以從動作中汲取資訊的位置，你可能會想要針對這個動作提供回饋（例如說，黛安站在傑克的側面，這樣她就可以清楚看到他從交叉步到加速的轉換）。「**做**它」這節第二重要的面向，是保持沉默；避免可能讓運動員從眼前任務分心的不必要促發。在執行動作時，唯一建議講話的時機，是在你提示一個持續模式的節奏時（例如，你可能會說「推、推、推」，跟短跑的前三步同步，或者用「砰—啪……啪—砰」，來指出照著你期望的節奏進行的跑跳步模式時機）。同樣地，在一個單一的、只重複一次的模式，像是一個跳躍中，教練可能會用一個單一詞彙，像是**爆發**，來強調出發，在那個刺激上面再補上能量。或者舉例來說，一個教練可能會說「拉長——」，在運動員放低姿勢做單腳羅馬尼亞式硬舉的時候，把最後一個音節的聲音拉長，強化動作的時機，還有這個事實：他們想要運動員在整個動作裡從頭到腳保持修長。除非一位教練正在設法用簡單、熟悉的語言支持對時機的掌握，他們應該避免所有評論，直到他們達到教練迴路的「**匯報**它」部分為止。

▶ **第五步：匯報它**

黛安：「傑克，第一次練習完成了，你的轉換感覺如何？」

傑克：「不壞。我覺得好像確實猛推了我的腿內側。」

黛安：「你加速的時候覺得平衡而且（跟二壘）成直角嗎？」

傑克：「不確定。我只知道我很快脫離我的位置。」

（迴路從**提示**它的部分重新開始。）

黛安：「OK，非常好。我們再來一次，同樣的焦點——『努力推向二壘』。不過這次繼續專注在『努力推』，直到你到達二壘為止。」

「**匯報**它」部分跟回饋是同義的。如同我們在第二章討論到的，這個回饋可以從教練或者運動員那裡來，而且可以關聯到動作表現或者動作結果。用不同的方式說，一個教練應該把「**匯報**它」

部分看成是一種問題跟參與、評論與推一把的機會，而且普遍而言，也是跟他們的運動員合作，為他們的下一個焦點努力的機會（72）[2]。到最後，一個教練使用「**匯報**它」的方式，部分要歸結到運動員的需求、他們的經驗程度、動作或操練的型態，還有下一次或下一組練習的目標。在傑克的例子裡，黛安想要從他身上取得任務內部回饋，這種回饋聚焦在動作表現（感覺）而非成果上。在前一段敘述裡，很明顯的是黛安對於傑克何時應用焦點提示（也就是說，在轉換時、在加速期間，或者兩者都有）很感興趣。如同傑克的回饋闡明的，他似乎把焦點放在脫離交叉步的轉移，而非加速本身。因此，黛安設法維持這個焦點，並且延伸到往二壘衝刺全程中的剩餘步伐上。

　　如同我們可以看到的，教練迴路提供了一份地圖，去引導整個時段裡的溝通。如同先前提過的，過程裡的每一步都會利用不太一樣的溝通工具來達到最大效能。然而就像試圖合成一種解毒劑的化學家一樣，我們設法要合成出下一個思維，可以跟我們的運動員的心智分享。因此，「**描述**它」、「**示範**它」跟「**匯報**它」，應該只用在協助教練「**提示**它」跟運動員「**做**它」的能力。隨著運動員的進步，我們應該看到DDCDD（我們可以稱之為長迴路）開始削減，讓我們只剩下CDD的循

長迴路（DDCDD）		短迴路（CDD）		
描述它 對於動作的 延伸描述	**示範它** 動作的身體示範	**提示它** 用來把注意力聚焦 在動作上的短句	**做它** 運動員維持焦點同 時執行動作	**匯報它** 運動員＋教練回饋
做什麼		如何做		做什麼
內在或外在 語言	沉默，強調用的 單一詞彙，或者 A／B示範	最後一句是外在提 示或類比	沉默或單一詞彙／ 聲音來強調節奏	問題、評論與合作

圖4.2／教練指導溝通迴路。

2　「自我控制的回饋」這個概念，已有證據一致證實會改善運動學習。具體來說，自我控制回饋是在一位運動員涉入回饋過程時，對於他們何時接收回饋，還有得到哪種（不同程度上的）回饋，獲得部分或完全的控制權。如同在沃爾夫跟路斯威特（Wulf and Lewthwaite）的運動學習優化理論（OPTIMAL theory of motor learning）裡描述的，自我控制支持自主性，就像自我決定理論（self-determination theory）裡概述的，這是動機的一個關鍵面向，同時自我控制還會增加投資在任務裡的注意力，這是對於回饋何時提供、是哪種型態（例如結果獲知、表現獲知或示範）有影響力而產生的結果。尤其重要的是，這是一位教練可以組織教練迴路中的「匯報它」部分的許多方式之一。

環利用——「**提示**它」、「**做**它」、「**匯報**它」，或者簡稱為短迴路（見圖4.2）[3]。

地圖在手，前提也概略列出了，我們現在準備齊全，可以開始拆解怎麼樣透過我們使用的提示，用最好的方式指引注意力。然而在我們繼續以前，讓我徹底釐清一件事。

除非另有說明，從這裡以後討論的每件事，都是特別關係到我們在教練指導迴路的「提示它」部分所使用的語言。

在此釐清，這是我們會在運動員行動前不久，放進他們腦袋裡的最後一個想法，而這些思維，如同我們會看到的，是為我們在比賽面臨危急關頭時會開始歡迎的運動表現、學習以及心態服務。

第一部分：一個提示的誕生

一九七四年這個年份有不少屬於自己的重大時刻。尼克森變成美國第一個辭職下台的總統；穆罕默德・阿里在「叢林激鬥」（Rumble in the Jungle）這場拳賽裡擊倒喬治・佛爾曼，重獲重量級冠軍頭銜；史蒂芬・金則出版他的處女作《魔女嘉莉》。然而這些不是唯一的重大時刻，因為一九七四年也見證了有史以來最重要的教練指導書籍之一出版問世。《比賽，從心開始》（*The Inner Game of Tennis*）賣出一百萬本，還有一位乍看不可能的作者提摩西・高威（Timothy Gallwey），一位由哈佛英語系學生轉行的職業網球手；此書一直保持在教練推薦讀物清單的頂尖位置。

提摩西・高威是前哈佛網球校隊隊長，他寫下《比賽，從心開始》因應他身為網球專業人士處理過的許多共同抱怨。抱怨包括這些慣見之詞：

> 我知道要做什麼；我似乎就是做不到。
> 我在練習時好好的，可是一上場就全部分崩離析了。

身為一個復原中的教練狂，高威開始少說多看。他注意到「〔他〕沒提到的錯誤……自己糾正過來了」（p. 35，中譯本p. 51）而且某些「口頭表達的指導方法，甚至更降低了學生進步的可能性」（p. 36，中譯本p. 51）。這裡發生了什麼事？高威的觀察一反當時的傳統智慧，傳統智慧強調

3　有些完整文章致力於說明安排描述、示範與匯報（回饋）的種種細微之處。例如，你可以暫時保留回饋，在評論以前容許運動員在幾次重複練習裡逐漸參透一個技巧，這被稱為摘要式或平均式回饋。這些回饋的時機安排方式透過調整你提供運動員的資訊種類與時機，能促進他們在學習過程中的責任心跟參與感。雖然關於這個主題有許多書可以看，我推薦《運動中的技巧習得：研究、理論與實踐》（*Skill Acquisition in Sport: Research, Theory, and Practice*），作者是尼可拉・霍吉斯（Nicola Hodges）與馬克・威廉斯（Mark Williams）（32）。

指導的量而非質。因此，高威著手寫關於內心比賽的事，希望提供一個對於「阻礙你達成傑出表現的習慣」的解毒劑（p. 24，中譯本 p. 45）。

受到東方冥想教導的影響，高威的方法核心在於「學習如何針對你想要的成果，盡可能在心中建立清晰的圖像」（p. 65，中譯本 p. 64）的重要性。他教導的是「影像比言語好、示範比指導好、說太多往往比不說更糟糕」（p. 42，中譯本 p. 53）。儘管當時對這些觀念只有極低度的科學支持，我們可以看出高威的直覺沒有欺騙他。

事實上，高威的直覺完美符合我們的前提，也就是最有效的提示，無論是不是口語的，都精確地在一個鮮明的心靈影像中表徵出目標。這幕影像是從一次示範中截取的快照，還是從視覺上很豐富的語言裡組合出來的，並不重要；關鍵在於一個影像讓心靈聚焦，把分心置換成方向。用高威自己的話說，他指出「在聚精會神的狀況下，他沒有任何空間去思考為什麼身體會有如此良好的表現」（p. 48，中譯本 p. 55）。他繼續說明，「如果你想著身體該如何移動，就不太可能去感受或看清任何事情」（p. 372，中譯本 p. 173）。

尼克‧查特（Nick Chater）博士在《思考不過是一場即興演出，用行為心理學揭開深層心智的迷思》（*The Mind is Flat*）（79）中呼應這個觀點，指出「必須有意識處理的工作或問題已經用上神經網路的一大部分，而這些神經網路一次就只能做一件事」（p. 392，中譯本 p. 178）。有清晰的證據支持這個令人驚訝的主張，顯示我們在閱讀的時候一次只處理一個詞彙，在看的時候一次只處理一個顏色，而在思考時一次只處理一個思緒。因此，我們自覺同時經歷到內在與外在世界可以提供給我們的一切，這種感受不過就是個幻覺，一種心靈的魔咒。大腦反而運作得像個探照燈，只會開始察覺到它用自己的光照亮的東西、或者與之互動。因此，如同在第二章討論過的，教練們必須精通引導注意力的藝術，就像大腦只能一次做一件事，所以一次只能專注於一件事[4]。

既然這是真的，查特毫無疑問會同意高威這麼說：「要讓思想靜止，必須學習把它安置在某個地方，不能只是放手。必須要讓它專注。如果靜止思想旨在帶來巔峰表現，我們就要探討要把它放在哪裡，以及怎樣讓它專注。」（p. 372，中譯本 p. 164）雖然高威對於這個問題提供了許多充滿洞見又實際的答案，把他的建議變成科學所需的證據，還要再過二十四年才會成熟。

水中之狼沃爾夫

才華的閃光，天才的一筆，燈泡亮起的時刻——每個科學家都希望有這樣一回，但鮮少有人體驗過這種事。對我們來說很幸運的是，嘉布莉葉‧沃爾夫博士剛好就是那些幸運的科學家之一。

如果你拿起一本沃爾夫的書，《注意力與運動技巧學習》（80），你會看到封面上有個風帆衝浪

4　重要的是，我們承認我們能夠同時專注於多種事物的感覺，就只是一種感覺而已。事實上，是我們輕易又迅速地從一個焦點轉移到下一個的能力，描繪出無限多注意力的幻覺。然而在動作的世界裡，思緒本來就是要跟它們影響的模式並肩而坐，我們無力要求心靈在動作的任何一刻，考慮超過一種觀念、一個提示。

板。雖然對於一本講動作的書來說，封面上有個動作畫面相當常見，風帆衝浪手乍看卻是一種古怪的選擇。直到你讀到該書第二章，才會再度遇到那位風帆衝浪手。

沃爾夫用關於風帆衝浪手的故事開始那一章，這位衝浪手設法要學習一種新的技巧，叫做「強力轉帆」（power jibe）。在到水面上嘗試這個複雜操作以前，風帆衝浪手決定買本雜誌，裡面提供了詳細指示，還有這項技術操作時的畫面。為了讓你稍微了解一下一本像這樣的雜誌會有哪種指示，我從一個風帆衝浪網站（81）上抽出了一份實際的指示列表[5]：

- 第一步：手就定位，手掌朝下，把後手往回伸到駛帆桿上，慢下來，然後往外勾。
- 第二步：把你的後腳踏出環帶外，然後把它放在板子的背風橫桿上。
- 第三步：開始操作你的橫桿，你的橫桿開始咬緊的時候，把你的體重壓上去，彎曲你的膝蓋，把身體靠上去，並且設法保持風帆直立。

還有另外七個像這樣的步驟，但我想你掌握到重點了。

我們這位風帆衝浪手的工作記憶裡，塞滿了按部就班的指示，安排好了在水上度過的一天。在幾小時練習以後，風帆衝浪手仍然在掙扎著要達到期待中的進步。隨著每一次操作強力轉帆，我們的風帆衝浪手越來越挫折，因為她發現幾乎不可能同時控制自己的身體、在衝浪板上維持平衡、翻轉風帆，又嘗試在過程中享受到一點樂趣。風帆衝浪手免不了領悟到（a）設法聚焦在雜誌提供的每個步驟是徒勞無功的，還有（b）聚焦在板子的動作上，似乎比聚焦在她的身體上更有效果得多。

隨著更新的焦點，我們的風帆衝浪手回到水上，只是這次她純粹聚焦在板子的動作而非身體的動作上。卸下過多的注意力包袱，而且心中有了明確的目標，**平移並轉動板子**，我們的風帆衝浪手有了她的發現時刻，失敗很快就被流暢的操作所取代。重點很清楚：如果你在學習新技巧的時候聚焦在太多事情或者錯誤的事情上，你**待在水裡**的時間會比**乘風而行**的時間更多上許多。

在沃爾夫結束這個故事時，如果你像我一樣，你就會納悶她為何決定戲劇化描述這種少見的動作。我的意思是，這個故事讓人很容易理解，可是說真的，強力轉帆？如果你設法要用一個打算預告某個重點的故事來開啟一個章節，至少使用一般人很能夠感同身受的動作吧，這樣對嗎？錯囉！

這個瞬間的念頭來得快去得也快，因為這不是某個隨機引用做效果的故事；這是實際事件的描繪。在一個情節轉折裡，你會發現這位未來的風帆衝浪手不是別人，就是嘉布莉葉・沃爾夫博士本人。如同她指出的，這個經驗發生在一九九六年義大利的加爾達湖畔，是她的好奇心所觸發的。沃爾夫納悶的是，隨著她轉換焦點而出現的表現轉變，是一次性偶發事件，還是她發現了注意力焦點

---

5 步驟一到三經過許可重印自 P・畢爾（P. Bijl）的〈完美強力轉帆十步驟計畫〉（10 Step Plan to the Perfect Power Gybe），二〇一九年九月六日存取，http://pieterbijlwindsurfing.com/tutorialpowergybe/

與運動學習之間的一種基礎關係？

　　如果阿基米德在浴缸裡發現浮力，牛頓在掉落的蘋果上見證到重力，沃爾夫為何不能在風帆衝浪時參透焦點的意義？

年份是一九九八年

　　當時沃爾夫是德國慕尼黑知名的普朗克研究所的一位研究人員，她結束風帆衝浪回家以後，很興奮地把她的理論拿來測試。沃爾夫把焦點從身體轉移到板子上帶來的表現變化，讓她深感興趣，想要看看聚焦在動作的效果上，是否會導致比聚焦於身體本身更優越的運動表現與學習。

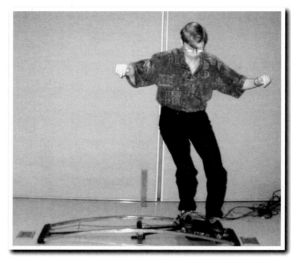

圖4.3／嘉布莉葉・沃爾夫在使用的滑雪板模擬器。經許可重印自沃爾夫，《注意力與運動技巧學習》（*Attention and Motor Skill Learning*〔Champaign, IL: Human Kinetics, 2007〕，p. 9）

　　為了測試她的直覺，沃爾夫與同事馬卡斯・霍斯（Markus Höß）以及沃夫岡・普林茲（Wolfgang Prinz）設計了一個研究，受試者會在三天時間裡，用一個滑雪板模擬器來練習一個滑雪迴轉類型的動作。任務目標很簡單：在一個弓形軌道上，把一個平台盡可能往最左邊跟最右邊推，這個平台座落在一組上面拴著彈力帶的輪子頂端（見圖4.3）。平台能夠在兩個方向推到最遠的距離，是離中央1.8呎（55公分）。因此，這些參與者會在三天的時間內，嘗試逐漸增加他們能移動平台的距離。

　　這個研究是由二十二次九十秒的試驗組成，第一天跟第二天各完成八次，第三天則完成六次。研究人員比較每天第一次與最後一次試驗時平台涵蓋的平均距離，檢視測試時段之內與之間的變化。最後，研究人員在第一天跟第二天提供參與者特定的焦點提示，我們可以稱之為習得期，第三天則沒有提示或提醒，我們可以稱之為記憶保留期。

　　三十三位沒有滑雪板模擬器使用經驗的參與者被招募來，然後隨機分配到三個小組裡，每一組代表一種不同類型的焦點。第一組，外在焦點組，被指導要「對平台的外輪使力」，第二組是內在焦點組，被指導要「對外側腳使力」。第三組是正常焦點組，或稱控制組，並沒有收到任何指示，被容許聚焦在他們平常會聚焦的重點上。

　　在利用他們個別的焦點提示練習兩天以後，浮現出清楚的小組差異（見圖4.4）。參與者全都從0.7呎（20公分）的平均動作距離開始，而在外在焦點組的參與者以1.5呎（47公分）的平均距離領先，內在焦點組跟正常焦點組則分別是平均1.2呎（35公分）跟1.4呎（41公分）。在沒有包含任何提示、促發或提醒的測試第三天，出現了一組明顯的贏家：外在焦點組維持他們在排行榜上的頂尖位置，離開研究時平均運動距離明顯比另外兩組多上許多，而另外兩組到頭來沒差多少。

　　如同你能夠想像的，沃爾夫跟她的同事們欣喜若狂；他們從直覺轉換出來的假說，現在有科學

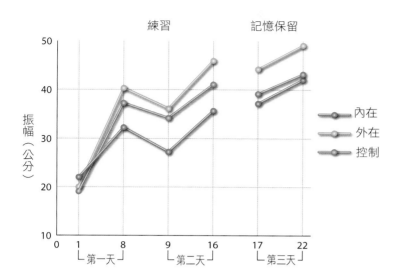

圖4.4／在實驗一的滑雪板模擬器練習期間（第一天與第二天）還有記憶保留期間（第三天），內在焦點、外在焦點與控制組的平均振幅。經過許可重印自沃爾夫、霍斯與普林茲（G. Wulf, M. Hoss, and W. Prinz）的〈運動學習指示：內在對外在注意力焦點的不同影響〉（Instructions for Motor Learning: Differential Effects of Internal Versus External Focus of Attention），刊登於《運動行為期刊》（*Journal of Motor Behavior*）第三十期第二號（1998）：169-179頁。

性的支持了。就像把焦點從身體轉換到板子上，曾經幫助沃爾夫改善她的風帆衝浪技術，她的實驗參與者看到當他們聚焦在平台而非他們的腳時，他們的迴轉表現達到最佳狀態。儘管有這個鼓勵人心的發現，沃爾夫的興奮很短暫，因為她第一次嘗試發表這個研究時，碰上審查者的懷疑論調，也收到一份期刊的拒絕通知。無可否認，就連沃爾夫都發現，很難相信在焦點上的這麼一點小差異——實際上，腳距離輪子不過就是幾公分——可以造成在表現上的可測量差異。然而一線希望出現了，因為其中一位審查者要求沃爾夫跟同僚們用不同的任務來複製他們的發現。如果他們的發現可以普遍化，他們就有了第一份正式發表的紀錄，指出比起內在焦點提示，外在焦點提示能導致更優越的學習；如果不行，他們就會回到第一階段[6]。

接受挑戰之後，沃爾夫跟她的同事們著手要找出可以評估的新運動技巧。他們知道他們想要延續他們的主題——平衡與姿勢控制，研究團隊決定使用平衡儀（stabilometer），這個專有名詞講的是一種單軸平衡板。除了任務不一樣以外，沃爾夫用的是非常近似的程序。值得注意的是，十六位對這個任務不熟悉的參與者，加入了三天的研究，其中包括二十一次九十秒的試驗，每天有七次。任務目標是盡可能讓平衡板保持靜止，比起大而不頻繁的調整，小而頻繁的調整會導致比較好的表現。

就像之前一樣，參與者隨機分配到不同的焦點小組。這次外在焦點小組被要求「聚焦在紅色標記上（貼在腳前面的膠帶），並且設法讓標記保持相同高度」，同時內在焦點小組則被要求「聚焦在他們的腳上，並且設法把腳保持相同高度」。請注意兩個小組都直視前方，因為沃爾夫並不希望視覺焦點放在腳與放在膠帶的對比，跟打算比較的心理焦點產生混淆。相較於滑雪板模擬器實驗，這些小組在研究的前兩天對於他們的平衡都做出類似的改善；然而在第三天，在提示拿掉以後，外

---

6 值得一提的是，在沃爾夫一九九八年的論文之前，其他作者已經研究過焦點對表現的影響；然而就我所知，這是第一份明確對照檢視內在焦點與外在焦點提示的論文，企圖理解聚焦於身體跟聚焦於成果會如何影響表現與學習。

在焦點組再度往前推進,達到比內在焦點組更多的平衡改善淨值。

手上有了無可否認的證據,沃爾夫與同事們回去找《運動行為期刊》(*Journal of Motor Behavior*),該期刊後來在一九九八年夏天刊登了〈運動學習指示:內在與外在注意力焦點的不同影響〉("Instructions for Motor Learning: Differential Effects of Internal Versus External Focus of Attention"),這是沃爾夫去風帆衝浪後兩年。在當時,這些發現很可能看似很瑣細,應用有限。就像審查者曾經質疑沃爾夫最初的發現,你不能怪一位教練會問聚焦在輪子或者一小片膠帶上,跟改善運動員的表現有什麼關係。然而,就像教練們很快會理解到的,輪子跟膠帶只是開始,藏在這些簡單提示裡面的是教練指導語言。

一個動作的開始

在沃爾夫的里程碑研究之後二十年,支持外在焦點有益的證據仍然源源不絕——這個漸增趨勢還看不到盡頭。在查詢明確評估**內在焦點**與**外在焦點**的比較研究時,美國國家醫學圖書館回報說,從一九九八年起已有超過一百六十個原創研究完成了。因此,沃爾夫幫忙建立了運動學習領域有史以來所見最完整的研究論述之一。就像一位考古學家發掘埋藏遺跡的方式,一次刷一下,沃爾夫跟許多追隨其後的研究者繼續揭露提示、思維與行動之間的交互作用,一次做一個精確的研究。

來自實驗室

在沃爾夫發表她的一九九八年論文之後不久,她開始進行幾個後續研究。有趣的是,沃爾夫的下一個研究合作者不是別人,就是查爾斯·席亞(Charles Shea),之前在一九九八年建議她完成第二個實驗的審查者。顯然沃爾夫的研究結果預見的前景令人興奮,席亞與沃爾夫(60)著手複製並延伸她原本的發現。席亞與沃爾夫用先前描述過的同一種平衡板任務,把參與者分成四組,每一組練習兩天,然後在第三天做記憶保留測試。其中兩組被指定了沃爾夫在一九九八年(實驗二)裡用過的相同提示,另外兩組則透過一個電腦螢幕接收到關於平衡板的持續視覺回饋,並且被告知以下兩者之一:要不是「應該認為螢幕上的線代表他們的腳」(內在回饋組),就是「螢幕上的線代表他們腳前面的線」(外在回饋組)。

實驗結果肯定了一九九八年的發現,把「他們腳前面的線」維持在「相同高度」的外在焦點組,比起嘗試把他們的「腳維持在相同高度」的內在平衡組,能以更強的控制力穩定平衡板。有趣的是,在接收視覺回饋的組別裡也發現同樣的效應,外在回饋組表現勝過內在回饋組。總的來說,這些發現進一步支持大家越來越強烈的猜想,認為在練習中鼓勵外在焦點,比起內在焦點更能夠導致較優越的運動表現。不過個人偏好怎麼說呢?當然,任何焦點的益處都取決於個人對此的親和性。

為了回答這個問題,沃爾夫、席亞與帕克(Wulf, Shea and Park)(76)想出了一個聰明的研

究，用以檢視焦點偏好對學習的影響。用沃爾夫一九九八年研究時使用的相同平衡板任務跟提示，研究人員設計了兩個實驗，測試他們對於外在焦點有效性的直覺。在實驗一裡，十七個對於平衡任務不熟悉的參與者，第一天交替使用內在焦點（亦即「腳在相同高度」）與外在焦點（亦即「線在相同高度」），然後在第二天使用他們偏愛的焦點來練習。在第三天，參與者完成一個記憶保留測試。在完成記憶保留測試後，研究人員訪問參與者，要看他們自己選擇哪種焦點。結果顯示十二名參與者選擇了外在焦點，五名選擇了內在焦點。在控制選擇的焦點以後，結果顯示採用外在焦點的人表現出比選擇內在焦點的人更大的平衡控制力。研究人員在第二個實驗中繼續複製這些發現，提供證據指出，在可以選擇的時候，大多數人最後會自行選擇外在焦點，支持沃爾夫自己在風帆衝浪時的直覺。

沃爾夫與其他人繼續揭露幾個有趣的發現，結果只是足以強化以外在焦點的益處為中心發展的假說。到了二〇一七年，兩份有系統的文獻回顧完成了，判決也出現了——在你採用外在焦點的時候，平衡會達到最佳表現（36、49）。如果你對這些結果還有任何懷疑，請想想你生命中的某一刻，那時你在嘗試學習某個要求很高的平衡任務。請回憶在一切水到渠成的時候，你的心思在何處。無論你是在衝浪、玩滑板還是滑雪，我保證你不會哼著「頭兒肩膀膝腳趾，膝腳趾……」，至少不會很久，因為你免不了會領悟到，有個好得多的小調是「板子、平衡，找個邊緣，找個邊緣」。

來自現場

雖然證明外在焦點改善平衡是很好的第一步，沃爾夫跟她的同事們知道，一個支持外在焦點普遍益處的理論，需要普遍適用於所有動作領域裡。沃爾夫與其他人心裡存著這個念頭，著手檢視內在與外在焦點提示在學習運動技巧時的差異效果。

在席亞與沃爾夫複製沃爾夫一九九八年發現的同一年裡，沃爾夫、羅特巴哈與圖爾（Wulf, Lauterbach, and Toole）（70）設計了一個研究，來檢視高爾夫球新手學習短切球（chip shot）時的焦點影響。二十一位參與者隨機分配到「內在焦點組」，聚焦於「他們的手臂揮舞動作」，或者「外在焦點組」，聚焦於「球桿的鐘擺式動作」。目標是把球打進一個直徑1.5呎（45公分）的環狀標的，這個標的被放在距離參與者站立處的16.4碼（15公尺）外。參與者使用九號鐵桿，在第一天練習階段完成八十桿，第二天則是記憶保留階段，完成三十桿。跟到目前為止討論過的研究一致，結果顯示聚焦於外在的人在練習與記憶保留階段，都比聚焦於內在的人更精確得多。

外在焦點的益處看來可以普遍化，沃爾夫與同事們接著想要看看採用外在焦點的種類是否會影響結果。為了測試這一點，他們設計了兩個實驗，評估兩種不同外在焦點提示的影響，一個是用來學習網球正手擊球，另一個是學習高爾夫的短切球（75）。在第一個研究中，三十六位網球新手隨機被指定到「進入焦點組」或「向外焦點組」；進入組成員被告知，要聚焦在「球從發球機出來，直到接觸球拍的軌跡」，向外組成員則被告知，要聚焦在「球（預期中）的軌跡」，並且在擊球後

要「想像球落在目標上」。雖然在練習時結果沒有區別——考量到兩種提示都要求對外聚焦於球，這不讓人意外——向外焦點組在記憶保留測試中卻勝出了，表現稍微好一點點。原則上這很合理，因為向外焦點組把終極任務目標（打中這裡的球）嵌入在提示中，進入焦點提示卻沒有這樣做。

在他們的第二個實驗裡，沃爾夫與同事們重新啟用沃爾夫、羅特巴哈與圖爾在一九九九年用過的短切球任務。二十六位高爾夫球新手隨機被指定到一個「近外在焦點組」，聚焦在「球桿的鐘擺式動作」，或者「遠外在焦點組」，這一組「預期球的弧線，並且想像球落在標的上」。結果顯示，近外在焦點組在練習與記憶保留測試中都有明確優勢。整體而言，我們可以看出來，雖然跟內在焦點提示相比，外在焦點提示更能鼓勵更好的表現，還是需要找出對於任務、還有運動員的經驗水準來說最理想的外在提示。我們會在第五章重回這個觀念，並且討論在嘗試找出最佳提示來引導運動員的焦點時，教練應該考量的元素。

隨著應用環境下的研究繼續進行，對於外在焦點有正面影響的支持，只是變得越來越強。從籃球（1、77）到棒球（15、28），足球（22、73）到游泳（23、62），研究一致地證明，比起聚焦於內在，採用外在注意力焦點導向較優越的表現與學習。在她二〇一三年的文獻回顧〈注意力焦點與運動學習：十五年的回顧〉（Attentional Focus and Motor Learning: A Review of 15 Years）（91）之中，嘉布莉葉・沃爾夫做了很好的總結：

> 這個效應的寬廣度，反映在它可推廣到不同的技巧、不同層次的專業技術以及人口上，也反映在它對表現有效性與效率兩者的影響上。很明顯，指示或回饋措辭上的細微差異，對於表現與學習可以有顯著不同的效果（p. 99）。

這是個提示

毫無疑問，此刻你有很多問題。我在剛開始閱讀談注意力焦點跟提示的文章時，確實也有過很多問題。然而我有信心，所有的問題都會在接下來的篇幅裡得到解答。做為開頭，讓我們先展示某些關鍵定義，這些定義會總結我們到目前為止討論過的事情，並且引導我們對於提示的討論往前邁進。

你可能已經注意到，**注意力焦點**這個詞彙到處出現。值得注意的是，**注意力焦點**是在運動學習文獻中使用的正式詞彙，用來描述一位參與者在執行一項運動技巧的時候會採用的焦點。這個焦點可能是來自教練指導提示的鼓勵，或者是運動員自己選擇的。我們可以把**注意力焦點**定義如下：一個人把注意力聚焦在顯性思維或感受上的有意識努力，這是為了在執行一項任務時有較優異的表現。因此，從教練指導立場來看，我們可以用語言來引導運動員的注意力焦點或者意圖，同時希望語言轉變成思維，思維轉變成行動，而那些行動，有一天會反映出表現與學習的改善。

內在與外在焦點提示

在我們對於研究證據的整個討論裡，我們已經提及兩個注意力焦點範疇——內在與外在。如同我們已經看到的，一個**內在焦點提示**鼓勵個人聚焦在他們身體的一個特徵上（例如肌肉、關節跟四肢），或者相關的動作過程（例如「活化」X肌肉或者「延展」Y關節），**外在焦點提示**則鼓勵個人聚焦在環境的一項特徵上（例如「從**地面**衝出」或者「把**球**敲出去」），或者相關的動作結果（例如「短跑衝過**終點線**」或者「把球踢過**球柱的中央**」）。為了確保我們理解內在與外在提示之間的差異，讓我們做個迅速的理解檢查。想像一位教練跟一位運動員練習反向跳的動作。跟馬卡斯的短跑教練做出的觀察一樣，這位教練已經注意到他的運動員並沒有在起跳時把髖部延展最大化，教練相信這正在影響跳躍高度。以這個發現為基礎，教練已經確認出五個他／她認為會改善髖部延展的提示，我會在下面列出。請花一點時間圈出「內在」或「外在」，來指出這個提示在鼓勵的是哪種焦點。

提示A 「聚焦在把推蹬地面」（內在 | 外在）
提示B 「聚焦在猛蹬你的雙腿」（內在 | 外在）
提示C 「聚焦在爆發式伸髖」（內在 | 外在）
提示D 「聚焦在盡你所能跳高一點」（內在 | 外在）
提示E 「聚焦在朝著天花板爆炸」（內在 | 外在）

你會怎麼做？你能夠辨別出內在提示跟外在提示嗎？關鍵在於找出句子的主題是指涉到身體還是環境。舉例來說，在提示A裡，運動員被鼓勵要「推地面」，這是個外在提示，因為是與環境互動。相反地，提示B跟C是內在的，因為「蹬腿」還有「快速伸髖」強調身體內的行動。另一方面，提示D跟E的焦點在於「跳高」跟「朝著天花板爆炸」，藉著把注意力引向動作結果，來促發一個外在焦點，而且再一次是與環境互動。儘管事實是五個提示全都瞄準同一個動作錯誤「不完整的髖部延展」，它們確實用了範疇不同的詞彙，這對表現與學習有實質影響。

在我們繼續之前，讓我處理一下可能在你心頭停駐的疑慮。反省你自己身為教練的經驗，如果你還沒有這麼想，我也懷疑你會開始考量你相信內在提示如果沒比較好、可能也有益處的所有情境。舉例來說，一位運動員受傷後回歸，某些任務的孤立性質（例如臀橋〔glute bridges〕）不會因為內在提示而獲益嗎？或者，一位運動員在尋求增加肌肉肥大，不會有個心智—肌肉連結從內在焦點中獲得養分嗎？而一個設法要造就出細膩技術改變的運動員又如何呢？他們不會需要一個內在焦

點，來放大他們嘗試糾正的錯誤嗎？雖然這些問題跟別的問題可能在你腦海裡到處漂浮，讓我請求你把它們多擱置一會，因為我們會在接下來的頁數裡討論內在導向語言的角色。在此同時，讓我們反省到目前為止已知的事情。有壓倒性的證據指出，在尋求優化運動技巧表現與學習的時候，外在趨向的提示所提供的可測量優勢勝過內在提示。這並不表示你用內在提示就不會進步，你會的，只是比不上透過外在提示學習能達到的同樣程度。因此，考量我們到目前為止討論的任務本質，我們可以自在地宣布，在教導一個複雜的多關節動作時，在教練指導迴路的「提示它」部分，我們應該提倡外在焦點。

再轉回我們對於辨別提示的討論，讓我們逆轉戰術，給你一個機會去參透某些你自己的提示創造物。看一下底下的文字框。用「動作名稱」來寫下你選擇的一個動作，用「動作錯誤」來描述你希望你的提示針對的錯誤或技術面向，用「內在提示一與二」來指稱內在提示的例子，而用「外在提示一與二」來指稱外在提示的例子。請注意我是要你寫下內在跟外在提示兩者，不是因為它們同樣有益——因為我們知道不是這樣——反而是因為我希望你輕鬆地分辨不同的提示範疇，容許你在你自己的教練指導中發現這種語言。

動作名稱 _____

動作錯誤 _____

內在提示一 _____

內在提示二 _____

外在提示一 _____

外在提示二 _____

提示連續體

在內在與外在提示之間的差異有了清楚理解之後，我們現在可以討論我稱為「教練指導提示連續體」的東西。也就是說，雖然研究會指出選擇一個提示是一種二元的、非黑即白的過程，生活經驗的真理卻指出，有多種不同程度的內在與外在提示值得考慮。圖4.5顯示跨越了從內在到外在提示連續體的五個範疇描述。

▶ 狹義內在提示

徹底拉近放大的狹義內在提示，要求運動員聚焦在單一肌肉的行動上（例如單腿深蹲：「擠壓你的臀大肌」）或者單一關節（例如短跑：「收縮你的髖部」）。這個提示把部分排在優先順位，但可能犧牲整體。

① 狹義內在　　「盡量爆發式地伸展你的髖部」
② 廣義內在　　「盡量把你的腿往後推」
③ 混合　　　　「盡量爆發式地把你的腿往後推進地面」
④ 近外在　　　「盡量爆發式地把地面往後推」
⑤ 遠外在　　　「盡量爆發式地朝終點線衝」

圖4.5　教練指導提示的連續體

▶ 廣義內在提示

廣義的內在提示抽離到一個層次，然後要求運動員聚焦在整個肢體的行動上（例如短跑：「延展或者把你的腿往後推」）或者身體的一個大範圍（例如深蹲：「保持背部平坦或者脊椎筆直」）。這個提示並沒有評論任何一條肌肉或關節的行動；它反而提供一條肢體或者一個身體區域應該移動到哪、或者擺在空間中哪個位置的普遍指引。[7]

▶ 混合提示

一個混合提示要求運動員聚焦在一個身體區域跟環境之間的互動（例如短跑：「把你的膝蓋朝終點線推」；臥推：「用你的拳頭打穿天花板」）或者一個身體區域對於環境的趨向（例如棒式：「保持身體平行於地面」）。值得注意的是，戰鬥性（例如綜合格鬥）還有接觸性（例如英式橄

---

7 整體而言，狹義與廣義內在提示明確地構成我們在現有文獻裡會找到的各種提示。然而除了凱文・貝克與彼得・史密斯（Kevin Becker and Peter Smith）的論文〈立定跳遠表現中的注意力焦點效果：一個廣義與狹義內在焦點的影響〉（Attentional Focus Effects in Standing Long Jump Performance: Influence of a Broad and Narrow Internal Focus）之外，作者們還未能一致地採用這個區別（7）。我希望這本書會激勵更多研究者檢視這個區別，因為我的經驗指出，狹義內在提示對表現與學習來說，遠比廣義內在提示更不利。

欖球跟美式足球）運動在教導許多運動技術時，會用到混合提示。舉例來說，在教導正面搶截（front-on tackle）的時候，教練會提供像是「從肩膀穿過後口袋」或者「臉頰對臉頰」來指稱安全的頭部與肩膀姿勢。在這些例子裡，對手的身體變成被當成目標環境的一項特徵。值得注意的是，在一個混合提示以一個外在焦點作結，把運動員的注意力引向某項環境特徵的例子裡，我們可以把它看成是外在提示的一位親近表親。[8]

▶ 近外在提示

近外在提示脫離身體，要求運動員聚焦在靠近他們的一項環境特徵（例如屈體划船〔bent over row〕：「把啞鈴拉向你的口袋」；側向跳〔lateral bound〕：「把地面推開然後穩定落地」）。如果牽涉到工具，不管是不是跟運動相關（例如球、球棒跟球拍）或者跟表現相關（例如啞鈴、槓鈴或藥球），一般來說它就會是運動員的主要焦點。或者，如果沒有牽涉到工具，那麼運動員周圍的地面或者環境特徵就會變成焦點（例如牆壁）。

▶ 遠外在提示

完全抽離出來的遠外在提示要求運動員聚焦在遠離他們的一個環境特徵上。在這個例子裡，這是相對於任務目標而言，這受到是否牽涉到工具影響。

- **工具**：用到一項工具（例如球、標槍、鉛球、壺鈴跟藥球）或兩項工具（例如球＋球棒、球棍、球拍或板棍〔hurley〕）的競技運動跟健身運動，一般來說需要一個單一（通常有彈震性〔ballistic〕）的行動，來做到像是移動或投射那項工具到一個特定方向，把它丟得盡可能遠、傳給一位隊友、擊中一個目標，或者射向一個球門這類的事情。在速度、精確度或距離有額外價值的時候，對運動員來說重要的是把焦點放在對的地方。雖然近外在提示鼓勵運動員聚焦在工具本身，遠外在提示鼓勵運動員聚焦在一條軌跡（空中路徑或者地面路徑）或者一個目標（隊友或球門）上，這個目標有時候指的就是終點。

- **沒有工具**：競技運動（例如短跑跟體操）、某些沒有工具的健身運動（例如雙腳跳〔jump〕、單腳跳〔hop〕與蹦跳〔bound〕），或者工具不該離開身體（例如單板滑雪、衝浪跟滑雪）的運動，一般來說需要一個單一（有時候還需要彈震性）的行動，來把身體移動或投射到盡可能遠處，或者有夠多的滯空時間，以便在落地前完成一連串的特技或動作。

---

8 雖然有研究檢視過混合焦點提示（也就是說內在＋外在或者內在＋類比），就我所知，沒有人曾經明確檢視過同時包含內在與外在語言的提示（17、37）。基於這個理由，我在推測以外在焦點作結的混合提示運作上會比較像外在提示，而那些以內在焦點作結的混合提示運作上會比較像內在提示。雖然我自己在實作上會用混合提示，它們在純粹的外在提示與類比之中算是少數。請注意這種提示型態，不同於在我們的教練指導迴路中的「描述它」部分使用內在語言＋在「提示它部分」使用外在語言，因為混合提示要求所有提示內容被框架在單一句子之中。

因為在這些例子裡身體是拋射物，近外在提示鼓勵運動員聚焦在產生脫離地面的功率，而遠外在提示則鼓勵運動員聚焦在軌跡（空中的路徑或動作）或目標（終點線、射門距離或落點）。

　　透過提示連續體的透鏡，你可以看到我們用來引導運動學習的語言，運作得像是相機上的伸縮鏡頭：把注意力拉進來，趨向動作的最小單位，然後逐漸地往外移動，朝向任務的終極目標。雖然研究基本上正確地指出，身體的邊緣創造出一條內在與外在焦點之間的邊界，但焦點還是有漸進變化，帶來實際影響。因此，在第五章，我們會討論種種考量，找出對任務與運動員經驗水準最有幫助的外在提示漸進變化，同時考慮內在語言在整體性的教練指導敘述中所扮演的角色。

　　為了維持聚焦在應用上，還有檢視我們的理解，下面是一個提示連續體被應用在切入（cutting）或者側跨步（side-stepping）繞過一位對手的例子，同時特別強調動作裡的推或者延展階段：

動作名稱：切入或側跨步

動作錯誤：在切入或側跨步期間的不完整延展或速度問題，特徵是長時間的地面接觸；髖部、膝蓋與腳踝的過度彎曲；或者身體朝著切入腳那邊側彎。

狹義內在提示：「聚焦於迅速延伸你的**膝蓋**。」

廣義內在提示：「聚焦於迅速延伸你的**腿**。」

混合提示：「聚焦於在你快速離**地**的時候，保持**腿**的勁度。」

近外在提示：「聚焦於在你踏步（越過）防守者時腳**快速離地**。」

遠外在提示：「聚焦於在你踏步（越過）防守者時**往前方空間移動**。」

　　現在輪到你了。以上面的例子做範本，選個新的動作，一種你常常糾正的動作錯誤，然後為前面提供的五個範疇發展完整的提示連續體。

動作名稱	混合提示
動作錯誤	近外在提示
狹義內在提示	遠外在提示
廣義內在提示	

提示時的考量

在我們潛入支持外在焦點優勢幕後機制的強力證據以前，讓我們簡短地反思在教練指導迴路的脈絡中內在導向語言的實際效用，而如同你會想起的，教練指導迴路是由五個關鍵教練指導時刻所代表的：「**描述**它」、「**示範**它」、「**提示**它」、「**做**它」跟「**匯報**它」。如同我們先前注意過的，在介紹一個新動作給一位運動員的時候，必須經歷整個教練指導迴路，我們稱之為長迴路；然而一旦一位運動員對於被學習的技巧有個運作中的心理模型，教練就可以卸下過多溝通的重量，然後循環經歷「**提示**它」、「**做**它」跟「**匯報**它」這些構成短迴路的部分。

雖然外在焦點的益處是無可否認的，卻沒有改變事實：在最初教導一種運動技巧的時候，一個外在焦點提示本身通常並不足夠。舉例來說，考慮一位教練第一次教一位運動員如何做背蹲（back squat）。最重要的是這位運動員在執行動作以前，要知道如何做好準備，尤其是為了安全理由。這需要教練描述並示範如何站在槓下，往後站進舉重架裡，站穩腳步，擺好姿勢，然後開始實際的蹲下動作。同樣地，一位教練教導一位運動員如何擒抱的時候，通常在某個體育管理機構要求下，必須幫助運動員理解會導向安全有效技術的確切身體姿勢。在兩個例子裡，我們都可以看到教練指導迴路中的「**描述**它」部分，對於解釋要**做什麼**、提供運動員對任務的整體理解來說，是關鍵性的，同時教練指導迴路中的「**示範**它」與「**提示**它」部分，則提供**如何**做到此事的洞見，給予一個單一的焦點。

我並不是建議你在教練指導迴路的「**描述**它」部分注入不必要的內在語言，我說的是在解釋動作的關鍵特徵時，我們無法排除指向身體的語言所擔負的角色，尤其是在某個特定身體位置的偏差，呈現出清楚的受傷風險時。因此，考量到提示的連續體，我們有很扎實的立場，可以推薦任何內在語言進駐教練指導迴路的「**描述**它」部分之內，留下外在語言去占據「**提示**它」的部分。值得注意的是，這個推薦可以引申到一位教練可能會做的任何影片分析，或者他們跟一位感興趣的運動員可能進行的任何技術性對話，因為在這兩種例子裡，都很有可能需要生物力學方面的解釋（**做什麼**），而且因此需要用上有目標的內在語言。唯一的規則（如果你想這麼說），就是我們總是有個外在提示，當成運動員的心靈與他們的動作之間的緩衝（**如何做**）。為了說明這一點，讓我們檢視一位教練可能如何用教練指導迴路的前三步驟（DDC）來教背蹲。

▶ 第一步：描述它

「今天，我們要介紹槓鈴背蹲。」

「在我示範舉起的動作時，我希望你注意到接下來的五個步驟。」

「第一，站在槓下，好讓它位於你的斜方肌中央上方，抓住槓，就好像要做出一個 W 字形。」

「第二，抓穩槓，慢慢站起來，而且往後踏一步，好讓你站在架子正中央。」

「第三，拉寬你的兩腳間距，好讓你的腳剛好在你的肩膀外側，而且微微呈現喇叭狀。」

「第四，以有所控制的步調移動，盡你所能深蹲，同時保持高而緊繃的軀幹。」

「第五，維持這同樣的姿勢，以有所控制的方式站起來。」

▶ 第二步：示範它

這些重點可以在之前先說，然後在示範時再度強調。或者某些教練可能偏愛只在示範時說明這些重點。這種做法只有在動作是慢速的時候才有用；如果不是，描述應該跟示範分開以避免分心。

▶ 第三步：提示它

「在前兩組動作裡，我要放一個矮箱子在你後面。」

「聚焦在蹲下，好讓你剛好碰到箱子中央，卻沒有真的坐在上面。」

　　總的來說，只有在缺乏描述會讓動作學習有不必要的困難，或者會讓運動員增加受傷風險的時候，才描述一個動作。在描述一個動作時，保持用字簡潔，讓視覺上豐富的語言優先，並且讓內在導向語言盡可能少。無論如何應該使用示範，好讓運動員可以創造出動作的影像。我鼓勵教練們要一致地使用示範來更新、重振運動員腦中的視覺影像。最後，藉著提示或引導性提問（例如：「你認為應該聚焦於什麼才能達到X？」），教練們應該在動作執行時鼓勵外在焦點。以這種方式，教練們可以藉著「**描述它**」跟「**示範它**」來框架動作，然後在「**提示它**」的時候過濾出一個單一的外在焦點。

第二部分：提示的黑暗面

　　雖然嘉布莉葉・沃爾夫一九九八年的研究，協助確立了外在注意力焦點的益處，心理學家長期以來都在懷疑，有效的動作是以目標為取向的焦點帶來的副產品。值得注意的是，在一八九〇年出版的《心理學原理》第二卷裡（83），美國心理學之父威廉・詹姆斯對於焦點與動作所扮演的角色，說了下面的話：

> 我們比較少想到腳下的位置時，我們在橫梁上會走得比較好……讓你的眼睛瞄準那個地方，然後你的手就會抓住它；想著你的手，然後你就很可能會錯失你的目標（p. 1435）。

　　在有紀錄可查的陳述中，這是最早概述外在焦點益處勝過內在焦點的記述之一。然而詹姆斯不是唯一一人，因為此後有許多其他人，都擁護藉著聚焦於動作影響而非動作本身，脫離個人腦內世

界的好處。不讓人意外的是，提摩西‧高威就是提倡這種方法的其中一人。在提及網球的時候，高威說了下面關於焦點的話：

> 「無意識」指的是更注意到球、球場，以及在必要情況下，他／她的對手。但他很清楚意識到不要給自己太多的指示、想要怎樣打到球、如何修正已犯下的錯誤，或如何重複他剛才所做的事。（p. 44，中譯本 p. 54）

描述他自己對於指導跟提示的觀點時，高威繼續說道：

> 我相信技術知識最好是用來提醒你理想目標是什麼。這樣的提示可以透過口頭或動作示範，但最好把它視為理想目標的近似值，透過對每次擊球的關注……去探索它。（p. 232，中譯本 p. 125-126）

　　雖然我們已經檢視過相當多證據支持詹姆斯、高威與沃爾夫的直覺，我們還需要探索支撐這個外在焦點益處的機制。幸運的是有多樣化的研究，創造出一個骨架，讓簡單而優雅的理論得以浮現。

動作的觀念

　　在開一輛車的時候，你把焦點集中在你放在油門踏板上的腳，還是前方的路？在電腦上打字的時候，你把焦點放在你手指的動作，還是你打算按下的字母？在踢一顆球的時候，你把焦點放在你腿部的機制，還是在傳球另一頭的那個人身上？這些問題，還有能夠取而代之的無窮無盡同類問題，強調出動作的一個基本特徵；也就是說，我們依據我們希望達成的目標，來組織我們的動作。

　　問你自己，如果動作不是達成目標的工具，那什麼才是動作？對任何動作來說，如果不是當成體現我們內在想望與需求的手段，那是為什麼目的服務？我向你挑戰，請你找出一個沒有對應到某個意圖結果的蓄意、自願行為。就連形式抽象而沒有界限的舞蹈，都是由它服務的音樂所引導的。所以說，動作可以被想成是達成目的的手段，而在這個例子裡，目的證成了手段的合理性。

　　如同阿敏與克勞蒂雅‧史考特（Armin and Claudia Scott）在〈念動動作簡史〉（A Short History of Ideo-Motor Action）（84）中概述的，這個想法首先是由一位英國醫師湯瑪斯‧雷考克（Thomas Laycock, 1812-1876）記錄下來的，他在對罹患恐水症的病患工作時，發現觸碰、看見或想像水皆會導致非自主動作，包括痙攣、喘氣與抽搐。雷考克繼續假設，這些觀念以某種方式連結並且內嵌在運動行動裡，就算這些觀念是想像出來的也一樣。

　　雖然雷考克提供了意圖與行動之間有連結的早期證據，率先替這種觀察賦予一個名稱的是他

的同事威廉‧卡本特（William Carpenter, 1813-1885）。一八五二年站在大不列顛皇家學院的同事之中，卡本特描述了這些現象，跟雷考克描述過的很近似，卡本特稱之為**念動動作**（ideo-motor action）——被意念（ideo）觸發的運動（motor）。

當雷考克與卡本特在檢視神經系統受損病患的念動反射時，約翰‧赫爾巴特（Johann Herbart, 1776-1841），創建教育學的德國哲學家，獨立想出一個全面性的念動動作理論。赫爾巴特的動機在於展現出身心之間的連結，他論證說，動作是依據它們意圖達到的感官結果——也就是跟達成目標相關聯的感官經驗——而受到控制。因此，一旦一個動作的感官經驗被登錄（例如說第一次走路），它就變成運動系統下次執行動作時使用的藍圖（也就是說，走路以便達到跟先前一樣的感官經驗）。

從實際上來說，我們的焦點確立了目標；我們的大腦預測了達成目標所需的行動；這些行動被記錄在一個感官藍圖裡（也就是說，這是應該發生的事情）；而運動系統接著部署行動，把行動拿來跟藍圖對照檢查。每次動作執行的時候，我們的行動就接著更新，直到運動系統停止登錄我們打算做的事情跟實際發生的事情之間的差異為止。以這種方式，我們的行動依據我們的觀念（我們的目標）被組織起來，同時行動會經歷持續更新，直到觀念被達成為止（見第三章）。

受限行動假說

如果你拉到沃爾夫一九九八年那份論文的最下方，對於參與者為何改善了他們在滑雪板模擬器上滑行、在平衡儀上平衡的能力，你會發現一個可能的解釋。藉著參照她的共同作者沃夫岡‧普林茲提出的行動影響假說（action effect hypothesis）（52），她做出結論：「比起依據特定動作模式……如果行動是依據它們意圖達到的成果來計畫，應該會更有效。」（p. 148）。聽起來很熟悉嗎？事實上，普林茲是屬於一個研究者菁英團體，特別是其中包括伯恩哈德‧何梅爾（Bernhard Hommel）（33）、馬克‧金納羅德（Marc Jeannerod）（35）與丹尼爾‧沃伯特（Daniel Wolpert）（67），他們為雷考克與赫爾巴特原本在超過一百五十年前假定的觀念，提供了近期的理論與經驗支持。

有念動動作理論在沃爾夫的發現背後發揮解釋作用，她著手回答接下來的問題：為什麼比起內在焦點，外在焦點會導向較優越的表現與學習？當運動系統裡受到內在焦點影響的時候，裡面有什麼東西改變了？

為了回答這些問題，沃爾夫跟南西‧麥克尼文（Nancy McNevin）還有查爾斯‧席亞在二〇〇一年一起合作（85）。沿用跟一九九八年相同的平衡儀研究設計，提示跟其他條件都一樣，研究人員對這個研究加上了一個小轉折。內在組的成員聚焦在讓他們的「腳」保持「平行」，外在組則聚焦在讓「貼紙」保持「平行」，同時研究人員會隨機觸發一個聽覺信號，每一組都必須對此盡可能迅速作出反應：按下一個握在手中的扳機。這些「探測反應時間」（probe reaction times）給研究人

員一個指示，指出聚焦於內在跟聚焦於外在的參與者接收到的注意力要求。也就是說，一個人可以合理地假定，某個焦點組要求的注意力越少，反應時間會越快，反之亦然。結果這正是沃爾夫跟同事們發現的事情，結果顯示外在焦點組扣扳機的速度比較快，反應時間比內在焦點組更迅速。往前快轉，我們會發現這個結果若延伸到短跑起跑，在此反應時間可能意味著輸贏之分（34，46）。

　　整體來考量，這些結果提供了清楚的證據，指出外在焦點占據的注意力「區塊」，比內在焦點來得少，釋放了可以做其他事情的心理資源，像是打中一顆球棒、回敬一次發球，或者做第一個衝出起點的人。不過這是怎麼做到的？這不像是因為外在提示比內在提示更短；事實上，大多數研究讓提示的內容跟長度相近，都只用一兩個字的差異來描述焦點類型。

　　在仔細思索這個問題許多次以後，答案終於自動出現在我眼前。內在焦點讓反應時間慢下來的理由，是因為它總是要求運動員在兩個焦點之間轉換，在此同時外在焦點卻只要求運動員聚焦在一個地方。舉例來說，考量接下來這個教導跳遠的提示。

提示A：「髖部爆發。」

提示B：「爆發式離地。」

「髖部爆發」

「爆發式離地」

在評估提示A這個內在焦點的時候，我想要你自問這個問題：髖部是進行跳遠時唯一牽涉到的關節嗎？當然，答案是「不」，因為一個人少了膝蓋、腳踝、軀幹跟身體其餘部位的幫助，就無法離開地面。因此，假定我們在講的是一種多關節動作，一個內在提示總是會加上一個跟大目標扞格的微目標。也就是說，運動員必須迅速在一個以髖部為中心的焦點，跟一個以結果為中心的焦點（也就是跳到遠處）之間轉換，造成對注意力系統的競爭需求。與此相反，提示B這樣的外在焦點，把任務目標嵌入在提示的焦點裡。為了跳得遠，一個人需要產生很大的衝力；因此，以「爆發式離地」為焦點，藉著定義出達成目標所需的手段，來為目標而服務。原則上，一個有效的外在提示會幫助運動員指出如何以最好的方式跟環境（亦即地面、一件設備或者一位對手）互動，以便達到期望中的結果。此外，一旦運動員發展出這個技巧的心理模型，而且經驗極其豐富以後，他們可以花更多時間，就只是把焦點放在結果本身（就是跑得快、跳得高、丟得遠、打這裡、打那裡等等）。因此，一旦我們的焦點越過身體邊緣，以環境的某個相關特徵或者結果本身為目標，我們就解放了注意力資源，去聚焦在達成目標最相關的組成要素上，容許身體去做它最擅長的事，自動化動作解決方案。

在二○○一年達到同樣的結論後，沃爾夫與同事們（74、92）還剩下一件事要做，就是替他們的新發現命名。所以，**受限行動假說**（constrained action hypothesis）誕生了，一個簡單而優雅的理論，提出看法說一個內在焦點「藉著干預『在常態下』會規範動作的自動運動控制歷程，限制了運動系統」，同時聚焦於外在「容許運動系統更自然地自我組織，不受限於有意識控制的嘗試所導致的干預——結果導致更有效的表現與學習」（74）。受限行動假說，如同你可能已經注意到的，良好地對應到我們的放大謬誤（zoom fallacy），在這種謬誤中，我們越是拉近放大微觀部分，就越難執行巨觀動作。如同我們曾經詳細討論過的，大腦在任一特定時刻只能掌握一個焦點。因此，我們越有效地界定要達成的結果，身體就越能達成目標。

接下來的歲月帶來了一波證據，將會帶走針對外在焦點優勢的任何懷疑。從標槍到開車、從肌肉到動作，留下的紀錄清楚顯示，外在焦點會在這裡站穩腳跟。

肌肉

如果我們挖掘進運動控制的深處，無論望向何處，我們應該都會發現支持外在焦點優勢的證據。做為開端，讓我們先探詢動作的微單位：肌肉的行動與運作。就像兩個人對同一首歌起舞，我們的肌肉必須一起工作來達到共同目標。這個神經肌肉之舞，需要一條肌肉在正確時機發動，使出正確分量的力量，而且跟它一同製造動作的夥伴和諧一致。在這樣的狀況下，沒能發動或者變得過度活躍的肌肉，會立刻影響到動作的節奏與協調，產生一連串不符期望的結果。

為了檢視聚焦在神經肌肉功能上的效果，凡斯與同事們（Vance and colleagues）（63）提出了一個簡單的問題：內在與外在提示如何影響肌肉活化？為了測試這一點，他們用上一項非常基本的

任務：兩側二頭肌彎舉（bilateral biceps curl）。就跟教練們在實務上如何運用提示一樣，每個參與者以十次為一組，做幾組動作，分別使用「針對他們的二頭肌」的內在焦點，還有「針對 W 型彎曲槓」的外在焦點。測試結果肯定了對於肌肉如何回應焦點型態的種種疑慮，顯示出比起內在焦點，外在焦點導致彎曲槓舉起速度加快，肌肉活化的程度也較低，這是測量積分肌電值（integrated electromyography，簡稱 iEMG）的結果。值得注意的是，在彎舉的向心收縮或向上階段中，內在焦點會同時導致二頭肌跟三頭肌中有較強的肌肉活化。這種肘關節周邊共同收縮的增加，為內在焦點之下減少的彎曲槓舉起速度提供一個可能的解釋，因為三頭肌在彎舉時發動得越厲害，二頭肌就必須越努力工作移動彎曲槓。

　　跟著延續到今天的證據，我們會發現這個結果已經被複製出來（43），而且一再被延伸應用。舉例來說，洛許與同事們（Lohse and colleagues）（40），用一個類似坐姿提踵（seated calf raise）的任務，讓參與者往外聚焦在「推這個平台」，或者往內聚焦在「收縮你的小腿肌肉」上，藉此把他們的蹠骨球壓在一個有角度的施力平台上。研究人員觀察到，雖然小腿肌肉（也就是主動肌〔agonist〕：比目魚肌〔soleus〕）的活化在兩種狀況下是一樣的，在參與者往內聚焦的時候，小腿前側肌群（也就是拮抗肌〔antagonist〕：脛前肌〔tibialis anterior〕）更活躍得多。在第二個研究中，洛許跟他的團隊複製了這些結果，並且顯示出外在焦點也導致百分之三十、六十與百分之百最大自主收縮（maximal voluntary contraction）的施力精確度提升。有趣的是，洛許觀察到施力錯誤跟肌肉共同收縮的程度是有相互關聯性的。在這個例子裡，這意味著一個關節兩側有越多肌肉同時發動，小腿這邊的主要肌肉就越難精確地施力。

　　為了幫助總結這些發現，請想像兩位籃球球員要跳起來灌籃。在球員靠近籃框的時候，他們在腿裡灌注功率，以便產生盡可能多的儲備能量。隨著他們垂直跳起，我們會預期他們的髖部屈肌（hip flexors）活化會平靜下來，好讓他們的髖部伸肌（hip extensors）能夠活躍起來。另一種可能是兩組肌肉都大大激發，這就像是在高速公路開車時也拉著你的手煞車，因為有一組肌肉在抗拒另一組肌肉的行動。把這個狀況放在心裡，同時想像我們有個球員A，他被教導要藉著「聚焦在從髖部爆發式產生力量」來起跳，還有個球員B，他被教導要藉著「往籃框產生爆發式動作」來起跳。以我們的證據為基礎，我們可以說球員A會是拉著手煞車跳起的那個，球員B則能夠自由地轉換到第五檔。

　　手煞車這個觀念在運動學習中有個名稱；我們稱之為**自由度凍結**，這個說法名符其實，意味著因為一個關節周圍的肌肉共同活化而造成的動作縮減。最初由尼可萊・伯恩斯坦（Nikolai Bernstein）在他一九六七年的書《動作的協調與調節》（*The Coordination and Regulation of Movements*）（93）裡提出的這個理論，基礎在於這個觀念：在起初學習一個技巧的時候，身體追求穩定性勝過流暢性。然而隨著時間過去，學習接著發生，一度**凍結**的關節開始**解凍**，容許更有效率的協調模式浮現（64）。

這個概念應該也和你自己的直覺相符。想想你第一次踏上一個滑板、直排輪，或者任何其他需要平衡感的設備時。你確實就覺得凍結了，希望風不會把你吹倒。這有幾分像是《綠野仙蹤》裡的錫人，在桃樂絲替他的關節上油以前，他是卡住的。在我們的例子裡，練習就是我們的關節要變得自由，或者可以說是「隨便它吧」所需要的油。

把這個洞見對應到我們已經分享過的發現上——更別說那些被延伸到罰球（77）、射飛鏢（31、41、42）跟跳躍（69）的發現——而我們可以看到，內在提示鼓勵一種公開控制機制，跟起初嘗試學習一個動作時使用的類似。反過來說，從不必要的肌肉微控制中解放的外在提示，鼓勵的是一種形式更自動化的運動控制，利用的是以下這個事實：只要設法達成的結果很清楚，運動系統就非常善於組織動作。

動作

現在既然我們已經檢視過一條肌肉如何在外在注意力焦點下運作，我們可以把鏡頭拉遠，去調查我們的焦點與動作之間的整體互動。洛許與同事們（40-42）以他們先前檢視焦點對肌肉層次影響的工作為基礎，著手把他們的發現延伸到協調動作上。利用一個丟飛鏢任務，新手輪流聚焦於內在：「你手臂的動作」，還有聚焦於外在：「飛鏢的飛行」。如同你現在會開始預期到的，外在焦點結果導致比較好的準確度，還有較低度的二頭肌肌肉活動，這呼應了前一節裡的證據。

讓人訝異的是運動系統達到這個結果的方式。具體來說，洛許與同事們觀察到，雖然外在焦點條件導致釋出點的動作變化性低（解釋了精確度的改善），同樣的這些參與者在投擲動作期間，他們的肩膀角度在每次練習之間有較高的變化性。因此，比起內在焦點，外在焦點藉著容許身體自動辨識出飛鏢速度與肩膀動作的最理想配合，來達成正中紅心的目標，從而保存了期望達到的成果。這個被稱為功能變化性（functional variability）的發現（47），指出運動系統會藉著增加一個人為達成目標可以做的動作選擇，來減少期望中結果（亦即踢進球門、投球、打球、試舉成功等等）的變動性。

被這個發現勾起興趣之後，洛許與同事們進行一個後續研究，要看看結果是否能夠被複製並延伸。在這個研究裡，新手參與者採用了四種焦點狀態：針對「你手臂的動作」的內在焦點，針對「飛鏢離手」的混合焦點，針對「飛鏢的飛行」的近外在焦點，或者是「紅心」的遠外在焦點。一如預期，相較於內在與混合狀態，兩個外在焦點狀態結果都有比較好的準確度。值得注意的是，在計算牽涉到的關節總體變化性時，研究人員發現比起內在焦點，外在焦點導致明顯較高的功能變化性。這個結果進一步支持外在焦點導致最理想的控制策略，藉著增加模式本身的彈性，減低了結果的變動性。

雖然這個結果顯示焦點跟運動控制有互動，這個發現卻不是新的。正好相反，教練們早就懷疑如此，而研究人員常常觀察到有經驗的運動員會自己**找到辦法**。因此，這應該不讓人意外，從鏈球

（14）到手球（57），還有跳躍（38、59）到射擊（53）的證據，都已經顯示專家透過增加過程的變化性來減少結果的變化性。否則 C‧羅納度如何能夠在無可預測的防守球員中遊走，同時還運球，納達爾要怎麼從非傳統的位置回擊不可能的發球，還能把球打到他對手剛好打不到的地方？

就算是這樣，當洛許跟同事們的發現提供扎實證據，指出外在焦點支撐著擲飛鏢的最理想控制策略，我確定你還有所疑慮，是否外在焦點也已經被證明會影響任何其他動作的技術。如同你可能已經猜到的，答案是「對」，因為促進外在焦點已經被證明鼓勵了高爾夫（2、16）、棒球擊球（28）、划船（50）、跳躍（24、65、68）、單腳跳（20）、奧運式舉重（58）以及方向改變（12、13）等。此外，我們現在有強烈的證據，由艾麗‧高克勒（Alli Gokeler）與安妮‧班傑明絲（Anne Benjaminse）提出，顯示應用在單腳跳（24）跟側跨步（sidestepping）（13）上的外在焦點，正面地影響到跟前十字韌帶斷裂（anterior cruciate ligament rupture，簡稱 ACLR）相關的生物力學風險因素。這個證據對於有 ACLR 風險、還有正從中恢復的人來說，有重要的蘊含意義（25）。

整體而言，如果我們考量來自前兩節的證據，就有個清楚的故事浮現了——身體照我們說的做。在你給一個人關於一個關節或一條肌肉的內在提示時，身體會把這個提示當成一種邀請，透過增加的肌肉共同活化來壓迫關節動作；反過來說，給一個人外在焦點，藉著打開準備好要達成目標的可用動作路徑，會有減少結果變動性或「噪音」的功能。以這種方式，外在焦點就很像雙避震的山地自行車，讓你聚焦在目標——山徑——上，同時你的身體靠著它的全避震系統，可以自由適應環境的要求。

心智、大腦與身體

如果你上 YouTube 搜尋「dancing dystonia（跳舞肌張力不全症）」，你會找到一支影片，標題是「選擇音樂勝過藥物，一個男人設法重新訓練他的大腦，克服肌張力不全症」（Choosing Music over Meds, One Man's Quest to Retrain His Brain to Overcome Dystonia），上傳者是《環球郵報》（*the Globe and Mail*）（89）。這個故事側寫了一位名叫費德利科‧比提（Federico Bitti）的義大利記者，他罹患局部肌張力不全症（focal dystonia），這是一種動作障礙，影響動作的自主控制。在比提的例子裡，他的不隨意肌收縮會把他的軀幹跟脖子旋轉、拉扯到某一邊。

面對藥物無效又不願意接受手術，比提把他對抗局部肌張力不全症的十年戰役，託付到以多倫多為基地的治療師華金‧法利亞斯（Joaquin Farias）手裡。在描述法利亞斯的方法時，比提說「有時候你就是必須把身體當成一種通往你大腦的工具」。在法利亞斯以動作為基礎的方法引導下，比提開始看到他多年來捉摸不到的改善。雖然這很令人興奮，不過卻是意外邂逅瑪丹娜的單曲〈時尚〉（Vogue）加速了比提的進步。照比提自己的描述，他走在街上的時候聆聽著這首一九九○年的暢銷金曲，然後注意到「當我跟隨著音樂的節拍時，我領悟到我走得比較好」。這個變化讓他極其興奮，比提很想知道還有什麼其他動作可能因為節拍而變得順暢無礙。

在第二天去做治療的時候，比提等不及要給法利亞斯看他散步回家後不久自拍的影片。法利亞斯的反應道盡一切：「喔我的天啊，這就是你的療法……這就是你的療法，我的意思是你跳舞時就是另一個人。」在一個美到只有它傳達的希望可以相提並論的場景裡，你會看到幾乎沒有症狀的比提繼續跳著〈時尚〉，在一支完美無缺、只能被形容為美到令人停止呼吸的舞碼裡，捕捉到瑪丹娜很有代表性的舞步。隨著影片播放，對於跳舞為何對比提來說效果這麼好，法利亞斯分享了他的觀點，為這麼多罹患這種失能疾病的其他人提供了希望。

從製作出這支影片以後，比提跟法利亞斯都上過TEDx。驚人的是，在比提的簡報〈肌張力不全症：透過動作與舞蹈替大腦重新接線〉（Dystonia: Rewiring the Brain through Movement and Dance）中，他做了一場毫無瑕疵的演講，沒有糾纏他多年的顫抖與非自主動作。比提的故事雖然很激勵人心，他的經驗卻並不獨特。正好相反，有許多人苦於類似的動作障礙，尤其是帕金森氏症，這些人也靠著把他們的焦點從內部轉向外部而得到緩解（見第三章）。

對於我們之中有著健康神經系統的人來說，我們很享受在大部分時候都照我們要求辦事的身體。我們視為理所當然：在我們要求某個動作，就說是打開一扇門的時候吧，我們的身體不會做某件完全不一樣的事，好比說抖動跟抽搐。然而對某一部分人口來說，神經典型（neurotypical）的普通人能享受的這種動作特定性，會被顫抖、痙攣與不由自主的動作所取代。雖然這些動作障礙沒有特效藥或者根治法，從檢視焦點對於動作（再）學習的影響力所做的研究之中，浮現了很大的希望。

稍微想像一位演奏會鋼琴家。想像他們的手指飛舞著跨越琴鍵，每個指節都像是有獨立心智那樣地移動著。在我們享受著從鋼琴中流洩出的音樂時，我們從沒考慮過，要不是神經系統有能力，可以同樣天才地啟動和停止肌肉運作，我們就不可能有這樣的經驗了。這個被稱為周邊抑制（surround inhibition）的現象，容許牽涉到的運動神經元去抑制周圍肌肉中沒有參與的運動神經元。因此，在我們的鋼琴家壓下中央C的時候，它們不會發生錯誤，也去按旁邊的D。

雖然神經典型者不假思索就能做到，有動作障礙的人看來卻苦於無法抑制周遭沒有參與眼前任務的肌肉，結果導致顫抖或者其他多餘的行動。這不是因為肌肉或者周邊神經系統出錯了；研究人員反而相信，這跟基底核與運動計畫迴路中的功能異常有關（請回憶我們在第三章中對此做的討論）（54）。然而幸運的是，我們可以單純靠著轉移我們的焦點，從控制動作（內在）到追求結果（外在），就繞過或者壓制這種故障接線的作用。

舉例來說，庫恩與同事們（Kuhn and colleagues）（42）發現，比起聚焦於內在的動作過程（例如收縮你的手指肌肉），聚焦於外在的行動結果上（例如按一個按鍵）讓周邊抑制有較大幅度的增加。這支持前兩節裡的發現，外在焦點能夠依據任務目標調節神經肌肉訊號。基於這個理由，有各種動作障礙的人在把他們的動作計畫分攤到環境上，利用聲音引導步伐頻率（55）以及用視覺線條來引導步伐長度（61），或者就只是把貼紙貼到他們的關節上，然後專注於貼紙的動態，而不是專

注於身體本身（6），就會體驗到不同程度的緩解。

　　雖然自主運動行動看來在許多動作障礙裡受到破壞，外在焦點提供了清楚的變通方案，人可以藉此學習按照環境來組織他們的行動。以同樣的方式，我們可以對快速逼近的車子做出反應，或者不假思索地接到一個在錯誤時機飛來的球。我們可以教導大腦經常利用這種由環境引導的動作形式。我們就只需要學習預設外在注意力焦點，承認我們沒有充分的配備，可以一次一步、一次一關節地自主管理我們的動作；只有罹患某些動作障礙的人才能完全體會這種真理。

第三部分：你肯定是失常了

　　請試想下面這個思想實驗。我要你想像你在一個全白的房間裡，這裡沒有顏色、沒有聲音也沒有氣味。在這一片空無降臨在你身上的時候，請注意接著來臨的平靜。每次呼吸都比上一次更慢、更深，容許緊張蒸發，思緒溶解，直到你覺得完全處於當下……花一點時間，然後深呼吸十次之後，閉上你的雙眼，容許你自己迷失在這個影像裡。

　　感覺平靜嗎？讓我們繼續下去。

　　仍然被白色環繞著，你感覺到一個遠方的聲音發出最細微的顫動，正迅速地迫近。往下看，地板活了過來，同時你被如茵的綠草抬了起來，草地在你下方鬆動著，然後朝著四面八方流洩開來。隨著你的視野抬升，白色的線條開始流過草葉上，就好像出於某位看不見的油漆師傅之手，讓狀況變得很清楚，你是在……一片足球場上。在同一瞬間，在一個單一而暴烈的動作裡，白牆被粉碎了，而一座體育場往天空延伸，吞噬了環繞著這片足球場的空間。在接下來的時刻裡，六萬名狂熱粉絲在期待中尖叫的聲音扼殺了寂靜。你在這一片混亂的中心，距離球門還有做好準備的守門員十二碼，有顆球就在旁邊。每個人都盯著你看，你的心跳速率上升了，你領悟到你要踢罰球……你往前滑，踢了那顆球。

　　在你的心思從平和轉換到充滿壓力，從平靜轉換到混亂時，你如何反應？你把球看成是要被征服的挑戰，還是要被避免的威脅？你踢進那一球，還是錯失了？無須多說，不論你如何回應，你都可以找到大量私人或公開的例子，說明你在何時觀察到造就或毀滅一位運動員的重大時刻。例如在一九九三年溫布頓決賽中，一個人可以說施特菲・葛拉芙（Steffi Graf）重返榮耀，從四比一落居下風追到最後一盤六比四後來居上，其他人則可能會覺得雅娜・諾弗娜（Jana Novtná）在壓力下崩潰了。照著同樣的邏輯，一個人可以論證說尼克・佛度（Nick Faldo）贏得一九九六年大師錦標賽是因為在星期天領先五桿，或者葛瑞格・諾曼（Greg Norman）輸球是因為他搞砸了原本領先的六桿。同樣地，在二〇一七年超級盃，某些人會說新英格蘭愛國者隊雄起，同時還有更多人會說是亞特蘭大隊僵住了。無論是哪個例子，有一件事情是清楚的——歷史上充滿了這類運氣的逆轉。但這是為什麼？一名運動員或者一支隊伍怎麼會從無法超越的領先，在頃刻之間變成了難以置信的輸

家？是什麼改變了？

連勝 vs. 連敗

　　事實上，一位亞利桑納州立大學教授羅伯·葛雷（Rob Gray）也問了一模一樣的問題。然而在我們講到葛雷教授的研究以前，必須先提供一點點背景。如同你會記得第一章出現過的，運動員（或者其實是任何人）從沒經驗過度到有經驗的時候，是從學習的認知階段（思索這個動作），過度到自動階段（不再去想那個動作），這點沒什麼爭議。這個費茲與波斯納（21）學習模型已經得到顯著的經驗資料支持，包括我們在第三章討論過的發現在內，顯示出我們在學習一個動作之初仰賴大腦的執行（思考）區域（例如認知區域：前額葉皮質），然後我們練習得越多，活化就會轉移到跟動作自動控制相關的腦區（例如自主區域：主要運動皮質）（40）。在你把這個證據，跟我們對外在注意力焦點提升動作自動性的討論放在一起考量時，關於焦點與高壓下表現之間的交會點的理論會浮現，並不令人意外。

　　把壓力下的表現想成一個連續體。在一端，我們有某個人的表現明顯比預測中來得好（表現超乎預期），另外一端，則是某個人的表現明顯比預測中來得差（表現低於預期）。如果我們的連續體兩端是極端值，那中間就代表運動員的平均或預期表現。因為一個人無法靠著力量、速度或技巧的奇蹟般改變，來解釋極端的表現超乎預期或低於預期，任何表現上的明顯變化肯定是藏在腦袋裡。而如果事實如此，就可以論證說，焦點的轉移就是導致短期表現優化或分崩離析的東西。這帶著我們回到葛雷，他問了一個簡單的問題：棒球球員在連勝或連敗的時候，聚焦在什麼上面？

　　為了回答這個問題，葛雷（26）把三個聰明的實驗串了起來。在實驗一裡，葛雷讓十位大學棒球選手（專家）跟十位業餘棒球球員（新手）在一個虛擬擊球模擬器裡練習，這個機器被證實跟實際打球一樣有效，而且被證明能夠轉移到真實的擊球情境（27）。每一組人都在三種不同的練習狀況下打球（每種狀況下揮棒一百次）。為了評估焦點如何影響打擊表現，葛雷用了所謂的雙重任務情境。具體來說，在球出現在虛擬螢幕上之後的三百到八百毫秒之間，有個聽得見的音調會響起，打者必須判斷音調的頻率是高還是低（雙重任務：外在環境），或者球棒是往上移或往下移（雙重任務：外在技巧）。值得注意的是，在打者必須判斷音調頻率的時候，他們就無法部署顯著的注意力資源到技巧執行上，而在判斷球棒動向的時候則效果相反。跟費茲與波斯納的模型相符，葛雷發現專家在判斷聲音並因此沒有專注於揮棒本身時，表現會比較好；在此同時，新手在注意力被球棒動作吸引時表現比較好。這個結果很符合直覺，而且對應到**受限行動假說**的立場：人對一種技巧的經驗越多，就越不需要聚焦在支持這個技巧的動作過程上。

　　隨著證據顯示表現受到經驗程度與焦點類型影響，葛雷想要看出連勝與連敗的自然出現率，是否也跟同樣的注意力轉移有關聯性。為此葛雷讓同樣十位專家打者做了另一輪練習測試──總共揮棒五百次。參與了同樣的雙重任務，這些打者被隨機要求在每次揮棒完成後，判斷音調頻率（高或

低）或者揮棒方向（上或下），葛雷接著就能夠回去檢視打者自然進入打擊連續成功的時段（持續擊中）、或者陷入連續低潮的時段（持續失誤）。這裡是實驗聰明的地方：葛雷能夠分析打者對於音調頻率還有揮棒方向的辨識有多精確，這提供了一個指標，指出打者在揮棒時聚焦於何處。結果很清楚：在一位專家打者連續失誤的時候，他們辨認球棒往上移或往下移的能力就改善了，這表示他們增加了對技巧執行本身的專注焦點。相反地，在打者連續擊中的時候，他們確認球棒動作的能力就降低了，這指出他們的焦點是導向技巧的結果特徵，或者至少不是在技巧本身。

　　隨著實驗結果強烈暗示表現低於預期可以被歸咎於聚焦於技巧的注意力，葛雷需要補充最後一個成分——壓力。所以葛雷另外徵召了十二位大學棒球選手（專家），讓他們在低度壓力情境下揮棒兩百次，這是前一個實驗裡描述過的相同狀況，然後在高度壓力下揮棒兩百次，這時候以金錢還有同儕比較來增加利害關係。現在如同俗話所說的蓋棺論定了；結果清楚顯示，表現不只是受到壓力負面影響，這種表現下降，還跟精確判斷球棒往上或往下移動的能力增加是相關的。所以說，葛雷發現在專家打者身上，聚焦於技巧的思緒跟打擊表現下降有明確的關係。

壓力下的表現

　　蓋瑞的觀察大致上可以歸屬於所謂的「失常的注意力理論」（attentional theories of choking）範圍內。如同前面描述過的，**失常**是指一個人正常控制並執行一個動作的方式，因為壓力而造成改變，結果行為表現遠低於他的能力（8）。簡單地說，在一位運動員在壓力下失常時，他們在錯誤的時間聚焦在錯誤的事情上，這是某種注意力的疏忽。儘管沒有絕對的共識，證據指出導致**技術失敗的多種途徑**，可以被劃分成**分心理論**或者**技巧聚焦理論**兩個不同範疇。分心理論提出的看法是，高壓環境讓運動員的注意力繞到不相干的思緒上，像是擔憂、後果或者負面情緒，因此讓表現降級；技巧聚焦理論則認為壓力增加自我覺察，而因此導致運動員聚焦在控制或者監控技巧執行（18）。而如同葛雷（26）與其他人，像是洛伊‧波梅斯特（Roy Baumeister）（5）、理查‧馬斯特斯（Richard Masters）（44）還有夏安‧貝洛克（Sian Beilock）（9-11）指出的，證據似乎導向自我技巧聚焦的解釋，因為壓力持續地觸發運動員增加他們對動作的有意識控制，而這麼做其實搞砸了他們設法要維持住的表現。

　　在這一刻，考慮到我們對於受限行動假說的討論，我相信你的直覺正在掙扎是否要接受這個結論。然而這裡有個值得思考的微妙之處。如果你還記得，葛雷（26）用了一個相關的外在焦點——球棒動作——還有一個不相干的外在焦點——聲調頻率。一方面，新手獲益於球棒焦點的事實應該來得並不意外，因為新手正在學習依據顯性地聚焦於球棒與球的互動，來隱性地控制他們的行動。另一方面，可能讓人很意外的是，比起聚焦在不相干的聲音，以球棒為焦點對於專家來說更有擾亂性。然而在進一步檢視之後，這完全合理。一旦一位專家成功地依據球棒的動態，讓他們的動作自動化以後，球棒就變得跟動作本身無法區別了。這容許專家把更大部分的注意力，部署到技術中跟

技巧執行本身無關的相關特徵上（例如投手、球的釋出、發射角度與終點）。不只有棒球是這樣，因為不管有沒有用到其他工具，任何運動都會都會有同樣的聚焦點連續體，一開始會放大技巧執行，然後免不了地把焦距拉遠，著重於達成目標。此外，證據明顯地指出，就算我們用某種聲調讓專家分心，聚焦於技巧的思維才是到頭來壓制表現的東西。

為了展現這最後一點，並且對羅伯・葛雷的傑作做個最後致意，我們會考量他跟布魯克・卡斯塔內達（Brooke Castaneda）在二〇〇七年做的研究，〈注意力焦點對於不同技巧程度的球員棒球揮棒表現的影響〉（Effects of Focus of Attention on Baseball Batting Performance in Players of Differing Skill Levels）（86）。跟葛雷在二〇〇四年的第一個實驗相同，研究人員招募了有高超技巧跟技巧較差的兩個棒球球員群體。跟我們的**伸縮鏡頭**類比相符，研究人員讓打者們在四種不同焦點狀態下做四十次揮棒，從遠外在焦點到廣義內在焦點都包括在內。跟先前一樣在揮棒中播放音調，打者們被提醒要指出音調是高或低（環境：不相干）、被擊中的球走的路徑是目標左邊還是右邊（環境：遠外在）、球棒動作是上還是下（技巧：近外在），或者他們的手動作是上還是下（技巧：廣義內在）。結果複製並且延伸了葛雷在二〇〇四年的發現，顯示有高超技巧的打者聚焦於環境中的某樣東西時表現最好，技巧較差的打者則在聚焦於跟技巧有關的東西時表現最好。具體來說，技巧高超打者越注意他們的身體，表現就越惡化，這表示聚焦在球的路徑上導致他們的最佳表現，而專注於手的動作導致他們的最差表現。相反地，技巧較差的打者在兩種聚焦於技巧的狀況下表現一樣好，這兩種狀況都造就出比聚焦於環境時更好的表現。雖然我們會在下一章裡對這種有經驗調節的現象做更多討論，重點很簡單——一個技巧的某項特徵變得越自動化，把焦點放在這個特徵上就越有害，在有壓力的情況之下尤其如此。

減壓

既然有的是整本都在談這個主題的專著，我承認我們在此涵蓋的部分很簡短。對於願意學更多的人，我高度推薦夏安・貝洛克的《失常》（Choke），或者，如果你時間不夠，可以看她的TED演講，〈為什麼我們在壓力下表現失常——還有如何避免失常〉（Why We Choke Under Pressure—and How to Avoid It）（90）。話雖這麼說，我希望你現在看得出來以下兩件事的平行對比：一個內在焦點對表現與學習的影響，還有聚焦於技術的思緒對有大量經驗的運動員在壓力下的表現有負面影響。這個對比極其強烈，以至於嘉布莉葉・沃爾夫與黎貝佳・路斯威特（Gabriele Wulf and Rebecca Lewthwaite）（71）曾經把採用內在焦點相關的表現損失，說成是**微失常**（micro-choking）。我記得直到讀過這個詮釋之後，我才領悟到失常跟注意力焦點不只是有相關性，研究人員還相當名符其實地從兩個不同觀點研究過相同的現象。

教練們怎麼說

　　為了闡明這一點，讓我們考量研究人員做過的三項觀察。首先，證據與我個人的經驗指出，教練們因為機緣巧合或者個人選擇，在教導運動技巧的時候，會把內在語言的優先順序排在外在語言之前。檢視在田徑（51）、拳擊（30）、舞蹈（29）跟多種大學體育運動（19）中的教練指導行為，都肯定了這一點。這指出整體而言，教練們不知不覺中遠比證據會建議的更常使用內在焦點提示，而且因此（至少是間接地）鼓勵運動員在練習與競賽時，聚焦於控制他們的身體行動。

運動員們怎麼想

　　其次，運動員寧願聚焦在他們熟悉的提示上，而且，至少在短期內，表現會勝過他們被要求聚焦在不熟悉提示上的時候（45）。這並不令人意外，因為一位教練用來教導一項技巧的話語，被複製到運動員的思緒中了。因此，如果你想要稍微理解一位運動員的內心敘事，就聽聽他們的教練說什麼。儘管有此發現，還是有個限制條款值得考量。如果提供人內在與外在焦點提示，並且容許他們在兩者之間轉換，證據與直覺都指出，大多數人免不了會選擇外在焦點；關鍵在於有這種選擇可做（76）。此外，如果我們找來一組已經指出他們偏愛哪種焦點的人，要求他們在練習的最後一輪轉換他們的焦點，拋棄內在焦點轉向外在焦點的人會看到表現大有進步，而那些拿外在焦點去交換內在焦點的人，會看到他們的表現降級（66）。這指出雖然熟悉性與偏好在短期來說很重要，比起只仰賴一個內在焦點可能達到的結果，鼓勵轉換到外在焦點到最後會導向較高程度的運動表現與學習，是毋庸置疑的。

　　儘管如此，大多數運動員有個塞滿了內在思緒的心靈，隨時準備好要接受部署。這一點的後果現在應該很明顯了。如果運動員把他們大部分的學習之旅，耗費在吸收大量內在提示，他們等於是在不智地把支持失常的原料引進他們的心靈之中。雖然一旦一項技巧變得自動化以後，這些思緒可能就陷入休眠狀態，在壓力來的時候，它們仍然在運動員的考慮範圍內。在競賽的關鍵時刻，想像一下一輩子都在內在提示指導下度過的運動員，腦中肯定會閃過什麼樣的念頭──「好，我需要踢這一下；我不能讓我的隊伍失望。就像教練老是說的話，低頭，保持緊繃，髖部迅速出力，然後從鞋帶中間踢出去。」或者：「這一球是要贏球的。手肘往上，手腕猛出力。手肘往上，手腕猛出力。」雖然正常環境可能不會觸發這些內在思維，我們卻知道壓力鼓勵向內聚焦，導致失去自動化跟表現惡化（39）。因此我們只能假定，運動員越常被教練指導要微管理他們的動作，他們在有壓力時就越可能採用內在焦點控制策略。

對付壓力的盤尼西林

　　最後，如果我的運動員未來失常的風險繫於我現在的教練方法，那麼探討如何改善他們的壓力

容忍度，是個很值得做的練習。值得注意的是，就像你不可能被你沒在咀嚼的食物噎到，你也不可能被你沒在想的念頭弄到失常。因此，如果教練們只在描述一個動作的必要程度之內使用內在語言，並且優先使用外在語言提示一項動作，那麼他們會制約他們的運動員，在技巧執行期間變得聚焦在成果上，在跟模擬競爭壓力的練習狀況結合時尤其如此。

雖然我們無疑還需要更多的研究，初步證據卻支持這個結論。例如翁與同事們（Ong and colleagues）（48）證明了用外在注意力焦點訓練的人，經歷導致壓力的學習後測試時，並未因此表現不佳。在參照受限行動假說的時候，研究人員做出結論，由外在焦點促進的自動化控制模式，似乎導致個人對壓力情境下經常感染心靈的焦點破壞思緒有免疫力。

重要的是，類比已經被證明有類似的保護效果，就像用一個類比（而不是一張顯性內在或外在指示清單）學習一項技巧的新手，在暴露於第二項任務，像是倒數數字的時候，比較不會受到影響而表現崩壞（87、88）。雖然乍聽可能很奇怪，但要求某人在倒數數字的同時執行一項動作，不只是引進認知壓力，這樣也讓研究人員可以評估一項動作已經變得有多自動。因此，類比就像外在提示，似乎促進了動作自動性，同時提供一個在壓力下也表現良好的心理焦點。

因此，無論你是剛開始你的學習之旅，或者你已經走了好一段路，正確的外在焦點（或者類比）不只會改善你的表現能力，更可能正好會保護到最重要的表現。

總結

就像一位投資銀行家拿一筆固定的錢投資在他們相信會產生最大回報的股票上，一位教練會把固定分量的注意力，投資到他們相信會產生最大學習的思緒與行動上。然而要有效地做到這一點，教練必須理解他們讓旗下運動員投資注意力的提示，預計會有什麼樣的價值。只有在進行這個價值評估後，銀行家跟教練才能對最佳投資做出一個有充分資訊基礎的決定。

這一章的目標是讓你親自經歷這個價值評估過程，給你一個機會，看看如何用最佳方式投資你的運動員的注意力。我論證了鼓勵外在注意力焦點的提示，會讓你的運動員的注意力投資得到最高的回報淨值，鼓勵內在焦點的提示會產生的回報就低得多，在某些例子裡還會有損失。我們討論了這番推薦在歷史上的前例，同時考量了涵蓋範圍很廣的證據，從實驗室到現場、從肌肉到動作都包括在內。最後，本著《國家地理雜誌》的精神，我們檢視了注意力的自然棲息地，證明運動員在受到壓力的狀況下會不知不覺用上內在焦點，還有這樣會如何直接連結到表現崩壞。然而不必擔心，因為我們也證明了對這種狀況的免疫力，有部分要仰賴我們制約運動員的能力：從一開始就制約他們在練習時維持外在焦點，藉此讓他們在競賽中也維持外在焦點。

藉著把提示定義成你會在運動員行動前，放進他們腦袋裡的最後一個想法，我建議你永遠以外在提示的形式傳達這個觀念。然而，我們並沒有徹底屏棄內在語言；我們反而討論它在我們的教練

指導迴路中扮演的角色，來鼓勵你在必要時使用內在語言，來支持你對於一個動作的描述，同時利用你無限巨大得多的外在提示圖書館來指導動作。這會為你帶來一套教練指導迴路，提供你一組始終如一的語言學索引，來確保你在正確時刻給你的運動員正確的資訊。

　　話雖如此，我們還沒有討論創造並且收藏最有效外在提示的過程。事實上，把你的運動員的焦點移動到身體邊緣之外，只是個開始。要真正理解我們如何建立學習上的豐富語言，我們必須鑽進提示的解剖構造中，並且向你介紹「3D提示模型」。

下提示

建構提示：入門

我們在上一章問了一個基本的問題：人在動作的時候應該把焦點放在哪裡？在回答這個問題的時候，我們的結論是注意力是學習的貨幣，而在我們聚焦於動作的成果而非執行動作的過程時，我們投資的回報高得多。就像一份心靈地圖上的座標，我們設定一個目標，然後容許我們的身體為了達成期望中成果或者選定目的地，去組織（或者重新組織）、設定路徑（或者重設路徑）以便達到最理想的動作模式。

在表面上，這個結論似乎像是終點線，是故事的結局。只要教練們讓外在提示優先於內在提示，他們的運動員就會走在通往表現與學習的捷徑上。雖然這番陳述幾乎總是為真，卻不是全盤的真相。實際上，一個提示的終極有效性，要取決於教練的能力：是否能改造他們的語言去適應運動員，還有能否創造出意義去精確代表他期望中的行動。然而，在我們討論語言的詳細情況時，我們首先應該確立一個程序，用來選擇我們想要在提示裡主打的行動，並且排定優先順序。

我不是那個意思！

我們全都體驗過產生反效果的提示。我們用意良善，觀察了一位運動員的動作，以一個錯誤為目標，部署了一個提示，然後眼睜睜看著錯誤變得更糟，或者出現一組新的錯誤。雖然發生這種事可能有任何理由，最常見的一種是優先順序表搞砸了。你只是以出錯的部分為目標，現在卻創造出一個新模式；比起當初這個提示想解決的問題，新模式要是沒有更麻煩，至少也是一樣麻煩。因此，為了確保我們造就出導致成功的語言，現在很值得回顧在第一章討論過的3P運動表現檔案，並且把這個觀念延伸到所謂「動作錯誤優先順序原則」上。

在第一章，我們討論過3P的概念：**位置、功率**與**模式**。我論證說這是個簡單的捷思法，某種心理模型，會幫助你指認出你是處理一個身體問題（像是一輛車的特性），還是在處理協調問題（像是駕駛的技巧）。在這個比較之內，我提到**位置**，也就是我們分派必要活動度與穩定性到動作執行上的能力，還有**功率**，亦即我們表現相關肌力與爆發力性質的能力，這代表了運動表現的兩根生

理支柱，如果受到限制就必須優先處理，或者跟**模式**（我們協調動作以達成一個目標的能力）一起平行處理。基於三個 P 之間的互動，我做出結論：我們教練指導一個**模式**的能力，受限於一個運動員能夠進入的**位置**，還有他能夠調動的**功率**範圍。有鑒於本書的目的，我們同意把我們的敘述聚焦在口語指導模式的策略上，同時清楚理解到協調性不只是受到我們放進運動員腦袋裡的觀念影響。

在溫習完先前的要點以後，我想要簡短地討論我們拆解模式的方法。如同我在這整本書裡主張的，一個提示的有效度取決於它的精確度。這意思是，你可以是提示界的智者、文字遊戲的奇才，但如果你的提示忽略希望指導的主要動作錯誤，你就只是在追逐影子而已。因此，我們需要確保我們的語言依據達成動作目標所需的技術（8），對應到動作目標（9）。精確地說，在這個過程裡，教練們必須辨別動作問題的症狀與問題本身。

為了闡明這一點，想像你坐在湖畔的一張公園長椅上。這是個萬里無雲的夏日早晨，公園裡處處都是活力十足的跑者。每個跑者經過你凝視的目光時，你腦中的生物力學家忍不住脫口表達意見。雖然沒有一位跑者能逃得過你的心靈審判，有這麼一個人，因為他獨特的模式而顯得格外突出。雖然許多跑者都看得出來問題，你注意到這個人有三個明確的錯誤：（a）他太往前傾，你替他的門牙感到擔憂；（b）在這位跑者設法不要跌倒的時候，把他的腿遠遠伸展到他的身體前方；還有（c）跑者的腿繼續以一種朝天的動作往後飛，讓人想到可能會在田徑暖身時看到的那種踢臀動作。總的來說，這位跑者看起來好像才剛從一個失控的滑板上被甩下來，正在設法減速，就像你在下圖看到的。

先把戲劇化的部分擱在一邊，這不是個不合理的故事。我們全都看過這樣的人在我們的社區裡跑步、在公園裡慢跑，或者在週末的五公里跑步裡迅速衝過我們身邊。不變的是，就是同樣這個人

會出現在你的設施或者診所裡，因為膝蓋肌腱炎、髂脛束症候群或足底筋膜炎等疾病的任意排列組合，正在威脅他的跑者生涯。問題是，從教練指導的觀點，你要從哪開始？你讓他挺直身體、縮短步距，還是抬高膝蓋？你知道你如果嘗試施展語言，同時應付三種問題，你會失敗，所以你必須下賭注，希望你能辨識出訊號而非噪音。

對教練跟治療師來說都一樣，這是個太過熟悉的場景。一個運動員呈現了複雜的動作錯誤，而我們在此要找出哪種錯誤要是改了，有助於把動作重組成想要的模式。雖然我們有很多工具可以評估在這種模式底下的身體問題，我們通常到頭來要用我們的「教練之眼」，來釐清表面層次的協調。基於這個理由，我們需要學習我們教的這門運動技術，並且設法理解支撐這個技術的生物力學、生物生理學與生物運動學屬性。在理解一個動作的藍圖時，我們可以為要發展的身體性質與要指導的協調性質，排定優先順序。

說到底，有效暗示的先決條件，就在這個辨識錯誤與排定優先順序的過程裡。而且，就像我們已經討論過、也將會繼續討論的有效提示原則，我們值得討論一個優先順序原則，一種幫助教練理解自己是瞄準了一個動作錯誤、或者只瞄準了它的回音的策略，我們會稱之為……

位置先於模式

有句老話說「你不能從獨木舟裡射加農砲出去」，意思是如果加農砲產生的動力超過船產生的穩定功率，那麼打算移動加農砲彈的運動實質上會變成船體的運動，如同下圖所示。同樣地，例如在跑步時，如果髖部的動力超越軀幹的穩定功率，那麼任何打算朝地面去的動力會變成不想要的動作出現在後方。

在某個時刻，能量或動作出現在其他狀況下應該不動的關節時，教練跟治療師們通常會稱呼這些結構性的失敗是「能量滲漏」。因此，**位置先於模式**（positions before patterns）——有時候被稱為

近端穩定度影響遠端活動度（proximal stability for distal mobility）——指出在你以產生動作的模式為目標以前，你應該優先處理跟削弱動態的姿勢相關的錯誤。一旦你覺得動作的穩定基礎已經達成了，你才可以藉著指出想要的範圍、節奏跟速率，也就是期望中的動作範圍、動作節奏或時機，還有動作應該執行的速率或速度，來追求模式本身。

請讓我冒著冗贅的風險重申，許多能量滲漏都可以往回追溯到活動度、穩定度、肌力與爆發力的問題；我們要透過協調的透鏡而非能力，來考量位置先於模式蘊含的意義。值得注意的是，出於機緣巧合或選擇，運動員會採用的動作策略如果不加干涉維持下去，就會變成身體預設的協調地圖。要改變這些預設座標，我們可以運用提示，來調整出一個新的動作模式——藉著把一個觀念放進運動員腦袋裡，產生一個更有吸引力的成果。有了足夠時間，這種吸引力就會固定下來變成自動性的，一個升級模式就出現了。

把我們的優先順序原則放在心上，接著來看看是否能夠應用在那位湖畔跑者身上。如同前面提過的，你觀察到下面三種錯誤。請考慮我們的位置先於模式原則，在右邊欄位圈出應該優先處理的第一個、第二個還有第三個錯誤。

錯誤一	軀幹過度前傾	優先順序	一	二	三
錯誤二	步伐過度向前延伸	優先順序	一	二	三
錯誤三	在腿部姿勢復原時過度踢臀	優先順序	一	二	三

對你的答案感到滿意嗎？如果我們從位置先於模式原則開始，我們可以很快看出來，本來應該保持垂直安定，以便提供穩定平台，讓腿可以用力上拉的軀幹（錯誤一）應該是我們的第一優先。就像是敲一根彎掉的釘子會導致釘子變得更彎，設法用不對的軀幹位置產出針對地面的功率，可能助長先前描述過的那種功能失調的腿部活動。糾正這個錯誤的候選提示，可以包括「保持高挑或修長」，「延伸到天空」，「保持拉鍊拉上的樣子」，「驕傲地跑」，或者「讓你的腰帶扣帶領你前進」。值得注意的是，在一種情境裡，糾正軀幹姿勢會導致另外兩項錯誤的明顯改善；然而還有另一種情境，是這些改變不會完全實現，我們最後還是會有模式需要處理。因此，從位置移動到模式，現在我們會考量如何調整錯誤二跟錯誤三。

我們的最後兩個錯誤，基本上是關係到腿在腳觸地前太往前伸，在腿部姿勢復原時又太往後伸，我們需要鼓勵我們的跑者不去強調這種過度往前與往後拉的動作，改成支持一種上上下下的推動行為。推的動作會把跑姿的外緣往裡帶，讓我們的跑者像釘子似地敲在地面上，筆直而且更有力。為了做到這點，你可以想像一張毯子平攤在地上。如果你捏起這條毯子的中央，然後把它直直

提起，做出一個帳篷式的形狀，你就會注意到毯子的邊緣會彼此靠得更近。如果我們把這個類比對應到我們這位跑者的身形上，我們可以想像毯子的邊緣是腳往前跟往後伸的最遠端。要把這些邊緣拉在一起，我們的跑者需要聚焦於他用多高與多快的速度抬起他的膝蓋，如果你想，可以說是我們這條「技術毯子」的中央。在這麼做的時候，我們會看到一個更進取的腿部姿勢恢復策略，因為我們的跑者會需要加速他們的膝蓋往上、往前，而不是讓他們的腿飄移到更往前又更往後的位置。

因此，我們會優先處理錯誤三，這裡的想法是錯誤二會自己糾正。在這個例子裡，我們的候選提示可以包括「想像你膝蓋上有一條膠帶，把那條膠帶推向天空」，「把你的膝蓋推上去，就像要打破一片玻璃」，「膝蓋上頂了杯茶」，「逃離地面」，「攻擊空氣」，或者「大腿朝向天空」。雖然我們的位置先於模式原則不見得符合每種動作情境，我的經驗、還有許多可得的生物力學證據都會指出，你在擔心蓋房子的事情以前，不如先打個地基吧。雖然這裡可說的還有更多，但已經有大量涵蓋了技術架構跟生物力學的書籍可供參考。因此，我們會繼續講先前講到一半的故事，並且看看我們如何讓語言去約束運動員的心靈。

你是什麼意思？

雖然找出教練能指導的主要錯誤是一個關鍵，但真正的挑戰是在我們的提示中捕捉到解答的能力。為了闡明這一點，讓我們調查一下你自己的經驗。我們可以從「運動員需要理解提示的意義，提示才能有效」的觀念開始。想一個你一直都在教的動作。現在，想一個你用來教導或者糾正那個動作時慣用的提示。想想看，你能想到任何對這個促發指示沒有正面反應的運動員嗎？有可能你回答是，而在進一步研究以後，你或許可以想到幾位運動員在你改變你的語言，或者轉換策略後，就產生了你在尋求的那種改變。在這些例子裡，我們可以論證說，提示的意義精確地代表了希望達到的行動，否則它就不會對任何人有用了。然而沒有反應的運動員似乎無法往下鑽到這個結論，因為這種語言裡的某種東西不在他們的掌握之內。有很多不同種類的理由會讓這種狀況發生，最簡單的理由是，運動員對這個提示的內容或應該應用它的情境脈絡不熟悉、詮釋錯誤或者有所混淆，因此造成理解上的障礙。

為了向你展示這種事是怎麼發生的，我必須列出幾個我們在指導快動作時，會用來當成行動詞彙的常用動詞（見下頁）。在每個動詞下面，你會看到一條空白欄位。在你讀過每個字以後，我要你注意心中浮現的影像，並且把它寫下來。

一旦你完成了，請把你的經驗拿來跟我的（下圖）做比較。

你對這些詞彙的詮釋跟我的一致嗎？有可能有幾個動詞激發了共同的視覺意象；然而我的猜測是，你的心靈召喚出的畫面，對你的知覺來說是獨特的，和我的不同，反映了你的過往。同樣地，我們的提示在運動員心裡，也會畫出一幅跟我們想像中不太一樣的畫面。然而更常見的狀況是，這並沒有限制運動員理解並正確詮釋我們所說話語的能力。舉例來說，想像一位教練設法幫助他們的

轟（blast）_____

猛然發力（snap）_____

爆發（burst）_____

重擊（whack）_____

驅動（drive）_____

快速攻擊（punch）_____

鑽（dig）_____

爆（pop）_____

爆炸（explode）_____

粉碎（shatter）_____

猛搥（hammer）_____

發射（launch）

轟

驅動

爆炸

猛然發力

快速攻擊

粉碎

爆發

鑽

猛搥

重擊

爆

發射

運動員在側向跳（lateral bound）時產生更多力量，提示他們「從地面炸開」。在這個場景裡，教練選擇了爆炸這個詞彙，因為他／她覺得（比方說）在一棟建築物爆炸時產生的力量，對應到他／她希望這個運動員在側跳時產生的力量。只要運動員想像到或者感受到同樣強勁的爆炸，就假設他們因為最近看過YouTube上的「南瓜爆炸」影片，所以心頭浮現了南瓜爆炸的畫面，那麼這個提示的完整性就維持住了，而且應該有效果。

　　但若運動員以某種方式錯誤詮釋提示意義的時候，問題就產生了。舉例來說，想像同樣這位教練在教導一位運動員如何在奧運式舉重中接住槓鈴，這稱為「抓舉」（見下頁圖5.1）。為了有效地接住槓，運動員的手腕需要從中立姿勢（在拉起時）變成輕微延展（在運動員過頭接槓的時候）。這通常被指稱為翻桿（turnover），因為從槓鈴被往上拉、到接槓期停留在運動員雙手頂端為止，槓名符其實地翻轉過來了。為了強調這個行動，我們的教練鼓勵運動員「猛然舉槓」，就像「猛一下把槓提到定位」。在教練心裡，猛然發力（snap）這個詞彙可以指一個物體猛然一分為二（例如「猛然折斷一枝鉛筆」）或者兩件物體啪一聲合而為一（例如「啪一下合起暗扣」），兩種場景都關聯到迅速、尖銳的聲音或感官知覺（也就是砰一聲、爆裂、啪一聲斷裂等等）。在抓舉的脈絡裡，第二個定義描述了希望達到的行動，因此也是這個提示期望中的詮釋，就是手跟前臂應該透過手腕猛然連成一氣，讓槓猛然到達在這個人支撐基礎上方的定位。儘管有這個邏輯，我們可以想像到一個場景：在最佳狀況下，運動員不理解教練是什麼意思，而在最差狀況下，運動員徹底錯誤詮釋了這個提示，可能理解成教練要他們把槓猛然往後拉而不是往上（也就是說，手腕「猛然分開」而不是「猛然合起」），導致手腕過度伸展、或者在動作結尾時肩膀位置不對。

　　相對於每一個正中紅心並且造成正面影響的提示，更多個提示甚至從未影響到肌肉層次。我的經驗指出教練們通常有個習慣，不自覺地假定這是運動員的失敗。我們聽到像是「學得慢」、「不聽話」、「練習時才打得好」之類的評語，或者某些直接針對運動員的智商或理解力而發的委婉之詞。雖然溝通是一種兩人遊戲，運動員卻長期擔任教練溝通失敗的代罪羔羊。

　　就像約翰・伍登（John Wooden）說的，「在他們學會以前，你不算有教」，我們一樣可以說，在他們理解以前，你不算有溝通。照這個邏輯，教練有責任承認何時有誤解或詮釋錯誤，並且做出恰當的路線修正。只要教練們在運動員擺出的臉孔、姿勢與動作中尋找理解的回音，這就不難做到。甚至更好的是，在部署一個新提示的時候，養成習慣去要求你的運動員「用你自己的話來下提示」或者「解釋這個提示對你的意義」。以這種方式，你就能在動作前得到回饋，指出運動員是如何掌握你送他們出去採取行動時提出的想法。

　　一旦我們領悟到每個提示都是在接受考驗，而我們的運動員的經驗與感知就擔任法官、陪審團跟行刑者的角色，我們可以開始努力，發展出總會導致有利判決的提示行為。然而為了做到這點，我們必須承認，就算我們理解我們在教的動作，還有我們想要糾正的行為，我們還是需要一個機制、一個架構，以此改編我們的語言去適應我們面前的運動員。忽略這個責任，就等於步入一長串

其他教練的後塵，他們以為的改編，就是更大聲、更頻繁地說出一樣的提示。

　　我們先不要扯得太遠，就簡短地探究教練們可以如何改編他們的語言，轉換他們的提示去符合運動員的需求。做為開端，請記得沒有一體適用的有效提示，因為我們了解語言，還有從而理解提示內容的能力，跟我們生活的**時代**、**地點**，以及我們共同生活與往來的**對象**是直接相關的。因此，沒有人會怪你從自己實地測試過的提示開始；然而如果你面對混淆的時候還不能改變適應，就是怠忽職守了。到頭來，我們必須做不自私的溝通者，這表示我們需要探索訴諸運動員經驗的語言。

　　讓我們重新參與那位教練教導抓舉的接榫部分，來看看是否能幫助他們演化他們的「猛然舉槓」提示，並且改善運動員的理解。假設我們想要維持這個提示的意義，我們可以去掉、加上或改變提示裡的語言。

說少一點

　　原則上，為了避免對工作記憶強加不必要的負擔，我們想要用最少的話語說出最多事情。這要求我們練習我們或可稱為**精實提示**的做法，努力找出傳達最大意義所需的最少量言詞。因此，假設說在一次深蹲之前，如果你曾經發表一篇冗長的肥皂箱演講，像是「好，現在記住，我要你保持胸

圖 5.1／抓舉

準備　　　　　　　　　　　一拉　　　　　　　　　　　二拉

部向前，保持修長線條；聚焦在把你的髖部推向矮箱，保持膝蓋排齊；放低，然後從臀部發力」，然後你的運動員眼神茫然地看著你，好像在說「所以你要我幹嘛？」，你就知道精實提示的重要性了。我們全都做過這種事，而且免不了還提供一個摘要，理想狀況下是一行或兩行的外在提示，清楚說明下回練習中優先考慮的觀念。

與這個概念一致的是，我們也會發現一個有效的提示通常可以被併入一兩個行動詞彙裡。舉例來說，一位教練跟一位短跑選手一同工作，起初可能提示他「盡可能爆炸性地把地面往後推」，這清楚說明要做什麼——「把地面往後推」——還有如何做到這件事——「盡可能爆炸性地」。就像對人類語言的大多數特徵一樣，某種俚語浮現了，而我們可以把提示縮短成「炸離地面」卻不至於失去意義。無可避免的是，教練可能把這個提示壓縮成一個字「爆發」，他們可能還用響亮的拍手來強調，傳達這個提示應該促進的迅速激烈動作。

這兩個例子的共同特徵是，我們能夠減少詞彙卻不至於失去意義。現在，如果我們考量眼前的提示，「猛然舉槓」，你認為這適合減少詞彙嗎？如果你考量到事實是我們的運動員錯誤詮釋了提示意圖傳達的意義（也就是說，猛然把槓往後舉，而不是往上舉），那麼我們就有理由說，這提示的問題出在傳達了太少、而非太多資訊。因此，我們可能會發現在這種環境下，增加語言是更理想的解決方案。

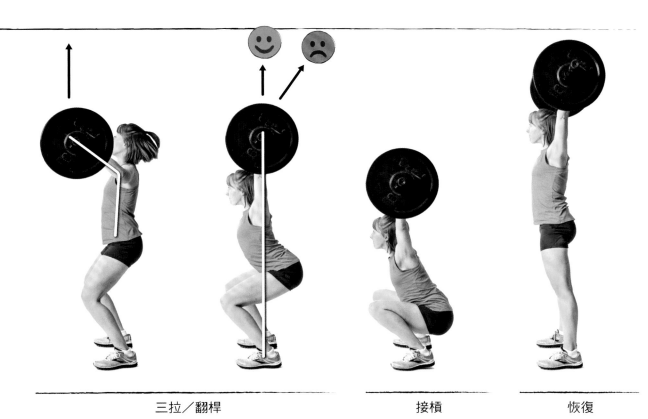

三拉／翻槓　　　　　　　　　　接槓　　　　恢復

「為了增加投球速度，在你下次投球時，我要你聚焦在……」

「……轟離投手板」

「……更用力推向本壘板」

「……把投手板推開」

「……朝本壘爆炸」

「猛然把槓舉向天花板」

「把槓揮向天花板」

「拉直稍後猛然發力」

「把你自己猛拉到槓下」

現在輪到你了。如同我們在第四章所做的，我要你指出一個動作、那個動作中的一個核心技術錯誤或結果，還有一個你用來教導或者糾正那個動作階段的常用提示。一旦你把這個安排好了，請用這些句子來想出三個傳達相同意義的外在提示；試著增加、減少或者改變你的語言。對於你轉化的每一個提示，圈起你所使用的策略。

動作：_____

動作錯誤或結果：_____

基準提示：_____

轉化提示一：_____

圈選策略　　　　　增加　　　　　減少　　　　　改變

轉化提示二：_____

圈選策略　　　　　增加　　　　　減少　　　　　改變

轉化提示三：_____

圈選策略　　　　　增加　　　　　減少　　　　　改變

你做得如何？你發現這個練習是簡單還是困難？雖然有些人會發現他們天生適合創作提示，許多人卻沒有。說實話，我屬於死守著我覺得教起來自在的語言的那種人。副作用是，我覺得很難從自己的提示舒適圈裡抽身，又太容易回歸我僵硬的提示方式。然而我沒有就此止步，你也不該如此，因為提示是一種習慣，而習慣可以在正確工具下轉型。

身為教練，我們相當熟悉推動改變所需、以證據為基礎的工具與系統。營養學家設計用餐計畫，以運動員的主要與微量營養需求為目標；肌力教練設計有精確細節的計畫，以便確保每一回、每一組的練習還有練習負荷量，分期而適時地達到成果；治療師藉著考量修復與重建身體受傷部位所需的時間與運動，規畫出回歸運動的每個階段。因此如果我們承認，用來驅動我們**做什麼**的系統有其重要性與必要性，對於向我們展示到底要**如何**做到的一組系統，我們不也應該賦予它同等的重要性與必要性嗎？

第一部分：3D 提示

如果你就像我，會很小心翼翼提早到達機場，尤其是在離開一個異國城市的時候；你會在前一晚預定凌晨四點的計程車之前，就檢查班機時間並且確認好路線。如果你仔細去想，人生中有好多事情，真的就是靠著同樣的導航演算法在引導。

你設定好早晨的鬧鐘，根據你要往哪去、還有你到達那裡所需的時間而定。在決定要去哪吃午餐，是去對街的三明治小店還是路那頭的沙拉店的時候，你考慮的是你在下一場會議之前有多少時間。而就算在運動中，比如說以足球跟英式橄欖球為例，選手必須迅速地計算他們是否能夠跑完夠遠的距離，去踢那一球或者達陣得分，否則他們最好把球傳出去。在這些狀況下，我們都在雕塑經驗的元素——空間與時間。

你想想看。無論這是一個思緒還是一個行動，我們都在探索一個空間——一個環境——而且在某個定量的時間裡這麼做。雖然空間與時間通常是我們潛意識的領域，它們對行為的衝擊卻沒有因此變得比較不真實。從聖誕節晚餐的時候決定要用多快速度替你祖母把椅子推進去，到你需要跑多快才能鑽進正在關上的電梯門，你的大腦根據要探索的物理空間、還有探索這個空間所需的時間，在全力計算你的目標。

知識分子早已認為空間與時間對人類思維來說很基礎。從知名的德國哲學家康德——常有人引用他的話，「空間與時間是心靈受限於其中，以便建構出自身現實經驗的架構」——到愛因斯坦——他呼應了這個觀點，說道「空間與時間是我們賴以思考的模式」——多的是來自學界的影響在支持這個觀點。然而不必遠求，只要探索你自己的腦內空間，你就會發現無窮無盡的例子，是以時間為基礎的思考，跨越過去、現在與未來的廣大景觀來建造你的現實。

所以這對我們的故事來說為何重要，還有這如何關聯到提示？很簡單，如果所有動作都可以依據空間跟時間來加以描述（確實可以），而所有思考都受限於空間與時間的結構（確實是），那麼我們可以說，我們的提示應該都包含一組相似的、能夠引發動作的DNA。就像人類DNA是由具備功能的基因組成的，一個提示有自己的基因密碼，一個由距離、方向與描述所組成的基因，應該不至於讓你覺得意外（31）。

就像實際的GPS需要座標和經緯度，一個提示需要一個距離跟一個方向來界定會變成焦點主題的空間。距離跟方向描述搭配起來同時描述了要被探索的物理空間——去這裡或者去那裡，還有探索這個空間所需的心理空間——聚焦於這個或那個。然而空間只是故事的一半，因為一個提示必須也要傳達時間的元素。少了這個特徵，一位運動員無從得知如何用最佳方式移動，穿過一個被界定的空間——「快還是慢，我就是不知道。」幸運的是，為了解釋這個時機元素，一個提示必須包括以動作語言表達的動作**描述**——「**錘擊**地面」、「**推槓**」或者「**衝過進攻者**」——或者類比——「錘擊地面，就好像你在**錘釘子**一樣」，「就像你**把某人從車子前面推開**那樣推槓」，或者「衝過進攻者，就好像你企圖**埋了他們**」。整體來說，三個 **D**——距離（distance）、方向（direction）與描述（description）——創造出教練可以使用的心理模型或架構，依照希望達到的動作結果迅速改編他們的語言以配合個別需求。

在我們分別深入每個D以前，讓我們先看幾個例子，好確保我們可以看見每一個D。這裡是三個提示，其中的每個D都相稱地標出來了。

方向

「聚焦於用啞鈴砸穿天花板」

描述　　　　距離

方向

「聚焦於衝出起跑架」

描述　　　　距離

現在輪到你了。接下來,你會看到另外三個活動的描述。請照著指示做,我們到最後會回顧。

▶ 範例一

對於範例提示中每個被指出的詞彙,標示它是距離、方向還是描述;每個標籤應該只使用一次。

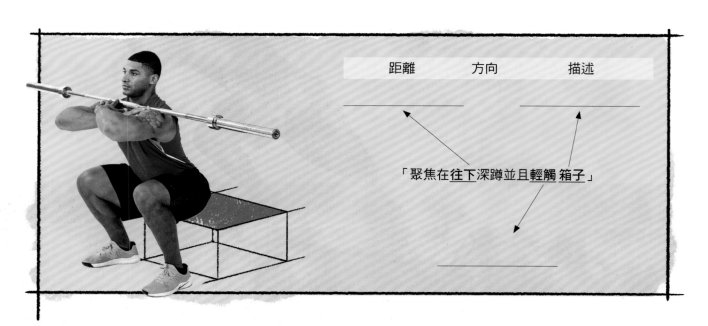

▶ 範例二

在讀過提示以後，畫一條線把目標詞彙跟目標 **D** 連起來；
每個標籤應該只使用一次。[2]

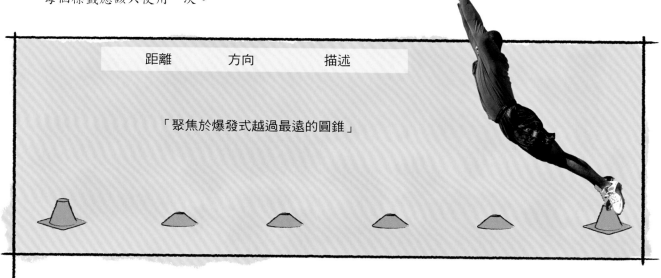

距離	方向	描述

「聚焦於爆發式越過最遠的圓錐」

▶ 範例三

指出一個動作，還有一個動作錯誤或者成果目標。用最後一行創造一個包含全部三個 **D** 的外在提示，標出每個 **D**，就像你在範例二畫線連結目標詞彙跟目標 **D** 時所做的；每個標籤應該只使用一次。

動作名稱：＿＿＿＿＿＿＿＿＿＿＿＿＿＿＿＿＿＿＿＿＿＿＿＿＿＿＿＿＿＿

動作錯誤或成果：＿＿＿＿＿＿＿＿＿＿＿＿＿＿＿＿＿＿＿＿＿＿＿＿＿＿

提示：＿＿＿＿＿＿＿＿＿＿＿＿＿＿＿＿＿＿＿＿＿＿＿＿＿＿＿＿＿＿＿

距離	方向	描述

　　隨著理解如何確認每個提示裡的 DNA，你現在可以開始討論如何操縱每個 D，來為你共事的運動員，還有你的工作脈絡服務了。第四章教導我們如何為提示區分範疇。現在，我們會思考創造提示的過程。

2　答案：範例一：距離＝「箱子」；方向＝「往下」；描述＝「輕觸」
　　範例二：距離＝「圓錐」；方向＝「越過」；描述＝「爆發式」

距離

在第四章，我們把提示比做相機的伸縮鏡頭，指出在我們徹底拉近鏡頭的時候，我們有個近內在提示（例如在傳球時聚焦在手腕動作上），而在我們徹底拉遠鏡頭的時候，就有個遠外在提示（例如聚焦於傳球時屬意的接收者）。雖然證據清楚證明，我們的焦點應該保持在身體周圍之外，我們還沒提供任何證據，支持近外在與遠外在提示相比各有何優點。幸運的是，有個很強有力的研究論述存在。

為了確保清晰明瞭，我們會討論對於以工具為基礎的動作（例如棒球與高爾夫球）與不以工具為基礎的動作（例如短跑與跳躍），我們在提示裡傳達的距離有何差異。

以工具為基礎的動作

在研究焦點距離對於運動學習與表現的影響時，高爾夫與棒球一直特別有用。如同你會想起出現在第四章的內容，沃爾夫與同事們（19）發現對新手高爾夫球手來說，比起聚焦在「球的弧線還有⋯⋯目標」這種遠外在提示，聚焦於「球桿的鐘擺式運動」這種近外在提示時，短切球準確度會比較好，這提供了初步證據，指出焦點距離影響到一個注意力外在焦點的益處。

很自然地，如果新手看來獲益於近外在焦點，研究人員會納悶對高爾夫球專家來說是否也同樣如此。為了回答這個問題，貝爾與哈迪（Bell and Hardy）（32）招募了三十三位技巧熟練的高爾夫球手，每一位都有低於九點四的登記在案差點（registered handicap）。參與者被分成三組。各組練習的時候，用的是一個內在焦點，聚焦於「在整個擊球過程中的手臂動作⋯⋯還有⋯⋯手腕的關節樞紐」；或者一個近外在焦點，聚焦於「透過揮桿時的球桿面，特別是在擊球過程中保持球桿面方正」；或者一個遠外在焦點，聚焦於「球的飛行⋯⋯還有⋯⋯他們打算讓球去的方向」。跟沃爾夫的研究相同，參與者設法短切一顆球，盡可能接近一根標出22碼（20公尺）的旗竿。用他們指定的焦點，參與者打了十個暖身球，接著是在正常狀態下打三組、每組各十球，然後在高度焦慮狀態下打兩組、每組各十球。如同預期，外在焦點組在兩種狀況下，都顯著地比內在焦點組更精確。然而在跟我們的距離討論相關時，比起近外在焦點，我們的專家用遠外在焦點表現最好。

如果我們把這些發現，連同羅伯・葛雷在棒球方面的發現結果一同考慮，注意力焦點與距離之間的交叉點就被揭露了。簡而言之，比起在外在焦點是一個工具（近）的時候，外在焦點是一個結果（遠）時專家表現最為理想，然而對新手來說卻正好相反（8、20）。對專家來說，遠外在焦點的第二層好處，是它削減了他們對於動作的任何不必要的有意識控制，我們知道這樣做對有經驗者的害處，比對無經驗者來得大（3）。從我們對失常的討論來考量，這個發現是很合理的。沒什麼經驗的新手，藉著把自身動作錨定在工具的動作上而獲益，專家則早就已經把工具整合到他們的運動記憶裡，比較好的作法是信任他們的動作，並且給這個動作一個要達成的清楚結果。實際地說，並不是專家沒有從近外在焦點中獲益，因為他們確實有（例證見30）；只是在運動表現就是目標的時

候，尤其是在一個有壓力的練習或競賽當中，教練們應該考慮把遠外在焦點的優先順序放在近外在焦點之前，把希望達到的成果放大到高解析度。

讓我把話說清楚。我不相信我們有足夠的證據、我的經驗也無法指出，專家在所有環境下都需要聚焦於最遠的結果上。會有很多時候，尤其是在期望達到某項技術改變時，專家會需要聚焦在球棒、球桿、球拍或板棍的動作上。然而隨著運動員的技術進步，他們的焦點也可能開始從工具進展到結果上。

不以工具為基礎的動作

想像你在 NFL 聯合測試會，而你剛站上跳遠起跳線。你剛剛看到你的頭號對手創下聯合測試會的紀錄，你開始心跳加速，因為你知道你在訓練時一直都有超過那個距離。對你的訓練夥伴點個頭，他們就在靠近新紀錄的地方隨手丟下一條短彈力帶，給你一個視覺信號。最後深吸一口氣，你蓄力後炸出去。

雖然是虛構的，這個故事卻並不虛。任何時候我的運動員排好隊要進行跳遠作業的時候，那些短彈力帶總會出現，標記著每個人的最佳紀錄。同樣地，在男孩們站上垂直跳測定器（Vertec），一種有刻度畫出跳躍高度的垂直跳設備時，他們免不了會要求我把剛好在他們個人最佳紀錄下方的標記抹去，留下一個清楚的目標。所以為什麼這種行為在跳躍任務中這麼常見？運動員覺得有比沒有好，能讓他們達到更佳表現的視覺目標，到底有什麼特別的？

為了回答這個問題，賈瑞德・波特跟他的同事們規畫了一系列研究，來看焦點距離是否影響跳躍距離。在他們的第一個研究裡，波特與他的團隊（33）證明，比起對內聚焦於「盡可能迅速伸展你的膝蓋」，沒有跳遠經驗的大學生對外聚焦於「盡可能跳得遠離起跳線」，會明顯跳得比較遠。在此毫不意外的是，波特招募了另外一群大學生來評估增加焦點距離的影響（22）。用先前提過的相同近外在提示，波特補上了一個遠外在焦點，要參與者聚焦在「跳得盡可能接近圓錐〔放在距離起跳線三碼（三公尺）的地方〕」。有意思的是，波特發現比起近外在焦點，遠外在焦點催生出明顯跳得更遠的距離。在最後的研究裡，波特招募了甲級足球聯賽的運動員，並且把他前兩個研究裡的提示壓縮成一個（21）。跟以工具為基礎的小節裡提到的結果相符，兩種外在焦點狀態都產生明顯比內在焦點狀態下更遠的跳躍，而遠外在焦點則導致最佳的整體跳躍距離。因此波特與他的同事們發現，運動員跟非運動員一樣，比起使用近外在焦點，使用遠外在焦點獲益更多。

如果我們結合來自有工具基礎與無工具基礎運動研究的發現，這個距離基因的形式與功能就被揭露了。一開始先讓我們同意：部分的專精之道，就是在不需要有意識考慮過程的狀況下，徹底專注於一個動作的能力。因此，無論一樣工具是否牽涉在其中，我們都可以說一位運動員對一項動作的經驗越多，就越有可能獲益於遠外在焦點。相對來說，一個運動員對一項動作越沒有經驗，就越有可能獲益於近外在焦點。請記得，這些是考量，而不是命令，因為要把這個研究領域擴充到更大

量的多種活動，還有很多範圍要涵蓋。話雖這麼說，證據清楚地顯示，被編織到一個提示中的**距離**[3]，對於運動表現有實質的衝擊，而且如果期望在模式或表現中出現一個變化，焦點距離應該被視為可以被操縱的變數之一（9）。

操縱距離

　　如同你可能從先前討論的例子裡注意到的，提示極少明確地提到距離。提示反而會提供一個人、地點或物品，整體來說稱為**名詞**，運動員要把他們的注意力放在這些名詞上。舉例來說，考量右圖的兩個提示，它們的用意是在垂直跳的時候促進跳躍高度的改進。

　　雖然兩個提示的目的相同，都是要讓跳躍高度達到最高，在其中一例，鼓勵這個結果的提示是聚焦在抵達，因為天花板是我要去的地方，而在另一個例子裡，是聚焦在離開，因為地板是我所來的地方。因此，名詞是距離的來源，也因此是你想要增進或者抽回一個人的焦點時要改變的目標詞彙。

　　順著這個例子的方向，我們來考量另外一組用在打網球的提示。

　　不像我們的跳躍提示用單一名詞來傳達距離，針對有工具基礎運動技巧所做的提示，常常利用兩個名詞，把工具或者球的行動連結到結果本身。如同我們可以在範例一裡看到的，球拍跟球共同創造了一個近外在焦點，因為球拍的動態是動作模式的一個反響。相對來說，範例二是遠外在焦點，因為球跟底線連成一氣，以促成對結果的聚焦。就跟前一組提示的例子一樣，名詞掌握了操縱焦點被部署在何處的關鍵，而且以這種方式控制了對於你的提示的伸縮鏡頭。

「聚焦於暴衝向<u>天花板</u>」

「聚焦於暴衝遠離<u>地板</u>」

3　請注意，某些證據顯示，可達成的程度影響到距離效應。舉例來說，雪莉・科克（Cheryl Coker）（9）證明，雖然比起內在提示，外在提示導致更遠的水平跳躍距離，放置一個圓錐（亦即外在焦點）在一個參與者曾跳過的最遠距離，導致的跳躍表現會比把圓錐固定放在三碼（三公尺）遠來得好。這指出在外在焦點的顯著性中，可達成度可能扮演某種角色。也就是說，如果某件事是可以達成而非不可達成的，一個人很可能就會做出更大的努力。在提示之內設定距離的時候，應該考量這一點，在彈震式、以爆發力為基礎的活動中尤其如此。

範例一

「聚焦於驅動**球拍中央**穿越**球**的中心」

範例二

「聚焦於把**球**驅動到剛好在**底線**內」

方向

　　為了確保我們的提示精確代表我們希望運動員探索的物理空間，我們可以在距離上補充一個方向。如果距離指出我們應該把注意力聚焦在空間中的何處，那麼方向就指出我們是朝向空間中的那一點移動，還是在遠離它。為了闡明提示的這個成分，請考量下面的例子。

範例一

「聚焦於推著啞鈴**遠離**重訓椅」

範例二

「聚焦於**朝著**天花板推啞鈴」

　　雖然兩個提示都在鼓勵爆發式的動作，範例一是藉著叫運動員「推……遠離」，範例二則是促請運動員「朝……推」，這裡有明顯的方向差異。注意到提示也會從近距離（從重訓椅到啞鈴）轉換到遠距離（從啞鈴到天花板），是很有意思的。這不令人意外，因為距離與方向結合起來定義了運動員移動穿越的空間。因此，一個鼓勵運動員朝向某物移動的提示，幾乎總是遠外在提示，而一個鼓勵運動員遠離某物的提示，幾乎總是近外在提示。這很合乎邏輯，因為我們通常會遠離某個近

距離物體，而移向某個更遠的東西。以下有幾個例子，有助於傳達這個重點。

「從地面拉起」
——— 相對於 ———
「拉向妳的口袋」

　　雖然很清楚，在大多數提示裡有個方向性的組成元素，實質上卻沒有對這個主題的研究。也就是說，我們不知道聚焦在從起跑線離開還是朝著終點線移動，對動作來說最有幫助。然而，如果我們重新詮釋波特與同事們的研究，當成在評估方向而非距離，有可能揭露某些洞見。回想一下，研

「炸出跑道」
——— 相對於 ———
「炸穿終點線」

「把地面推走」
——— 相對於 ———
「用力推進空間裡」

究人員在一次跳遠中，用了一個近外在提示，「盡可能跳得遠離起跳線」，還有一個遠外在提示，「盡可能跳得接近圓錐」。在近外在提示的例子裡，我們可以看出「遠離起跳線」是**遠離**的指涉，「接近圓錐」則是**朝向**的指涉。根據這個陳述，我們可以做出結論，就像比起近外在提示，遠外在提示導致比較好的跳躍表現，比起**遠離性**的外在提示，**朝向性**的外在提示也導致較佳的跳躍表現。

　　雖然我們有可能這樣看待波特的研究，我會警告你在更多研究完成以前，不要過度仰賴這個詮釋。我反而會鼓勵你思考你在教導的動作本質，然後評估提示方向性的轉移，是否能改善運動員對動作的理解與執行。舉例來說，投擲動作是一種需要下肢與上肢協調行動的全身性動作。舉例來說，在投球的例子裡，我們可以論證說，一位教練有理由在給下肢提示時，叫投手從投手丘推**出去**，或者推**向**本壘板；然而你不會叫投手從投手丘**往外**投出去；指向上肢的提示，反而會讓投手聚焦於球跟本壘板的關係，並因此要求一個**朝向性**的定位。這說明了你針對的技巧或者部分技巧，到最後決定了焦點的方向性是否可以被操控。

　　讓我們多考量兩個例子，來確保這個論點被記住了。舉例來說，肩推（shoulder press）受制於方向轉換，因為一個人可以聚焦於把槓推**離**地面或者推**向**天花板，兩種提示都鼓勵由外在焦點引導的垂直方向槓路徑。雖然直覺會正確地建議從**朝向性**的提示開始很合乎邏輯，因為重量實質上是朝著天花板移動的，把焦點從地板、地面，或者重物被舉起時在下面的其他物體**移開**，也不會有什麼傷害。請注意，大多數舉起重物的動作，都會受制於方向性，你可以從一個表面上**移開**，並且**移向**一片天花板，或者**遠離**一面牆並**朝向**另一面牆。

　　同樣的邏輯對於不以工具為基礎的運動技巧也成立，因為一個人可以移動**遠離**地面並且**朝向**天空，或者**遠離**起點**朝向**終點（想想短跑、跳躍跟敏捷性）。同樣地，就算一個動作不是動態的，就像任何種類的橋式或平板式，教練們可以談到伸展或拉長，做為指涉脊椎位置的替代品。在這些例子裡，說像是「從頭到腳，聚焦在伸展遠離（你背後的）牆壁」這樣的話，就跟說「從頭到腳，聚焦在朝著（你前面的）牆壁拉長」一樣有根據。因此，無論動作是靜態或動態、需不需要工具，只要是在適切的地方，方向性都可以用來設置一個開始移動的參照點。以這種方式，我們可以把**方向基因**看成提示裡面的羅盤。

　　最後，就像名詞的作用是我們在轉換提示裡的距離時操縱的部分，**介系詞**則是我們在改變提示方向時操縱的部分。你可以指涉先前提過的那些範例，還有接下來的詞彙列表，其中包含某些最常見包含在提示裡的介系詞。

遠離（away）	朝向（toward）
從（from）	去（to）
出來（out of）	進入（into）
脫離（off of）	穿過（through）

用這些介系詞裡的一個或更多個，填滿以下提示裡的空白處，給它們一個方向。

「在你結束這一舉時，
聚焦在要將身體＿＿＿＿＿＿天花板拉高」

「聚焦在讓球加速
直接＿＿＿＿＿＿牆壁」

描述

繼續利用我們的DNA類比，我們可以說，**距離**與**方向**除了定義動作空間以外，還讓提示有了視覺，而且會影響在一個規畫良好的外在提示會出現怎樣的心理意象。叫某人「＿＿離開地面」或者「＿＿啞鈴穿過天花板」，必定會建立一個在准許身體實踐動作以前，可以考量這個動作的虛擬環境。然而，如同空白處所指出的，提示需要一個最後的成分，就是一則**敘述**。

如果**距離**與**方向**給予一個提示視覺能力，那麼**描述**就是給予一個提示移動的能力。這個意思是，以行動**動詞**為例，**推**、**驅動**（drive）、**猛然發力**（snap）跟**快速攻擊**（punch），**描述**了動作應該如何被執行，為提示賦予生命，而且在過程中界定了模式的時機或步調。如同我們已經討論過的，動詞為提示賦予能量或生命力，而且也是言詞中讓人最敏感的部分。請回想我們先前的動詞實

驗。雖然我們雙方都讀過相同的動詞，我們的心靈對這些動詞做出的感官詮釋，有不同程度的差異。因此，關鍵在於找出一個動詞，被詮釋的方式正符合你原有的打算，並且傳達出你想要看到運動員用以探索動作空間的動作時機。學著有效地做到這件事，然後你就會看到運動員回應你的提示時，就像像電燈隨著開關反應一樣輕鬆。在做得精確時，有效提示看似給了你通往運動系統的直接管道，就好像你在跟神經元本身講話似的。

講到動作

一開始，我要你讀四份詞彙清單，就只是注意你的身心發生什麼事，在讀完每一組詞彙後花點時間反省。

▶ 詞彙列表一	▶ 詞彙列表二	▶ 詞彙列表三	▶ 詞彙列表四
捕捉（Capture）	跋涉（Wade）	坐（Sit）	抓握（Grip）
掙扎（Struggle）	游泳（Swim）	躺下（Recline）	擠壓（Squeeze）
抽打（Thrash）	滑行（Glide）	放鬆（Relax）	抵抗（Fight）
逃避（Escape）	漂浮（Float）	睡眠（Sleep）	結束（Finish）

所以你注意到什麼？這些詞彙只停留在頁面上，或者它們跳進了心裡？你對任何一份清單有生理上的反應嗎？你有注意到閱讀清單一跟四以後的壓力增加，或者閱讀清單二與三之後的壓力減少嗎？無論你的經驗是什麼，我希望你反省這個經驗，並且記起來。

現在讓我們考慮第二組清單。如同先前，仔細閱讀每份清單，然後觀察你的身心反應。

▶ 詞彙清單一	▶ 詞彙清單二	▶ 詞彙清單三	▶ 詞彙清單四
房間（Room）	露台（Patio）	床（Bed）	槓（Bar）
椅子（Chair）	球（Ball）	書桌（Desk）	重訓椅（Bench）
桌子（Table）	傘（Umbrella）	燈（Lamp）	舉重架（Rack）
杯子（Cup）	草坪（Lawn）	地毯（Rug）	槓片（Plate）

這次你的經驗如何？相同或者相異？這些清單有告訴你一個故事，或者觸動一個情緒反應嗎？雖然一個影像很有可能出現在你心裡，我很有信心，這些詞彙缺乏我們第一組清單裡的動態與情緒。你同意嗎？藉著對照這兩份清單，我們可以開始看出為何動詞，也就是行動性的詞彙，是極其重要的。它們是提示的心跳，也是賦予語言生命的東西。如果不是因為動詞，我們要如何才會**坐**在一張椅子上、**躺**在一片草坪上、在一張書桌前**書寫**，或者**舉槓**？

　　雖然對大多數人來說，這可能看似瑣碎而明顯，我們的故事卻在這裡出現有趣的轉折。如果你回想一下，在第三章我們談過丹尼爾‧沃伯特，而我講到了他的TED演講，〈大腦存在的真正理由〉。如同我們討論過的，沃伯特博士提供了一個非常可信的敘述，指出我們有大腦的唯一理由是為了移動——故事結束。經過神經科學與運動控制的過濾，他論證了大腦存在是做為一種載具，名符其實地讓我們沿著馬斯洛的需求層次往上移動，舉例來說，從飢餓到飽足，從外在到內在，還有從危險到安全。雖然這對一個大腦來說是個很棒的理由，我們知道，一個大腦所做的遠超過讓我們動；它確實也相當擅長讓別人動。

　　佛利德曼‧普佛穆勒（Friedemann Pulvermüller）博士是一位在柏林自由大學教語言神經科學的教授。在二○一六年，普佛穆勒博士為「嚴肅科學」（Serious Science）網站錄了一支錄影帶，在其中他問了這個問題：「語言有什麼好處？」他對此的回答是「語言是行動的工具」，一個協調他人行動的工具（34）。雖然這可能讓你覺得是隱喻的一個聰明運用，普佛穆勒博士卻把這看成是事實陳述，一種宣告，在意圖上就跟沃伯特博士的說法一樣，就是字面上的意思。而就像沃伯特博士相信我們有大腦的理由在於要移動我們自己，普佛穆勒相信我們有語言的理由是為了動員別人，而他有證據做後盾。

　　普佛穆勒博士跟他的同事們很有興趣理解大腦如何從語言中衍生出意義，他們設計出幾個實驗，趁著受試者在處理書寫與口說語言時，一窺受試者的大腦內部。在一連串的研究中，普佛穆勒跟他的團隊（35、36）發現，受試者讀到的動詞要是關係到下肢（例如**踢、跑、跳**）或上肢（例如**壓、舉、抓**），運動皮質中負責這些行動的特定區域就會發動。跟我們對於運動控制的念動動作理論一致，包含在一個動詞裡的**觀念**，觸發了負責把這些觀念轉化成**動作**的腦區。

　　受到這個發現的鼓勵，普佛穆勒跟他的同事們打算來看看，在利用穿顱磁刺激儀（transcranial magnetic stimulation）激發受試者腦內跟某些行動相關的腦區時，他們會不會更快辨識出那些行動的動詞，並且做出反應。果然，在上肢與下肢活動牽連到的運動皮質區被激發時，受試者們可以用快得多的速度，辨識出跟各身體區域相關的行動動詞。這個結果支持稍早的發現，並且顯示出大腦在確立一個動詞的意義時，有一部分是靠著激發負責執行那個動詞所指的行動的同一個腦區，這個現象通常被稱為**體現認知**（embodied cognition）。

　　雖然理解意義如何從單一動詞衍生出來是很重要，我們知道行動詞彙鮮少孤立使用。因此，研究人員把這些發現延伸到行動語句裡，或者我們可以稱之為脈絡中的動詞（verbs in context）。這對提示很重要，因為我們通常使用的動詞，少了脈絡以後會讓運動系統幾乎一籌莫展。舉例來說，**加速**一詞通常跟下肢相關，而上肢是用**推**的；然而在臥推中叫運動員「讓那支槓加速」，或者在短跑中叫運動員「把地面推開」，我們都覺得沒問題。因此，動詞在概念上有多樣性，而且通常仰賴它們周遭的詞彙，來闡明打算指出的意義。

　　對於最後這一點，拉伯索（Raposo）與他的同事們（37）打算去看大腦如何處理孤立的動詞

（例如**踢**）、出現在符合字面意義的句子中的動詞（例如**踢**球），或者在非字面意義的譬喻說法中的動詞（例如**踢**翻桶子〔有「死掉」之意〕）。跟普佛穆勒相同，拉伯索發現單一動詞跟字面意義語句中的動詞，激發了跟負責執行那些動作的身體區段相關的運動皮質區，而在受試者處理非字面意義的語句時，運動皮質就沒有跟著活化。因此，大腦就像身體，根據一種特定性原則運作，藉著徵召負責把這些詞彙帶進物理世界中的相同腦區，從詞彙與語句中產出意義。這對3D提示模型的重要性提供了直接的支持，因為每個**D**支持著其他的D產生運動上的意義。

　　同意這個發現的范丹與同事們（van Dam and colleagues）（38），接著發現負責動作的腦區對於基本行動動詞（例如**移動**〔move〕、**進攻**〔attack〕、**拿**〔take〕），有相對於特定行動動詞（例如**推**〔push〕、**打**〔hit〕、**抓**〔grasp〕）的不同反應，這指出行動詞彙越特定，產出那個協調性特徵的腦區徵召規模就越大。這是極有價值的發現，因為這支持我們需要提示特定性（cueing specificity），還有達成這種特定性的提示模型。因此，舉例來說，在教短跑的時候，一個基本提示可能是「迅速短跑」。然而這個提示缺乏細膩之處，會讓運動員在沒有指引的狀況下執行短跑。如果提示清晰性是我們想要的，我們會部署一個具體提示，並且要求運動員「在你爬升速度的時候炸出跑道」。如同我們會看到的，這個具體提示仍然為「迅速短跑」服務，不過卻是透過提供運動系統沒有內在干預的外在指引，來達到這一點。因此，一個結果可以在本質上是技術性的，只要它是透過一個外在過濾器傳遞出去，而且跟動作的終極目標相符就好。

　　最後，為了確立行動詞彙與運動行為之間的功能連結，研究人員著手去看他們是否能夠藉由操縱動詞呈現的時機，來增加或減少運動表現。在一組聰明的研究中，維若妮克・布龍潔（Véronique Boulenger）跟她的同事們（39、40）讓受試者們在兩種不同狀況下，進行一個很基本的伸手任務。

▶ 狀況一

受試者開始時手放在一個墊子上，他們的眼睛則盯著螢幕。在受試者看到一個白色十字的時候，他們獲得指示，要伸手出去抓住放在墊子前方16吋（40公分）處的一個圓筒。他們的手離開墊子的那一瞬間，一連串字母就會出現在螢幕上。如果這些字母拼成一個詞彙，受試者被指示要繼續抓住圓筒，如果沒有拼成詞彙，受試者就把手放回墊子上。

▶ 狀況二

實驗條件相同，唯一的差別是不用白色十字觸發動作，字母串就會出現在螢幕上。如果字母拼成一個詞彙，受試者就要抓取圓筒，如果沒有，受試者的手就繼續放在墊子上。

　　在狀況一裡，比起處理名詞，在動作同時處理動詞會造成手伸向圓筒的加速度降低。這指出處理行動詞彙同時又執行一個運動行為，以某種方式干擾了那個動作的產生。如果我們回到腦部造

影，並且承認同樣的運動區有部分負責產生動詞意義、並且製造有意義的動作時，這種發現就很合理。明確地說，這跟請你拍自己的頭又同時摩挲自己的肚子是一樣的，因為兩種場景都要求運動皮質同時滿足彼此衝突競爭的責任。

在狀況二裡，結果逆轉了，比起名詞，動詞觸發受試者更快加速伸向圓筒。而且，在狀況二時的手腕加速巔峰明顯比狀況一快得多。因此，在動作之前就傳達的動詞，提供了激發或觸發運動系統的功能，而在動作時傳達的動詞則有相反效果。從教練指導的觀點來看，這裡浮現出一個非常清楚的故事。我們不只是需要選擇脈絡上相關的動詞；我們也需要承認，處理這些動詞最好是在動作前進行。如果把前面提到的證據，結合我們對於注意力的討論，這個推薦應該很符合直覺。因此，除非我們在利用一個聲音（例如啪、啪、啪）或者一個動詞（例如推、推、推）來提示節奏，我們在運動組間最好保持沉默。

推動我們的語言

在前一節裡，我們得以一瞥語言跟運動系統之間的互動，清楚顯示行動詞彙被編織到我們的運動行為裡，形成一個完美的夥伴關係。然而，我們的故事就從這裡開始變得有趣了，因為研究人員現在已經證明詞彙裡的行動實際上可以滲漏到運動系統中，自動觸發最細微的動作。如果你反省你的生活經驗，你已經知道這一點了。無論是一首歌裡的歌詞、一段演講裡的詞彙還是一位教練的提示，我們所有人都經歷過語言在身體上與情緒上觸動我們的時候。

為確立這是一種實質現象，而不只是一種措辭而已，維克特・弗拉克（Victor Frak）、塔提雅娜・納齊爾（Tatjana Nazir）與他們的同事們（41、42）規畫了一系列的研究。研究人員讓受試者在聆聽動詞與名詞時握住一個測定功率的圓筒。很引人注目的是，研究人員觀察到在受試者聽到行動動詞的時候，握力會自動增加，然而並未發現他們對名詞有相同反應。這些結果獲得延伸：研究人員證明動詞被嵌入肯定句中（例如費歐娜**舉起**啞鈴）的時候，會觸發握力的增加，同樣的動詞出現在否定句裡（例如費歐娜沒有**舉起**啞鈴）卻沒有觸發握力的增加，這再度指出脈絡很重要。在比較近期，研究人員顯示了當受試者站在一個施力平台上，閱讀傳達出身體低度用力的句子（例如「這位拳擊手**揹著**他的體育用品袋」）跟身體高度用力的句子（例如「這位拳擊手**揹著**他的大拳擊袋」），在提到身體高度用力的句子出現期間，他們姿勢左右晃動的程度會增加（26）。

通盤考量這個證據，我們可以有信心地說，脈絡中的動詞在我們擁有的東西裡，是最接近運動系統語言的東西。話雖如此，我會想把你的注意力引向一個重要的事實。如果你回顧我從論文裡抽出的例子，或者更好的狀況是你自己閱讀的論文選段裡，你不會發現任何會被歸類為內在性的語言。因此，我們已經涵蓋的證據，普遍而言清楚地符合外在提示的內容，而具體來說清楚符合3D提示模型。此外，這個證據也有助於我們下一章的主題，也就是類比，因為研究中使用的句子有許多需要做運動上的比較，這也就是說，藉著把句子裡描繪的動態，對應到你自己的運動系統，你被

觸發要去了解這些動態；因此，會出現上面說的動作滲漏。

操縱描述

為了說明我們最後的 **D**，我想要短暫探討一下在提示裡選擇並操縱行動詞彙的策略。如同先前提過的，運動系統很聰明，而且對於動詞被提出的脈絡高度敏感。因此，一個提示越是能代表我們企圖提倡的動作生物力學屬性，我們的大腦就越容易把這個語言傳達給我們的四肢。雖然誤會此說的教練可能會覺得，這是請他們發給旗下運動員一張生物力學規則清單，我們卻知道這種路線有相關的限制。我們反而必須把生物力學隱藏在一個對注意力友善的提示裡面，而我們知道，隱藏生物力學的最佳地點就是在動詞裡。

為了闡明這一點，讓我們解構兩個啞鈴臥推的可能提示。

提示一

「聚焦在把啞鈴**推向**天花板」

提示二

「聚焦在用啞鈴**快速攻擊**天花板」

在評論之前，讓我們來質詢你自己對這些提示的直覺（圈起其中一個答案）。

哪個提示會讓爆發力產出提升較多？	提示一	提示二
哪個提示會讓啞鈴控制力提升較大？	提示一	提示二
哪個提示會觸發比較強烈的情緒反應？	提示一	提示二

我會想像你的直覺很快就能回答這些問題。而以我們討論過的一切為基礎，這很合理，因為語言是在負責給予語言生命的運動系統裡體現的。這就是為什麼語言，尤其是行動語言，會觸發我們來自肺腑的反應。

現在，要來做些解構了。你聽到**快速攻擊**（punch）這個詞彙的時候，你想到什麼？正是如

此，某人或某物被**快速攻擊**。那麼**推**（push）呢？差不多，某人或某物被推。哪個詞彙比較迅速？**快速攻擊**指的是短暫接觸時間的迅速動作，**推**指的則是比較慢的動作，有比較長的接觸時間。藉著類比，我們的大腦描繪出**快速攻擊**跟**推**發生的主導性脈絡，然後迅速地召來一個跟這種動詞詮釋相符的運動反應。因此，如果我想提升一個緩慢、經過控制的動作，這可能是因為運動員是初學者，或者負重非常重，那我就會選擇**推**。相對來說，如果我想要提倡一個迅速、激烈的動作，很可能是因為我在追求速度與爆發力，那我就會選**快速攻擊**。並不是一個動詞比另一個好；這反而純粹是為了你想要提升的生物力學，指出最佳動詞的一個例子。

　　為了確保我們理解這個概念，讓我們再多看一個例子。如同你會回想起來的，一個動詞的意義可以由它在句子裡的鄰居來修正。因此，有時候你需要轉換距離或方向，以便修正運動系統對於動詞意義的詮釋。舉例來說，看看你是否能看出下面兩個短跑提示的技術差異。

提示一	提示二
「聚焦於**衝進**（driving into）地面」	「聚焦於從地面**衝出**（driving off）」

　　為了幫助你，這裡有幾個問題（圈出其中一個答案）。

哪個提示對缺乏功率產出的運動員比較好？	提示一	提示二
哪個提示提倡比較短的地面接觸時間？	提示一	提示二
哪個提示對地面接觸沉重的運動員比較好？	提示一	提示二

　　如同我們可以看到的，動詞是一樣的；然而藉著操縱介系詞，提示中給出**方向性**的元素，我們立刻改變了生物力學上的感受。藉著「衝進」某樣東西，我指出的是運動員的努力是往單一方向的，這有可能支持朝地面產出更大的功率。反過來說，藉著「衝出」某樣東西，我指出的是運動員在接觸後需要迅速反轉，這可能支持較短的地面接觸時間，而且可能是對於**脫離**地面的反應有所改善的表現（也就是說接觸較輕）。

如同我們可以看到的，每個 **D** 在精心打造提示中建議的生物力學時都扮演了一個角色。然而是描述——動詞——給予提示力量，去把詞彙轉變成行動。因此，用正確的動詞，你就可以操縱距離跟方向來調節提示，符合動作的需求。我們隨心所欲操作這三個 **D** 的能力實在太重要，所以我們會探討一些最終原則，讓你總能建立起下一個最佳提示（3D提示模型見圖5.2）。

圖5.2／3D提示模型。

一、二或三 D

詞彙是用來傳遞意義的手段，分享觀念的載具。因此，只有在教練與運動員從填補他們之間那片空間的語言之中，找到共同意義的時候，清楚溝通才會見效。說到底，詞彙就是象徵符號，除了我們指定給它們的東西以外，別無固有意義，這就是為什麼我們必須對以下這個事實很敏感：人會基於自己的經驗百科全書來理解並詮釋意義。就像大多數事物一樣，語言是由環境所形塑，因此我們無法假定我們企圖傳達的意義，總是等於被接收到的意義。

雖然沒有人期待第一個提示總是正確的提示，我們有責任適應運動員的語言偏好，以及我們教導的動作周遭的脈絡。幸運的是，3D提示模型正是被設計出來支持這種彈性教練指導的。然而知道每個D背後的原則，並不表示你的運動員就會在你運用這個模型的時候，從中得到最多理解。因此，我們會展示有效應用這個模型的原則。

原則一：從三開始

如同我們已經討論過的，提示會以所有的形式大小出現；某些很短，某些很長，某些會砰地一響，某些會咚地一聲。到頭來，其實重點不在於實體上的提示。重點反而在於能從提示中抽取的意義；意義才是重點。儘管如此，我們必須從詞彙、從提示開始，並且拿運動員的反應當成回饋迴路，來雕塑我們的語言，直到它合用為止。因為這個理由，在第一次給運動員一個提示的時候，最好從全部的3D開始，減少誤譯的可能性。

以下的兩個例子以及解釋，我們會在討論應用3D提示模型的原則時加以利用。

「在動作到底的時候，把壺鈴**伸向**你背後的**牆壁**」

| 描述 | 方向 | 距離 |

解釋： 這個提示的目標是促進髖關節鉸鏈動作（hip hinge），而不是深蹲。如果一個運動員深蹲下去，壺鈴會指向下方，然而藉著要求運動員把壺鈴往後指向牆壁，我們增加了做出髖關節鉸鏈動作的可能性。

| 距離＋方向 | 描述二 |

「在你落地的時候，讓**地面 放慢**，讓**停頓 穩定**下來。」

| 描述一 | 描述三 |

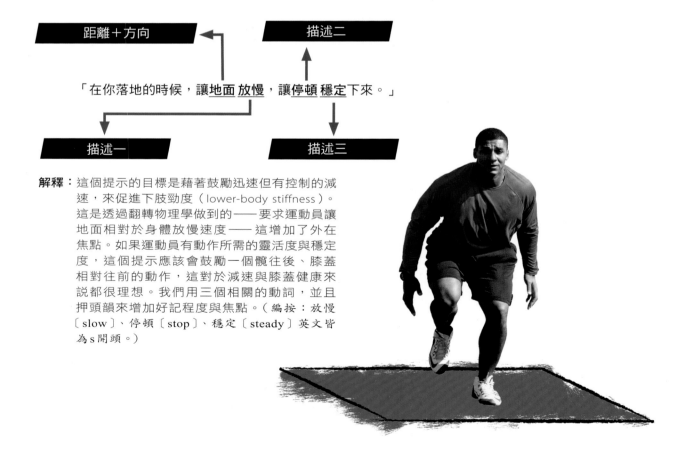

解釋： 這個提示的目標是藉著鼓勵迅速但有控制的減速，來促進下肢勁度（lower-body stiffness）。這是透過翻轉物理學做到的──要求運動員讓地面相對於身體放慢速度──這增加了外在焦點。如果運動員有動作所需的靈活度與穩定度，這個提示應該會鼓勵一個髖往後、膝蓋相對往前的動作，這對於減速與膝蓋健康來說都很理想。我們用三個相關的動詞，並且押頭韻來增加好記程度與焦點。（編按：放慢〔slow〕、停頓〔stop〕、穩定〔steady〕英文皆為 s 開頭。）

現在輪到你了。用這一章稍早出現的相同格式，想出兩個你自己的3D提示。指出一個動作跟一個目標動作錯誤或結果。用最後一行來創造出一個包含全部三個**D**的外在提示，像我先前那樣標示出每一個**D**，畫一條線把目標詞彙跟目標**D**連起來。

3D提示練習一

動作名稱：＿＿＿＿＿＿＿＿＿＿＿＿＿＿＿＿＿＿＿＿＿＿＿＿＿＿＿＿＿＿

動作錯誤或成果：＿＿＿＿＿＿＿＿＿＿＿＿＿＿＿＿＿＿＿＿＿＿＿＿＿

提示：＿＿＿＿＿＿＿＿＿＿＿＿＿＿＿＿＿＿＿＿＿＿＿＿＿＿＿＿＿＿

距離	方向	描述

3D提示練習二

動作名稱：＿＿＿＿＿＿＿＿＿＿＿＿＿＿＿＿＿＿＿＿＿＿＿＿＿＿＿＿＿＿

動作錯誤或成果：＿＿＿＿＿＿＿＿＿＿＿＿＿＿＿＿＿＿＿＿＿＿＿＿＿

提示：＿＿＿＿＿＿＿＿＿＿＿＿＿＿＿＿＿＿＿＿＿＿＿＿＿＿＿＿＿＿

距離	方向	描述

原則二：轉換這些 D

一旦我們確立了可以稱為基線提示（baseline cue）的東西，我們就可以開始為我們的語言調音，就跟你替吉他調音的方式一樣，一次調一根弦，或者在這個例子裡，一次一個詞彙。不過，首先有幾個重點是必要的。

重點一：除非你的提示產生反效果，觸發一個沒有生產力或者有傷害性的動作模式，就讓你的語言浸泡在你的運動員心中吧。雖然我對於如何做這件事沒有定下規則，我建議你讓運動員在試用一個動作提示的時候，至少嘗試兩三組。你就是在這時候增強聆聽與觀察技巧，評估提示與動作之間的結合狀況。當你得到這個非口語的證據，還有你的運動員提供的任何口語回饋，對於接著要邀請這個提示二度約會還是果斷放棄，你應該就有你需要知道的所有資訊了。

重點二：通常在兩種環境下，你會轉換你的語言：

一、你有早期證據指出，你的提示並沒有打中靶心，而你（a）決定聚焦在同一個動作錯誤

上，但使用新的提示，或者（b）領悟到你在提示的錯誤不對，並且召喚出一個新的基線提示。在b狀況裡，你回到原則一，而在a狀況裡，你開始轉換這些**D**。

二、你一直使用某個提示，效果很好；然而你注意到效力正在衰退，我們可能會稱之為提示疲勞（cue fatigue）。你仍舊想專注於模式的一個特定部分，但希望想出一個新鮮的提示，維持想得到的焦點。在這個環境下，你也會開始轉換這些**D**。

我說轉換這些**D**的時候是什麼意思？很簡單。你會引進一個新行動詞彙、改變提示的方向性、操縱焦點距離，或者利用前述三者的任何組合，藉此更新你的提示。請注意這裡沒有任何規則。你可以轉換其中一個**D**，或者改變所有三個**D**。你可能也會想到一個全新的提示；然而，原則仍然成立，因為你還是轉換了這些**D**。

這裡有個思考此事的聰明方式。想像一個號碼鎖頭，一個上面有三個數字轉盤的鎖頭。現在，想像每個轉盤都代表我們的其中一個D。在你的基線提示中，你是針對距離、方向跟描述的正確組合，做出有根據的猜測。如果你把3**D**弄正確了，你就會看到模式解鎖，一個新的動作浮現；然而如果弄錯了（對那位運動員來說的）3**D**，這模式不會自動釋放出來。因此，就像你對付任何一副鎖的方式，你會去嘗試新的3**D**組合，直到正確的模式被釋出（見圖5.3）。

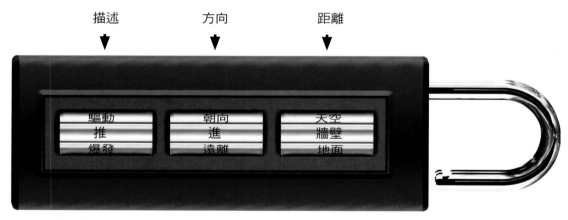

圖5.3／3D 提示模型應用的鎖頭類比。

讓我們看看同樣這些提示在實際應用上的模樣。

基線提示

「在動作到底的時候，把壺鈴**伸 向**你背後的**牆壁**」

提示選擇一

「在動作到底時，把壺鈴**推進去**你背後的**牆壁**」

提示選擇二

「在動作到底時，讓壺鈴底部**延伸遠離**你的上衣領口」

吸收	地板
下墜	減速
煞車	地面

基線提示

「在你落地的時候，讓**地面 放慢**，讓**停頓 穩定**下來。」

提示選擇一

「在你落地的時候，讓**下墜 減速**」

提示選擇二

「在你落地的時候，**吸收 地板**」

　　現在又輪到你了。用你在前一節裡的兩個基線提示，看看你是否能藉著轉換這些 D 多想出兩種選擇。不過這裡有條規矩：只寫下你實際會用的提示。

3D 提示練習一

動作一｜基線提示：＿＿＿＿＿＿＿＿＿＿＿＿＿＿＿＿＿＿＿＿

動作一｜提示選擇一：＿＿＿＿＿＿＿＿＿＿＿＿＿＿＿＿＿＿＿

動作一｜提示選擇二：＿＿＿＿＿＿＿＿＿＿＿＿＿＿＿＿＿＿＿

3D提示練習二
動作一｜基線提示：＿＿＿＿＿＿＿＿＿＿＿＿＿＿＿＿＿＿＿＿＿＿＿＿
動作一｜提示選擇一：＿＿＿＿＿＿＿＿＿＿＿＿＿＿＿＿＿＿＿＿＿＿
動作一｜提示選擇二：＿＿＿＿＿＿＿＿＿＿＿＿＿＿＿＿＿＿＿＿＿＿

原則三：縮短看看

如果你已經有效使用了前兩個原則，那麼我們可以假定，你已經為你嘗試提倡的模式確立了一個或更多個有效的提示。思考此事的另一種方式是，你已經確立了跟你的運動員共同分享的意義。透過詞彙，你在你的運動員腦中植入了一個動作觀念，而他們已經完全接受這個觀念了。在這個時間點，我們可以開始修剪提示或者加以鞏固，維持意義的同時減少對工作記憶的任何不必要負擔。值得注意的是，藉著縮短提示，我們可以提升動詞的地位，提高這個動作在運動員心中的優先順序。此外，我們可以探究多種語言學訣竅，像是押頭韻或尾韻，以增加心理上的黏著度（23）。這一切全都是為了創造出一個提示，可以傳達出簡短有力的提醒，尤其是在比賽進行中。

讓我們重溫我們的提示，看看是否能夠把語言縮短磨利。你會注意到我從壺鈴擺盪跟側向跳裡各拉出一個提示。

基線提示

「在動作到底時，把壺鈴**推進去**你背後的**牆壁**」

縮短的提示

延伸向
推向
伸向

窗戶
牆壁
鏡子

或者

延伸
推
伸

或者

窗戶
牆壁
鏡子

解釋： 縮短一個提示的第一步，是移除所有不必要的資訊——運動員知道他們正握著一顆壺鈴，牆壁在他們後面。無可避免的是，我們可以把提示直接剝光到剩下動詞（我的偏好）或者名詞，當成一種心理目標。請注意，你可以在他們動作的時候喊出動詞，以便指揮節奏。講到指揮節奏的時候，我的意思是你可以用指引動作時機的方式說出那個詞彙。

在「推」（push）這個提示的例子裡，我們可能延伸那個「u」的聲音，來指出他們應該做出關節鉸鏈動作、並且把壺鈴往後移向牆壁的時間長度——所以我們會說「puuuuuush」，用尖銳的「sh」聲來支持壺鈴往前的轉換。

押頭韻升級：「**推**（push），**快速攻擊**（punch）然後**停**（pause）」

解釋：這個提示擴展了意義，卻沒有擴張字數。**推**對應到我們原本的提示，**戳**指涉到壺鈴的前向加速，而**停**強調動作最高點的時刻，壺鈴在那裡應該看似要浮起來。這個策略對於兩階段的動作來說（也就是說，一個上升加下降、一個離心加向心、一個縮短加拉長），收效非常好，尤其是那些仰賴速度與節奏性的持續性動作。

押尾韻升級：「**輕敲**（tap）與**猛拉**（snap）」

解釋：我們再一次擴展提示的意義，因為**輕敲**現在指涉到**輕敲**一面牆，支持我們原始提示的意圖，而**猛拉**指涉到壺鈴的前向投射，還有上肢與下肢猛然合在一起，呈垂直姿勢完成擺盪到最高點的意義。

基線提示

「在你落地的時候，讓<u>地面</u><u>放慢</u>，讓<u>停頓</u><u>穩定</u>下來。」

縮短的提示

停	
穩住	地面或者
放慢	

吸收
減速
煞車

解釋：在我們縮短的提示裡，我們可以剝除「在你落地的時候」，因為運動員現在會很清楚這是動作裡要當成目標的部分。同樣地，我們不再需要這麼多詞彙來描述運動員應該如何落地。我們反而可以揀選最能捕捉運動員與地面互動的詞彙，或者更加簡單，就描述互動本身（已經知道運動員覺察到參照點是地面了）。

押頭韻升級：「**挺住**（stiffen）、**穩定**（steady）然後**停**（stop）」

解釋：我們看到押頭韻如何能夠用容易記憶的形式，包裝關於一個動作的句子。在這個例子裡，「挺住」是我們想要運動員落地時會有的一種感覺；「穩定」鼓勵一種經過控制的下降，「停」則藉著概述動作目標，把「為什麼」放到「做什麼」裡面。

押尾韻升級：「**停止下墜**（stop the drop）」

解釋：在此我們用押尾韻來加強容易記憶的程度，卻不至於失去意義。在這個例子裡，**停止**一詞指出動作相當突然地結束。提示的情緒與功率，也透過使用**下墜**這個詞彙而有了細膩的強化，**下墜**一詞是落下（fall）的表親，兩者指的都是未經控制地朝著地板降落。因此，**停止下墜**有強烈的急迫意義，如果一個人需要落地並且迅速地往另一方向移動，這就很重要。

　　現在輪到你了。用你在前一節的其中一個基線提示，看你是否能想出兩個新的縮短提示，在合理的地方利用押頭韻跟尾韻。還是有條規則：只寫下你實際會用的提示。

3D 提示練習一

動作一｜基線提示：＿＿＿＿＿＿＿＿＿＿＿＿＿＿＿＿＿＿＿＿＿＿＿

動作一｜提示選擇一：＿＿＿＿＿＿＿＿＿＿＿＿＿＿＿＿＿＿＿＿＿＿

動作一｜提示選擇二：＿＿＿＿＿＿＿＿＿＿＿＿＿＿＿＿＿＿＿＿＿＿

3D 提示練習二

動作一｜基線提示：＿＿＿＿＿＿＿＿＿＿＿＿＿＿＿＿＿＿＿＿＿＿＿

動作一｜提示選擇一：＿＿＿＿＿＿＿＿＿＿＿＿＿＿＿＿＿＿＿＿＿＿

動作一｜提示選擇二：＿＿＿＿＿＿＿＿＿＿＿＿＿＿＿＿＿＿＿＿＿＿

要是我們沒有從原本的 3D 提示開始，如同你可以看到的，我們縮短的提示提供不了多少價值。然而，一旦一層意義已經確立了，教練們就可以縮短並磨利語言，改善傳遞速度，同時減少儲存需求。值得注意的是，這不只是對指導個別運動員有價值；在教練們試圖辨識並發展比賽與場上喊話的共同語言時，這同樣的原則也可以服務團隊運動——短促銳利會留下印記。

這裡有個最後重點。一個有效提示的終極標記，是它對動作本身來說多快會變得無用。這意思是，提示越快感染心靈，並且把動作轉換成一種新常態，運動員就能更快拋下過多的口語包裝。從某方面來說，我們可以把提示想成動作的燃料，最好的提示會留下的認知污染有限，同時提供運動系統一個永續的資訊能量來源。到最後，我們希望我們的運動員透過支援他們學習之旅的語言，變成獨立的動作執行者，而不只是一個依賴者。

第二部分：提示小撇步

為了幫忙替這一節賦予一個框架，我想先暫停一下，處理幾個可能在你腦袋裡打轉的潛在問題。首先，你可能注意到了，雖然我在本書行文中用了不少類比，我卻還沒有把類比帶進來參與我們的提示範例。這有個簡單的解釋。我們需要先確立對於 3D 提示模型的理解，並且運用我所謂的真實世界提示（real-world cues，或者說，指涉到運動員周遭實體環境的提示），然後我們才能體會模擬提示（simulated cues，或者說，利用類比在動作與運動員的內心虛擬場景之間做出連結的那種提示）的力量。如同你將會注意到的，類比對運動學習來說是太重要的基礎了，以至於我把第六章完全獻給類比。

其次，在你開始用這本書裡的某些策略來設計你自己的提示時，我猜你會在某些動作或特定錯

誤上碰到幾個障礙，找到一些模式，但在這些模式中自覺別無選擇，只能部署一個內在提示。舉例來說，你會如何用一個外在提示，去提升做臀橋或壺鈴擺盪時的髖部延伸？同樣地，你會如何談到像是短跑中的足背屈（dorsiflexion）與髖關節屈曲（hip flexion），或者深蹲時的脊椎位置？多年來，怎麼指導這些動作對我都是挑戰。這些動作難倒我們的理由，是因為它們跟環境特徵沒有明顯的關聯，這讓我們動用了像是「髖部伸向天空」或者「讓你的脊椎保持修長」這樣的提示，純粹主義者可能會因為這些提示的內在本質而加以屏棄。無可否認的是，我到目前為止使用過的絕大多數提示，都會指涉到整個動作，並且把技術性資訊藏在提示的規畫之中；然而我承認，你仍然會想要可以處理部分動作的語言策略。別苦惱，因為接下來幾小節之所以設計出來，就是要給你關於細節的細節。所以說，效法快速約會的精神，我們會踏上一個直取重點之旅，一覽我最愛的提示小訣竅，這應該會提升你對動作的掌控力，哪怕是面對最精細微妙的動作。

轉化提示

　　如同我們在第四章討論過的，我們並不是必須完全屏棄所有內在語言。這樣會很荒謬。重點反而在於知道要在何時把內在語言放在學習敘事中的何處。在我自己的工作上，如果我用到內在語言，它就會落在教練指導迴路的「**描述**它」部分，如果在場外就是在影片分析時段的脈絡中。儘管幫內在語言找到了一個家，一個動作還是有些難搞的特徵——通常是孤立的關節動作——讓我們這些「外在提示者」很難確保進入運動員腦袋裡的最後一個想法，會保持在他們身體的邊緣之內。

　　為了闡明這一點，設法為下面的動作場景想出一個外在提示吧。你可以假定教練已經用內在語言（「**描述**它」）解釋過這個生物力學錯誤；然而，他們想要找出一個運動員可以用來指引動作執行的外在提示（「**提示**它」）。這裡還是適用同樣的規則：只寫下你實際會用的提示。

場景一

一位教練跟一位運動員共事，要改善他在垂直跳（雙腳落地）中的落地力學技巧。教練注意到這位運動員總是用腳趾落地，導致他失去平衡往前踏。教練希望想出一個外在提示，而不只是說「勾起你的腳踝」。

外在提示：＿＿＿＿＿＿＿＿＿＿＿＿＿＿＿＿＿＿＿＿＿＿＿＿＿＿＿＿＿＿＿＿＿＿＿

場景二

一位教練跟一位運動員共事，要改善他在加速短跑前10碼（9公尺）中的脊椎位置。教練避免說像是「胸部抬高」、「脊椎打直」或者「背部平坦」之類的話；然而教練現在的外在提示，「保持修長」還有「保持筆直」並不管用，因為運動員在短跑時還是屈曲得厲害。教練希望想出一個外在提示，但卻掙扎著想不出好點子。

外在提示：＿＿＿＿＿＿＿＿＿＿＿＿＿＿＿＿＿＿＿＿＿＿＿＿＿＿＿＿＿＿＿＿＿＿＿

如果你以前從沒有嘗試過，我可以同理你可能會碰到的任何掙扎。然而靠著迅速的觀點轉換，我們可以從感覺受限移動到無拘無束，而這一切就只需要某塊布料跟一點膠帶。

提示衣物

在我剛開始做教練的時候，我執迷於指導踝關節背屈（ankle dorsiflexion）。因為這種中性的踝關節姿勢，在力學上對吸收與產出力量來說很有利，你常常會聽見我在教導跳躍或者短跑腳步著地的著地力學技術時，大喊「腳趾朝上」或者「鎖定腳踝」。不過，在我讀過沃爾夫一九九八年的論文之後不久，我就開始重新評估這個作法，並且探索新的外在提示方法。

雖然指向「推地面」或者「炸穿槓鈴」的全身性外在提示很合乎直覺，個別關節校正就沒那麼直覺了。在嘗試解決這個問題的時候，我持續回到相同的問題上：你如何在不提關節的狀況下提示關節活動？我免不了反省了沃爾夫在她早前的平衡研究中使用的提示，「讓你的腳保持在相同高度」相較於「讓標記維持在相同高度」，然後確認了一個外在提示不是只能委婉其詞；它也可以相當靠近身體。

結果是，我的運動員名符其實地一直把我這個提示困境的解答「穿」在身上。在你不想提到關節的時候，衣服是指涉關節活動的完美替代品。在這個領悟進入我的提示陣容後不久，「腳趾朝上」就被「鞋帶朝上」取代，「鎖定腳踝」就變成了「鞋帶鎖定在襪子上」。隨著時尚繼續豐富我的語言，我很快就發現大多數髖關節動作都可以藉著指涉到「腰帶扣」、「腰帶」或「口袋」來促發；

「拉高 T 恤」

「讓妳的腰帶扣帶領妳」

髖關節延展轉化成「讓你的腰帶扣帶領你」或者「驕傲的口袋」；而髖關節屈曲，指涉到腰帶，就變成了「跟你的腰帶一起彎」或者「跟著你的腰帶扣彎下去」。同樣地，在講到脊椎中立姿勢時，我們可以升級我們的語言，說「拉起你的夾克」；「拉高 T 恤」；「繃緊你的上衣」；或者就只是「驕傲地站著」——不需要講到衣服。藉著運用日常穿著，我們可以簡化動作訊息，就留在身體邊緣之外，而且為最細微的動作講明一個清楚的外在目標。

雖然衣物在所有提示工具箱裡都是寶貴資產，卻不是我們可以用來推動運動系統細微變化的唯一提示工具。正好相反，你可能會發現要讓你的運動員脫離動作泥沼，使用幾條膠帶會是更好得多的策略。

提示膠帶

我第一次聽說利用膠帶來提示動作，我相信是在看過一支威爾・吳（Will Wu）博士貼的影片之後，他是加州州立大學長島校區的一位教授，對於提示與運動表現做過詳盡的研究。在這支影片裡，吳博士顯示出你能夠如何用貼在關節上的膠帶，幫助運動員簡化一個動作問題，同時維持一個外在焦點。我看到這支影片的那一秒，我心裡就充滿了種種想法、還有我以前認識的運動員會如何從這種策略中獲益。我很快著手工作，把這個新方法應用在我的運動員身上。

我曾經觀察到最深刻的動作改變之一，是用膠帶來釐清一個在短跑起跑期間發生的姿勢問題。我們距離 NFL 聯合測試會就只差幾個星期了，而這位運動員在衝出起跑線的時候仍然呈現屈曲姿勢，這悶住了他在踏出前兩步時本來有辦法使出的力量。我們試過我想到的每一個提示，而沒有任何一招能讓這位老兄擺脫他的駝背。就在這時候我抽出了兩條膠帶。

在這時候，這位運動員什麼都願意接受，所以我解釋了我們要嘗試一個稍有不同的方法，來打

直他的姿勢。我把一條膠帶橫貼在他的上背部，從一邊肩膀到另一邊肩膀，第二條膠帶則橫貼在他的下背部，就在他的腰帶上方（我用會用來纏或包腳踝的同一種運動貼布）。接著我對運動員說了兩件事：（a）「讓我看看你會怎麼讓這兩條膠帶彼此靠得更近」，對此他的反應是延伸他的背部，變得高一點。（b）「讓我看看你會怎麼讓這兩條膠帶彼此遠離」，對此他的反應是屈曲他的背部。看到這位運動員所做的事情正如我預期，我設定好了我們下次短跑的提示：「好，在我們下次短跑起跑時，在你炸出起跑線的時候，我要你聚焦在把這兩條膠帶猛撞在一起。」這個運動員露出狡獪的笑容，這暗示他知道我打算幹嘛，而他進入了他的三點起跑站姿。我注視著，同時交叉我的手指祈求好運，希望這招會奏效。在他開始動作之後不久，判決就來了。不但他脫離站姿的速度比較快（至少照我的評估是這樣）；他這麼做的時候，是轉換成我們追逐了好幾週還難以捉摸的脊椎中立姿勢。在他走回來的時候，他臉上那種咧嘴笑臉告訴我，他感覺到我看見的東西了──燈泡亮起來了。

　　雖然早在任何研究冒出來以前許久，我就已經成功運用了這個方法，在詹姆斯・貝克（James Becker）與威爾・吳（43）發表了一個前導性的研究支持這個策略的效力時，我非常高興。研究人員跟四位先前被確認需要改善住跑姿勢的菁英跳高選手合作，讓這些運動員用他們正常的聚焦策略做一次基線跳高，然後是一連串加入干預措施的跳高，用的是一種新穎的提示策略（所有跳高都是在運動員訓練時慣用的標準槓高度進行的）。具體來說，研究人員把一條運動貼布貼在每位運動員的上衣上，就在他們的肚臍前方，然後提示這些運動員在進入助跑彎道的時候「由貼布帶領」。在用這個提示進行兩次練習試跳以後，運動員們做了第三次練習，把這當成後測。運用一組生物力學評估後，結果顯示提示貼布促進了筆直的姿勢、增加了進入倒數第二步時的水平速度，也增加了最後離地時的垂直速度。整體而言，這個證據呼應了我自己使用貼布的經驗，也建立了進行更多研究的扎實基礎（例如參見阿布鐸拉伊波爾等人〔Abdollahipour et al.〕（1），裡面有一個研究用一個貼布標記來改善體操的空中動作，還有德・喬奇歐等人〔De Giorgio et al.〕（12），裡面有個新穎研究，用有顏色的木樁來提倡改善的足球技巧）。

　　雖然我們在最後三章裡會再度提及膠帶使用，對於提示膠帶的有效應用，我想要留給你一個非常簡單的策略。就我的經驗，對於任何一個提示場景，你需要用的膠帶絕對不超過一兩片。典型狀況下，在你想要把某個關節或體節跟一項環境特徵對齊的時候，你會用到一段膠帶，而在你想要鼓勵身體兩個關節之間的某個特定技術傾向時，你會用到兩段膠帶。因此，如果我想要在短跑時有較佳的髖關節屈曲跟擺膝（knee drive），我可以把一段膠帶貼在運動員膝蓋上，然後叫他們「把膠帶推向終點」。同樣地，回到我們的足背屈例子，我可以輕鬆地把一段膠帶貼在運動員的鞋帶上，然後叫他們「讓膠帶朝向雲端」。相對來說，如果我想要身體內部的對齊，例如在髖關節鉸鏈動作中保持脊椎中立，我可以把一段膠帶貼在他們的上背部與下背部，然後就要運動員們在動作中「保持膠帶對齊」或者「保持膠帶靠近」。我們可以像這樣繼續講下去，不過但願這些例子已經把這個概

念闡明得夠清楚，讓你可以應用在你自己的動作場景裡了。

第三部分：澄清內在提示

這些年來，關於內在焦點可能具備的益處，我已經有過機會考慮許多很有挑戰性的問題。我來自一個從運動機能學與解剖學中借用語言的領域，當別人從證據中找漏洞，希望找到一個內在焦點勝過外在焦點的例子時，我從不覺得訝異。然而至今我還未找到一則論證或一篇文章，提供有說服力的證據反對本書的論旨。

真相是，其實不需要參與內在對抗外在的辯論，因為兩種語言範疇在我們的教練指導迴路裡都有個角色要扮演。如同羅伯‧葛雷常常在播客「感知與行動」（Perception & Action）裡說的，內在語言很適合用來**描述**動作（**做什麼**），外在語言則很適合用來**指導**動作（**如何做**）。基於這個理由，我對於在教練指導迴路中的「**描述**它」部分使用內在語言，主張的是「有需要就用」政策，而讓外在語言徹底占據「**提示**它」的位置。話雖這麼說，如果我是你，我還是會想要讓自己對那些支持「容許內在提示在整個動作裡引導心智」的最強大的論證有所熟悉。因此，接下來的小節會列出我收到過三個最有趣的問題。

心智─肌肉連結

▶ **問題一**

既然有研究顯示內在提示增加肌肉活化的程度高於外在提示，應該用內在提示來提升肌肉成長（肌肥大）嗎？

我愛這個問題，因為這個問題把我帶回我的教練生涯根源，我對於提示最早的許多觀念，是來自跟健美運動員共事，而且我看到他們對於我現在領悟是內在提示的東西反應有多好。然而要回答這個問題，我們需要理解肌肉成長有兩條主要路徑：張力調節路徑（tension-mediated pathway）與新陳代謝調節路徑（metabolic-mediated pathway）（28）。張力調節路徑要獲益，是透過舉起沉重質量，或者讓那個質量加速得更快而產生更大張力的能力，而新陳代謝調節路徑要獲益，是要透過健美界常見的高分量、高疲勞度的舉重程序，讓相關的肌肉活化增加。

我們清楚討論過的證據顯示，外在焦點導致運動功率增加（15、18）、運動速度增加（27）、運動耐力增加（4、17），還有運動力學改善（13、14、25），在此同時，內在焦點已被證明比外在焦點更能夠增加肌肉活化的程度（6、7）。後面這個發現已經導致幾位作者引用心智─肌肉連結的觀念，鼓吹在肌力訓練時使用內在焦點指示，目標是增加淨肌肉量時尤其如此（5、24）。

　　雖然沒有證據指出內在焦點支持肌力、爆發力或速度的最高表現，卻有一個研究指出內在焦點對於上肢肌肉肥大可能有的益處。布萊德・蕭恩菲爾德（Brad Schoenfeld）博士與同事們（40）讓三十位未受訓練的男性參與肌力訓練研究（一星期訓練三節，每回練習裡有四組重複八至十二次的重複動作），研究中執行一次站立二頭彎舉與坐姿腿部推舉，使用內在焦點（「擠壓肌肉」）或者外在焦點（「把重量舉起」）。因此，兩組之間唯一的差異是持續使用內在或外在提示。在八週之後，結果顯示內在焦點組的上肢肌肉肥大程度確實有較大的進步，然而在下肢卻沒有出現這樣的差異；肌力進步上則沒有差異，然而絕對分數顯示外在焦點組的下肢進步較多，上肢肌力進步的狀況則相反。

　　所以我們要怎麼在這個發現，跟我們至今討論過的一切之間取得平衡？很簡單。讓證據加上你的運動目標來引導你的策略。如果你的運動員在進行一個單一關節運動，而你想要大幅增加局部肌肉活化，那麼你可以論證說使用內在焦點是可以接受的，甚至可能值得建議，尤其是對上肢而言。然而你轉向多關節運動，而肌力、爆發力、速度或動作效率變成你的目標時，證據清楚顯示你應該信任外在焦點。

專家建議

▶ 問題二

隨著一個人的經驗增加，提供內在提示不是很必要嗎，尤其是在希望做到細微技術改善的時候？

　　這是個很棘手的問題；然而我相信證據可以幫助我們接近答案。首先，研究一致地顯示，比起經驗較少或無經驗者（也就是新手），有豐富經驗的運動員，對於內在與外在提示之間的差異比較不敏感。實際上這就表示，如果有位專家在執行他的技巧時，用的要不是他的正常焦點（內在焦點）就是外在焦點，有越來越多證據顯示在某些或全部這樣的狀況裡，根本沒有出現差異（例如11、29）。舉例來說，我自己的研究（45）顯示，很有經驗的短跑者被要求短跑10公尺（11碼）的時候，對於沒有指導（「盡你所能表現」）、內在焦點（「聚焦在盡你所能爆炸性地把腿往後推」）與外在焦點（「聚焦在盡你所能爆炸性地把地面往後推」）的反應都類似。沃爾夫（29）從一組在測力平台上進行基本平衡任務的太陽馬戲團空中飛人身上，也得到類似的反應。

　　所以我們要如何解釋這些零差異發現？身為專家有什麼特質，會讓一個人對內在提示的效果免疫嗎？或者專家有可能甚至能夠從內在聚焦中獲益？唔，不，不盡然，因為我們已經涵蓋了好幾個研究，顯示內在提示對專家來說，可以就像對新手一樣有害（例如16、30）。所以現在怎麼辦？唔，我相信有兩種方式來檢視沃爾夫跟我自己的研究團隊觀察到的零差異發現。首先，任何時候你跟專家共同工作，尤其是在一個測試時段的簡短期間，你都必須承認有高度可能性觀察到一個**天花**

板效應，換言之，就是一個人的表現已經太高了，以至於任何由提示促發的改變，實質上都無法在一個時段裡被偵測到。考量菁英短跑決賽中觀察到的微小差距，透過這個透鏡來解釋我的發現，不至於不合理。

第二個解釋，我在〈經驗程度影響注意力焦點對於短跑表現的影響〉（Experience Level Influences the Effect of Attentional Focus on Sprint Performance）裡概述過的，是這個觀念的抽象化，其中預設不論提示是內在還是外在，有豐富經驗的運動員比較能夠褪去提示的口語殘骸，抽出它的核心意義。因此，與其對確切的詞語扮演僕人的角色，運動員能主動詮釋出較寬廣的意義，轉化內在或外在語言，變成他們常態下進行那項動作時使用的共同心理貨幣，所以，各項研究（包括我自己的在內）檢視這種現象時，發現控制條件下導致的結果跟提示條件下相同，理由就在這裡。實際地說，在我們提示我們的短跑選手「推動你的腿」或者「推動地面」的時候，他們可能從兩種提示裡直覺感受到相同的意義；在本質上，他們掌握了精髓（10）。在此，這不該被看成是請大家用內在提示淹沒專業運動員，因為沒有證據指出他們對內在提示反應比較好。我反而是這樣想的：專家運動員的動作如此根深柢固，以至於他們比較不容易受到通常跟內在焦點有關的表現退步影響。相對來說，新手對於提示的字面解讀仰賴更深得多，因此比較不可能重新詮釋意義，這讓他們在同等程度上獲得外在焦點帶來的收穫，也承受內在焦點帶來損失。

如果你對於細微的技術性改善還是感到納悶，我會提醒你，我們還是可以在一個影片分析時段，或者在教練指導迴路的「**描述**它」與「**匯報**它」區段裡概述這些變化，利用我們先前提過，以衣物與膠帶為基礎的策略，來捕捉「**提示**它」部分的技術性細微之處。此外，在談到你可以包裝到客製化提示中的細微程度時，我相信你會發現我們在第六章對類比的討論相當有啟發性。

身體覺察

▶ **問題三**

我們不需要身體覺察來發展與改良動作模式嗎？如果需要，這不是一種內在焦點嗎，因為我是在聚焦於我的身體感覺如何啊？

屢試不爽，每次我在做關於提示的簡報時，就會有人舉起手問我對身體覺察的意見，隱藏意涵暗示他們認為我對內在提示的立場，會讓我反對提倡自我覺察的心理狀態。正好相反，我認為身體覺察對於一個運動員的整體運動健康來說是至高無上的，而且身體覺察應該被包括在任何整體性的學習環境裡。而我可以主張這個觀點，因為身體覺察跟內在提示不是一樣的東西，儘管第一印象可能會如此暗示。

在我們給出內在或外在提示的時候，我們是在要求運動系統做某件事。相對來說，在我們要

求運動員覺察的時候，我們是在要求他們觀察運動系統做過了什麼。因此，覺察需要某件事情已經發生過，否則你要怎麼覺察它？有時候在工作坊裡，我會解釋內在提示是以命令為基礎的提示（由上而下：往外投射一個感官目標到運動系統），我們先前已經討論過；與之相對的是以注意為基礎、屬於種種覺察的那類提示（由下而上：把剛體驗過的感官事件列成清單）。在實用上，我是透過確立共享語彙的過程來建立身體覺察的大粉絲。這牽涉到跟運動員合作，以便產出一連串以注意為基礎（notice-based）的提示，描述一個動作整體感覺起來如何。（麥佛森，柯林斯與摩里斯〔McPherson, Collins and Morris〕（46）把這些提示指涉為整體性的〔holistic〕，或以節奏為基礎〔rhythm based〕；也請見（2）。）共同特徵是，它們通常是單音節詞彙，指涉到整個動作的時空特徵。舉例來說，下面是一張以注意為基礎的提示清單，我用來幫助運動員描述他們在一次短跑中的感受。

輕盈	沉重	中立	旋轉
快	慢	拉長	壓縮
放鬆	僵硬	高或長	短
鬆弛	緊繃	大	小
平衡	不平衡		

　　在我初次應用這個方法的時候，我會在教練指導迴路的「**匯報**它」部分裡問出目標問題：「你的著地感覺輕盈或沉重？」「你的髖部感覺鬆弛或緊繃？」「你的軀幹感覺短或長？」等等。我發現這個方法比光是問運動員「你有什麼感覺？」來得可取，後面這種問法通常只會得到一句勉強聽得見的「還好」。隨著時間過去，運動員會學會這套語彙，可能包括他們自己的描述性語言，這容許在每一次重複性練習後的豐富討論。

　　值得注意的是，隨著運動員的經驗程度增加，我們可以開始使用以感覺或情緒為基礎的語言，使用方式就跟我們會對到目前為止討論過的外在提示相同。舉例來說，我可能會提示一位運動員下一次重複性練習時要感覺長、輕盈或鬆弛。在這時候，這樣做並沒有提供要達到這種感官狀態所需的任何直接資訊，而且因此不該跟內在焦點混為一談；相較之下，這是要定義一個感官知覺上的終點，你在動作期間或動作結束時想要達到的狀態或感受。因此，就像重力提供了我們操控腳踏車效果多好的反饋，這些以感覺或情緒為基礎的詞彙（包括我們的行動動詞），可以對一個人如何組織自己的行動提供第一時間的回饋，容許運動員自我糾正並探索，直到感覺與動作合而為一為止。

總結

提示是我們用來探索心靈地景，希望會抵達想去的動作目的地的載具。然而，在我們能夠選擇恰當的載具之前，我們首先必須指認出我們想要的動作目的狀態。要做到這點，我們替要訓練的身體特質、還有要指導的動作模式排出優先順序的能力，必須要精確，而且要持續演化。藉著部署3P，並且利用「位置先於模式原則」，我們增加指認出正確動作目的地的機率。

心中想好了我們的目的地，我們就有了為這趟旅程揀選最佳提示所需的資訊。然而就像任何旅程一樣，一路上會有種種未知之事，我們需要做好適應的準備。因此，如果一個提示沒有用或者效力用盡，我們就需要有正確的工具，把我們的提示拉回正軌。我以3D提示模型的形式，分享了這樣的一個工具包，在此距離、方向與描述負起基因材料的功能，把區區詞彙轉變成運動行為。心中有3D之後，我們討論三個有效應用這種模型的原則：**從三開始，轉換D**，還有**縮短看看**。這三項原則運作起來就像使用者手冊，確保你的運動員從你對3D提示模型的應用裡得到最多收穫。

最後，我們開發我們內在的馬蓋先，討論我們如何利用衣物跟膠帶來捕捉運動系統內部提供的婉轉細微之處。就像有把瑞士小刀的貝爾・吉羅斯（Bear Grylls），你將能夠用布料跟幾條膠帶，做出最清楚的提示，來推動最有挑戰性的動作。然而，借用哲學家阿佛瑞・柯日布斯基（Alfred Korzybski）的話來說，我們知道「地圖並不等於疆域」，有很多未知的事物等待被認識。儘管如此，我們可以用今天的知識來提升我們的教練作法中好的地方，同時根除壞的地方，把我們的成功可能性從機率變成選擇。

為了支持最後這個論點，我們會大膽挺進我們旅程中的最後一站，並且享受對於類比之用、還有我們人類藉著舊事物理解新事物的能力所做的討論。我們會大膽進入想像力的世界，並且在我們利用引起共鳴的經驗來觸發卓越的運動表現時，探究什麼做法是有可能的。

做類比

我們到現在為止考量過的語言，從各方面來說，本質上都是照字面意義解釋的。我這麼說的意思是，我分享並且鼓勵你去創造的外在提示，強調的是運動員環境中實際有的特徵：「移動這裡的槓」、「踢那邊的球」、「朝天花板推」或者「衝出起跑線」。而就算像是「把地面推開」還有「穿過槓爆出去」這樣的提示需要某種心理抽象化（既然一個人不可能名符其實地把地面推走、或者實際上穿過槓爆出去），但語言本身還是用字面意義裝扮出來的。

然而，你我都知道字面意義並不總是能達成目的。在你首次教導一位運動員，尤其是年輕運動員一個動作的時候，這一點尤其為真。不變的是，你發現自己在說類似「動得像是……」「這有點像是……」或者「你有沒有看過……」之類的話，嘗試幫助你的運動員靠自己的過去來理解現在。這就是為什麼一位教練可能把「要剛硬」換成「硬得像塊板子」，「變得修長」換成「像勒布朗（LeBron James）那樣修長」，或者「從地面蹦起」換成「像彈跳棒那樣蹦起來」，因為每個詞彙轉換，都藉著運動員已經知道的某人或者某事——一塊板子、勒布朗、一根彈跳棒——來解釋動作特徵——剛硬、變得修長，或者蹦起。而且，雖然這可能感覺像是我們回歸某種陳腔濫調，讓我們的教授失望了，但我們全都太過熟悉一個好類比會換得的表情，如果那種表情會說話，說的會是「喔我懂了」，或者「現在我懂你的意思了」。

所以這種非字面語言在解鎖動作複雜性的時候，為什麼能這麼有幫助？運動員如何能夠光靠假裝他們是噴射機，就能改善加速期間起跳的狀況；或者同樣地，在硬舉過程中想像自己提著兩袋沉重的雜貨又企圖同時關上車門，就能做好髖關節鉸鏈動作？這個問題的答案，深植於心靈用舊事物來理解新事物、或者用已知事物來理解新奇事物的內在能力上，也就是說，心靈做類比的能力。

類比跟它的朋友隱喻、明喻以及成語，都是以某種共享的性質或關係為基礎來比較兩樣事物。而雖然這一章會聚焦在口語類比上，你可以確定，心靈實質上在每個需要意義的時刻都會用到類比。否則你要如何知道把手是要用拉的，門把是要用轉的，按鈕是用壓的，樓梯是用來走的，椅子是用來坐的？當然，會有一刻，是你初次接觸這些世俗物件，這時你必須決定怎麼做。不變的是，

因為機率或者選擇，透過媽媽或爸爸，你學過如何使用這些日常物件，而我會猜你看到圓形門把的時候不會再用拉的，或者在看到把手的時候用轉的。你的心靈反而會回想一連串圓形門把與把手的歷史，然後透過類比的方式說「這個有點像那個」，然後繼續行動，彷彿「這個」事實上就是「那個」。

如同你會看到的，一個類比是某種幫助我們製造意義的心理分子。就像粒線體替我們的細胞提供動力，類比以相同方式為我們的心靈提供動力，容許我們利用聯想與比較，同時擴充並且改善我們對世界、還有如何在其中移動的知識。然而在我們一頭栽進去，討論如何設計以動作為中心的類比以前，先探討心靈如何開始仰賴這些機智的意義製造者，是很有教育意義的。在這麼做的時候，你會開始理解到詞彙如何變得跟它們所激發的思想、影像與情緒密不可分，還有同樣地，單一詞句如何能夠為某些人澄清了事情，卻完全搞混了其他人。

然而在我們繼續之前，有必要做個免責聲明。為了理解我們的心靈如何開始仰賴類比來製造意義，我自作主張決定了我們這趟旅行的深度。所以，我鼓勵那些想要保持在淺水區，直接進展到實際層面的人在這一章裡往前跳到〈第一部分：心靈地圖〉去。

無中生有

生於瑞士的皮亞傑（Jean Piaget）從各方面來說，都是他那一代最有影響力的發展心理學家。身為有大量著作的作者，皮亞傑最廣為人知的是他的認知發展理論，直到今日都還在影響心理學家如何思考我們從無語的地面居民，到直立的說故事家之間的轉換。我們關切的是皮亞傑論語言起源、還有我們的說話潛能實現過程的作品。

皮亞傑跟英海德（Inhelder）在他們的著作《兒童心理學》（*The Psychology of the Child*）中，充滿洞察力地提出「如果說兒童時期為成人時期提供了部分的解釋，我們也可以說他的每個發展時期，也為隨後的時期提供了部分解釋」（20）。所以，如果我們想要探看語言的罩子底下有什麼，我們首先必須理解我們用來建立它的發展工具。

不像許多動物界的哺乳動物，我們進入這個世界時很無助，完全仰賴我們的父母。當你考慮到一隻長頸鹿寶寶在出生後一小時就會走路了，我們這種動物缺乏有意義的方式可以溝通或者逃避潛在獵食者，能生存得這麼好是很驚人的。然而還有一線希望：我們延遲語言與動作發展而放棄的東西，我們會以地球上最強大學習工具組的形式討回來。

首先，雖然我們出生時沒有語言，我們卻靠幾種很有幫助的反射動作傳達。值得注意的是，這些反射包括吸吮反射——嬰兒在他們的上顎被碰觸時會反射性地吸吮；還有抓握反射——嬰兒反射性地抓取任何擦過他們手掌的東西。這些還有另外一些的反射，提供嬰兒一組「歡迎來到這個世界」的起始工具包，並且有幼苗的作用，複雜的動作跟語言能夠從中浮現。

跟這些反射動作一起運作的，是一片寬廣的感官工具網絡：視覺、嗅覺、聽覺、味覺與觸覺，

這裡只點名幾個。這些感覺提供嬰兒一個接觸現實的前排座位，幫助他們建構他們很快就會在其中領銜主演的世界，一次處理一個經驗。然而在這個早期發展階段，嬰兒考慮一個經驗的能力有限，這也就是說，除非他們置身於其中，他們才能思考它。就算如此，嬰兒也無法長時間保持專注，因為他們的注意力把尋求新事物的刻度調到最高了。這就是為什麼叫嬰兒不要哭只是白費力氣，在他們面前搖響一個新玩具卻相當有效。所以有趣的問題是，嬰兒如何從心智中什麼都沒有，變成有些東西了？

要回答這個問題，先問你自己這件事：要是沒有在世界之中的實質經驗基礎，你會開始認識一個世界並且與之互動，甚至是講到它跟想到它嗎？邏輯會向你指出，你不會的。因此，嬰兒出生後耗費自己的第一年與隨後的許多年，用來探究他們的環境，並且以環境為基礎，建立由環境而來的感覺運動表徵（sensory-motor representations）。換句話說，就像唱片跟錄音帶是藝術家錄音內容的類比版本，我們的感官運動系統建立了我們的生活經驗類比版本，提供嬰兒們支撐語言所需的心理表徵（mental representation），或者說是記憶。為了活絡這個觀念，請看下面的觀察，這份觀察畫出了一條路線，從嬰兒第一次看到一根香蕉，到他們第一次能夠說出**香蕉**這個詞彙。

▶ 觀察一

經歷一連串獨特的時刻，嬰兒會更知道香蕉是黃色的（視覺），有光滑的表皮與有某種質地的核心（觸覺）。它們有種微微的甜香（嗅覺）與味道（味覺），而在你咬它們的時候，它們不會發出噪音（聽覺）。這些經驗混合起來，透過嬰兒的感覺語言第一次定義了香蕉。

▶ 觀察二

隨著時間過去，嬰兒會開始透過他們對香蕉的感官經驗來理解香蕉。因此，嬰兒可能會看到一根香蕉就開始哭著要它，因為看到這種水果重新播放了他們腦袋裡的感官知覺錄音，警示他們重新經歷這個感官經驗的欲望。

▶ 觀察三

一旦香蕉的概念在嬰兒心中適當地被表徵出來，就算眼前沒有香蕉，他們還是可以為了要這種水果而哭泣，因為現在香蕉的觀念在他們經驗之外也是活生生的。兩歲到三歲之間的轉移過程被稱為「恐怖的兩歲」，理由之一就在於此；學步幼兒對他們想要的事物發展出概念的速度，比他們能夠口語表達這個欲望的速度還快。

▶ 觀察四

免不了的是，嬰兒領悟到他們可以藉著指向香蕉、或者帶著香蕉去找他們的父母來溝通，這對所

有相關人士來說都是好得多的解決方案。往前快轉，從哭泣中滋生出來的比手畫腳現在成熟到變成口說語彙香蕉，或者更有可能的是，起初只能講「香香」或「蕉蕉」。

　　這個例子強調了關於發展的幾項關鍵特徵。首先，在生命的最初幾年，行動是思考的替代品，因為完全是透過我們的行動，我們才能對世界做採樣，建立我們要講到世界、在其中與之互動免不了需要的心理表徵。一旦這些行動在心靈的唱片收藏裡填滿足夠的感官資訊，我們就可以按下回放鍵，開始把我們自己的觀念跟概念，透過思考混搭在一起。在這個時間點，我們的外在世界已經開始整合到我們的內在世界裡，產生了讓語言浮現必須要有的鷹架。

　　為了總結還有填補幾個裂隙，我們帶著會激發動作的反射能力進入這個世界。準備好我們的感官，反射行為啟動我們對世界與其中提供的感官訊息所做的探索。隨著每個經驗，感官訊息被類推到我們的神經裡，創造出這個世界的心理表徵，容許我們預測未來的狀態（例如說，在你看到一顆蘋果與一根香蕉的時候，你的心智迅速地計算吃每種水果附帶而來的感官經驗，而你免不了會選擇你偏愛的那種水果）。到頭來，我們把我們的反射行為拿去交換自主行動，加速我們把新感官經驗裝瓶關好的能力。我們無可避免地學到我們可以模仿他人，或者玩假裝遊戲，嘗試當媽媽、爸爸、醫生或小狗像是什麼樣。這種兒戲不只是兒戲，就像每個象徵性的行動都是一種嘗試，試著進一步把生命經驗類推到一個經過思索的思維裡。隨著時間過去，我們的語言浮現，而且被附加到這些儲存起來的經驗裡，讓兩者變得難以區別。到頭來，我們可以說經驗是類比到我們對它的感覺上，感覺是類比到我們對它的思維上，而思維是類比到我們對它的語言上。這一點的重要性，意味著這一路下來都是類比，而語言就跟它代表的感官經驗一樣有意義。

經驗的後代

　　如果語言是連結到它反映的經驗，並且由這些經驗來界定，那麼我們就會期待在腦中看到這一點的證據。一個合理的假設可能是，如果行動先於語言（確實如此），而語言是從跟這些行動相關的感知所建立的（確實如此），那麼負責行動與感知的腦區，就會跟那些負責理解語言的腦區重疊。然而這個假設若要為真，我們會想要看到證據指出，在我們聽到像是「衝出起跑架，就好像你背後就有隻毒蛇似的」這樣的類比時，你的大腦視覺與運動區就會爆發行動，就好像這個虛構故事的確是事實。

　　在他機智又可親的書《更勝言語》（*Louder Than Words*）裡，班傑明・勃根（Benjamin Bergen）帶著我們踏上一趟史詩之旅，穿過理解的運河，並在這麼做的同時提供了能服人的證據，指出我們的心靈是透過「去模擬要是經驗到語言描述的那些事物，會像是什麼樣」來製造意義（3）。而且，在勃根運用「模擬」這個詞彙，或者更具體地說，是**體現模擬**（embodied simulation）時，他並不是以隱喻性的意義在使用；他指的就是字面上的意思，當「我們聆聽或者閱讀句子時，我們……透

過運用我們的運動與感知系統，模擬看到那些場景，並且執行被描述到的行動」（3）。

這對你來說應該聽起來有幾分熟悉，因為我們已經顯示行動詞彙，或者動詞，是由負責實行這些行動的相同腦部中樞來處理的。因此，在我們聽到**揮拳**這個詞彙，和我們身體上真正揮拳的時候，我們的大腦仰賴同樣的運動區域同時理解並執行這個行動。然而你可能會自問的問題是，這一切到底有哪一點跟類比、還有幫人動得更好有關係？

為了回答這個問題，首先讓我要求你試想下列簡短的思想實驗。

一個沖天炮跟垂直跳有什麼共通點？

_____

_____

一張桌子跟伏地挺身有什麼共通點？

_____

_____

一根錘子跟短跑有什麼共通點？

_____

_____

歡迎回來。你發現很難把物體跟動作相比，還是能夠找到共通性？有可能你一開始思考，就會發現「去蕪存菁」，或者說把相同與相異者分開，是相當自然的。舉例來說，在比較垂直跳跟沖天炮的時候，你是否有任何觀察包含這個事實：兩種概念都牽涉到以很快的速率往上移動？同樣地，在比較桌子跟伏地挺身的時候，你有注意到兩者都牽涉到一個平面嗎？最後，在考量一根錘子跟短跑的關係時，你的心思有把一個虛擬跑者的手臂或腿，轉換成一個通常用來敲東西的金屬頭物體嗎？雖然你很可能用不同的詞彙來描述這些相同之處，我會很有信心地說，我們的詮釋不會「差之毫釐，失之千里」。

我是會讀心術嗎？不，正好相反。我們剛才體驗到的是大腦在尋找模式，指出藏在看似獨特的表面下有平行類似之處的傾向性。而就是在這個交接點上，類比的功率開始自動顯露出來。具體地說，類比靠著心靈無限的聯想能力滋養，藉著邀請我們把熟悉物體上的特徵對應到我們不熟悉的物體上，來讓學習增殖。舉例來說，基於這個理由，兒童學習「一加一」不是透過記憶一頁紙上沒有意義的扭曲線條，反而是接著先學習 🍎＋🍎，甚至可能是 ⛄＋⛄。在這種例子裡，兩顆蘋果或者兩個雪人的用途是「二」這個概念的類比。最後，一個孩子學到二跟它的同伴不只是代表我們看得

見的東西，也代表我們看不到的東西，像是時間、速度、空間與力。這指出了類比不只能幫助我們藉著舊事物理解新事物，它們同樣善於幫助我們藉著具體事物來理解抽象事物。

後面這個觀察有下列事實支持：在學習語言的時候，兒童會先掌握像是椅子、球、樓梯跟床這類具體動詞，然後才掌握相較之下抽象得多的相關動詞，像是坐、丟、爬跟躺（9）。仔細想想，這個觀察並不令人訝異，因為你可以想像，沒有先理解什麼是移動、還有它要移動到哪裡，要理解動作的意思會有多困難。這再度指出，具體物件提供了抽象物件的鷹架。

如果我們仔細檢視語言，我們會處處看到進一步的證據支持這個鷹架。否則你要如何為公職奔走／競選公職（run for office）、掌握（抓住）一個觀念（grasp an ideal），或者敲定／搞定一個面試（nail an interview）？同樣地，如果沒有心靈高超的類比能力，你無法丟毛巾認輸（throw in the towel）、順著拳頭方向移動身體／逆來順受（roll with the punches），或者靠鈴聲得救／僥倖得救（saved by the bell）。在《表面與精髓：作為思想燃料與火焰的類比》（*Surfaces and Essences: Analogy as the Fuel and Fire of Thinking*）之中，道格拉斯・霍夫史塔特（Douglas Hofstadter）跟伊曼紐爾・桑德（Emmanuel Sander）說了下面這段話：

> 如果一個人從不信任任何一個類比，這個人如何可能理解這世界上的任何事情？除了一個人的過去，這個人在面對一個新處境的時候，還能仰賴什麼來當成做決定的基礎？而當然了，所有的處境，從最大、最抽象到最小又最具體的處境，事實上都是新的，沒有任何一個念頭，不是深切而多重地錨定在過去之中（12）。

我們相當常用類比（或者確切地說是隱喻），每講二十五個詞彙就會講到一個（5、11）、或者大約每分鐘六次（8、15），這提供了進一步的支持，說明我們的心靈確實靠類比運作。

玩比手畫腳

但動作又怎麼說？很清楚的是，我們從回收再利用的觀念裡建立了許多概念，但我們還不清楚心靈如何把一個熟悉的類比轉化成有意義的動作。幸運的是，我們已經打下理解這種轉換如何發生的基礎，所以現在我們會把注意力轉回「模擬」這個觀念上。

你在成長過程裡有玩過比手畫腳嗎？向不熟悉這個遊戲的人解釋一下，就是有人不出聲地表演出一個詞彙或短句，同時此人的每位隊友會瘋狂地猜測那個人或物是什麼。舉例來說，在跟我家小孩玩的時候，我女兒可能在房間裡到處小跑，握著一組看不見的韁繩，然後我們會大喊「馬」，或者我兒子可能會開始在房間裡到處爬行，偶爾停下來嗅聞一個玩具，我們會很快地說出「狗」。相對來說，成年人可能嘗試表演出像是主導局勢（run the show）、力爭上游（climb the ladder），或者扭轉局勢（turn it around）這樣的慣用句。在兩種狀況下，比手畫腳遊戲都闡明我們有多擅長把語

言轉換回它所代表的行動或物件。

如同先前指出的，我們是藉著讓語言迅速通過一個模擬器，活化大腦中要激發這些行動所需的部分來做到這一點。這種神經上的重疊，容許思維與作為之間的無縫轉換，此時我們的大腦藉著把語言轉換回原本讓它得以浮現的感覺運動信號來汲取意義。一旦語言被轉換回它的原始形式時，大腦就能自由做出聯想，增進我們對那則資訊的理解與整合。這就是為什麼，在第一次讓我女兒看到一顆籃球之後，她就能夠直覺反應，說出「喔，有點像足球」。同樣地，這就就是為什麼我兒子三歲的時候，可以理解握著他的網球拍時讓它「站著」跟「躺著」是不一樣的，而且很快領悟到後面那種握法改善了他把球打過網的機率。在我女兒的例子裡，她的心智辨識出足球的粗略特徵，圓的、橡膠似的、會彈起來，而且輕盈，然後把這些特質對應到我稱為籃球的物體上。在我兒子的例子裡，他能夠用一組他熟悉的位置，站著對躺著，來理解如何握他的網球拍。在兩個例子裡，我的孩子們用類比推論來讓陌生的東西變得熟悉。

這些例子完整揭露了為什麼用類比來教導動作這麼有效。就像一部電腦，我們的大腦可以解壓縮一個類比檔案，提取並且模擬原始特徵，留下殘餘部分，讓運動系統在隨後的動作中重新賦予用途。換句話說，心靈可以把一個類比翻譯成運動系統負責產生的常見位置跟模式。因此，我們的脊椎可以變成一個「在兩端被拉住的鎖鏈」，我們的髖部則是「一桶不該灑出來的水」，我們的腿則是一組「開足馬力的活塞」。

動態

如果我們的大腦會透過活化負責感知並且產生行動的腦區，自動從語言中提煉出行動，那麼我們可能預期會看到這種認知促發（cognitive priming）影響實際的動作。一個被稱為**動作語句相容效應**（action-sentence compatibility effect）的現象，肯定了這種期待。具體來說，在讀過一個關於前向運動的語句以後（例如「關上抽屜」或者「你把球交給傑瑞」），如果你同時必須把你的手往前移動去按一個鈕，你會更快理解那句話；而對於牽涉到後向運動的句子（例如「打開抽屜」或者「傑瑞把球交給你」），就是反過來的狀況會讓你反應更快（10）。

這種影響提供強烈支持，指出我們的心靈抽取語言中以動作或者模式為基礎的特徵，而在處理那種語言之後的時刻，會讓心靈短暫地被促發，去部署一個相應的身體行動（4）。重要的是，這個證據指出語言可以名符其實把動作放進心裡，提供理由支持類比可以幫助運動員，藉著熟悉的模式來理解不熟悉的模式。

圖像

雖然一個提示中以模式為基礎的性質，無論是否是以類比的形式出現，都是很重要的，我們也希望我們的語言傳達關於具體身體位置的資訊。因此，在說像是「站直得像支鉛筆」、「像往兩頭

拉的一條帶子那樣伸展」，或者「像你擦火柴那樣摩擦地面」這樣的話時，我們需要知道心靈是否能夠模擬這些物件的傾向與形狀，讓它們的本質來實踐我們的動作協調。

為了測試這一點，研究人員讓受試者閱讀清楚指出一個垂直方向的句子（例如「丹尼斯把釘子敲進地板」），或者水平方向的句子（例如「丹尼斯把釘子敲進牆壁裡」）（18）。在確定他們理解這句話之後不久，一個物體就被投射到一個投影幕上，受試者藉著按下一個按鈕做反應，指出前面的句子裡是否提過這個物體。結果顯示，在物體處於語句中描述的相同方向時，受試者辨識物體的速度比較快。因此，在閱讀「約翰把鉛筆放進杯子裡」這句話的時候，促發了受試者辨識處於垂直位置的鉛筆，若他讀的是「約翰把鉛筆放進抽屜裡」，狀況就相反。

這個證據指出，心靈會模擬一項物體的隱含方向性，而且因此促發了自己能夠去感知到那個方向性。值得注意的是，同樣的研究團體延伸這個發現到形狀方面，顯示出讀到一項物體的形狀促發了心靈去感知它（19）。從實際角度來看，這意味著一個運動員掙扎著要採用一個既定的身體姿勢，例如說在擒抱時保持背部平坦，把他們的注意力引向有常見形狀與方向性的熟悉物體類比，好比說是一張桌子的桌面，可能對他們有好處。因為心靈感知的是這些物體原始形式的形狀與方向性，運動系統可以迅速地把「像桌子一樣保持平坦」或者「別弄翻桌子」，直接對應到擒抱中的身體。

特洛伊木馬

雖然這一章的焦點是在於類比，前面這些證據與洞見，應用到字面語言處理也一樣好。並不是說類比是模擬的，字面意義的語言就不是。正好相反，所有語言都被一個感知行動模擬器（perception-action simulator）迅速處理過，而這個模擬器會接著為我們理解某件事情時獲得的意義提供基礎。所以具體來說，類比中有什麼東西，讓它們在學習動作時這麼有幫助？

不像字面上的提示明確強調一個主要動作特徵，一個經過良好設計的類比可以含蓄地警示運動員注意幾項動作特色，卻不須大幅增加字數。舉例來說，請考量垂直跳的類比「像彈簧一樣蓄力然後彈射」。在這個提示裡，隱藏著在其他狀況下需要一次一個提示、做個別處理的多重動作因素。首先，任何使用過彈簧的人都知道，你對這些金屬線圈施加越多力量，你拿回的能量就越多。這個呼應到我們會希望運動員蓄力然後從地面爆發時，會仿效的那種力量表達。其次，在垂直蓄力時，彈簧會垂直彈射，這對應到了跳躍的方向。此外，對心靈來說，很容易把這個類比延伸到一根彈跳桿（pogo stick）的彈簧上，想像看到一位極限彈跳桿玩家在跳過一個障礙物時朝著天空飛去。第三，彈簧很善於吸收能量，這正好契合我們在落地時想看到的控制力。因此，就算基本類比瞄準的目標是起跳，像是「像汽車懸吊系統那樣吸收著陸力量」、或者「像是登山自行車避震器那樣放輕著陸」這樣的附加效果，也會從心裡冒出來，而且可以被用來建立更豐富的視覺圖像。從各方面來說，這個類比是個三重威脅，如果你想，可以說成是一隻特洛伊木馬，用一個提示的代價夾帶了三

個提示進來。

如同我們剛才看到的，類比向心靈呈現一個可以跟未來的動作比擬的場景或影像，藉此產生作用。心靈接著能夠模擬由促發物所觸發的這些行動（做這個）與感知（感覺那個），容許運動員去測試提示的內容。因為一個物體的運動與結構被隱含在類比之中，比起在一般狀況下一個字面意義提示可以傳達的訊息，運動員能夠從類比中汲取更多與這個動作相關的資訊。因此，就像我們喜歡說「一張圖片勝過千言萬語」，類比也是如此。

這一切的藝術，在於找出「正確的」類比，促發出一個「啊哈我懂了」而不是「蛤你說啥」。用你自己當成測試例子，來思考這本書裡出現的類比。是否有某些類比對你說話了，其他卻沒有？毫無疑問，你會說是，而這沒有問題，因為我借鏡的經驗、我做的模擬，跟你做過的不一樣。這不是好壞對錯的問題；正好相反，這是關乎找出對這個動作、還有執行這個動作的運動員最好的類比。這就是為什麼個人化如此重要，因為每位運動員的個人語言置物櫃裡，都儲存著一組獨特的經驗，要從中模擬出一個提示的意義。所以，一位運動員的「像活塞那樣推」，對另一個運動員來說可能是「像子彈那樣爆出去」。就是因為這個理由，我們接下來會回到淺水區，測試教練能夠用來確保自己的類比跟運動員一拍即合的模型。

第一部分：心靈地圖

如同我們現在已經看到的，心靈是靠類比運作的。從我女兒用足球來比擬籃球，到我把垂直跳比擬成彈簧，我們可以看出我們類比的能力是很廣泛的，從明顯的比較，像是物體的圓形屬性，到比較不明顯的比較，像是物體儲存與釋放能量的能力。而雖然很容易發現一個聰明的類比——「在你跳躍落地的時候，去抓你的手槍，就好像你在一部老西部片裡」——要自己想出一個就困難得多——「閃避防守球員，就像_____一樣。」然而不需要這樣。正好相反，一旦你懂得類比的解剖學構造這項武器，你就可以很快想出熟悉的比較方式，能協助運動員更新現有的動作模式。

為了讓我們不費力地理解類比的內在運作，且讓我們從一連串活動開始，這些活動會喚醒你的類比引擎，並且揭露你身為教練可以使用的三種不同類比。面對每一個活動，先看看你是否能夠發現類比（我們會稱之為**基礎**〔base〕）跟動作（我們會稱之為**目標**〔target〕）之間的比較來源。這裡沒有規則，所以儘管寫下所有跳進腦中的相關比較。為了幫助你開始，我已經在每個活動開頭安排了一個範例。

活動一：交換位置　　　　範例

類比：「把你自己拉上去，就好像你正掛在一個懸崖正面。」

基礎：拉上懸崖正面

目標：寬握引體向上

比較來源：

這個類比提供兩種主要比較：一個是情緒性的，而且會影響耗力程度，而另一個是運動學上的，會影響技術層面。情緒來源是來自跟「命懸一線」相關的恐懼，這應該會觸發握力與耗力的增加。技術來源則是出於這個事實：你會用類似寬握引體向上的抓握方式來抓住一個懸崖，而且因為身體無法往前晃動，一定要直直往上拉，會減低在上拉過程中用任何前向腿部動作來創造動能的嘗試。

輪到你了

類比：「就像你要把沉重的建築瓦礫從身上推走那樣去推槓。」

基礎：把沉重的建築瓦礫從你身上推走

目標：槓鈴臥推

比較來源：

_____

_____

_____

類比：「轟出起跑線，就好像你被人追上山坡。」

基礎：被追上山坡

目標：加速或短跑

比較來源：

_____

_____

_____

狀況如何？在這兩個類比中，你能夠找到一個或更多個相關的比較來源嗎？你有注意到嗎，如同活動標題所指出的，每個類比都把目標活動對應到需要同樣動作的一個場景中？如果你沒注意到，回去再看一眼；你會領悟到攀登一座懸崖、推開沉重的瓦礫與逃離一位追逐者，很貼切地對應到引體向上、臥推跟短跑。在每一個例子裡（我們會稱之為以場景為基礎的類比），我要求你試想一個類比性場景，其中強調了我想要你對應到動作上的特徵。在引體向上中，這些特徵包括伴隨掛在懸崖邊緣而出現、引進力量的腎上腺素，還有爬上垂直面的標準技術限制。同樣地，用在臥推與短跑上的類比同樣地有刺激性，包括會鼓勵人拉高力量產出的視覺影像。此外，要有效地把沉重的瓦礫從你身上推下來，你必須產生一股大而集中的垂直方向力量；在短跑上山坡的時候，尤其是在被人追趕的時刻，會需要你抬起你的膝蓋，並且逐漸地升高，否則就要冒險讓臉去吃土了。最酷的事情是，如果你是個運動員，這些隱含特徵會以下面的形式自動下載：「我可以想像那是什麼感覺。」然而如果你是教練，你需要明確地創造出會對應到目標——動作特徵的類比——會需要做些組裝。

現在既然我們已經看過以場景為基礎的類比內部的構造，請試想一個你常教導的動作，然後看你是否能夠用這個策略創造出你自己的類比，並辨識出會觸發期望中動作反應的比較來源。

以場景為基礎的類比：「_____」

_____

基礎：_____

目標：_____

比較來源：_____

_____

_____

_____

_____

活動二：虛擬真實　　範例

類比：「短跑時就好像要在跨出每一大步的最後，都在你膝蓋上平衡放好一杯茶。」

基礎：你膝蓋上的一杯茶

目標：以最大速率短跑

比較來源：

別因為我用到膝蓋就洩氣，我很清楚我在這個類比裡指涉到一個身體部位。提到的這個身體部位被剔除了對身體動作任何有意義的指涉，並不像它的內在提示表親一樣會產生動作限制。事實上，在這個類比裡用到膝蓋，就跟用到茶杯是一樣的，因為兩個詞彙指涉到的都是空間中的物體。因此，這個提示觸發了一種模擬，我們會需要做到這種模擬，以便達成在我們膝蓋上平衡茶杯的目標，這個目標明顯要求我們的大腿上半部跟天空平行，對於任何企圖盡可能迅速短跑的人來說，都是理想姿勢。

輪到你了

類比：「前蹲舉（front squat）的時候，就好像每個槓片正前方都有根垂直柱子一樣。」

基礎：每個槓片正前方都有根垂直柱子

目標：前蹲舉

比較來源：

_____

_____

_____

類比：「倒退步的時候就好像你頭上有碗熱湯，而你不想把湯潑出來。」

基礎：你頭上的湯

目標：倒退步

比較來源：

_____

_____

_____

我想要稱呼這些類比是「就好像」類比，因為你在要求運動員「動得就好像」某個物體或者某種物理限制就在眼前。這讓人注意到實際動作場景跟有虛擬限制的相同場景之間的比較。因此，我們可以把這些類比稱為「以限制為基礎的類比」（constraint-based analogies），這是個文字遊戲，暗示運動技巧學習中廣為人知的「以限制為基礎的方法」（constraint-based approach）。這些類比的運作，是靠著確立一個功能在於導引動作應該如何執行的心理規則。雖然這些類比缺乏活動一裡考量過的那些類比所具備的情緒性力量，它們卻被安排得很適當，可以影響組織動作模式的方式。在短跑的例子裡，「膝蓋上的一杯茶」對於運動員完成跨步時前導腿的高度，提供了顯著的洞見。值得注意的是，如果前導腿恢復不夠，大腿會過度地向下傾斜，導致祖母的精緻瓷器茶杯從桌上滑落，砸到地板上。在前蹲舉時，「垂直柱子」立刻提醒運動員注意一個動作界線。在這個例子裡，界線需要精確地聚焦於一條垂直的槓路徑，限制槓能往前多遠，因此也限制了身體能夠漂移多少。最後，倒退步把茶杯換成碗，但用了跟短跑差不多的類比邏輯。也就是說，為了在一個人頭上平衡一碗湯，需要頭保持水平不動，這個能力在有效倒退步技術中很寶貴。先提醒你，如果你不喜歡茶或湯也別絕望，因為一個人可以同樣容易地平衡裝在杯裡的咖啡、裝在碗裡的穀片，順便一提，書也可以，只要這個類比能讓正確的觀念進入運動員心裡就好。

現在我們已經看到以限制為基礎的類比幕後是什麼狀況，請考量你常常教導的另一個動作，然後看看你是否能夠用這個策略創造出你自己的類比，並辨識出會觸發期望中動作反應的比較來源。

以限制為基礎的類比：「＿＿＿＿＿＿＿＿＿＿＿＿＿＿＿＿＿＿＿＿＿＿＿＿＿」
＿＿＿＿＿＿＿＿＿＿＿＿＿＿＿＿＿＿＿＿＿＿＿＿＿＿＿＿＿＿＿＿＿＿＿＿＿

基礎：＿＿＿＿＿＿＿＿＿＿＿＿＿＿＿＿＿＿＿＿＿＿＿＿＿＿＿＿＿＿＿＿＿＿

目標：＿＿＿＿＿＿＿＿＿＿＿＿＿＿＿＿＿＿＿＿＿＿＿＿＿＿＿＿＿＿＿＿＿＿

比較來源：＿＿＿＿＿＿＿＿＿＿＿＿＿＿＿＿＿＿＿＿＿＿＿＿＿＿＿＿＿＿＿

＿＿＿＿＿＿＿＿＿＿＿＿＿＿＿＿＿＿＿＿＿＿＿＿＿＿＿＿＿＿＿＿＿＿＿＿＿

＿＿＿＿＿＿＿＿＿＿＿＿＿＿＿＿＿＿＿＿＿＿＿＿＿＿＿＿＿＿＿＿＿＿＿＿＿

活動三：變形者　　　　　　範例

類比：「側跨步（sidestep）時就像一顆從牆上彈回的橡皮球。」

基礎：從牆上彈回的橡皮球

目標：側跨步或改變方向

比較來源：

在此，我們徵求的是在橡皮球彈跳運動學與運動員改變方向的運動學之間做比較。值得注意的是，一顆橡皮球，是用緻密的橡膠做成，能夠儲存並釋放極大的能量，在孩子們看自己能讓這顆小球彈得多高的時候，帶給他們好幾小時的歡樂。橡皮球的這個特徵，良好地對應到運動員意圖側跨步繞過一名對手而踩向地面時，我們會想要看到的那種回彈率。

輪到你了

類比：「保持修長並做鉸鏈運動，就像個蹺蹺板在定點上隨鉸鏈轉動一樣。」

基礎：蹺蹺板在定點上隨鉸鏈轉動

目標：羅馬尼亞式硬舉

比較來源：

_____

_____

類比：「以短跑爬升，就像噴射機起飛一樣。」

基礎：噴射機起飛

目標：短跑或加速

比較來源：

_____

_____

在此，我們探究所謂的「以物體為基礎的類比」（object-based analogies）。這種類比是最最抽象的，因為它需要一位運動員把一個不動物體的特徵對應到動態身體上。然而這種類型的類比，也為有目的的創造力提供了極大的施展空間，這時教練可以考慮一項已知物體的形狀、原料或行為，能夠如何闡明一個動作技巧的細微特徵；這項特徵在其他狀況下，是以人類為中心的語言所無法掌握的。這就是為什麼一顆橡皮球與一個側跨步運動員的行為，可能描繪出比單一的行動動詞更豐富得多的圖像。同樣地，觸發關於蹺蹺板的思維，帶出一個筆直板子在固定軸心上隨著鉸鏈轉動的影像，類比到一具筆直的身體靠著固定的髖關節做鉸鏈運動。除此之外，如果你上了《危險邊緣》（Jeopardy）這個節目，在選擇「速度快的物體，獎金兩百美元」以後，主持人亞力克斯‧崔貝克（Alex Trebek）會唸出「迅速加速時，它強健的骨架會在一段固定距離內逐漸上升」，如果「誰是尤賽恩‧博爾特（Usain Bolt，牙買加短跑運動員，曾被稱為地球上跑最快的人）」這個答案跟「噴射機」一樣輕鬆地在你腦海中浮現，沒有人會怪你的。重點是，在指涉到一項物品時，我們的心智可以迅速提取那項物品的所有性質。一旦那個東西在我們心裡了，我們可以把它結合到它打算影響的動作上，然後呢，看啊，我們的心智就生下一個混合創造物，簡直是直接從《瑞克和莫蒂》（Rick and Morty）這個動畫影集裡出來的：橡皮球男孩、伍曼先生蹺蹺板與人類噴射機。玩笑話先不提，如同我們在模擬中所看到的，我們的心智可以在製造意義的路上測試一個提示的內容，讓運動系統去詮釋橡皮球性質、蹺蹺板性質與噴射機性質。結果是有顆大腦合成了應該被編織到下一次練習中的相關動力學與運動學特質。在這裡說句悄悄話，我們可能也會發現自己在人類動作與其他動物的動作之間做出比較（例如「像兔子似地跳」、「像熊那樣爬」或者「像貓那樣輕輕落地」），尤其是在我們跟小孩子一起工作時。就像這樣，我們可以邀請心靈藉著創造以動物為基礎的類比，用這些動物式的選項來協調出一個動作。

　　現在既然我們已經看到以物體為基礎的類比（還有以動物為基礎的類比）能夠提供什麼，請試想最後一個你常教導的動作，然後看看你是否能夠用這個策略創造出自己的類比，指出會觸發期望中動作反應的比較來源。

以物體為基礎（或者以動物為基礎）的類比：「＿＿＿＿＿＿＿＿＿＿＿＿＿＿＿＿＿＿＿」
＿＿＿

基礎：＿＿＿＿＿＿＿＿＿＿＿＿＿＿＿＿＿＿＿＿＿＿＿＿＿＿＿＿＿＿＿＿＿＿＿＿＿
目標：＿＿＿＿＿＿＿＿＿＿＿＿＿＿＿＿＿＿＿＿＿＿＿＿＿＿＿＿＿＿＿＿＿＿＿＿＿
比較來源：＿＿＿＿＿＿＿＿＿＿＿＿＿＿＿＿＿＿＿＿＿＿＿＿＿＿＿＿＿＿＿＿＿＿＿
＿＿＿
＿＿＿

結構對應

　　我在這一節開頭說過，比起創造類比，我們「發現」類比的能力更好上許多。不管在幾頁之前你相不相信這番話，你剛完成的活動應該好好加強了你創造類比的自信。基於這個理由，我們現在可以完整地考慮一個類比的細胞組成，還有區別出有效類比與無效類比的因素。

　　黛德麗・根特納博士（Dedre Gentner）在伊利諾州伊凡斯頓的西北大學擔任心理學與教育學教授。在她的許多成就之中，根特納最廣為人知的成就是她在類比方面的開創性工作，她清楚地在她一九八三年的論文〈結構對應：類比的一個理論框架〉（Structure-Mapping: A Theoretical Framework for Analogy）裡鋪陳出來（21）。如同標題所指出的，根特納提議以**結構對應**來解釋心智如何運用類比來驅動學習：採用我們熟悉的某種事物特徵，然後把它們對應到我們不熟悉的事物上。值得注意的是，兒童就是這樣建立範疇成員屬性（category membership），像是在「這桶是我的**球**」或者「這個抽屜是用來放我的**娃娃**，這一個則是用來放我的**積木**」這些句子裡展現的。概念成員屬性（concept membership）也是同樣的狀況，因為個人可以把自己對於**圓形屬性**的理解應用到一顆球上，就像應用到一顆橘子或者太陽上面一樣輕易。在相同程度上，個人可以在一場實際爆炸中認出**爆炸性**的概念，就像他們也可以輕易在陌生人之間的爭論、或者在防守線鋒在發球後的努力中看出這個概念。因此我們的類比作業系統，容許我們把我們不斷改變的外在世界，名符其實地對應到我們不斷成長的內在世界上。

　　不過在我們運用類比的時候，實際上被對應到的是什麼？根特納論證說，任何時候我們做其中一個比較的時候，我們都是在對應物體屬性（object-attributes）跟物體行動（object-actions），好讓前者代表一件事物的特徵（例如高、短、手臂、腿、強壯、虛弱等等），後者代表事物之間的互動（例如推、敲、跳舞、彈跳；至少一項物體跟另一項物體互動）。實際上來說，一個物體屬性大部分時候是不動的，或者靜態的；它就是它呈現的樣子。相對而言，物體行動指出動態與隨之出現的可能性（在金屬敲擊岩石的時候可能出現火花，就好像腿敲打地面的時候可能出現跑步）。如果你回到我們的例子裡，你會看到我們從基礎類比對應到目標動作的意義，是以屬性與行動的形式出現的。就拿噴射機類比為例。我們想要對應到短跑上面的噴射機**屬性**，是長而強健的框架，同時我們想要對應到短跑上面的噴射機**行動**，則是迅速的加速與逐漸的上升。

　　根特納繼續討論物體屬性跟物體行動如何共同作用，以決定一個類比的整體效果與黏著度。為了說明這一點，我要你想像一個被設計來為你的類比評分的電腦程式；我們稱之為類比程式。類比程式是個簡單的軟體程式，需要你輸入你的基礎類比與目標動作。類比程式會用這個資訊來比較基礎與目標，然後針對前者到後者的對應有多好來評分。這個評分是奠基於共同屬性還有共同行動的數量，兩者都視覺化呈現在一個滑動比例尺上，最左邊的位置代表沒有重疊，最右邊的位置則代表完全重疊。為了說明類比的最佳位置，就用我們假想的這個軟體來評估一些範例吧。

▶ 完全重疊

如我們所見，在基礎類比跟目標動作相同的時候，就沒有可以取得的新資訊。這強化了一件事：要揭露類比與動作的相關相似性，需要兩者之間的對比。舉例來說，如果我們使用一個以限制為基礎的類比，就以「膝蓋上的一杯茶」的類比為例，雖然這裡有動作之間的直接比較，其中包含策略性的差異，隱性地提醒運動員注意重點，在這個例子裡就是抬起膝蓋。

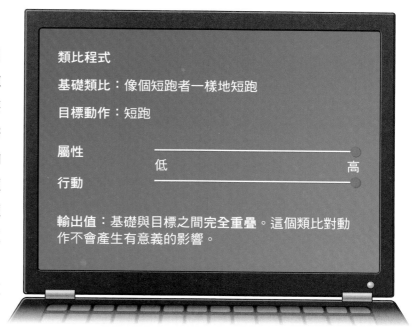

類比程式

基礎類比：像個短跑者一樣地短跑

目標動作：短跑

屬性

低　　　　　　　　　　高

行動

輸出值：基礎與目標之間完全重疊。這個類比對動作不會產生有意義的影響。

▶ 沒有重疊

如果沒有顯著的屬性或行動把類比連結到動作，那麼這個比較之中就不會有可以抽取的有用資訊。有時候會有重疊，但只對教練而言是明顯的，因為他們熟悉這個比較，運動員卻不然。因此，運動員只能夠從包含他們熟悉內容的類比中找出對應的特徵。

類比程式

基礎類比：跳得像杯咖啡

目標動作：垂直跳

屬性

低　　　　　　　　　　高

行動

輸出值：基礎跟目標之間沒有重疊。這個類比對動作不會產生有意義的影響。

▶ 行動重疊

如果行動重疊，那麼類比可以用來強化動作的方向（例如往這裡或那裡動）或者速度（例如迅速或緩慢地移動）；然而想用這些類比直接改變一個特定身體形狀或狀態，效果可能比較差。在行動的形式重疊時，我們又可以使用以場景為基礎的類比，其中包含可以比較的動作。值得注意的是，靠著指出動作應該如何執行（例如短促迅速地、緩慢地、刻意地、混亂地、逐漸地或者急速地），這些類比可以直接影響動作模式。

類比程式

基礎類比：推向地面，就好像地面是個滿出來的行李箱

目標動作：伏地挺身

屬性

行動

低　　　　　　　　　　高

輸出值：基礎與目標之間有行動重疊。這個類比可能對動作有中等偏高（正面）的影響。

▶ 屬性重疊

如果屬性重疊，那麼類比就可能用來強化特定身體形狀（例如長或短）或狀態（例如剛硬或放鬆）；然而這種類比對於影響實際動作模式的效果有限，除非這個類比提醒了運動員注意相關動作。對應屬性對於動作的姿勢組成成分來說特別重要。例如以物體為基礎的類比，就它們對素材（例如剛硬似鋼鐵）或形狀（例如筆直如鉛筆）的比較來說，能夠有效鼓勵身體位置的轉換，所以很有效地利用了屬性的重疊。

類比程式

基礎類比：在伏地挺身的時候剛硬得像塊板子

目標動作：伏地挺身

屬性

行動

低　　　　　　　　　　高

輸出值：基礎與目標之間有屬性重疊。這個類比可能對動作有中等（正面）的影響。

▶ 行動／屬性重疊

如果行動跟屬性重疊，那麼這個基礎類比很有可能對於目標動作的位置與模式有正面影響。然而有個要注意的風險是，重疊過多的類比可能變得太過空泛，因此缺乏必要的對比，無法提醒運動員注意某個你希望他們當成目標的具體動作特徵。話雖如此，我們先前討論過的以場景為基礎與以限制為基礎的類比，應該提供了重疊與對比的良好平衡，能夠確保正確的訊息有被傳達給運動員。

類比程式

基礎類比：推得好像有台車輛粉碎機正在壓垮你

目標動作：伏地挺身

屬性 ———————————————
　　　　低　　　　　　　　高
行動

輸出值：基礎與目標之間有行動／屬性重疊。這個類比應該對動作有高度（正面）的影響。

原則上沒有完美的類比，只有對你來說完美的類比。那就是為什麼我的「一杯茶」可能是你的「一杯咖啡」，但到最後，如果我們被要求「每次跨步到最後，都要在膝蓋上平衡它」，我們都一樣能夠照做，在我們繼續跑的時候把我們的大腿帶向天空。這凸顯了根特納的結構—對應理論的價值。一旦你理解你想要推動的動作特徵，你就可以從看似無窮無際的比較清單裡挑選。關鍵是確保類比所強調的屬性或行動，就是你實際上想要運動員在動作中聚焦的屬性與行動。考慮到這一點的重要性，下一節將會引導你去看你會想要藏在類比外殼中的精確動作中心（movement-centric）性質。

第二部分：相似性

漢娜・鄂蘭（Hannah Arendt）這位聲名顯赫的哲學家兼擅長說故事的知名人士曾說過：「說故事揭露意義，卻沒有犯下加以定義的錯誤。」（1）同樣地，我們可以說類比揭露複雜性，卻沒有犯下解釋它的錯誤。這個觀點幫忙潤飾了這個事實：類比就像外在提示一樣，能夠在沒有複雜知識的輔助下，鼓勵複雜的動作。因此，就像我們可以開一輛車，卻對它的機械力學毫無洞見，我們也可以移動一具身體，卻對它的解剖構造全無覺察。

　　儘管如此，在類比另一邊的教練不會得到同樣幸福的無知。跟運動員不同，全面性地理解自己設法影響的動作特徵，對教練有益。這個知識輔助教練去發掘讓這些特質閃閃發光的類比「寶石」。然而在教練可以開始在自己的心靈採石場裡挖掘以前，他們必須先知道自己在挖掘的行動或屬性。對此，我們將最後一次徵召我們的3P運動表現檔案。

　　如同你會回想到的，所有類比都是把來自熟悉的類比基礎的行動或屬性，對應到不熟悉或者比較不熟悉的動作目標上。我們注意到屬性在本質上傾向於靜態，舉例說明時是用它們的能力來闡明一種身體形狀，好比說「藉著把你的上肢變成W字形，來伸展你的旋轉肌（rotator cuff）」，或者是一種身體狀態，就像是「變得剛硬，就好像你正要接住拳王麥可・泰森的一記拳頭」。回想我們的3P運動表現檔案，哪個P同時捕捉到形狀與狀態？你猜到了──位置。請記得位置代表一位運動員必須達到，以便執行某個特定動作模式的特定身體位置或姿勢。舉例來說，一位教練會期待在一次短跑中看到**筆直**的脊椎，同時他們會期待在一次前空翻（front flip）裡看到**彎曲**的脊椎。原則上，如果在一個動作中有應該一直保持的身體位置，像是深蹲時脊椎中立，或者在一個特定時間點要達成某個身體位置，假設是短跑時伴隨地面接觸而來的4字形姿勢，那麼一個有用的類比，可能就是捕捉到那些姿勢的類比。

　　相對於屬性，行動指涉到身體內部的動態關係（例如一組關節如何互動來創造出動作），還有身體與環境之間的動態關係（例如進入地面的功率強度與方向）。在回想之後，我們可以再次輕易地看到，**功率**與**模式**如何代表教練在一個類比中可能設法要加強的行動。請回想**功率**指涉到繫於某個既定動作的必要肌力與爆發力特質（動力學）。因此，一個類比可以幫助運動員透過它觸發的影像（例如從起跑線飛出，就像「衝出一道斜坡的火箭」或者「被加農砲射出去的特技演員」），來表達這些特質。實際地說，當類比給了功率一個表現的平台，它會和其他的行動動詞一樣，能告知一個動作該以什麼步調進行。

　　另一方面，**模式**指涉到校準到某個特定時刻的協調性特質（運動學）。因此，類比可以用一個容易引起共鳴的例子，來描繪一個動作模式。所以，你可能會要一位進行奧運式舉重的運動員去想像他前方有一堵牆，提供一個會直接影響槓鈴動作、以限制為基礎的類比。同樣地，一位控球不穩的投手，可能獲益於想像自己正沿著一條狹窄走廊投球，這利用了以場景為基礎的類比，可能拉直他的投球。在兩個例子裡，類比都揭露了一種視覺影像，如果都用當真的相同情緒強度來看待，肯定能夠影響模式的組成。

　　在這裡運作的東西，我們可以稱為**相似性原則**（the principle of similarity），其中陳述了一個類比對一個動作的影響，會取決於它代表那個動作相關特徵的程度。如同前面提過的，這些特徵包括屬性（位置）與行動（功率與模式）。因此，在設計類比時，教練可以用3P運動表現檔案當成某種檢查表，證實精心挑選的類比在影響一個動作時，是在捕捉這些運動表現性質裡的一個或更多個。藉著應用相似性原則，教練們被鼓勵要對他們觀察到的生物力學、還有他們用來影響生物力學的類

比，做個有批判性的消費者。

　　為了幫助闡明並支持你對這項原則的應用，我創造出兩個範例來讓你考量，第一個已經幫你填好了，讓你當成參考。每個例子中都有一張動作圖片，還有四個可能的類比。你的工作是選擇你覺得最適合這個動作的類比（請注意，你可以選擇超過一個類比）。一旦你做好選擇，就用 3P 運動表現檔案檢查表，來標記被對應到動作上的特徵。

▶ 範例一：跳躍

　　如同我們在第一個例子裡可以看到的，某些類比似乎很適合，其他類比則肯定不合。值得注意的是，雖然「上勾拳」可能符合上肢在跳躍時的動態，在指向「炸出地面」所需的下肢動作時，卻讓人無法理解。同樣地，「炸出地面，像弓射出的箭」對大部分運動員來說無法正中目標，因為箭通常是水平飛行，垂直跳卻是，呃，垂直的。我們的最後兩個類比都是以場景為基礎的，很合理，因為它們把一個引起共鳴的運動動作，對應到要被教導的動作技巧上。像這樣，「跳得好像要讓一顆籃球回彈」或者「跳得好像要接一顆高飛球」會用來支援最大程度的垂直發射。在兩個例子裡，類比都反映了想達到的位置，因為一個跳躍就是一個跳躍；反映了想達到的功率，因為兩個場景都鼓勵最大程度的垂直移位；反映了想達到的模式，因為這裡也一樣，一個跳躍就是一個跳躍。兩個類比都鼓勵心靈去模擬一個如果照預想執行，會讓跳躍高度最大化的動作，從而強調了運動表現結

果。要是教練想要對落地或者跳躍本身的精細技術特徵下工夫，那麼就必須考慮另一組不同的對比。同樣地，關鍵是確保在類比之中，隱藏著你設法要在能引起共鳴的視覺促發裡，當成處理目標的技術細節。

好，現在輪到你了。考慮這個動作，選擇最能支援動作執行的類比，然後指出這個類比中在發揮推力（nudge）的，是動作的哪個特徵——是位置、功率還是模式。

▶ 範例二：短跑

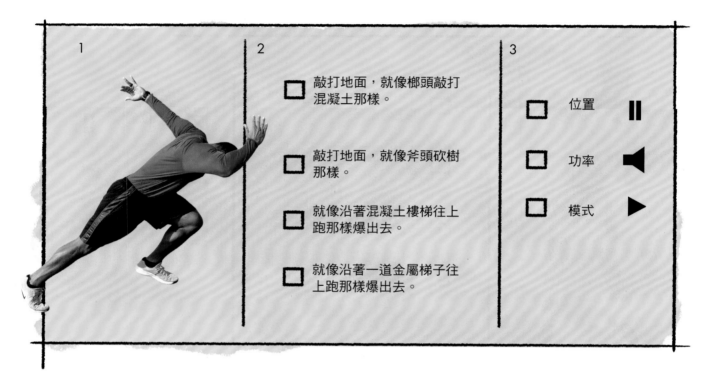

對於第二個例子，你可能會注意到兩個對應到短跑的類比，還有兩個稍微有點失準的類比。值得注意的是，有一個用到榔頭敲打混凝土的類比，用的是垂直的動作，而一把斧頭砍樹用的則是水平動作。當然，兩個類比都傳達出我們在短跑中想要看到的功率；但在動態特徵中的差別，會指出斧頭提供的比較更能引起共鳴。同樣地，短跑上樓梯需要水平與垂直焦點的細緻平衡，跟短跑之間的重疊度遠勝過跑上一把金屬梯子，後者是偏向垂直的動作。在這種狀況下，如果你同意比起其他選項，斧頭與樓梯對於短跑是更好的搭檔，那麼你也很可能注意到，除了對應模式的特徵以外，兩個類比都鼓勵我們期待在執行良好的短跑中看到的功率。

有相似性原則在手，你已經走在設計代表性類比的大道上了。就像我們運用3P運動表現檔案來側寫運動性質並排出優先順序，我們也可以用同樣的三個元素來做逆向工程，設計生物力學上健全的比較。然而，為了確保你的類比在你的運動員心中很受歡迎，我們需要考量最後一個成分。

第三部分：熟悉性

　　讓我們來玩個配對遊戲。在此你會找到六個圖片跟兩個可能的選擇，選項A跟選項B。在檢視過每張圖片以後，勾選你用來形容這個影像的標籤旁邊的空格。

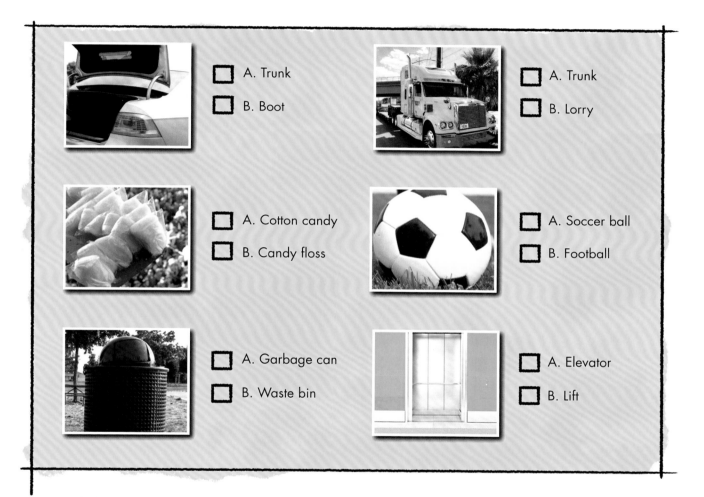

- A. Trunk
- B. Boot

- A. Trunk
- B. Lorry

- A. Cotton candy
- B. Candy floss

- A. Soccer ball
- B. Football

- A. Garbage can
- B. Waste bin

- A. Elevator
- B. Lift

　　你會發現你自己總是選擇全A或者全B。對於我在大西洋西邊的朋友們來說，你們肯定傾向於使用選項A，而我在池塘另一端的朋友們則會驕傲地主張選項B（編按：A為美式用詞，B為英式用詞）。身為美國人，我偏向把我的groceries（雜貨）放到trunk裡，而不是把我的shop放到boot中，而我把我的garbage（垃圾）放在can裡，而不是把我的waste放到bin裡。然而在二〇一六年搬到愛爾蘭去加入愛爾蘭國家橄欖球隊之後，那些偏好迅速地改變了，就像我對英國腔普遍性的感知也跟著變了。給我的美國同胞，如果你們從沒去過愛爾蘭或大不列顛，你們可能就不會知道我是什麼意思，所以請讓我解釋一番。

　　在大西洋東邊，你不會go on vacation（去度假），你會go on holiday；在機場，你排隊是in a

queue，而不是 in a line；在你的旅館裡，你會搭 lift（電梯）到 first floor（二樓），你會覺得很困惑，直到接待人員看到你困惑的表情，說了「我們把二樓稱為 first floor，而一樓在這裡叫做 ground floor（地面層）」。在晚餐時，你會問 bathroom（廁所）在哪裡，只得到這個回答：「toilet 在走廊那邊，靠左側。」最後，在嘗試替你的三明治找到最佳搭配時，你很快地學到 fries（薯條）就是 chips，chips 很酥脆，而菜單上叫做 goujons 的東西是雞柳條的暗號。

雖然這種方言變化就算不好笑，可能看起來也很無害，然而我一從遊覽愛爾蘭變成在當地當教練的時候，我的觀點就變了。你看，就算我已經開始寫這本書了，照理說也很清楚察覺到語言特殊性的重要了，在我的類比失敗時，我還是很驚訝。然而訝異很快就被解決方案所取代，因為我的類比機器開到高速檔，創造出可能有效而有區域相關性的詞彙。這意味著 field（球場）這個詞彙出局，換成 pitch 登場；選手不再 cut，反而是 sidestepped（側跨步）；而在我們奔跑的時候，我們不再是 lifting cleats to clouds（把防滑鞋舉向雲端），而是開始 lifting boots to belts（把鞋子舉向腰帶）。到最後，我藉著開始認識現在是我的球員的這些人，把我的外國成句轉換成本地用語，並且把美國足球俚語轉換成英國足球相關術語。

雖然在異國做教練是一個人語言運用自由度的終極測試，每位教練在某種程度上，也都面對同樣的挑戰。你花不了多長時間就會領悟到，對於一個提示來說，比起在陰沉靜默中直瞪回來的大批茫然臉孔，點頭或者一陣竊竊私語是比較好的反應。所以，教練們（至少是有效果的那些）免不了會開始領悟到，在最低限度上，運動員必須熟悉他們聽到的語言，而且理想上要能夠在某種更深的層次上連結到這些詞彙，我們把這稱為**熟悉性原則**（principle of familiarity）。

雖然這裡的教訓是很明顯的——要認識你的運動員——但要知道如何有效率又有效果地做到這件事，就沒那麼明顯了。舉例來說，教練—運動員的互動通常限制在練習上，這就限制了實質對話的時間。此外，對話通常會聚焦於訓練內容，而不是運動員的生活內容。這讓教練們掌握不了多少對旗下運動員的有意義洞見。因此，教練們需要敏銳覺察到他們應該在對話與訓練場地裡聆聽的那種資訊。手上有了正確的資訊，教練們就可以把運動員的心靈敘事，轉譯成他們用來指導運動員的敘述，藉此降低學習的門檻。

文化

在運動員說的話跟他們做出的行為中，隱藏著塑造他們的文化。

在此，我用的是**文化**一詞最寬廣的意義，反映形塑人價值觀、信念、行為跟語言的環境與社會團體。值得注意的是，我對愛爾蘭文化跟隨之而來的口語說法理解不完整，導致我的溝通清晰度一開始受到限制。然而，同樣的事情也可能發生在跟紐奧良運動員共事的西雅圖教練、或者跟聖地牙哥病患共事的芝加哥治療師身上，因為每個城市都有自己獨具的特徵，這些特徵是從這些人稱之為家的地方傳承下來的。再加上一個人的家庭與在地社群裡的次文化，你就有了一個應該被尊重的真

實個人。

雖然應該不需要直覺以外的東西來說服你相信，文化形塑了我們對類比的理解，有一組有趣的研究以聰明的方式強調了這一點。用桌球正手拍做為目標動作，一個來自香港大學的研究小組，要求以英語為母語的英語使用者參與一個類比學習研究。被指派到類比組的參與者，被告知要「假裝用球拍〔桌球拍〕畫一個直角三角形然後……在把球拍帶到三角形的斜邊時擊球。」在三百次實際測試以後，這一組展現出強大的學習效果，甚至在參與者必須同時倒數數字的時候都還能維持（14）。

事情發展到此，開始變得有意思了。在一個相關研究中，研究人員把直角類比翻譯成中文，要求一群中國參與者把它應用在同樣的正手拍上（17）。然而這一次，研究人員沒看到表現因此獲益。事實上，實驗後的訪談揭露了大多數參與者覺得這個類比很令人困惑。對這個發現感到好奇，研究人員著手去檢視他們是否可以找出一個文化上恰當的類比，能夠複製他們原始研究裡的發現。在以粵語為母語的人協助下，研究小組把直角三角形換成了一座山，要求另外一組中國參與者「移動拍子的時候，就好像要讓它沿著山坡前進」。果然，這個新類比確實有效，研究人員能夠複製他們的原始發現（16）。

這個微薄的證據接通了我們的直覺，並且提醒我們只有透過聆聽我們的運動員，我們才能夠認識生物力學背後的那些存在。請記得，是我們的運動員對語言的運用與理解，而不是我們自己的運用跟理解，在決定他們理解提示與類比的能力。這就是為什麼聆聽對於類比形成來說這麼關鍵，因為藏在運動員語言中的東西，是對這個人有號召力的類比所需要的原始材料。解鎖這個原始材料的簡單方式，是要求你的運動員想出他們自己的類比，要求他們解釋你的類比對他們的意思是什麼，或者給他們幾個類比可以選擇。在所有例子裡，你都會對運動員的語言偏好得到一點了解，並且確保你在使用的類比對他們來說正中紅心。

世代

如果一個人的文化是反映他們在哪裡成長，那麼他們的世代就是反映他們成長於何時。而且，就像文化把自身嵌入在語言中，一個人的世代色彩也嵌入在他們思考與說話的方式中。舉例來說，我在一九九〇年代成長的時候，如果我們喜歡某樣東西，我們說它「很酷」（cool），而在我們放鬆的時候，我們說是「輕鬆一下」（chillin）。然而在世紀交替之後不久，我開始聽到我的運動員們在回應訓練前的標準問候「老兄，最近怎樣？」時，回說「不錯啊」（coolin）。說到底，生於某個特定世代的人跟當時的流行文化、科技、事件及俚語捆綁在一起，在某種程度上他們對現在的感知是奠基在過去。否則我們怎麼會有像是「以前在我的時代」或者「現在的小孩喔」這類的慣用句？我們全都知道我們成長的時期與我們同在，容許我們享受那些把我們帶回「更單純時期」的懷舊時刻。

　　我最初對個人的世代跟語言互動變得敏感，是在我在大學裡以個人訓練師的身分工作時。在那些年裡，我領悟到雖然我的學位教我如何為各式各樣的目標設計訓練計畫，卻沒教我如何跟各式各樣的人溝通；那些課程是發生在訓練場地上的。舉例來說，在一天之內，我可能面對一位在準備鐵人三項的五十五歲教授，一位想增肌的二十五歲工科學生，一位七十歲想維持基本功能的退休人士，還有一位正在訓練要進入校隊的十六歲高中生。在每個例子裡，我都必須學習如何把我的語言跟他們的語言同步，把訓練次數跟組數翻譯成連貫的提示。

　　在我轉換到肌力與體能訓練領域的時候，我對世代差異的敏感度消退了，因為我跟一群同質性相當高的運動員團體共事，他們處於同一個年代的年齡層裡。因為那些早年經驗讓我跟我的運動員們處於相同的年齡層，我不難從世代層次上建立連結。然而隨著時間流逝，我繼續變老，我的運動員們還是同樣的年齡層。無可避免的是，年齡差距變大了，而我開始注意到我從電影裡引用的話沒有引起同樣的笑聲，而我不再認得出我重訓室裡播放的音樂了。甚至有人必須向我解釋flossing（甩手舞／使用牙線）現在既是一種舞蹈，也是優良牙齒衛生保健的一部分。

　　事實上，有些時候這種代溝似乎就在我眼前變大了。有一個這樣的時刻，就發生在一次NFL聯合測試會準備期尾聲的一個訓練時段裡。我帶著這群男生進入匯報環節，並且設定好第二天的基調。我記得我告訴這些運動員「我們這個節訓練做得挺好；然而**乾草還沒完全搬進穀倉裡**。」讓我驚訝、也讓其他人都覺得好笑的是，有一個運動員脫口說道：「那是什麼鬼意思啊？」在起哄者安靜下來，我自己的笑聲也平息之後，我的回應是重整這個隱喻，告訴運動員「就是你手機上的應用程式還沒下載完成」，這個說法贏得讚許的點頭跟最後一點笑聲。

　　這些時刻總是提醒我，做個好教練的關鍵超過教科書知識。我們也需要街頭走跳的智慧，這意味著我們需要趕上趨勢，知道**現在的小孩**喜歡什麼。而且，隨著創新的步調在加速，現在是不適應就完蛋的狀況。以音樂為例。在超過五十年的時間裡，我們從黑膠唱片過渡到八軌盒帶，然後從錄音帶過渡到CD，而我們現在所處的時代是我們的智慧型裝備什麼都做，就只差不會替我們煮早餐了。光是過去二十五年，我們就看到網路興起，遊戲玩家的專業化，還初嚐無人駕駛車的滋味。我們現在發推跟按讚，比我們見面談話還多；我們從Google取得我們的資訊，透過優步取得我們的座駕，透過亞馬遜買到我們的東西；想來不久之後網飛就會跟樂團The Buggles合作，製作新單曲〈隨選影視殺死電視明星〉。

　　這些改變並不好也不壞；它們就只是改變而已。然而，就像你如果沒有繼續跟進研究與科技，你在專業上會落後，你如果不讓你的語言適應你的運動員，你個人也會落後。這並不表示你必須扔掉你最喜歡的音樂，開始播放《決勝時刻》電玩配樂；然而這確實表示，你需要熟悉你的運動員所屬的世代，並且設法理解他們的生活經驗。在這麼做的時候，你會收集到更多原始素材，是你創造對運動員的語言有效的類比時會需要的。

經驗

　　文化與世代雖然重要，卻不是全部，因為人遠遠不只是他們出生的環境而已。我們進入這個世界時是個體，每個人都包含一組獨特的性格傾向，展現在我們思考、行動，以及最後做決定的方式上。隨著每個決定，無論重要性多寡，我們都會得到新的經驗，全都會增加到成為語言基礎的感知與行動之上。

　　雖然任何經驗都可以當成創造類比的參考，證據顯示理解我們的運動員具備的身體經驗，可能會得到最相關的收穫。直覺上這很合理，因為比起牽涉到抽象比較的類比（好比說是橡皮球類比），熟悉與不熟悉動作之間的類比，會有更大的結構性重疊。這並不是說以物體為基礎的類比不寶貴；它們是很寶貴，在嘗試傳達細微之處的時候尤其如此。然而，這可能就只是因為以場景為基礎、還有以限制為基礎的類比，在一個易於共鳴的脈絡下，會對應到更多動作特徵。如果真是這樣，一個人在處理關於熟悉動作的語言時，狀況會不同於處理不熟悉動作的語言，是很合理的。

　　結果我們在第四章時談過的夏安・貝洛克，也對於我們如何從語言中衍生出意義很有興趣，而且對於體現模擬做了一些她自己的研究。具體來說，貝洛克跟她的團隊有興趣知道，個人對動作的經驗，如何影響到他們對描述這些動作的語言的處理方式。在他們的第一個研究裡，貝洛克跟她的團隊邀請專業曲棍球球員跟沒有曲棍球經驗的新手，來完成語句—圖像配對任務（18、19），先前在這一章裡描述過。請記得，這牽涉到讀一句話，看一個圖像，然後壓下是或否按鍵，來指出這幅圖像是否在語句裡有被提到過。在這個例子裡，研究人員用混合了曲棍球跟非曲棍球的行動，來測試專業曲棍球球員處理以曲棍球為中心的語言時，是否跟新手不同。結果顯示，雖然專家跟新手在搭配非曲棍球的圖像時，速度與精確度相仿，專家在配對曲棍球圖像時速度確實比較快（13）。從體現模擬觀點來看，這個結果很合理，因為專業曲棍球球員已經對被描述的行動有運動上的表徵了，這讓他們模擬還有指認這些行動的時候，能比新手更快。然而這個解釋要成立，在我們窺看這些專家的大腦內部時，我們會期待看到處理上的差異。

　　為了測試這一點，貝洛克跟她的同事們邀請另外一群專家曲棍球球員與新手進入實驗室。這次研究人員讓兩組人躺在 fMRI 掃瞄器裡面，聆聽描繪曲棍球行動與日常行動的語句（例如：「曲棍球球員結束了這一擊」對上「這個人推了推車」）。結果顯示，雖然兩組人對日常行動語句反應類似，專家曲棍球球員在聆聽曲棍球行動語句時，他們前運動皮質活化的程度一致超過新手（2）。如果我們考量前運動皮質在行動計畫與意向性行動中扮演的角色，專家曲棍球球員的大腦會活化負責執行語句中那些行動的相同腦部中樞，是很合理的。另一方面，新手不會有這種仰賴經驗的運動記憶，因此會運用一般性的感官運動中樞，像是主要運動皮質，來理解這些行動。到頭來這正是研究人員發現的事。

　　當你考量到專家舞者在看他們舞蹈訓練的影片時，也被觀察到同樣的神經特殊性（6、7），我們就可以開始體會大腦實際上多麼高度連結，因為人的身體經驗直接影響了他們的大腦如何處理視

覺與聽覺資訊，甚至連他們沒在動的時候都是這樣。身為教練，這指出我們可以用一位運動員的動作歷史來規畫類比：這樣的類比除了概念上重疊以外，可能在神經上也重疊，潛在降低了理解與學習的門檻。因此，如果一位在橄欖球領域中工作的肌力教練，比較列陣爭球時的身體位置跟深蹲時的身體位置，這時運動員可以輕易地把其中一個的感官知覺對應到另一個上面。同樣地，如果一位運動員能夠效果良好地執行短跑訓練，但在真正上陣時還在掙扎求表現，那麼教練就可以用一個類比，將運動員拉回那些訓練中。這樣可以讓運動員再度把過往經驗的感官知覺，對應到現在的狀態上。藉著理解你的運動員生活過的經驗，尤其是那些身體性質的經驗，你會擁有創造讓人牢記在心的類比所需的最後一塊原始素材。

總結

類比對於思考與學習，就像氧氣對於呼吸與生存來說那樣基本。從日常語言中的隱藏類比，到明顯設計來說服人的類比——「不買這支股票，就像拒絕不請自來的錢」——類比形成了溝通的建材。儘管類比無所不在，它們卻常常被留在許多教練的工具箱裡吃灰塵，一般來說加以使用是出於偶然而非選擇。我的希望是，如果你在讀這些話，你現在看出類比實際上是什麼了，是一種學習的觸媒，也是不可或缺的教練工具。

圖6.1／創造有效類比的模型。

　　如同我們的旅程所揭露的，我們最早的行動與感知，形成了語言賴以建立的感覺地基。因此，我們學到我們從語言中汲取意義，有部分是透過體現模擬的過程。因此，我們用來踢球的心理機制，就是我們用來理解「踢球」這個短句的相同心理機制。在本質上，我們的大腦為了達到效率而被優化，利用共同的感覺運動腦部中樞來行動、說話與思考。淨值結果就是運作類似收發室的心靈，把所有進入的新感官資訊拿進來，然後照著既有的心理範疇來分類。

　　知道這一點以後，我論證教練們可以利用這個既有知識來幫助運動員們學習新的動作概念。藉著凸顯黛德麗‧根特納的研究工作，我們討論了心靈如何利用結構對應，取用基礎類比的特徵，然後把它們對應到一個目標動作的相同特徵上。所以，關節可以動得像是上了**足夠潤滑油的鉸鏈**，肌肉可以伸展得像條**橡皮筋**，而速度調配可以像是你在**閃一輛車**。在每個例子裡，我們的大腦合成了嵌在類比中的原始感覺運動素材，然後重新把它應用在後續的動作上。

　　然而要有效地做到這一點，教練必須利用相似性與熟悉性原則（見圖6.1）。相似性原則說明類比與動作必定有某種共通的東西。值得注意的是，類比必須傳達動作位置、功率或模式上的一種變化。另一方面，熟悉性原則需要運動員熟悉被指定的類比內容。跨越文化、世代與經驗等面向，我們發現了創造這些個人化類比所需要的原始素材。要取用這種原始素材，教練們只需要提供他們的運動員說話的機會，並且在他們說話時專注聆聽就好。

第三部　提示

從我的第一次NFL聯合測試會之後，已經過去超過十年了。當時我有獨特的機會，可以支援數百位期待加入NFL的新秀，轉換成NFL的專業球員。這些運動員裡的每一位在我心中都很卓然出眾，就像我見到他們的那一天一樣，我記得很清楚。我從沒忘記他們的故事，他們的掙扎，他們的勝利，有時候也有他們的失敗。這個理由是很直接了當的：我經歷過那些故事，分享那些掙扎，參與那些勝利，而且沒錯，也面對那些失敗。所以其中顯現了一個關於教練指導的重要真理：把運動員們的旅程跟我們自己的分開來是很重要的。雖然我們創造提示、設計訓練又系統化說明回饋，卻是他們要負責做出必要的聚焦、執行與反省，讓那些教練指導努力值回票價。基於這個理由，教練、訓練師、治療師與教師有責任做到最好，好讓他們能夠幫助他們的運動員、客戶、病患與學生，做到他們的最好。

這個責任的重要性一直在我左右。那是我心裡開始比場上的人更擔心這個計畫時感受到的胃痛。那是個小聲音，提醒我掃瞄眼神接觸、身體語言與動作，尋找我的措施有效性帶來的迴響。那是一種知識，指出運動員不需要老闆，他們需要的是一個生意夥伴，這位夥伴能夠扮演自己的角色，不會總是想要扮演別人的角色。說到底，偉大的教練知道如何建立偉大的關係，如果那些關係本身能講話，會說像這樣的話：

「我是你跟你的運動員之間的空間。我寬廣到可以充當雙向道，但通常只當成單向道使用。在雙方設法理解彼此的時候我就變得強壯，他們不這麼做的時候我就變弱。尊重我，一道橋梁就形成了，把話語轉變成意義，然後再轉回來。不尊重我，那道橋梁就永遠不會建立，讓雙方都站在困惑之河的兩端。到最後，一個人只需要出現、細看、聆聽並開口，就能夠收穫我可以提供的全部報酬。」

這個關係，你跟你的運動員之間的空間，是神聖的。而雖然我們已經談了很多如何用以動作為基礎的語言填補這個空間，我們造成的影響會遠超過我們教導的模式之外。你懂嗎，一位運動員不會察覺到進入一個提示裡的所有東西，他們也不該察覺到。他們會察覺到的就只有這個提示是否合理，是否對他們移動的方式有影響。所以說，首先使用針對你的運動員客製化的語言，送出信號表

示你理解他們，而且你因此聆聽著他們，也關切他們。其次，如果那些提示始終如一地增進了運動表現，那麼運動員們會把他們跟你的關係，跟隨後來的學習與動機聯想在一起。說到底，你只是在教導動作，但要有效地做到這件事，你必須運用每種建立絕佳關係要用到的溝通策略。

現在，我認為提示就是「連結」的同義詞。核心在於建立有效的教練—運動員關係，而跟訓練過程一樣重要的是計畫本身。然而在語言上的挑戰，在於接收者會比創造者更清楚它是否有效。因此，我們仰賴我們的運動員來當回饋來源，藉此校準、更新與重整語言，以便配合他們的學習需求。你已經學到的模型，就是設計來幫忙做到這件事，把你放到一個位置，可以適應你的運動員不斷變化的需求。

話雖如此，把你放到一個要精通適應性教練指導藝術的位置，跟已經精通這門藝術是不一樣的。所以，最後這個部分首先會提供你一張道路地圖，用意是幫你發展一種以我們討論過的提示技巧為中心的習慣。從這裡，我們會大膽涉獵二十五種以上的動作程序，概述一些範例，其中應用了我們在本書裡涵蓋到的策略。整體來說，第三部包含的道路地圖跟範例，得到第二部中概述的模型與第一部中探究的科學支持，會把你放到能夠規畫一條（形成習慣的）路線的位置，用來升級你的教練指導語言，讓你的運動員可以在路上的每一步裡收穫回饋。

道路地圖

每位教練在健身房地板上找到自己的位置時，我在房間前方找到我的位置。看到整個團體剛結束課程的最後一個活動，每個人討論著他們在自選動作裡想到的提示與類比時，房間仍然充滿著能量。

這個課程從各方面來說都很成功。參與度很高，簡報呈現很清楚，活動裡充滿關於教練指導語言細微之處的豐富討論。我做到了我來時要做的事：我教，他們學習，至少我想是這樣。

在整個團體終於安靜下來，許多臉孔像一片大海似地仰望著我，等著我的結語。在提醒他們現在他們有工具可以批判性地評估並升級他們的教練指導語言後，我問他們是否有任何問題。

在蹣跚穿越暫時的沉默以後，一個年輕人終於開口了，對整個團體宣布：「對，我有個問題。」他繼續說道：「我兩年前上了你的課，然後就像今天一樣，我發現這些資訊很有用。然而我的問題是我接下來應該做什麼，確保這些觀念在我實際指導的時候，還牢記在心？」

我想都沒想，就開始給他我的制式回應，講的是「這只是開始」，還有他會如何需要「到外面的世界去練習」，但接著我猶豫了。我領悟到我忽略了一個相當重要的細節：他已經上過這門課了。而且，要是我那套說詞，「進入這個世界，把它變成更美好的地方」那時沒生效，現在又怎麼會突然就有效了？

我很快地從評論重新導引到問題上，並且要求那位教練解釋他第一次完成課程以後做了什麼。那位教練思索了一下這個問題，接著分享道：「兩年前我完成這門課時，我很渴望開始在我的教練指導中使用外在提示跟類比。在前幾週，我為此努力工作；然而我注意到，每次我想不起好的提示時，我就會回去使用我用得很自在的那些提示，其中許多提示是內在性的。在大約一個月後，我就重回我舊有的提示方法了。」

在我反省這位教練的回答時，這段話的熟悉感讓我一驚。從飲食到運動，存錢到戒菸，人有多常在一開始具備了要怎麼做某件事的知識，還有去做的明顯動機，卻在舊有習慣的引力之下崩潰？改變你如何做教練指導的方式，為何會有任何不同？原則上，我們的教練指導習慣就跟我們的睡眠

習慣、飲食習慣、開車習慣，還有另外一千種構成行為、定義出我們是什麼人的習慣一樣。振聾發聵的真相是，直到那一刻以前，我一直堅信我的話語就足夠改變那些教練使用的話語了。

我不想用一句「喔，這需要時間」或者「耐性與練習是關鍵」來打發掉這位教練的弱點，我採取一個稍微不同的方法。我想起在課程中有另一位教練，那天她的類比似乎讓她所屬的小組深感著迷。我很有興趣看看我們或許能從她的教練旅程裡獲得什麼，就請她告訴我們，她如何變得這麼明顯地擅長創造類比。房間裡的每個人都異口同聲表示興趣，而這位教練說道：「唔，我兩年前也上過你的課，然後發現這些訊息非常有幫助。我總是很享受使用類比，而且發現客戶們對此反應良好。這門課支持我的直覺，並且給我工具去創造類比，而不是等著它們從我心裡蹦出來。」感覺到整個房間的人還想知道更多，我請這位教練帶領我們走一遍她發展這個技巧的過程。這位教練繼續說道：「起初這種改變感覺很費力，而且有時當我嘗試當場想些新提示的時候，會很不自然；然而我堅持下去，我知道益處勝過付出的代價，而在幾個月之後，我的語言轉換到我不再需要去想，就能做得到的地步。」

在此，我們有這兩位教練分享了類似的一組經驗。他們在同樣的健身房裡工作，上過同樣的課程，然後帶進了同樣的訊息。那麼為什麼其中一個教練勝出，改變了行為，另一個卻承認敗北，轉回他舊有的提示方式？雖然這個結果可能有許多理由，我們可以確定一件事：答案有很大一部分，是活在行為改變的科學之中。

習慣本能

有多少次你讀一本書、上一堂課或參加一場研討會，然後說「我愛這個；我要立刻開始應用這些觀念」，結果只發現你直接打回原形，不確定到底是從哪裡開始支離破碎的？同樣地，有多少次你看到一位運動員沒能調整他們的飲食、恢復或睡眠習慣，儘管他們已經準備好教育、計畫與當責機制？真相很簡單：行為改變對每個人來說都很難。而我們這些教練，雖然大半光陰都耗在設法幫助他人改變習慣，這不必然表示我們有更擅長升級自己的習慣。

所以說，為了把這些話語從紙上拿起來，放進你的運動員腦袋裡，我們需要討論你要如何在必要的程度上，著手升級你的教練指導語言。為了做到這一點，我們會拿出紙筆，開始規畫一堂課來換換口味，幫助你創造一張道路地圖，這張地圖會引導你從「我將會」到「我就是」的旅程。

一個習慣誕生了

在《原子習慣》（*Atomic Habits*）（1）這本高度實用的書裡，詹姆斯・克利爾（James Clear）把習慣比擬成原子，說明習慣怎麼會是行為改變最小又最直接可控的單位。為了看到這一點，請想像你認為（不）健康的人的畫面。為了理解他們的行為，我們會需要深層探究成為他們行為基礎的

奇特習慣。為了做到這一點，我們首先會把他們的行為分解成影響健康的種種範疇，像是飲食、運動、睡眠、壓力管理以及工作─生活平衡。我們會接著把每個範疇分解到它的相關習慣裡，在飲食的例子中，可能包括他們的早餐、午餐、晚餐跟零食習慣。一旦我們處於習慣的層次，選擇與行動就變得可觀察，並且因此可以接受分析，也有可能改變。

查爾斯·杜希格（Charles Duhigg）在他受到評論家盛讚的著作《為什麼我們這樣生活，那樣工作？》（*The Power of Habit*）（2）之中，把習慣定義成一種選擇，一度很刻意而有意識，現在卻變成某種我們想都不想就自動做出的事。像這樣，習慣代表我們在探索人生最常見的環境狀況時，做出的反射性選擇。從我們早上剛起來時做的事（例如檢視手機、去跑步或者冥想），到我們快上床前做的事（例如看電視、洗熱水澡或者讀本書），習慣代表了我們的預設值。然而如同杜希格指出的，起初習慣成形完全不是反射性的。無論我們是在學習如何騎腳踏車，或者嘗試改善我們的教練指導語言，在面對需要我們做決定（移動到這邊或那邊；說這個或那個）的新處境時，我們必須付出相當大量的努力與專注。只有在那個選擇的重複已經累積起來，新鮮感已經消散以後，我們才能夠用不花心思的輕鬆態度做出那些舉動。

這應該聽起來很熟悉，因為這基本上是我們在運動學習方面討論過的相同過程。事實上，習慣形成被認為是內隱學習（implicit learning）的一種型態，如同你會回想到的，這種學習不需要我們的外顯知識（explicit knowledge）或許可。這就是為什麼如果沒有刻意控制，可能會出現為我們的即時慾望（「再來一個＿＿又沒關係」）而非最佳利益服務的習慣。這裡並沒有什麼邪惡的事物在起作用，我們並不是一邊肩膀上有惡魔、另一邊肩膀上有天使，反而是大腦在做它被設計出來要做的事。大腦會建議通常很安全、簡單又立刻能得到滿足的解決方案：**在我們可以叫披薩的時候為何要煮飯；那封電子郵件可以等，先看看我們的自拍照得到多少個讚了；我們可以明天再開始上健身房，讓我們多睡一會吧**。如果我們夠常遵循這個內在的聲音，關於這個決定的記憶就會被建構、自動化，然後移入我們的無意識中保存起來──一個習慣就誕生了。

一旦一個習慣完全成熟，不再處於有意識心靈的監督之下，它就會一直埋在那裡，在幸福的無知下運作，直到我們決定把它挖出、撬開來修補一番為止。然而身為教練，我們獨具資格，可以去評論這番修補能有多困難。無論是一個動作還是一個習慣，都沒有差別；一旦在心裡根深柢固了，就難改得要命。事實上有許多人會主張，我們無法改變深植於心的東西；我們反而只能設法說服大腦，提倡一下某個比較好的習慣：**打包一份健康的午餐，組織我們的日程表，上床以前冥想**。雖然引進新習慣、壓倒舊習慣可能很有挑戰性，卻不是不可能。要開始著手，我們只需要了解是什麼讓這些自動化決定起作用。

習慣迴路

一個習慣的核心，就是一個決定。這是決定做一件事，去跑步，而不是另一件事，打開電視。

免不了的是，如果你在下班回家時一直做出同樣的選擇，去跑步，那麼我們就可以說你發展出一個習慣，在這個例子裡，就是在你下班回家時去跑步。問題是為什麼？為什麼某些人繼續選擇他們的跑步鞋，其他人卻選擇他們的遙控器？

　　為了回答這個問題，我們會回去談詹姆斯・克利爾（1）還有查爾斯・杜希格（2）的作品。兩位作者都講到習慣形成的四個基本階段。第一個階段是**提示**。對，沒錯。在能做出決定之前，某事物需要在我們心裡，或者在物理環境中，提示我們去行動。對於我們的跑者來說，提示可能是他們到家時放在門裡的跑步鞋，同時我們的電視狂熱分子可能住在一棟公寓中，所以電視機是他們進自家門戶以後看到的第一樣東西。

　　原則上，提示的工作是觸發第二階段——渴望（craving），借用詹姆斯・克利爾的一句話，渴望「是所有習慣背後的動力」。如果賽門・西奈克（Simon Sinek）要描述一種渴望，他會說這就是習慣的「為什麼」，是它的目的，它的存在理由。就是渴望在驅策我們去採取必要行動，以便得到滿足。像這樣，我們的跑者可以靠跑步滿足許多渴望。也許他們享受跑者愉悅感的狂喜，就像一個人刷過牙以後輕微刺激的整體感受，或者也許他們熱愛冰淇淋，用繞著街區奔跑，來合理化他們每天晚上吃下的那杯薄荷巧克力脆片口味。同樣地，我們的電視觀眾可能很渴望暫時緩解工作帶來的心理負荷，就像他們渴望來自狂看網飛最新影集的喜悅一樣容易。到頭來，渴望本身並不重要，只要它為我們的第三階段「回應」（response）提供足夠的激勵性刺激就好，而回應就只是實踐這個習慣的過程而已。

　　一旦照著回應行動了，就觸發我們的最後階段——獎賞（reward）。實際地說，獎賞就是滿足渴望的東西；它是目標的達成，是營養穀片盒子底部的獎品。因此，我們那位渴望跑者愉悅感的跑者，在跑步後得到腦內啡飆升的獎賞，而我們渴望暫時緩解心理負荷的電視觀眾，每次沉迷於最愛節目的虛構故事時都得到獎賞。在兩個例子裡，如果獎賞夠強有力，渴望就再度充了電，準備好在我們的跑者與觀眾再度下班回家的時候提示他們。

　　就像少了一條腿的桌子，一個習慣就算只錯過了其中一個階段，也會變得無法維持下去。呼應這一點，詹姆斯・克利爾（1）講到下面這些話。

> 這四個階段缺其一，行為就不會成為習慣。去掉提示，習慣根本不會開始；去掉渴望，就沒有足夠的動機去行動；行為過於困難，就沒辦法執行；而若是獎賞未能滿足慾望，未來就沒有理由再做一次。少了前三個步驟，行為不會發生；少了第四個步驟，行為不會被重複。（p. 129，中譯本 p. 69）

　　整體而言，這四個階段參與了查爾斯・杜希格（2）所說的習慣迴路：一個迴路在一項渴望被提示激發時開始，然後在反應得到獎賞時完成。而且，就像任何回饋迴路一樣，提示越常合乎預測

地帶來期望的獎賞，習慣就會變得越強烈。現在，如果這個習慣是正面的，就說是打包一份沙拉當午餐吧，你不太可能太過關注給予此事動力的提示、渴望與獎賞。然而，如果工作上的一個轉換，意味著你開始用你的綠葉蔬菜來交換公司提供的自助餐，那麼你可能就突然發現自己對習慣迴路的細節感興趣了，要是每次這麼做都開始同時獎賞你的腰線跟味蕾，就更是如此。先不論戲劇性的變化，如果我們承認自己的其中一個習慣需要調整，那麼我們必須做的第一件事，就是指認出提示，還有讓提示能夠起作用的獎賞。唯獨如此，我們才能開始修改每個階段的過程，直到新習慣形成為止。

提示的習慣

現在既然我們理解習慣是如何形成的，我們就可以開始設計我們用來升級自身習慣的道路地圖。為了做到這一點，我們首先必須決定我們想要促成改變的是哪個習慣，而在我們的例子裡，這會是**提示的習慣**。因為這是教練們既有的習慣，我們不需要嘗試創造一個新行為；我們反而只要去探索掌控現有動作**提示**方法的提示、渴望與獎賞。

是什麼在提示你做提示？

我想可以公平地說，你不會覺得第一個問題很難回答。原則上，我們的工作是幫助我們的運動員動得更好。所以，要我們做出提示的提示，就是我們的運動員實體的存在，還有他們的期待：我們會提供他們資訊，這些資訊會幫助他們更精準地執行某個動作，而且表現得更好。

你可以想到任何其他觸發物，會提示你去做出提示嗎？

_____

_____

_____

你的提示嘗試滿足的是什麼樣的渴望？

雖然這個問題的答案可能看似很明顯，這裡有好幾種可能性。第一種可能的渴望，是讓你的提示正面影響動作本身的慾望。在這個例子裡，如果一位教練的提示導致協調或表現上的正面轉變，那麼渴望就會得到獎賞與強化。第二種可能的渴望，是感覺你跟你的運動員好像有連結，而且你被理解了。在此，一位教練是在尋求指出運動員理解提示，並且重視教練貢獻的回饋。雖然你可能想到其

他渴望，這些是最有可能的選項，因為一種渴望聚焦於贏得動作本身，而另一種渴望則聚焦於贏得人心。

你可以想到你的提示嘗試滿足的任何其他渴望嗎？

_____

_____

_____

你用的是哪種提示（反應）？

在前六章裡，我已經建立了充分論據，說明動作在有外在提示或類比前導的時候效果最好。然而，如同你現在知道的，我們許多人因為機緣或選擇，到頭來提倡內在提示的程度，遠超過證據（還有我個人的經驗）建議的程度。因此，重要的是誠實檢視你現在做提示的方法，並且確認它落在提示連續體之中（第四章：內在↔外在↔類比）。藉著這麼做，我們就能夠篩選我們現有的提示習慣，並且在過程中找出哪個特徵需要維持、更新，或者徹底廢棄。

用右方的圓餅圖，畫出你覺得代表你現有提示方法所占的部分與相關百分比。我把我自己的圓餅圖也畫出來，當做一個例子。

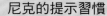

尼克的提示習慣

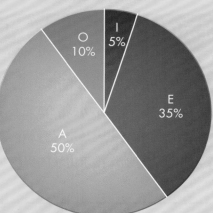

你的提示習慣

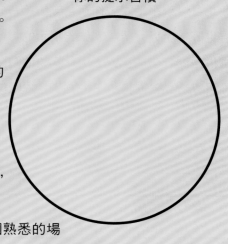

○＝其他：並沒有顯著指向動作的陳述。舉例來說，普遍性的鼓勵（「咱們上！」），聚焦的陳述（「現在該專心了」），還有激勵性質的促發（「你已經為此努力工作了」）。

I＝內在提示：這種提示促發肢體動態、關節動態或肌肉活化。

E＝外在提示：這種提示促發一種焦點，針對的是一項結果，或者為了達到一項結果而與環境進行的一種互動。

A＝類比：這種提示促發一個心象，把這個動作比擬成一個熟悉的場景、限制或物體。

你的提示設法達到的是什麼樣的獎賞？

一旦你概述了你的渴望，原則上你就已經概略說明你欲求的獎賞。在這樣的狀況下，假定你的渴望符合先前提到過的那些，你追求的獎賞應該會包括協調、連結或兩者的正向轉變。請記得，如果我

們清楚理解到我們渴望的獎賞，我們就會更新我們的反應、我們的提示，以便達成目標。然而，假設我們唯一渴望的獎賞，就是個人的滿足，也就是說只追求提示對我們（教練）自己來說很合理，而忽略了要注意訊息對運動員的影響，那麼要是我們的語言並不精確、需要調整，我們就無法吸收到我們需要知道的資訊。我們在第一章就討論過這一點，強調從運動員移動的方式上尋找我們造成的影響反饋，利用沉默組數來檢視學習狀況，是很重要的。

如果是否有獎賞對你的提示方法有影響的話，有多劇烈？＿＿＿＿＿＿＿＿＿＿＿

＿＿＿＿＿＿＿＿＿＿＿＿＿＿＿＿＿＿＿＿＿＿＿＿＿＿＿＿＿＿＿＿＿＿＿＿＿

＿＿＿＿＿＿＿＿＿＿＿＿＿＿＿＿＿＿＿＿＿＿＿＿＿＿＿＿＿＿＿＿＿＿＿＿＿

　　如果你還沒意識到，我會想要請你注意這件事：具體來說，在這本書以及我們對教練指導語言的討論脈絡中，如果你去思考，就知道我們的提示習慣迴路，實際上就活在我們的教練指導溝通迴路裡（見第四章）。也就是說，運動員用身體執行動作，也就是「做它」這個部分，提示我們要想出一個**提示**給他們下回練習用，要「**提示**它」，而其中的內容是反映了我們渴望在運動員身上看到的改變，這個部分接著會在下一回練習（「做它」）還有後續的討論（「**匯報**它」）之中得到（或沒得到）獎賞。簡單地說，我們的短迴路，「提示它」、「做它」與「匯報它」，就是我們的習慣迴路。而如果我們要改變或者升級這個習慣，我們就需要讓一個行動計畫就定位。

習慣升級：一個三步驟過程

　　概述過我們的提示習慣迴路構造之後，我們現在可以考慮一個三步驟過程，讓你可以用來啟動改變，這種改變將必定會成為你的新常態。每一個步驟都有個推薦的建議時程；第一步驟，**觀察**，為時一週；第二步驟，**行動**，為時四週；第三步驟，**成為**，代表的是之後的所有時間。我希望這個計畫能提供你的策略與指引，就是我當初學習如何重設提示習慣時恨不得有的東西。

第一步驟｜第一週｜觀察

　　雖然我先前要求你反省你現在怎麼使用提示，讓你用圓餅圖上的百分比來代表，但事實上，除非你觀察到你的提示習慣如何實際運作，你無法真正理解它們。為了做到這點，你可以採用下面的一個（或多個）策略，費力程度從低排到高，越費力，觀察精確度越高。一旦你辨認出對你來說最佳的單一或多個策略，請利用第一週來觀察你的提示習慣，並且建立基線。

▶ 策略一：思考它

在此你所需要的是在心理上觀察你自己的實作狀態。請聚焦在你的教練指導迴路中的「提示它」成分，花時間注意你的語言分量與品質，如何影響你的運動員移動的方式。為了引導這個自我反省的練習，請在每次訓練時段結束時、或者至少在每個訓練日結束時，回答下面這些問題。

- **分量**：平均來說，我在指導我的運動員（們）動作時，我用了多少個提示？
- **品質**：在指導我的運動員動作時，我用的是哪一類的提示？
- **影響**：我的提示在改變我的運動員（們）動作的方式時，效率跟效果有多好？

在你開始思考這些問題的答案時，請注意脈絡對於你如何溝通造成的影響。你說得多還是少；強調內在還是外在提示；是奠基於你人在體育館還是球場上；跟新手還是專家一起工作；是指導一位傷癒回歸的運動員，還是一位準備比賽的運動員？到頭來，在我們的教練指導迴路中，相對於先前的「**描述**它」部分，我們是在嘗試找出觸發你在「**提示**它」部分中過度提示、或者錯置內在語言的環境。

▶ 策略二：把它寫下來

雖然每個人應該都能夠推展策略一，你們某些人會很希望能採取更嚴格、可能也更精確的方法。在這個狀況下，你還是會抽檢你的提示分量、品質與影響；然而這一次，你身上會帶著一本筆記本，並且回答下面的問題（見下頁），理想時間是在每節訓練課結束時，或者至少是在每個訓練日結束時。請記得，這些問題是特別瞄準了你的教練指導迴路中的「**提示**它」成分。

對於每個問題，給你自己一個介於 1 與 10 之間的分數，然後相加，滿分是 50 分。你的分數越高，你現在的行為越符合這本書裡討論的推薦作法。值得注意的是，你會花上幾節訓練課，你的分數才會穩定下來。一旦你確認這個穩定分數以後（假定是 35 分），你就有我們先前所說的「你的基線」（把你的分數加倍，把它看成百分比：例如 $35 \times 2 = 70\%$）。手上有了你的基線分數，你就可以策略性地用這個自省練習活動，追蹤歷時性的進展。

| 訓練時段提示反省 | | | | | | | | | 總分／50 _____ |

在做提示時，我主要使用外在語言跟類比。

🔋 1　　2　　3　　4　　5　　6　　7　　8　　9　　10 🔋

我的外在提示對於運動表現有正面影響。

🔋 1　　2　　3　　4　　5　　6　　7　　8　　9　　10 🔋

我的類比對於運動表現有正面影響。

🔋 1　　2　　3　　4　　5　　6　　7　　8　　9　　10 🔋

我一次提供一個提示，把資訊過載壓到最低程度。

🔋 1　　2　　3　　4　　5　　6　　7　　8　　9　　10 🔋

我的運動員（們）理解我的提示，並且跟這些提示有連結。

🔋 1　　2　　3　　4　　5　　6　　7　　8　　9　　10 🔋

▶ 策略三：把它錄起來

　　雖然策略二可以很有影響力，卻還是會受制於記憶錯誤。在這種狀況下，要加強你自我反省的嚴格程度，你還有另一個選擇，可以在第一週記錄一次或更多次你的訓練時段。這麼做的時候你可以拍影片跟錄音，這樣會需要設備，而且通常需要由第三人拍下這節訓練，或者由你自己用手機上的錄音app跟能連上耳機插孔的外接麥克風[1]。無論你選擇哪種方法，你都會有訓練時段的紀錄，你接著就可以用策略二裡概述的五個問題來加以分析。或者，你們之中有時間跟興趣的人，可以真的去點算你們在訓練時段中使用的內在提示、外在提示跟類比數量，對於你在那一節訓練中展現的提示習慣，提供精確的解析。

第一週總結

　　第一週的目標，就只是列出每個促發對於你的運動員移動的方式有何影響，藉此掌握你現在是怎麼做提示的。請注意下面的事：

- 哪些提示博得笑聲與點頭

---

1 在你錄下你的教練課時，請確保你得到你客戶、學生、運動員或病患的同意。這很重要，跟未成年人一起工作時尤其如此。

- 哪些提示最快改變協調性
- 哪些提示會有人向你複述，或者在團體之中重複
- 哪些提示，在可以選擇時，你的運動員們會自己想到

如果我們知道要往哪看，做為本書基礎的科學就會在你眼前出現。整體來說，這應該有助於讓看不見的東西變得看得見，讓你清楚理解自身提示習慣，並從而理解你想做的任何改變。

第一週的反省

隨著第一週結束，我想要你認知到，對於升級你指導動作的方式，你已經採取了第一步、也是最困難的步驟。你是否揭露了好幾個教練指導上的盲點、或者你發現你相當擅長給提示這種事，都無關宏旨；你現在有個地基，可以從上面開始成長。然而如果你不採取行動，這個機會很快就會消逝。因此，為了幫助你把你第一週的努力變現，我精心打造了幾個策略，將會幫助你漸進升級你的提示習慣。

 第二步驟｜第二至五週｜行動

雖然你們某些人會選擇突然就衝了，靠著蠻力改變你們的提示習慣，但大多數人會從比較循序漸進的方法中獲益。不管你選擇的途徑是什麼，我都已經設計好兩種能一路幫助你們的混合策略。第一個策略，**替換**（swap），是打算幫助你（重新）組織你既有語言的置物櫃，而第二個策略，**準備**（prep），則著重於幫助你升級你放進櫃子裡的未來語言。

▶ 策略一：替換

對於第一個策略，我不希望你把焦點放在想出新提示上。你反而要致力於（重新）組織你既有的教練指導語言。為了做到這件事，我要你回頭思考第四章的教練指導迴路。如同你會回想到的，我們提過在描述一個動作時，內在跟外在語言都可以用，但在做提示的時候，外在語言跟類比應該優先。這確保了運動員理解要做什麼（「**描述**它」）還有如何做（「**提示**它」）。然而要是你容許太多內在語言滲漏到你的提示裡，可能會造成問題，讓運動員具備的知識多過於技術。

為了克服這個普遍的問題，我要你在你的提示習慣上施展一個魔術手法。在接下來兩週裡，在你的教練指導迴路的「**提示**它」成分中，請注意你何時使用內在語言而非外在語言。如果你發現自己給一位運動員內在提示，別擔心，而且不用糾正；就讓那個提示繼續運作，然後看看運動員有何反應（第一步驟中的問題會支援你在此做反省）。接下來是魔術手法的部分：清楚知道你的運動員對內在提示如何反應以後，我要你在他們的下一組訓練前，把它替換成一個可以相提並論的外在提示（或類比）。為了示範你可能如何做到這件事，請考慮下面的範例，其中概述了一個寬握引體向

上的提示替換。

　　這個替換為兩種目的服務。首先，它會提供你一個自然的機會去比較內在與外在提示，再者，光是一個內在提示出現，就會開始觸發你把它拿去替換一個對等的外在提示，在後續訓練組數中使用。到頭來，你的目標是逐漸讓你的內在語言移動到教練指導迴路的「**描述**它」成分裡，容許你的外在語言跟類比成為「**提示**它」成分裡唯一的房客。

第一組｜內在提示

「在拉到頂的時候，下壓妳的肩胛骨然後再回去。」

對調

第二組｜類比

「在拉到頂的時候，就像一個老派的大力士那樣折彎橫槓。」

　　這裡是某些值得記起來的實用訣竅：

- 如果你有紀律地一次只提供一個提示，效果會最好。

- 只要內在語言後面跟著一個外在提示或類比（例如「要跳得更高，你會需要用更快得多的速度延展你的腿。為了做到這點，我要你把焦點放在**炸出地面**，就好像你打算碰到天花板」），你可以繼續使用內在語言。

- 外在提示勝過內在提示的益處，在新手身上會比在專家身上更明顯可見。這有一部分是因為事實上專家們更接近他們的運動表現天花板，因此比較難看到劇烈的改變。

- 並不是內在語言無法提升改善運動表現；它可以辦到，只是沒有達到外在語言的相同程度或一致性。這就是為什麼人這麼容易變得依賴內在提示，因為它們會引誘你陷入一種虛假的安全感中。

　　在兩週結束時，如果你堅持一致，應該會成功地組織好你的語言置物櫃，「**描述**它」的架子上

放了內在與外在語言,「**提示它**」的架子上則有外在語言跟類比。隨著春季大掃除完成,我們現在可以把注意力轉換到下一些策略,這些策略會幫助你升級並自動化你日益壯大的外在提示與類比庫存清單。

▶ 策略二:準備

藉著評估跟改編你現有的提示方法,你已經建立了一些心靈掛鉤,可以把建立外在提示的模型(第五章)與類比(第六章)掛在上面。這時候,我們幾乎準備好在現場情境裡應用這些策略了;然而在我們奔跑以前必須先走路,而在我們的例子裡,這意味著嘗試在一節訓練中當場構思提示以前,我們要先為一節訓練課精心打造我們的提示。

這件事就跟聽起來一樣簡單。在最後兩週裡,對於你切入訓練前計畫的方式,我要你做出兩個小小的調整。我希望你做的第一件事,是在現有的練習、練習組、練習次數外補上一個**提示欄**[2],並且填入現在組成你的課程模板的欄位(見下頁表7.1)。對於你們之中使用表格系統(例如Excel)來設計課程的人來說,應該很容易;然而要是你在使用某種課程設計軟體,你可能沒這種功能可用。如果你的狀況就是這樣,那我建議你在用來做自我反省練習的同一本筆記本裡,寫下你的提示。或者,你可以創造一個跟表7.2描繪得差不多的提示格。一旦你為你剛創造的提示找到一個家,我希望你做的下一件事,就是指出你何時、在哪裡創造這些提示。要做到這點,我希望你指出一個觸發物(會提示你去規畫提示的東西)、一個時間(你會規畫提示的時間),還有一個地點(你會規畫提示的地方)。這裡有個範例:

觸發物:*每週的手機提醒—課程設計*
時間:*星期三,從下午兩點到四點*
地點:*最愛咖啡店的桌子*

現在輪到你了。花點時間指出你規畫提示的觸發物、時間跟地點。

觸發物:_____

時間:_____

地點:_____

---

2 重要的是,進入提示欄的提示事實上就是提示,而**不是**描述性的語言。提示與描述之間的差異釐清,請見第四章跟本章後面的〈提示格〉小節。

一旦你在你的日程表裡創造出空間來計畫你的促發詞，你就準備好開始使用我們的模型來設計新一代的提示，來陪伴你長期使用的語彙了。然而請注意，如果你還沒讀過第五章跟第六章，我會鼓勵你回去讀，讓自己熟悉我們的提示創造模型（請見175頁的圖5.2跟220頁的圖6.1）。

表7.1　包括整合提示欄的課程範例

動作名稱	組數	次數	負重	提示或類比	
A 前蹲舉	1	6	150 磅（68 公斤）	1	4
	2	6	160 磅（73 公斤）	2	5
	3	6	170 磅（77 公斤）	3	6
A 寬握引體向上	1	6	+15 磅（7 公斤）	1	4
	2	6	+20 磅（9 公斤）	2	5
	3	6	+25 磅（11 公斤）	3	6
B 單手單腳啞鈴羅馬尼亞式硬舉	1	8	50 磅（23 公斤）	1	4
	2	8	55 磅（25 公斤）	2	5
	3	8	60 磅（27 公斤）	3	6
B 單手啞鈴臥推	1	10	35 磅（16 公斤）	1	4
	2	10	40 磅（18 公斤）	2	5
	3	10	45 磅（20 公斤）	3	6

表7.2　概述並錨定提示到一個特定動作及其相關動作錯誤或階段的模板範例

動作名稱		
動作階段或錯誤	外在提示	類比
1	1	1
	2	2
	3	3
2	1	1
	2	2
	3	3
3	1	1
	2	2
	3	3

這裡有些該記起來的實用訣竅：

- 在你只為了有新提示，而太執著於設法想出新提示的時候，先寫下你現有的外在提示與類比會有所幫助。
- 在利用這些模型來想新提示的時候，心中有個常見動作錯誤或階段，或者替一位特定運動員設計提示會有所幫助。
- 這個策略應該要使用超過兩週以上。在記錄你的提示時，你建立了一個名符其實的語言置物櫃，並且持續地改善你創造提示的能力。

第二至第五週總結

利用模型來計畫你的提示，有個正面結果是，嗯，你會變得非常擅長利用這些模型。在某方面來說，這就像是你的心靈下載了一種新軟體，就很像尼歐剛脫離母體的時候下載了功夫（編按：見電影《駭客任務》）。而就像尼歐必須藉著跟莫菲斯打鬥來學習如何駕馭這個新技巧，在你學習如何憑空創造提示的時候，你也必須參與你自己的心靈戰鬥。不過一等到這個軟體徹底下載完成，你就會發現你會停止使用這個模型，反而是這個模型會開始使用你。頃刻之間，你會知道一個提示的**距離**是近還是遠，**方向**是朝向或是遠離，**描述**是行動還是類比。你不必思考就能夠操縱一個提示，直到它能為運動員還有他們在學習的動作服務為止。

第二至第五週的反省

我很希望自己能告訴你，這個改變會在剛好過了十四天、六小時五十四分的時候發生；然而學習不是那樣運作的。我能告訴你的是，你在我們前面的策略上下越多工夫，你就會發現你對語言的控制力越好，可能速度也越快，就像尼歐在母體裡的狀態一樣。到頭來，如果你想要學會如何照你的意思來形塑語言，你必須接受挑戰，花費時間，並且擁抱伴隨改變而來的不適。

 第三步驟｜第六週之後｜成為

為了解釋最後這個步驟，我想再度提起詹姆斯・克利爾的《原子習慣》。在克利爾分享的所有寶貴洞見之中，我發現他對**習慣×身分認同**的互動所做的討論，是最能讓人脫胎換骨的。在討論習慣改變的時候，克利爾概述了三個層次，他類比成「洋蔥的三層皮」（1）。

外層代表**結果**，是一個人希望靠著改變習慣達成的目標。在我們的例子裡，結果會包括改善的協調性、連結跟表現。中層代表**過程**，就是定義出這個習慣的策略、反應。在我們的例子裡，過程被定義為在提示時聚焦於提倡外在語言跟類比。內層代表**身分認同**，這反映了賦予這個習慣意義的信念與價值。在我們的例子裡，跟先前提到的結果與過程相關的身分認同，是重視真實、成長與追求教練指導卓越性的身分認同。

在總結這些層次的時候，克利爾（1）陳述「結果關乎你得到什麼，過程關乎你做了什麼，身分認同則關乎你相信什麼」（p. 108，中譯本 p. 47）。克利爾繼續論證說，許多改變行為的嘗試之所以失敗，是因為過度聚焦於改變結果與過程，卻不夠重視改變身分認同。本質上，我們以我們做出的每個決定，表現出我們的身分認同、我們重視什麼。因此，如果我們想要改變一個習慣，我們必須改變激勵這個習慣的身分認同。

因此，如果你想要你的提示習慣徹底向這條新的道路投降，你必須對這本書裡勾勒出來的觀念有真誠的信念。你必須承認，這不是關乎一次性的教練指導策略；這是關乎變成一個更好的教練。而且原則上，這正是步驟一跟二被設計出來要幫助你做到的事。一旦你相信並且信任這些提示概念，你就準備好部署它們，讓它們活在你的訓練時段裡了。你準備好自由發揮、隨機應變，並且在運動員結束一次練習，期待你分享洞見，讓下次練習表現更好的那幾秒之間，使用我們的提示模型。既然在準備一節訓練的時候已經決定採用我們的模型，你現在就準備好在訓練時段中開始使用它們了。

在接下來幾週，如果你還沒使用我們的提示創造與改編原則，我會希望你開始在訓練時段裡啟用它們。這表示根據需要改變你提示中的距離、方向或描述，即時創造類比，並且修改那些類比來符合個人需求。藉著採取這個最後步驟，你是在引進一個核心成分，來穩固你的新提示習慣——就是脆弱性。你在行為上表明，你對升級教練指導語言的重視程度，勝過你害怕改變帶來的不適。

可以確定的是，你會犯錯；你會覺得不自在；你有時候會聽起來很傻。這是正常的。每次你擁抱一個錯誤，你就擁抱了脆弱性；而只有透過脆弱性，你才會警惕到你的提示習慣，指出你正致力於轉變，無論如何都要變。我向你保證，如果你維持這個路線，你的語言會適應，你的運動員也會因此變得更好。

釣出提示

我們全都聽過這句老話「給人一條魚，你只餵飽他一天；教他釣魚，你餵飽他一輩子」。身為教育家，我盡我所能奉行這句話。然而這樣做並不總是很容易，許多人都偏愛迅速的解決方案：「告訴我要做什麼」，「給我工具」，「做那個練習給我看」。而說實話，在你考慮到跟我們處理資訊的能力相比，我們必須處理的資訊有多大量，迅速解決方案是很有道理的。

因此我承認，讀一本書，還有嘗試改變對許多人來說是多年不變或不曾注意的根深柢固行為，需要不尋常的努力。然而要是你正在閱讀這些文字，你就已經違反本性，致力於困難的道路，並且放下了你對於迅速解決方案的天生偏好。話雖如此，剩下來要走的路還很長。而我雖然很有信心，你現在有道路地圖跟技巧可以探索前方的路，毫無疑問，你沿路會需要幫助。

在許多方面，我們就像是充滿抱負的漁夫。雖然學習釣魚是我們的目標，要是我們在達成目標

的路上餓死了，我們的目標就變得無關緊要了。基於這個理由，我覺得要提供你等於一冰箱魚的提示方法很重要。在接下來三章裡，我想邀請你踏進我的教練指導心靈，探索我個人的語言置物櫃，拿走你需要的任何東西，來演化出你自己的提示。

這幾章分解成肌力（第八章）、爆發力（第九章）與速度（第十章），給你一個機會去探究二十七種動作的提示格（cueing grid）。運用教練指導溝通迴路的結構（第四章）做為指南，每個提示格都反映了我們在這整本書裡已經討論過的原則與模型。為了確保你從接下來三章裡盡可能吸收最多東西，我會對你徹底說明提示格的邏輯，並且帶著你走一遍某些例子。

提示格

每個提示格都被分解成兩小節，並且用三頁篇幅展示。第一節的第一頁，對應到我們的教練指導迴路中的「**描述**它」＋「**示範**它」成分，並且提供描述一個動作用的建議語言。第一節又進一步

上肢推／橫向｜雙臂啞鈴臥推
描述它 + 示範它

準備語言

坐：「在選擇適當重量之後，為了安全請使用輔助架，坐在重訓椅邊緣，並且握住啞鈴，好讓它們以垂直位置放在兩條腿上。」

動：「坐直，確保你握好了，藉著緩緩往後擺動把啞鈴帶到起始位置，同時用你的腿把啞鈴推到定位──左……右；一……二。」

放平：「現在啞鈴在你的肩膀上方了，把下背部壓在重訓椅上，藉此放平並拉長你的身體。」

繃緊：「讓你的膝蓋微微外翻，跟你的身體呈現 Y 字型，同把你的腳跟放在你的膝蓋正下方，往下踩進地面。」

執行語言

姿勢：「在你往地面推的時候，你會感覺到要拱起背部的衝動。把那種緊繃感集中在你的軀幹上，保持剛硬，就好像你正要接住一拳。」

放低（吸氣）：「保持啞鈴水平，緩緩把它們往下拉分開，就好像它們是靠一條輕彈力繩連結著。讓啞鈴安置在一個舒服的深度，好讓它們跟你的胸部中央對齊。」

舉起（吐氣）：「維持緊繃感，把啞鈴推向天花板。」

分解成準備語言（Setup Language），提供一位教練可以用來確保運動員在動作前處於正確位置的語句，還有執行語言（Execution Language），提供一位教練可以用來描述動作應該如何進行的語句[3]。

　　雖然準備語言會基於動作型態而有所不同（例如臥推需要的準備步驟比垂直跳更多），執行語言卻是遵循一套公式。具體來說，在執行中，你總是會看到一個對於姿勢的描述，因為每個動作在某種程度上，都受到姿勢控制的限制（見第五章中的**位置先於模式**）。從姿勢裡，你會看到對於動作每個階段的描述，在此**階段**被定義為一條持續的動態路徑。舉例來說，臥推有兩個階段：一個放低階段，這時重量從起始姿勢開始放低，還有個舉起階段，重量接著被舉回原位。相對來說，垂直跳有三個階段：一個蓄力階段，這時運動員迅速地讓自身重量往下；一個爆炸階段，這時運動員迅

3 透過準備語言跟執行語言這些次小節，你們會看到內在與外在語言的混合。這種語言的混合，符合我們對於占據教練指導迴路中「**描述它**」成分的語言所做的討論。然而我要你們注意，這裡還是強烈地強調外在語言與類比。在這種狀況下，如果有更簡單或者更有趣的措辭方式，不要覺得你好像非得用過量的內在語言。

速地往上炸開；然後是一個落地階段，這時運動員從跳躍中落地[4]。第一節以連續動作做結束，描述性語言以這個連續動作為基礎，提供一個視覺性的範例，指出一個人可能如何示範動作。

　　第二節，在第二頁，對應到我們教練指導迴路的「**提示**它＋**做**它」成分，並提供了兩種型態的外在提示。第一種型態的外在提示，古典提示（classic cue），為姿勢與每個動作階段提供了四種提示。每個提示都被設計成奠基於我們的3D提示模型（第五章）。因此，距離、方向跟描述在不同提示中各有不同。

4　你會注意到用來描述這些階段的詞彙，在八到十章裡會逐漸改變。這是因為要揀選最適合描述該階段速度的詞彙。在這種狀態下，**舉起**是用在速度較慢、奠基於肌力的動作上，**爆炸**則是用來描述速度較快、奠基於爆發力的動作。此外，我曾考慮過透過常見動作錯誤來組織動作提示；然而藉著階段來組織提示是個比較能夠普遍化的方法，而且透過以階段為目標，你也把那個階段常見的動作錯誤當成目標了。

第二種型態的提示，應用了我們在第五章的提示膠帶策略，展現了教練們如何能夠藉著把（提示）膠帶[5]貼在身上，引導最細微的動作模式。每一組提示前面都有一段膠帶應該貼哪裡的描述。接著這些提示描述膠帶應該被提示往哪裡動，從而引導身體的動作，內在語言在此不必要。

第二節在第三個頁面延續下去，概述一個對於姿勢與每個動作階段的類比。每個類比都奠基於我們的類比模型（第六章）。因此，這些類比都是以場景、限制或物體為基礎，同時每個類比都指涉到一個動作行動或屬性，或者同時講到兩者。

就像在第一節裡用一個連續動作做總結，每一組提示與類比都會被錨定在一組視覺畫面上。古典提示加上了一條生物力學線，來幫忙把一個扁平影像轉型成動態動作。提示膠帶把實際的標記放在身體上，加強你對於膠帶往哪去、還有它應該怎麼移動的理解。最後，我設計出豐富的視覺來反映可能實際躍上心頭的畫面，藉此讓類比變得鮮活起來。

你可能在納悶，我們的教練指導迴路中「**匯報**它」的成分到哪去了。別擔心；它並不是在第四章以後就被踢出隊伍了。現實狀況是，如你所知，匯報是個不固定的過程，提供教練與運動員機會去討論先前的動作。這個討論可能導致一個提示繼續留著、被更新或者徹底被換掉。在這種狀況下，對一個動作的進一步討論可能利用到第一節裡概述過的語言，同時從匯報中浮現的提示，會被應用到第二節中描述的語言裡。所以，沒有明顯需要第三個稱為「匯報它」的小節。

總結

要總結這個部分，讓我們先回去見見我們在這章開頭遇見的那兩位教練。第一位教練，如同你會記得的，他無法徹底實現他希望達成的習慣改變，第二個教練卻可以。鑑於我們現在對習慣（重新）形成已經學到的一切，我們可以如何解釋這些發現，可以給第一位教練什麼樣的推薦作法呢？

首先，在兩位教練上過我的課以前，第二位教練已經發展出利用類比的習慣。她已經發展出一種對於改善協調（獎賞）的渴望，通常隨之而來的是一個類比（反應）。原則上，她是帶著我們道路地圖中已經完成的第一步驟走進這堂課的，她覺察到語言跟學習之間的關係了。她也已經投入了某種版本的第二步驟，因為她已經把有效的提示行為整合到她的教練指導中。因此，她的提示習慣是建立在強健的基礎上，也因此她所需要的就只有把這個行為從隨機偶發轉換成自主選擇的策略。

另一方面，第一位教練在教練指導方面沒有投入相同程度的內省，因此這些資訊裡有很多部分他是第一次學到。他是在沒有道路地圖的狀況下追求一個目標。在這種狀況下，花一週反省他現有的提示方法（第一步驟），會讓他得到洞見；以教練指導迴路中的「**描述**它」跟「**提示**它」成分來

---

5 你會想起第五章裡提過的，你可以使用運動貼布。請注意，你在每次或每組練習裡應該只用一種膠帶方向。這意味著你會一次針對一個動作階段，無論如何這應該是標準作法。值得注意的是，在這樣做合理的狀況下，你可以用衣物當參照物，取代直接使用貼布（例如指涉鞋子，而不是直接把貼布黏在鞋子上）。

（重新）組織他的語言置物櫃，會讓他獲益（第二步驟：替換）；運用我們的提示創造模型來學習如何建立他的提示清單，會讓他得利（第二步驟：準備）。整體來說，這些步驟會發展他對概略性提示原則的信念，並且慢慢把他導入將會變成他的新常態的改變之中。隨著時間過去，他會開始有信心把這些原則帶進即時的教練指導場景中，嘗試他過去從未想到、或者潛在來說從未能自在使用的提示（第三步驟）。

雖然我沒能夠在當天給那兩位教練這些洞見，我永遠對他們感激不盡，因為他們的經驗確保了我不會讓你們失望。你們現在已經有了我擁有的一切。雖然毫無疑問，對於這個主題還有更多事情可說，我已經說了我能說的一切。因此，現在我該停止說話了，好讓你能夠開始。

肌力訓練動作提示

本章將包含九個通常用來發展肌力的動作，這些動作照著區域（上肢或下肢）、類型（推或拉）、上肢的方向（垂直或水平）還有下肢的位置（一條腿、兩條腿或者叉開）來組織。雖然選擇了特定的身體運動來說明每個動作，重要的是確認有很多運動都可以用得上。

如同在第七章討論過的，動作會被組織成提示格，而提示格分成兩節，整體對應到我們的**教練指導溝通迴路**（第四章）。第一節提供了能支持我們的「**描述它**」與「**示範它**」階段的語言與意象，第二節則提供了支持我們「**提示它**」與「**做它**」階段的語言與意象。雖然提示格本身自帶解釋，在第七章中標題為〈提示格〉的小節（p. 240），也提供了如何詮釋它們的詳細描述。

要記住的幾件事

1. 動作的描述（也就是「**描述它**」）為兩種目的服務：（1）提供你可以用來描述動作、或部分動作的教練指導例句，而且（2）對於其中牽涉到的生物力學，它們向你這位教練提供了一個指示。這些描述**不是**劇本，不必照本宣科，而且就算你真的用上了，也不需要講到我分享的每件事，在你提供了高品質示範的時候尤其如此。在這種狀況下，就取用你需要的，不多不少，然後在你的運動員一聽名字就理解動作的時候，就省掉描述。以這種方式，你可以專心創造能有效把焦點從一回練習引導到下回練習的簡短提示（也就是「**提示它**」）。

2. 雖然我已經為動作的每個階段提供許多外在提示（還有類比），我們在一次練習中應該只給運動員一個提示。如同你會回想起來的，這是關係到注意力與工作記憶的限制。所以，我們一次建立對於一個動作、一回練習與一個焦點的學習。

3. 在此提供的提示與類比並不代表窮盡一切的清單。基於這個理由，我鼓勵你除了使用這裡提供的提示與類比以外，也想出你自己的版本。在提示創造過程中，你可以用3D提示模型（第五章）跟類比模型（第六章）來幫助自己。

上肢推／橫向｜雙臂啞鈴臥推

描述它＋示範它

準備語言

坐：「在選擇適當重量之後，為了安全請使用輔助架，坐在重訓椅邊緣，並且握住啞鈴，好讓它們以垂直位置放在兩條腿上。」

動：「坐直，確保你握好了，藉著緩緩往後擺動把啞鈴帶到起始位置，同時用你的腿把啞鈴推到定位——左……右；一……二。」

放平：「現在啞鈴在你的肩膀上方了，把下背部壓在重訓椅上，藉此放平並拉長你的身體。」

繃緊：「讓你的膝蓋微微外翻，跟你的身體呈現 Y 字型，同把你的腳跟放在你的膝蓋正下方，往下踩進地面。」

執行語言

姿勢：「在你往地面推的時候，你會感覺到要拱起背部的衝動。把那種緊繃感集中在你的軀幹上，保持剛硬，就好像你正要接住一拳。」

放低（吸氣）：「保持啞鈴水平，緩緩把它們往下拉分開，就好像它們是靠一條輕彈力繩連結著。讓啞鈴安置在一個舒服的深度，好讓它們跟你的胸部中央對齊。」

舉起（吐氣）：「維持緊繃感，把啞鈴推向天花板。」

提示它＋做它

姿勢

▶「保持修長，變得強壯。」
▶「放平在椅子裡。」
▶「維持黏在椅子上。」
▶「從這面牆伸展到那面牆。」

放低階段

▶「把啞鈴拉向地面。」
▶「在你放低的時候抵抗啞鈴。」
▶「推向地板。」

舉起階段

▶「把啞鈴朝天花板推。」
▶「把啞鈴戳向天空。」
▶「把啞鈴從椅子上推開。」
▶「在頂端把啞鈴擠在一起。」

姿勢

準備：在兩邊肩膀外側各貼一段白色膠帶，兩邊膝蓋外側各貼一段白色膠帶，兩邊髖部各貼一段黃色膠帶。
提示一：「讓兩段白色膠帶彼此拉遠距離。」
提示二：「讓膠帶都保持一直線。」

放低階段

準備：在兩側手腕各貼一段黃色膠帶，兩側手肘各貼一段白色膠帶。
提示一：「讓黃色跟白色膠帶在動作過程裡保持上下對齊。」
提示二：「把白色（手肘）膠帶朝地板往下推。」
提示三：「把白色（手肘）膠帶朝著彼此遠離（而且朝向兩側牆壁）的方向推。」

舉起階段

準備：在兩側手腕各貼一段黃色膠帶，兩側手肘各貼一段白色膠帶。
提示一：「在動作過程中保持黃色與白色膠帶上下對齊。」
提示二：「把黃色（手腕）膠帶往上朝天花板推。」
提示三：「把白色（手肘）膠帶朝著彼此靠攏。」

提示它＋做它

姿勢

▶「驕傲地站著。」
▶「透過推力拉高身體。」
▶「在推的過程中維持拉長。」
▶「別讓重量壓縮你。」

舉起階段

▶「直接戳向天空。」
▶「推出去遠離地板。」
▶「往上推穿天花板。」
▶「往下推進地面。」

放低階段

▶「在你放低的時候抗拒啞鈴。」
▶「在你放低的時候控制啞鈴。」
▶「在你放低的時候保持啞鈴平放。」
▶「以同樣的速度放低啞鈴。」

姿勢

準備：在上胸部貼一段黃色膠帶，並且在腰帶上方貼一段白色膠帶。
提示一：「保持膠帶上下對齊。」
提示二：「在你推的時候別讓膠帶移動；保持相隔的空間。」

舉起階段

準備：在兩隻手腕上各貼一段黃色膠帶，兩隻手肘上各貼一段白色膠帶。
提示一：「在動作中維持黃色與白色膠帶上下對齊。」
提示二：「把黃色（手腕）膠帶朝著天花板往上推。」
提示三：「把白色（手肘）膠帶朝著彼此靠攏。」

放低階段

準備：兩隻手腕各貼一段黃色膠帶，兩邊手肘各貼一段白色膠帶。
提示一：「在動作中維持黃色與白色膠帶上下對齊。」
提示二：「把白色（手肘）膠帶往下朝地面壓。」
提示三：「把白色（手肘）膠帶朝著彼此遠離（而且朝向兩側牆壁）的方向打開。」

姿勢

「像樹一樣拉高。」

舉起

「就好像你要打開一扇沉重的車庫鐵捲門一樣往上推。」

放低

「放低啞鈴，就好像你要把一個沉重的箱子從高處的架子上拿下來。」

上肢拉／橫向｜單臂單腿啞鈴划船
描述它＋示範它

準備語言

鉸鏈動作：「在選擇適當重量後，靠近重訓椅（或者箱子）好讓你保持在一呎（30公分）左右的距離之外。用跟放在地面的腿同一邊的手拿啞鈴，往前做鉸鏈動作，讓另一腿能夠提起，同時空出來的手輕輕放在椅子上以保持平衡。」

拉長：「往前做鉸鏈動作，好讓妳的軀幹幾乎平行於地面，藉著把妳的鞋底朝著妳後面的牆壁伸展，聚焦於從頭到腳拉長。」

軟化：「身體處於拉長穩定的位置，同時讓妳自己軟化（或者彎曲）妳在下方的膝蓋，然後把妳的整個身體帶到更接近地面，就像往下一層樓的電梯。」

執行語言

姿勢：「從頭到腳保持修長，把妳的頭頂朝一面牆伸展，妳的鞋底則伸向另一面牆。」

舉起（吐氣）：「妳的手臂打直，啞鈴就在妳膝蓋前方，把重量拉向妳的口袋，一旦它到達妳的髖部或者在它正下方，就結束動作。」

放低（吸氣）：「維持長而平坦（桌面般）的身體位置，在妳慢慢放低啞鈴回到起始點的時候，抗拒重量的拉力。」

提示它＋做它

姿勢

- ▶「從一面牆延伸到另一面牆。」
- ▶「拉長跟往後延伸。」
- ▶「在拉的過程中保持平坦。」
- ▶「在拉的過程中保持修長。」

舉起階段

- ▶「拉向妳的口袋。」
- ▶「拉著遠離地面。」
- ▶「拉向天花板。」
- ▶「沿著垂直線拉。」

放低階段

- ▶「抗拒重量。」
- ▶「慢慢放下重量。」
- ▶「控制到底。」
- ▶「對抗地心引力。」

姿勢

準備：每邊肩膀外側各貼一段白色膠帶，兩邊鞋子各貼一段白色膠帶，兩邊髖部外側各貼一段黃色膠帶。

提示一：「讓白色膠帶延伸遠離彼此。」

提示二：「保持膠帶呈一直線。」

舉起階段

準備：兩側手肘各貼一段白色膠帶。

提示一：「把膠帶推向天空。」

提示二：「推著膠帶遠離地面。」

提示三：「把啞鈴拉著穿過膠帶。」

放低階段

準備：兩隻手肘各貼一段白色膠帶。

提示一：「放慢膠帶的下降。」

提示二：「以等速放低膠帶。」

提示三：「在你放低的時候，讓啞鈴保持在膠帶下方。」

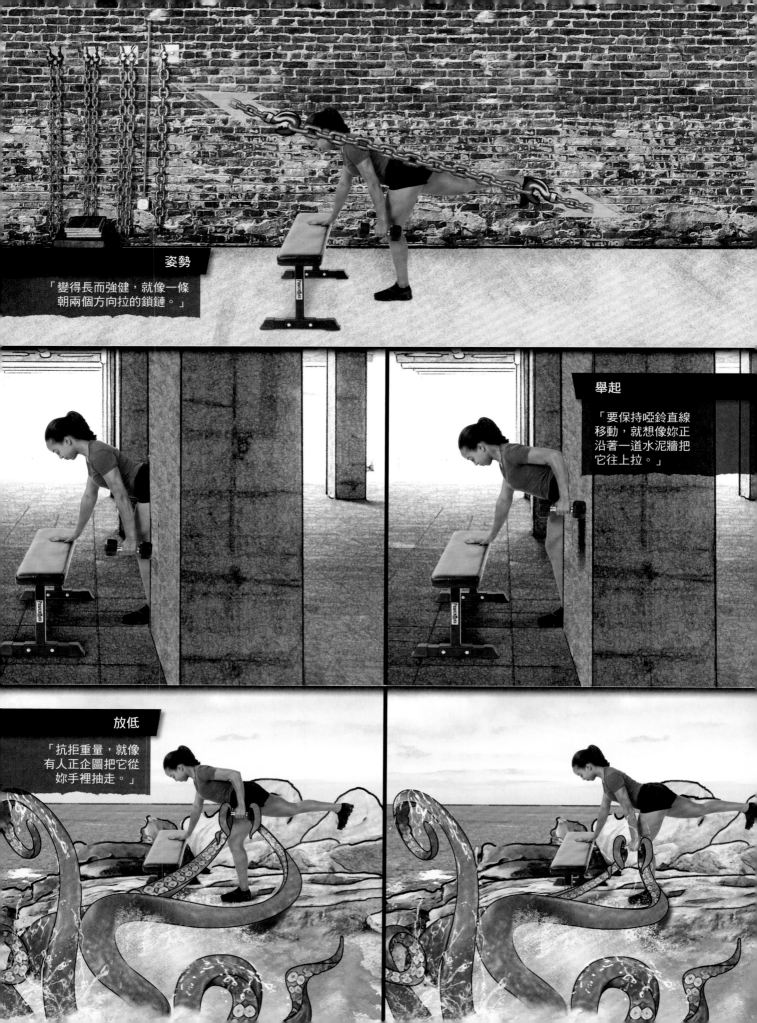

姿勢

「變得長而強健，就像一條
朝兩個方向拉的鎖鏈。」

舉起

「要保持啞鈴直線
移動，就想像妳正
沿著一道水泥牆把
它往上拉。」

放低

「抗拒重量，就像
有人正企圖把它從
妳手裡抽走。」

上肢拉／垂直｜引體向上

描述它＋示範它

準備語言

抓握：「強力抓握橫槓，讓妳的雙手分開來，放在比肩寬稍微寬一點的位置。」

懸掛：「在妳開始上拉前，容許自己懸掛一會，確保妳處於修長穩定的身體位置，而且身體不再晃動。」

執行語言

姿勢：「從頭到腳保持修長，把妳的頭頂朝天花板延伸，妳的鞋底朝地板延伸。」

舉起（吐氣）：「妳的手臂打直，並且強力抓握，開始把妳自己筆直上拉，直到妳的下巴剛好過槓為止。妳可以選擇保持雙腿筆直，或者在妳上升時把妳的膝蓋往上拉到坐姿位置。」

放低（吸氣）：「在頂端暫停並捏緊橫槓一下下以後，讓妳自己緩緩回到妳的起始位置，如果妳把腿拉高了，就把妳的身體展開來回到筆直狀態。」

提示它＋做它

姿勢

- ▶「保持修長。」
- ▶「保持緊繃。」
- ▶「保持平行牆壁。」
- ▶「在上拉過程中保持連結。」

舉起階段

- ▶「往上拉穿過天花板。」
- ▶「把橫槓往下拉到地板。」
- ▶「在妳上拉的時候擠壓橫槓。」
- ▶「在妳上拉的時候彎曲橫槓。」

放低階段

- ▶「抗拒重量。」
- ▶「放慢下降。」
- ▶「控制到底。」
- ▶「對抗地心引力。」

姿勢

準備：在上背部（或胸口）貼一段黃色膠帶，並且在下背部（或者腰帶上方）貼一段白色膠帶。

提示一：「讓膠帶保持上下對齊。」

提示二：「在妳上拉時別讓膠帶彼此靠近。」

舉起階段

準備：兩邊手肘各貼一段白色膠帶，背部中央貼一段黃色膠帶。

提示一：「把白色（手肘）膠帶推向地板。」

提示二：「把黃色（背部）膠帶拉向橫槓。」

提示三：「把白色（手肘）膠帶朝彼此靠攏。」

放低階段

準備：兩邊手肘各貼一段白色膠帶，背部中央貼一段黃色膠帶。

提示一：「讓白色（手肘）膠帶緩慢地呈弧形往外往上移。」

提示二：「緩慢地把黃色（背部）膠帶往地面放低。」

提示三：「讓白色（手肘）膠帶呈弧形彼此遠離。」

姿勢

「保持修長並且直直往上拉，就好像妳前面有一面牆。」

舉起

「聚焦於往上拉，就好像妳掛在一座懸崖邊緣。」

放低

「放低妳自己，就好像妳在快要斷裂的脆弱樹枝上。」

下肢推／雙腳前蹲舉
描述它＋示範它

準備語言

抓握：「在選擇適當重量以後，如果有需要就使用輔助架，走上前並讓自己直接站在槓中間正下方，好讓槓停留在你肩膀跟脖子之間的空間。一等到槓穩定就位，就選擇你偏愛的握法（圖中是手掌朝下交叉握法）。」

往後退：「讓你的手肘朝前，手臂平坦如桌子，從舉重架的掛鉤上把槓舉起拿下，往後退，一……二，進入一個與肩同寬或者稍微寬一點的位置。腳的確切位置與外展程度，應該以個人狀況為基礎。」

執行語言

姿勢：「從頭到髖部保持修長強壯，並且保持你的手肘指向前方，就好像要用雷射光射穿牆壁。」

放低（吸氣）：「維持驕傲、挺直的軀幹，讓你的髖部往後滑，你的膝蓋往前滑，藉此朝地面放低，就好像你要在一個矮箱子上坐下。」

舉起（吐氣）：「一旦你達到一個舒適的深度，就聚焦在推開地板站直。」

提示它＋做它

姿勢

▶「讓槓保持水平。」
▶「在你蹲下時拉高。」
▶「在你蹲下時拉長。」
▶「在蹲下過程裡都保持驕傲。」

放低階段

▶「蹲下。」
▶「把地板拉向你。」
▶「向下並往後。」
▶「坐在槓鈴後方。」

舉起階段

▶「從地板推起。」
▶「推向天花板。」
▶「爆發式站立。」
▶「向屋頂爆發。」

姿勢

準備：上胸部貼一段黃色膠帶，在腰帶上方貼一段白色膠帶。
提示：「在你蹲下時別讓膠帶彼此靠得更近。」

放低階段

準備：兩邊髖部各貼一段白色膠帶，兩邊膝蓋各貼一段黃色膠帶。
提示一：「把白色（髖部）膠帶往下往後推向牆壁。」
提示二：「把白色（髖部）膠帶推到黃色（膝蓋）膠帶後面。」
提示三：「保持黃色（膝蓋）膠帶跟你的鞋子對齊。」

舉起階段

準備：兩邊髖部各貼一段白色膠帶，兩邊膝蓋各貼一段黃色膠帶。
提示一：「把白色（髖部）膠帶往上朝天花板推。」
提示二：「白色（髖部）膠帶應該在黃色（膝蓋）膠帶之前移動。」
提示三：「保持黃色（膝蓋）膠帶跟你的鞋子對齊。」

放低

「蹲下時就好像要輕觸一箱滿滿的炸藥。」（用真正的箱子對這個類比會有幫助。）

舉起

「站直時就好像你被夾在兩層牆壁之間。」（可以在運動員前方握著一根桿子，給他一種有牆壁在前的錯覺。）

下肢推／椅子單腳蹲

描述它＋示範它

準備語言

站姿：「使用一個箱子或一張重訓椅，擺好位置讓妳站在它前方一呎（30公分）左右。一旦安置好，就抬起妳沒有蹲下的那條腿，好讓它就在地面上方懸空。」

延伸：「妳可以接著伸出妳的雙臂，就好像妳交給某人一顆藥球，這樣會幫助妳平衡。或者，妳可能選擇握著一個重物，一般來說這樣會需要妳保持雙手靠近胸口。」

執行語言

姿勢：「從頭到髖部保持修長強壯，並且保持妳的雙臂往前延伸。」

放低（吸氣）：「維持抬頭挺胸，容許妳的髖部往後滑、妳的膝蓋往前滑，藉此朝著椅子方向放低，直到妳感覺輕觸到椅子為止。」

舉起（吐氣）：「一旦妳輕觸到椅子，聚焦在藉著朝天花板推來站直。」

提示它＋做它

姿勢

▶「在妳坐下的過程保持驕傲。」
▶「在妳輕觸時拉高。」
▶「在妳蹲下時拉長身體。」
▶「在妳蹲下時身體變長。」

放低階段

▶「輕觸椅子。」
▶「往下往後坐。」
▶「蹲下，輕觸，然後站起。」
▶「往後延伸去碰椅子。」

舉起階段

▶「推離地面。」
▶「推到穿過屋頂。」
▶「從底部爆發式站立。」
▶「炸離地板。」

姿勢

準備： 在上胸部貼上一段黃色膠帶，在腰帶上方貼上一段白色膠帶。
提示： 「在妳深蹲時別讓兩段膠帶變得更靠近。」

放低階段

準備： 兩邊髖部各貼一段白色膠帶，兩邊膝蓋各貼一段黃色膠帶。
提示一： 「把白色（髖部）膠帶推到黃色（膝蓋）膠帶後面。」
提示二： 「保持黃色（膝蓋）膠帶指向前方牆壁。」

舉起階段

準備： 兩邊髖部各貼一段白色膠帶，兩邊膝蓋各貼一段黃色膠帶。
提示一： 「把白色（髖部）膠帶往上朝天花板推。」
提示二： 「白色（髖部）膠帶應該比黃色（膝蓋）膠帶先移動。」
提示三： 「保持黃色（膝蓋）膠帶指向前方牆壁。」

姿勢

「蹲得好像妳正握著一顆沉重的藥球。」（為了發揮這個類比，讓運動員在每次練習之間交替使用與不使用真正的藥球。）

放低

「想像有雷射光從妳的膝蓋射出去；把雷射光指向牆壁。」

舉起

「站直時就好像妳站在懸崖邊緣。」（妳可以讓運動員站在一條膠帶上，加強在懸崖邊緣的錯覺。）

下肢推／後腳抬高分腿蹲

描述它＋示範它

準備語言

站姿：「在選擇適當重量以後，站在跟椅子貼近的位置，好讓妳的小腿幾乎碰到椅子邊緣。妳的後腳放在地面，前腳踩向前方，就好像妳在替分腿蹲做準備一樣。把妳大部分的重量轉移到妳的前腳，並且慢慢把妳的後腳抬起（妳可能需要調整妳跟椅子之間的距離），把妳的鞋尖放在椅子邊緣。」（根據舉起的重量，有些運動員可能寧願把重物放在地板上，進入分腿蹲姿勢以後，再蹲低去拿起啞鈴。）

執行語言

姿勢：「從頭到膝蓋保持修長強壯，並且把妳大多數的重量透過前腳保持平衡，用後腳來保持穩定。」

放低（吸氣）：「保持抬頭挺胸，容許妳的後膝往後往下滑向椅子，同時妳的前膝輕輕往前滑，藉此朝地面放低。在妳往下進入蹲姿時，妳會感覺到妳的重量往後轉移。」

舉起（吐氣）：「一旦妳達到一個舒適的深度，照著妳放低進入蹲姿時遵循的相同角度，往上往前推。妳結束時應該站得高高的，妳的重量再度以妳的前腳為中心。」

提示它＋做它

姿勢

▶「在妳蹲下時保持驕傲。」
▶「在妳放低時身體變長。」
▶「在妳下降時長高一點。」
▶「在妳放低時挺起（妳的胸
　膛）。」

放低階段

▶「往下往後推。」
▶「呈一個角度往後滑。」
▶「把妳自己往後拉進地板。」
▶「朝著椅子往後滑。」

舉起階段

▶「把地面推開。」
▶「把地板往下往後推。」
▶「往上推到穿過天花板。」
▶「往上推遠離椅子。」

姿勢

準備：兩邊肩膀各貼一段白色膠帶，
兩邊髖部各貼一段黃色膠帶，還有兩
邊膝蓋各貼一段白色膠帶。
提示一：「在整個動作中保持膠帶對
齊。」
提示二：「保持黃色（髖部）膠帶處
於兩段白色膠帶之間。」

放低階段

準備：兩邊膝蓋內側各貼一段白色膠
帶，兩邊膝蓋外側各貼一段黃色膠帶。
提示一：「把後面的白色（膝蓋）膠帶
往下往後推到椅子下方。」
提示二：「把後面的白色（膝蓋）膠帶
推到前方黃色（膝蓋）膠帶的後面。」

舉起階段

準備：兩邊髖部各貼一段白色膠帶，
兩邊膝蓋各貼一段黃色膠帶。
提示一：「把白色（髖部）膠帶往上推
向天花板。」
提示二：「把白色（髖部）膠帶推到黃
色（膝蓋）膠帶上方。」

姿勢

「蹲下時就好像妳用頭頂在平衡一本書。」

放低

「想像妳的後膝是一把錘子的頭，而妳設法要打的釘子就在椅子下方。」（短提示：「錘釘子。」）

舉起

「想像妳的髖部是個拳頭；透過妳的頭頂往上『出拳』。」

下肢拉／雙腳羅馬尼亞式硬舉

描述它+示範它

準備語言

抓握：「在選擇適當重量之後取槓，抓的時候雙手放在比肩膀略寬的位置。」

退後：「牢牢握好槓（圖中是正握）還有強健的中立軀幹位置，用你的雙腿慢慢提起到站立位置，從舉重架掛鉤往後退，一⋯⋯二。」

執行語言

姿勢：「從頭到髖部保持修長強健，把你的雙臂打直，手肘向外，並且握緊。」

放低（吸氣）：「維持抬頭挺胸，軀幹直立，讓你的髖部彎曲並往後滑動，就好像你要用撞的把車門關上那樣，藉此朝地板做出鉸鏈動作。你的膝蓋應該微彎，然而在下降時它們不該移動。」

舉起（吐氣）：「一旦你達到一個舒適的深度，就維持你的軀幹位置，以鉸鏈動作恢復直立，在你把髖部往上往前驅動的同時，把地板推開。」

提示它＋做它

姿勢

▶「在槓上躬身。」
▶「在你下降時拉長身體。」
▶「結束時跟地板平行。」
▶「整個鉸鏈動作裡保持驕傲。」

放低階段

▶「藏起你的前口袋。」
▶「（把你的髖部）往後推向牆壁。」
▶「（讓你的髖部）往後遠離槓。」
▶「向天花板展示你的後口袋。」

舉起階段

▶「站高（或者變成直立狀態）。」
▶「朝天花板猛然起身。」
▶「把槓從地板上拿起來（或者偷走）。」
▶「加速讓槓離開地板。」

姿勢

準備：在上胸部貼一段黃色膠帶，並且在腰帶上方貼一段白色膠帶。
提示一：「在你做鉸鏈動作的時候，別讓膠帶靠得更近。」
提示二：「在你做鉸鏈動作時，驅動黃色（胸部）膠帶遠離白色（腰部）膠帶。」

放低階段

準備：在兩邊肩膀外側各貼一段黃色膠帶，並且在兩邊髖部外側各貼一段白色膠帶。
提示一：「把白色（髖部）膠帶往上往後推向牆壁（或者遠離槓）。」
提示二：「把白色（髖部）膠帶往後推，遠離黃色（肩膀）膠帶。」
提示三：「在鉸鏈動作過程中保持黃色（肩膀）與白色（髖部）膠帶呈一直線。」

舉起階段

準備：在兩邊肩膀外側各貼一段黃色膠帶，兩邊髖部外側各貼一段白色膠帶。
提示一：「讓黃色（肩膀）膠帶加速到白色（髖部）膠帶上方（或者到天花板上）。」
提示二：「驅動白色（髖部）膠帶往上，像要穿過黃色（肩膀）膠帶。」
提示三：「用黃色（肩膀）膠帶畫出四分之一圓。」

姿勢

「在槓上躬身，就像一個人會在武術競賽中向對手鞠躬。」

放低

「做鉸鏈動作，就好像你企圖不用手、用撞的把車門關上。」

舉起

脫離重力掌握。

下肢拉／單腳羅馬尼亞式硬舉

描述它＋示範它

準備語言

站姿：「在選擇適當的重量之後，轉移你所有的重量到一條腿上，負重側膝蓋可以稍微彎曲或放軟。現在你的重量轉移了，就從頭到腳維持一直線，讓髖部做輕微的鉸鏈動作，好讓你沒負重的腿往後漂移，剛好脫離地面。」

執行語言

姿勢：「從頭到腳保持修長強壯，並且打直你的雙臂，手肘向後，握緊。」

放低（吸氣）：「維持驕傲、直立的軀幹，讓你沒負重的腳跟提起，你的上肢則以相同速度下沉，藉此朝著地面做出鉸鏈動作。在整個動作中，你負重側的膝蓋應該保持輕微彎曲。」

舉起（吐氣）：「一旦你到達一個舒適的深度，從頭到腳維持你的中立姿勢，然後以鉸鏈動作恢復原狀，在你把髖部往上往前驅動的時候，把地板推開。」

提示它＋做它

姿勢

▶「在你放低時拉長身體。」
▶「從一面牆延伸到另一面牆。」
▶「在你做鉸鏈動作的時候要有傲氣。」
▶「在你鞠躬的時候身體不能彎。」

放低階段

▶「藏起你的前口袋。」
▶「動頭之前先動腳。」
▶「把你的腳印放到後面牆壁上。」
▶「把你的腳往後推到牆上。」

舉起階段

▶「抬頭挺胸（或者變成直立狀態）。」
▶「朝天花板猛然起身。」
▶「從地板上把啞鈴拿起來（或者偷走）。」
▶「加速讓啞鈴脫離地板。」

姿勢

準備：在兩邊肩膀外側各貼一段黃色膠帶，並且在兩邊鞋子外側各貼一段白色膠帶。
提示一：「在你做鉸鏈動作的時候，別讓膠帶變得更靠近。」
提示二：「在你做鉸鏈動作時，驅動黃色（肩膀）膠帶遠離白色（鞋子）膠帶。」

放低階段

準備：在兩邊肩膀外側各貼一段黃色膠帶，並且在兩邊鞋子外側各貼一段白色膠帶。
提示一：「驅動白色（鞋子）膠帶往上往後對著牆壁（或者遠離啞鈴）。」
提示二：「把白色（鞋子）膠帶往後推，遠離黃色（肩膀）膠帶。」
提示三：「在鉸鏈動作過程中，保持黃色（肩膀）與白色（鞋子）膠帶呈一直線。」

舉起階段

準備：在兩邊肩膀外側各貼一段黃色膠帶，並且在兩邊鞋子外側各貼一段白色膠帶。
提示一：「讓黃色（肩膀）膠帶加速到白色（鞋子）膠帶上方（或者朝天花板去）。」
提示二：「在你起身的時候把白色（鞋子）膠帶推到黃色（肩膀）膠帶下方。」
提示三：「用黃色（肩膀）膠帶畫一個四分之一圓。」

姿勢

「從頭到腳，想像你是一條
朝著兩端拉開的彈力繩。」

放低

「想像你腳跟有根粉筆，
你背後有面磚牆；用你的
腳跟來畫一條直線。」

放低

「想像你的胸部被鎖鏈鎖在
地面上，而你在往上驅動的
時候必須拉斷鎖鏈。」

爆發力與增強式訓練
動作提示

本章將包含八個一般用來發展爆發力的增強式動作（plyometric movements），這些動作是依照型態（雙腳跳、側向跳、單腳跳、投、擲或傳送）、方向（垂直、水平或旋轉）與起始方式（反向動作或非反向動作）組織起來的。

如同第七章討論過的，動作會被組織成提示格，而提示格分成兩節，整體而言對應到我們的教練指導溝通迴路（第四章）。第一節提供支援我們的「**描述它**」與「**示範**它」階段的語言與意象，第二節則提供支持我們的「**提示它**」與「**做**它」階段的語言與意象。雖然提示格本身自帶解釋，在第七章中標題為〈提示格〉的小節（p. 240），也提供了如何詮釋它們的詳細描述。

要記住的幾件事

1. 動作的描述（也就是「**描述它**」）為兩種目的服務：（1）提供你可以用來描述動作、或部分動作的教練指導例句，而且（2）對於其中牽涉到的生物力學，它們向你這位教練提供了一個指示。這些描述**不是**劇本，不必照本宣科，而且就算你真的用上了，也不需要講到我分享的每件事，在你提供了高品質示範的時候尤其如此。在這種狀況下，就取用你需要的，不多不少，然後在你的運動員一聽名字就理解動作的時候，就省掉描述。以這種方式，你可以專心創造能有效把焦點從一回練習引導到下回練習的簡短提示（也就是「**提示它**」）。

2. 雖然我為動作的每個階段都提供了多種外在提示（與類比），我們在一次練習中應該只給我們的運動員一個提示。如同你會記起的，這是因為注意力與工作記憶的限制。所以，我們一次用一個動作、一次練習跟一個焦點來建立學習。

3. 這裡提供提示與類比並不代表窮盡一切的清單。基於這個理由，我鼓勵你除了使用這裡提供的提示與類比以外，也想出你自己的版本。在提示創造過程中，你可以用3D提示模型（第五章）跟類比模型（第六章）來幫助自己。

反向動作／垂直跳

描述它＋示範它

準備語言

站姿：「把兩腳放在比肩膀略寬的位置。站得高高的，把雙臂往上帶，維持在類似足球中的擲球入場（throw-in）、或者橄欖球中的列隊爭球（line-out）位置上。」

執行語言

姿勢：「從頭到髖部保持修長強壯——身體穩定；雙手雙腳準備做出爆發式動作。」

蓄力（吸氣）：「維持驕傲的胸膛，把髖部往下往後推，就好像要平均地在兩個垂直彈簧（妳的雙腿）上蓄力，藉此朝著地板加速。同時聚焦於把妳的手臂往下往後甩，幫忙把往下的力量蓄積到妳的髖部（或彈簧）上。」

爆炸（吐氣）：「一旦妳到達一個舒適的深度（妳已經把彈簧的彈性張力最大化了），聚焦於往天空方向爆發式起跳，加速妳的雙臂，就好像要接一顆飛到最高點的球。」

落地：「在騰空時間最大化以後，妳會開始落回地面。在觸地之前，重新加速妳的手臂往後往下擺，因為這樣做在妳吸收地面衝擊時，會幫助妳的髖部往後滑回定位。」

提示它＋做它

姿勢

▶「在妳蓄力時保持修長。」
▶「在妳往下落時保持驕傲。」
▶「在妳下沉時伸展妳的上衣前方。」
▶「朝著空中拉高。」

蓄力階段

▶「快速下蹲蓄力。」
▶「把妳自己拉進地面。」
▶「往後坐在妳的腳跟之間。」
▶「沿著一條直線放低。」

爆發階段

▶「把地板推開。」
▶「炸離地面。」
▶「朝天空加速。」
▶「驅動力量朝上穿過天花板。」

落地階段

▶「落地吸收衝擊。」
▶「把地面拉進妳身上。」
▶「逐漸停止下落。」
▶「在妳煞車的時候把手往後拋。」

姿勢

準備：在上胸部貼一段黃色膠帶，並且在腰帶上方貼一段白色膠帶。
提示一：「在妳蓄力的時候別讓膠帶接近到靠在一起。」
提示二：「在妳蓄力的時候，把黃色（胸部）膠帶往上推，遠離白色（腰部）膠帶。」

蓄力階段

準備：在兩邊髖部外側各貼一段白色膠帶，兩邊膝蓋外側各貼一段黃色膠帶。
提示一：「把白色（髖部）膠帶往下往後驅動。」
提示二：「把白色（髖部）膠帶推到黃色（膝蓋）膠帶後面。」
提示三：「保持黃色（膝蓋）膠帶直指前方。」

爆發階段

準備：在上胸部貼一段黃色膠帶，並且在腰帶上方貼一段白色膠帶。
提示一：「把黃色（胸部）膠帶推向天空。」
提示二：「用白色（腰部）膠帶砸穿黃色（胸部）膠帶。」
提示三：「在跳躍最高處使膠帶上下對齊。」

落地階段

準備：在兩邊髖部外側各貼一段白色膠帶，兩邊膝蓋外側各貼一段黃色膠帶。
提示一：「把白色（髖部）膠帶往下往後推。」
提示二：「把白色（髖部）膠帶推到黃色（膝蓋）膠帶後面。」
提示三：「保持黃色（膝蓋）膠帶直指前方。」

放低

「保持妳的姿勢像拉上拉鍊那樣。」（短提示：「拉上拉鍊。」）

蓄力

「加速往下，就好像要壓縮一個彈簧，用這股能量往上。」（短提示：「蜷縮」或者「壓縮彈簧」。）

爆炸

「往上爆炸，就好像要接出一顆飛到最高點的橄欖球。」（短提示：「跳起來」或者「接住它」。）

落地

「想像妳的膝蓋是車頭燈；在妳落地時，保持車頭燈指向前方。」（短提示：「車頭燈。」）

反向動作／立定跳

描述它＋示範它

準備語言

站姿：「走向起跳線，把兩腳放在比肩膀略寬的位置。站得高高的，把雙臂往上帶，維持在類似足球中的擲球入場、或者橄欖球中的列隊爭球位置上。」

執行語言

姿勢：「從頭到髖部保持修長強壯——身體穩定，雙手雙腳準備做出爆發式動作。」

蓄力（吸氣）：「維持驕傲的胸膛，把髖部往下往後推，就好像要平均地在兩個垂直彈簧（你的雙腿）上蓄力，藉此朝地面加速。同時聚焦於把雙臂往下往後拋，幫忙把向下的力量蓄積在你的髖部（或彈簧）中。」

爆發（呼氣）：「一旦你到達一個舒適的深度（你已經把彈簧的彈性張力最大化了），聚焦在往外往上爆發，讓你的手臂加速往外，朝著你打算落腳的地點伸出。」

落地：「在騰空時間最大化之後，你會開始落回地面，就像一顆球被拋出後的飛行路線。在準備落地時，開始把你的腿往上往前提起，就好像要把你自己折成兩半。就在觸地之前，重新把你的雙臂往下往後加速，因為在你吸收地面衝擊時，這樣做會幫助你的髖部往後滑到定位。」

爆發

「往外爆炸，就好像要跳過一條湍急的河流。」（限制：用地面上的一個圓錐、線或者一段膠帶來指涉河岸線。）

落地

「想像你落在一灘水裡，而且設法不要濺出水花。」（短提示：「製造漣漪。」）

反向動作／單腳垂直跳

描述它＋示範它

準備語言

姿勢：「讓妳的兩腳彼此靠近，把妳的全部體重轉移到一條腿上，然後舉起另一隻腳，好讓它剛好懸在地面上方。挺直站好，把雙臂往上帶，維持在類似足球中的擲球入場、或者橄欖球中的列隊爭球位置。」

執行語言

姿勢：「從頭到髖部維持修長強壯──身體穩定，雙手雙腳準備做出爆發式動作。」

蓄力（吸氣）：「維持驕傲的胸膛，把髖部往下往後推，就好像要在一個垂直彈簧（妳的腿）上蓄力，藉此朝地面加速。同時聚焦於把雙臂往下往後拋，幫忙把向下的力量蓄積在妳的髖部（或彈簧）中。」

爆發（吐氣）：「一旦妳到達一個舒適的深度（妳已經把彈簧的彈性張力最大化了），聚焦於往天空方向爆發，讓手臂加速，就像是要接一顆飛到最高點的球。」

落地：「在騰空時間最大化以後，妳會開始落回地面。在觸地之前，重新加速妳的手臂往下往後擺，因為在妳吸收地面衝擊時，這樣做會幫助妳的髖部往後滑回定位。」

提示它＋做它

姿勢

- ▶「在妳放低時拉長身體。」
- ▶「在妳坐下時直視前方。」
- ▶「在妳落到泥土地上的時候，向牆壁展示妳的上衣。」
- ▶「朝著天空伸展。」

蓄力階段

- ▶「下沉然後爆開。」
- ▶「往地面加速。」
- ▶「放低跟妳的鞋帶呈一直線。」
- ▶「在妳蓄力時（用雙手）切過空氣。」

爆發階段

- ▶「把地面推走。」
- ▶「脫離草地。」
- ▶「朝著天花板往上衝。」
- ▶「加速穿過空氣。」

落地階段

- ▶「妳坐下的時候要安靜。」
- ▶「把地板拉進妳體內。」
- ▶「在下墜中減速。」
- ▶「在妳下墜時（用雙手）切開空氣。」

姿勢

準備： 在上胸部貼一段黃色膠帶，並且在腰帶上方貼一段白色膠帶。

提示一：「在妳蓄力時別讓膠帶變得更貼近彼此。」

提示二：「在妳蓄力時把黃色（胸口）膠帶往上推，遠離白色（腰部）膠帶。」

蓄力階段

準備： 在兩側髖部外側各貼一段白色膠帶，兩側膝蓋外側各貼一段黃色膠帶。

提示一：「把白色（髖部）膠帶往下往後推。」

提示二：「把白色（髖部）膠帶推到黃色（膝蓋）膠帶後面。」

提示三：「保持黃色（膝蓋）膠帶直指前方。」

爆發階段

準備： 在上胸部貼一段黃色膠帶，並且在腰帶上方貼一段白色膠帶。

提示一：「把黃色（胸部）膠帶推向天空。」

提示二：「用白色（腰部）膠帶砸穿黃色（胸部）膠帶。」

提示三：「在單腳跳最高處讓膠帶上下對齊。」

落地階段

準備： 在兩側髖部外側各貼一段白色膠帶，兩側膝蓋外側各貼一段黃色膠帶。

提示一：「把白色（髖部）膠帶往下往後推。」

提示二：「把白色（髖部）膠帶推到黃色（膝蓋）膠帶後面。」

提示三：「保持黃色（膝蓋）膠帶直指前方。」

反向動作／側向跳

描述它＋示範它

準備語言

站姿：「讓你的兩腳彼此靠近，把你的全部體重轉移到跟你跳躍方向相反的腳上，然後舉起你的另一隻腳，好讓它剛好懸在地面上方。站得高高的，舉起雙臂，維持在類似足球中的擲球入場、或者橄欖球中的列隊爭球位置。」

執行語言

姿勢：「從頭到髖部維持修長強壯——身體穩定，雙手雙腳準備做出爆發式動作。」

蓄力（吸氣）：「維持驕傲的胸膛，把髖部往下往後推，就好像要在一個彈簧（你的腿）上蓄力，藉此朝地面加速。同時聚焦於把雙臂往下往後拋，幫忙把向下的力量蓄積在你的髖部（或彈簧）中。」

爆發（吐氣）：「一旦你到達一個舒適的深度（你已經把彈簧的彈性張力最大化了），聚焦於往上爆炸，並且（橫向地）遠離你的起點，讓你的手臂加速，就像是要接一顆飛到最高點的球。」

落地：「在騰空時間最大化以後，你會開始落回地面。在觸地之前，重新加速你的手臂往下往後擺，因為在你吸收地面衝擊時，這樣做會幫助你的髖部往後滑回定位。」

提示它＋做它

姿勢
▶「在你放低時保持身體修長。」
▶「在你蓄力時抬頭看。」
▶「讓每個人都看得到你T恤上的數字。」
▶「在空中保持垂直。」

蓄力階段
▶「彎腰然後轟出。」
▶「縮進地面。」
▶「在你蓄力時落下（或側向下墜）。」
▶「在你彎腰時往後錘（你的雙手）。」

爆發階段
▶「推離球場。」
▶「從地面猛然脫離。」
▶「飛過（或者飛越）拱門（或者彩虹）。」
▶「往外往上衝（向圓錐或線）。」

落地階段
▶「溫柔地接納地面。」
▶「把球場拉進你體內。」
▶「在底部踩煞車。」
▶「在你煞車時（把你的雙手）往後錘。」

姿勢
準備： 在上胸部貼一段黃色膠帶，並且在腰帶上方貼一段白色膠帶。
提示一：「在你蓄力時別讓膠帶變得更貼彼此。」
提示二：「在你蓄力時把黃色（胸口）膠帶往上推，遠離白色（腰部）膠帶。」

蓄力階段
準備： 在兩側髖部外側各貼一段白色膠帶，兩側膝蓋外側各貼一段黃色膠帶。
提示一：「把白色（髖部）膠帶往下往後推。」
提示二：「把白色（髖部）膠帶推到黃色（膝蓋）膠帶後面。」
提示三：「保持黃色（膝蓋）膠帶直指前方。」

爆發階段
準備： 在上胸部貼一段黃色膠帶，並且在腰帶上方貼一段白色膠帶。
提示一：「把黃色（胸部）膠帶往上往外推。」
提示二：「讓膠帶在整個跳躍弧線中保持上下對齊。」

落地階段
準備： 在兩側髖部外側各貼一段白色膠帶，兩側膝蓋外側各貼一段黃色膠帶。
提示一：「把白色（髖部）膠帶往下往後推。」
提示二：「把白色（髖部）膠帶推到黃色（膝蓋）膠帶後面。」
提示三：「保持黃色（膝蓋）膠帶直指前方。」

姿勢

「想像有根鎖鏈拉著你的肩膀，連到你的對向腳；在你側向跳的時候拉斷鎖鏈。」（短提示：「拉斷鎖鏈。」）

蓄力

「蓄力時就好像你打算正面擒抱。」（短提示：「為衝擊蓄力。」）

爆發

「往上往外爆發，就好像你側跳越過一處沒有遮蔽的火焰。」（短提示：「越過火焰。」）

落地

「落地時就像在一片薄冰上。」（短提示：「別破冰。」）

非反向動作／深蹲擲球

描述它＋示範它

準備語言

站姿：「把兩腳放在比肩膀略寬的位置。把藥球握在妳胸前，手肘指向下方，放低至四分之一蹲到半蹲的位置。」

執行語言

姿勢：「從頭到髖部保持修長強壯；像準備釋放的彈簧那樣縮起來。」

爆發（吐氣）：「一旦妳到達一個舒適的深度（妳已經把妳彈簧的彈性張力最大化了），聚焦在往天空方向爆發，盡妳所能讓球加速，投擲得越高越好。」

落地：「在妳自然落地時（拉高，妳的髖部與膝蓋微彎）視線維持在球上。球應該直接往回落下，這樣可能需要妳讓出路來（**不要**嘗試接球）。」

提示它＋做它

姿勢

▶「維持修長。」
▶「保持驕傲。」
▶「在球下支撐。」
▶「把球保持在妳領口。」

爆發階段

▶「炸離地面。」
▶「把地面推開。」
▶「讓球加速衝向天空。」
▶「盡妳所能把球投擲得越高越好。」

姿勢

準備： 在上胸部貼一段黃色膠帶，並且在腰帶上方貼一段白色膠帶。
提示一：「在妳爆炸時別讓膠帶變得更貼近彼此。」
提示二：「在妳爆炸時黃色（胸部）膠帶領導白色（腰部）膠帶。」

爆發階段

準備： 在上胸部貼一段黃色膠帶，並且在腰帶上方貼一段白色膠帶。
提示一：「把黃色（胸部）膠帶推向天空（或者往上穿過球）。」
提示二：「用白色（腰部）膠帶砸穿黃色（胸部）膠帶。」
提示三：「在拋擲最高點的時候讓膠帶上下對齊。」

姿勢

「創造張力，就好像球被鎖鏈鎖在地面。」（短提示：「繃緊然後轟出去。」）

爆發

「想像妳整個人浸在水中，必須往上炸出水面。」（短提示：「脫離水面。」）

非反向動作／垂直拋球
描述它＋示範它

準備語言

站姿：「把兩腳放在比肩膀略寬的位置。保持手臂打直（而且不要突出手肘），髖部呈鉸鏈動作（就像羅馬尼亞式硬舉）讓球剛好懸空，在你的鞋子之間。」

執行語言

姿勢：「從頭到髖部保持修長強壯；身體應該像餐桌桌面那樣平。」

爆發（吐氣）：「一旦你達到一個舒適的深度（你腿筋裡彈簧的彈性張力已經最大化了），聚焦在朝天空的方向爆發（做鉸鏈動作），盡你所能讓球加速，（垂直）投擲得越高越好。」

落地：「在你自然落地時（拉高，你的髖部與膝蓋微彎）視線維持在球上。球應該直接往回落下，這樣可能需要你讓出路來（**不要**嘗試接球）。」

提示它＋做它

姿勢

▶「保持身體平坦。」
▶「保持驕傲。」
▶「在球上方躬身。」
▶「保持平行於地面。」

爆發階段

▶「加速讓球離開地面。」
▶「朝垂直方向驅動球。」
▶「把球揮向天空。」
▶「把球釋放到空中高處。」

姿勢

準備：在兩邊髖部外側各貼一段白色膠帶，兩邊膝蓋外側各貼一段黃色膠帶。
提示一：「在你以鉸鏈動作屈身時，別讓白色（髖部）膠帶下墜。」
提示二：「讓白色（髖部）膠帶保持在黃色（膝蓋）膠帶上方。」

爆發階段

準備：在上胸部或兩邊肩膀外側貼一段黃色膠帶，並且在兩邊髖部外側各貼一段白色膠帶。
提示一：「把黃色（胸部）膠帶往上推穿過球（或者推向天空）。」
提示二：「用白色（腰部）膠帶撞穿黃色（胸部）膠帶。」
提示三：「在投擲最高點讓膠帶上下對齊。」

姿勢

「做鉸鏈動作，就好像在你的髖部下方有個很高的箱子，阻止你蹲坐下來。」（短提示：「別撞上箱子。」）

姿勢

「垂直釋出球，就好像你背後有一面牆。」（短提示：「讓球上牆。」）

非反向動作／胸前傳球

描述它＋示範它

準備語言

距離：「在蹲下以前，站直並且朝牆壁延伸。在球跟牆壁之間應該有一到兩呎（30-61公分）的距離。在第一次學習這個動作時，從靠近牆壁的位置開始，尤其是在藥球沒多少彈力時。以後（或者在使用有彈性藥球的狀況下）你可以往後移動，讓你可以加強聚焦於爆發力。」

站姿：「站得跟牆壁平行，把兩腳放在比肩膀略寬的位置。把藥球握在你胸前，手肘指向下方，放低至四分之一蹲到半蹲的位置。」

執行語言

姿勢：「從頭到髖部保持修長強壯；身體應該是『拉鍊拉起』的狀態。」

爆發（吐氣）：「一旦你到達一個舒適的深度，就把一個想像目標放在你希望球打到的牆壁位置（目標應該跟球平行）。聚焦在目標上，讓球加速打到牆壁，軀幹與下肢動作盡可能小。」

接球：「如果藥球**沒有**彈性（也就是一顆呆球〔dead ball〕），那麼你會在手臂仍然往外延伸的時候接球。如果藥球有彈性（也就是一顆反彈球〔reactive ball〕），那麼在球從牆上反彈的時候，你會需要接著放軟（彎曲）你的手肘來吸收球的衝擊。」

提示它＋做它

姿勢

- ▶「領子往上，球就往上。」
- ▶「與牆壁保持直角。」
- ▶「球保持在胸部高度。」
- ▶「聚焦在你想讓球打在牆上的位置。」

爆發階段

- ▶「讓球遠離你。」
- ▶「沿著一直線驅動球。」
- ▶「讓球加速衝進牆壁。」
- ▶「擲球穿牆。」

姿勢

準備：在兩邊肩膀外側各貼一條黃色膠帶，兩邊鞋子外側各貼一條白色膠帶。
提示一：「讓黃色（肩膀）與白色（鞋子）的膠帶保持堆疊位置。」
提示二：「讓黃色（肩膀）膠帶跟每隻鞋子的中央保持對齊。」

爆發階段

準備：在兩邊肩膀外側各貼一段黃色膠帶，兩隻手的外側各貼一段白色膠帶。
提示一：「把白色（手）膠帶推向牆壁。」
提示二：「結束時白色（手）膠帶在黃色（肩膀）膠帶前面。」
提示三：「把球推離黃色（肩膀）膠帶。」

姿勢

「準備時就像你打算傳籃球
給一位隊友。」

爆發

「想像某人用絕緣膠帶包住你的上
肢，把你的雙臂黏在你的兩側。把
球推向牆壁，就好像要扯斷膠帶。」
（短提示：「扯斷膠帶。」）

非反向動作／旋轉擲球

描述它＋示範它

準備語言

距離：「在蹲下以前，站直並且朝著牆壁伸出妳的內側手臂。妳的手跟牆壁之間的距離應該少於一呎（30公分）。在剛學習這個動作時，保持靠近牆壁，尤其是在藥球沒多少彈力時。以後（或者在使用有彈性藥球的狀況下），妳可以往後移動，讓妳可以聚焦於加強爆發力。」

站姿：「跟牆壁成直角，把兩腳放在比肩膀略寬的位置。把藥球抱到剛好在妳口袋外側的位置，放低至四分之一蹲到半蹲的位置。讓妳自己稍微朝著球旋轉，透過妳的軀幹與髖部製造張力。」

執行語言

姿勢：「從頭到髖部保持修長強壯；身體應該是『拉鍊拉起』的狀態。」

爆發（吐氣）：「一旦妳到達一個舒適的深度，就把一個想像目標放在妳希望球打到的牆壁位置（目標應該跟球平行）。聚焦在目標上，讓球加速打到牆壁，讓妳的髖部與軀幹旋轉，就好像妳要打一顆網球。」

接球：「如果藥球**沒有**彈性（也就是一顆呆球），那麼妳會在手臂仍然往外延伸的時候接球。如果藥球有彈性（也就是一顆反彈球），那麼在球從牆上反彈的時候，妳會需要接著放軟（彎曲）妳的手肘來吸收球的衝擊。」

提示它＋做它

姿勢

▶「領子往上，球往下。」
▶「對牆壁藏著球。」
▶「把球放在妳的口袋旁邊。」
▶「看著妳想要球擊中牆的那一點。」

爆發階段

▶「腰帶扣跟球應該面對牆壁。」
▶「沿著直線引導球。」
▶「把球揮向牆壁。」
▶「用球砸穿牆壁。」

姿勢

準備：在兩邊髖部前方各貼一段膠帶。
提示一：「在妳蓄力的時候，旋轉好讓外側（髖部）膠帶在內側（髖部）膠帶後面。」
提示二：「旋轉到球跟外側（髖部）膠帶在內側（髖部）膠帶後面為止。」

爆發階段

準備：在兩邊髖部前方各貼一段白色膠帶。
提示一：「把外側（髖部）膠帶跟球一起推向牆壁。」
提示二：「讓球沿著外側（髖部）膠帶到牆壁之間的直線加速。」
提示三：「擲球，好讓妳結束動作時兩段（髖部）膠帶都面向牆壁。」

姿勢

「蓄力的時候，就像妳
正打算揮動一根壘球球
棒。」（這裡只提幾個
例子，我們可以藉著指
涉網球、高爾夫球與曲
棍球來創造其他類比。）

爆發

「重擊牆壁打爆球。」（在
球擊中牆壁時用口語表達
重擊、還有加上拍手聲，
藉此強調這個類比。）

WHACK!

速度訓練動作提示

本章將包含十個一般來說跟速度表現有關，尤其是在田徑與球場運動脈絡下使用的動作技巧。動作是按照方向（線性的與多向性的）與型態（例如加速、交叉步〔crossover〕與倒退步〔backpedal〕）組織起來的。

如同第七章中討論過的，動作會被整理成提示格，而提示格分成兩節，整體而言對應到我們的**教練指導溝通迴路**（第四章）。第一節提供支援「**描述**它」與「**示範**它」語句的語言與意象，第二節則提供支援「**提示**它」與「**做**它」階段的語言與意象。雖然提示格本身自帶解釋，在第七章中標題為〈提示格〉的小節（p. 240），也提供了如何詮釋它們的詳細描述。

要記住的幾件事

1. 動作的描述（也就是「**描述**它」）為兩種目的服務：（1）提供你可以用來描述動作、或部分動作的教練指導例句，而且（2）對於其中牽涉到的生物力學，它們向你這位教練提供了一個指示。這些描述**不是**劇本，不必照本宣科，而且就算你真的用上了，也不需要講到我分享的每件事，在你提供了高品質示範的時候尤其如此。在這種狀況下，就取用你需要的，不多不少，然後在你的運動員一聽名字就理解動作的時候，就省掉描述。以這種方式，你可以專心創造能有效把焦點從一回練習引導到下回練習的簡短提示（也就是「**提示**它」）。

2. 雖然我已經為動作的每個階段提供許多外在提示（還有類比），我們在一回練習裡應該只提供運動員一個提示。就像你會想到的，這是關係到注意力與工作記憶的限制。所以，我們一次建立對於一個動作、一回練習跟一個焦點的學習。

3. 在此提供的提示與類比並不代表窮盡一切的清單。基於這個理由，我鼓勵你除了使用這裡提供的提示與類比以外，也想出你自己的版本。在提示創造過程中，你可以用3D提示模型（第五章）跟類比模型（第六章）來幫助自己。

直線速度訓練／三點起跑
描述它＋示範它

準備語言

步法：「兩腳站在起跑線上，與臀同寬，往後踩一步，一……二，好讓兩腳現在距離起跑線一到一點五呎。」

拉與放：「直接把你的慣用腳往後拉，好讓你把膝蓋放到地上的時候，慣用腿跟你另一隻鞋（仍然與臀同寬）的趾頭平行（或者稍微後面一點）。你現在跪著，腳趾卡在垂直姿勢，俯視著跑道或場地。」

前傾：「你手放的位置就好像你正握著兩杯水，往前傾，把你的手指放在起跑線邊緣。你的拇指跟食指應該跟地面形成直角三角形，你的拇指對齊你的肩膀中央。」

舉起與蓄力：「緩慢地把你的髖部往上往前帶，就好像你後面有一堵牆。然後，把前腿那一側的手往後帶，好讓它跟你的後褲口袋平行。此刻你應該處於下面第一張圖裡描繪的位置。」

執行語言

姿勢：「從頭到髖部保持修長強壯——『透過長度展現張力』。」

腿部動作（推）：「兩腿往外往上**推**，跟前脛呈相同角度；在推的時候軀幹跟前脛平行；而一旦從頭到腳跟達成一直線的時候，**推**就結束了。」

腿部動作（抬）：「在最初的**推**以後，膝蓋往前移，直到大腿跟身體創造出九十度角為止。」

「**推**跟**抬**在同一時刻結束；行動接著回到下一個跨步的起始。」

手臂動作：「在手把起始線往前推的時候，手臂前段是直的。手臂像一堵牆一樣，同時雙腿（尤其是前腿）則往後推，創造出身體的張力。要起跑的時候，上方的手臂用力地往前甩，下方的手臂則往後甩。這個動作的功能是打破慣性，啟動前向動能。」

提示它＋做它

姿勢

▶「透過推來拉長身體。」
▶「透過抬腿來拉長身體。」
▶「離開起跑線時身體拉長。」
▶「保持修長並壓低。」

腿部動作（強調推）

▶「炸出起跑線。」
▶「從起跑線推出去。」
▶「轟出起跑架。」
▶「把地面往後驅動。」

腿部動作（強調抬）

▶「往上往外爆炸。」
▶「從你的位置戳出去。」
▶「朝著終點線轟出去。」
▶「在你起身時驅動。」

手臂動作

▶「（把你的前臂）拋向終點線。」
▶「（把你的手）拋向牆壁。」
▶「（把你的手）往後錘。」
▶「（把你的前臂）向前發射。」

姿勢

準備：把一段黃色膠帶貼在上背部，一段白色膠帶貼在下背部。
提示一：「在你衝出起跑線的時候，把膠帶撞在一起。」
提示二：「在你完成衝出起跑線的時候，把膠帶排成一線。」

腿部動作

準備：在前腿的腳踝外側貼一段白色膠帶，並且在後腿的膝蓋外側貼一段黃色膠帶。
提示一：「把白色（腳踝）膠帶往回推進地面」（強調**推**）。
提示二：「朝著終點線驅動黃色（膝蓋）膠帶」（強調**抬**）。
提示三：「在你轟出起跑線的時候把（腳踝與膝蓋的）膠帶扯開。」

手臂動作

準備：在下方的手上貼一段白色膠帶，並且在上方的手上貼一段黃色膠帶。
提示一：「把白色膠帶往後拋。」
提示二：「把黃色膠帶往前拋。」
提示三：「在你朝終點線爆炸的時候把膠帶扯開。」

姿勢

「從頭到腳，想像你的身體是一條鎖鏈。在你衝出去的時候，扯斷鎖鏈。」（短提示：「扯斷鎖鏈。」）

腿部動作（推）

「就像你背後兩步遠有隻獵豹那樣炸出起跑線。」（短提示：「跑贏獵豹。」）

腿部動作（抬）

「轟出起跑線，就好像你在短跑上山。」
（短提示：「上山去」或者「爬啊」。）

手臂動作

「想像有人抓著你的手腕。加速你的手臂，就好像要掙脫他們的掌握。」（短提示：「掙脫掌握。」）

直線速度訓練／加速
描述它＋示範它

執行語言

概論：雖然為了分析目的，加速可以被分解成許多階段，在教練指導方面，我們必須承認運動員執行加速時，是當成一個有循環或交替模式的單一動作。在這種狀況下，我們會把加速當成一種只有單一階段的動作來處理，在此一條腿往後**推**（有時候稱為後向力學），同時另一條腿往前**抬**（有時候稱為前向力學）。跟用來提示三點起跑的語言一樣，我們會為每一種腿部動作考慮不同的提示。

姿勢：「從頭到髖部保持修長強壯——『透過長度展現張力』。」

腿部動作（推）：「大腿跟髖部一結束收縮，**推**就開始了，在同側腳打向地面的時候繼續，在腳完成**推**離地面的動作時就結束。在**推**的時候，腿應該以跟軀幹相同的角度往後驅動（腳脛應該跟軀幹平行）。如果成功，腳會在質心下方（或者稍微前面一點）踩地，創造出足夠的垂直力，把運動員從跑道上舉起，還有足夠的水平力，讓他們沿跑道推進。」

腿部動作（抬）：「一等到腳完成推離地面的動作，**抬**就開始了，在同側腿往前移動時繼續，一等到大腿跟髖部完成收縮時就結束。在**抬**的時候，大腿應該立刻開始往前移動，直到它跟身體之間創造出80-90度角。而這個前向動態裡的任何延遲（特徵是腳跟趨向臀部，而不是大腿往前移動）會破壞整體技術的協調性。

「在推跟**抬**有效協調的時候，運動員從加速轉換成絕對速度的時候，會看似逐漸升起，就像一架噴射機起飛一樣。」

手臂動作：「手臂就像腿，在前後動作之間交替，在這裡前向動作需要手臂收縮（就在另一側腿收縮的同時），而後向動作需要手臂伸展（就在另一側腿伸展的同時）。」

提示它＋做它

姿勢

▶「在你推的時候保持修長。」
▶「在你驅動的時候拉長身體。」
▶「在你抬腿的時候變長。」
▶「在驅動過程裡升空。」

腿部動作（推）

▶「把跑道往後推。」
▶「炸出地面。」
▶「把地面推開。」
▶「透過推來發射。」

腿部動作（抬）

▶「戳穿空氣。」
▶「朝終點線驅動。」
▶「抬向終點線。」
▶「離開地面。」

手臂動作

▶「切割空氣。」
▶「劃開空氣。」
▶「（把你的手臂）往後甩。」
▶「（把你的手臂）往後錘。」

姿勢

準備：在上背部貼一段黃色膠帶，在下背部貼一段白色膠帶。
提示一：「在短跑時保持膠帶排成一直線。」
提示二：「在短跑時別讓膠帶離得更遠。」
提示三：「在你衝出地面的時候把膠帶推到一起。」

腿部動作

準備：在兩邊腳踝外側或前方各貼一段白色膠帶，並且在兩邊膝蓋外側或頂端各貼一段黃色膠帶。
提示一：「把白色（腳踝）膠帶往回推進地面」（強調推）。
提示二：「把黃色（膝蓋）膠帶推向終點線」（強調抬）。
提示三：「在你衝出地面的時候，把（不同側）的膠帶扯開。」

手臂動作

準備：在兩邊手腕頂端各貼一片黃色膠帶。
提示一：「把膠帶往後扔。」
提示二：「把膠帶往後錘。」
提示三：「把膠帶推到超過你的口袋。」

姿勢

「在你加速時，像一架從航空母艦上起飛的噴射機那樣逐漸升起。」（短提示：「當噴射機」或者「變成噴射機」。）

腿部動作（推）

「往後踏，把跑道擠出來。」（短提示：「擠出跑道。」）

腿部動作（抬）

「把你的膝蓋往前驅動，就像要打碎一片玻璃。」（短提示：「打碎玻璃。」）

手臂動作

「手臂就像錘子；腿就像釘子。錘釘子。」（短提示：「錘子」或者「錘釘子」。）

直線速度訓練／絕對速度

描述它＋示範它

執行語言

概述：雖然為了分析目的，絕對速度可以被分解成許多階段，在教練指導方面，我們必須承認運動員執行絕對速度時，是當成一個有循環或交替模式的單一動作。在這種狀況下，我們會把絕對速度當成一種只有單一階段的動作來處理，在此一條腿往下往後**推**（有時候稱為後向力學），同時另一條腿往上往前**抬**（有時候稱為前向力學）。請注意，在此考慮的教練指導語言可以普遍應用在短跑與耐力跑上，因為加諸於這兩種技術上的物理學是重疊的。

姿勢：「從頭到髖部保持高姿勢。透過皮帶扣或者腰帶帶領妳。」

腿部動作（推）：「大腿與髖部一完成收縮，**推**就開始了，在同側腳踩地時繼續，而腳一完成**推**離地面的動作時就結束了。在**推**的時候，腿應該就踩在質心前方，創造出足夠的垂直力把妳從跑道上舉起。相對於妳的最大速度，妳處於什麼位置，會決定水平方向增加的力會等同於速度的增加、維持還是降低。」

腿部動作（抬）：「腳一完成推離地面，**抬**就開始了，在同側腿往上往前移動的時候繼續，而大腿與髖部一完成收縮，**抬**就結束了。在**抬**的時候，大腿應該立刻開始往上往前移動，直到它跟身體創造出80-90度角為止。這個向上動作的任何延遲（特徵是腳跟趨向臀部，而不是大腿往上移動），都會破壞整體技術的協調。

「在**推**與**抬**有效協調的時候，前腿會往下移動，並且在後腿往上往前移動的同一瞬間回到原位。」

手臂動作：「手臂就像腿，在前後動作之間交替，在這裡前向動作需要手臂收縮（就在另一側腿收縮的同時），而後向動作需要手臂伸展（就在另一側腿伸展的同時）。」

提示它＋做它

請注意：彩色輪廓線表示動作的不同階段。

姿勢

▸「保持高姿勢。」
▸「伸向天空。」
▸「在妳抬起時拉長身體。」
▸「用妳的皮帶扣（或腰帶）帶領妳。」

腿部動作（推）

▸「攻擊跑道。」
▸「推下去然後回來。」
▸「炸出跑道。」
▸「侵略性地推。」

腿部動作（抬）

▸「攻擊天空。」
▸「戳穿天空。」
▸「（驅動妳的）大腿朝向天空。」
▸「侵略性地抬起。」

手臂動作

▸「切割空氣。」
▸「劃開空氣。」
▸「（把妳的手臂）往後拋。」
▸「（把妳的手臂）往後錘。」

姿勢

準備：上背部貼一段黃色膠帶，下背部貼一段白色膠帶。
提示一：「在短跑過程中保持膠帶上下對齊。」
提示二：「在短跑中讓膠帶排齊。」
提示三：「讓黃色（上背）膠帶往上伸展，遠離白色（下背）膠帶。」

腿部動作

準備：在兩邊腳踝外側或前方各貼一段白色膠帶，兩邊膝蓋外側或頂端各貼一段黃色膠帶。
提示一：「把白色（腳踝）膠帶推向地面。」（強調推）
提示二：「把黃色（膝蓋）膠帶朝著天空往上推。」（強調抬）
提示三：「在妳衝出地面的時候，把（不同側的）膠帶扯開。」

手臂動作

準備：在兩邊手腕頂端各貼一段黃色膠帶。
提示一：「把膠帶往後拋。」
提示二：「把膠帶往後錘。」
提示三：「把膠帶推到超過妳的口袋。」

姿勢

「保持修長並且（微微）前傾，就好像妳在一個風暴中（或者在風洞裡）。」（短提示：「讓風撐著妳」或者「靠向風中」或者「別被吹回去」。）

腿部動作（推）

「沿著跑道衝，就好像妳正朝著一道陡峭的樓梯往上跑。」（短提示：「衝上樓梯」或者「猛踩樓梯」。）

腿部動作（抬）

「往前驅動妳的膝蓋（大腿），就好像要往上撞穿一個拳擊手靶。」（短提示：「打手靶。」）

手臂動作

「手肘就像門的鉸鏈，在手臂往回移動時打開，手臂往前移動時關閉。」（短提示：「開門。」）

多向性速度訓練／45 度角變向
描述它＋示範它

執行語言

概述： 改變方向（變向是其中一種型態）指的是運動員在一個方向停止移動（也就是減速），好讓他們能夠在新的方向產生移動（也就是加速）的任何動作。在45度角變向的脈絡裡，請想像一位運動員正在設法越過一位逼近的防守者。在防守者左側或右側有空位的狀況下，運動員決定從45度角變向，進攻可用的空位。雖然我們會特別去看**變向**本身的提示，重要的是確認這個動作整體需要**接近、變向**跟**轉換**，而在這個例子裡，這是一種線性加速（如我們在這章稍早討論過的動作）。

姿勢：「對防守者保持原位，好讓你不至於對他們洩露你的動向。你的姿勢應該對防守者保持原位（也就是『維持應戰姿勢』），並且維持中性（也就是『驕傲的姿勢』或者『保持傲氣』〔抬頭挺胸〕）。一旦你開始推，你的姿勢就應該保持『驕傲』並且朝著變向的方向移動（**不要**朝著**推蹬**的那條腿彎曲或傾斜）。」

腿部動作（推）：「在你靠近防守者時，開始放低你的身體（突然或者逐漸放低，視狀況而定）。一旦你放得夠低了（四分之一蹲或半蹲的深度，視狀況而定），把你**外側**腳的鞋釘扎實地踩進球場裡，然後把你自己**推**到可用空位裡（你左側或右側的45度角）。你可以把這想成是有角度的加速步伐。」

腿部動作（抬）：「就像在加速時**推**跟**抬**共同合作，在變向時兩者也共同合作。在你的**推蹬**腳驅動你往想去的方向去時，你的（內側）**抬腿**腳應該舉起並且指向新的方向。把你的膝蓋想成像是一輛車的車頭燈；你要那盞車頭燈指向你前往的方向。

「在做得正確的時候，**推蹬**腳與**抬腿**腳共同合作，讓變向之後的下一步看起來就像是線性加速的第一步。」

手臂動作：「在打破一個方向的動能上，你的手臂扮演了重要的角色，好讓你可以把動能重新導向另一方向。　　　　　就像加速，你相反側的手跟腿共同合作。你的外側手臂跨越你身體推動的方向，跟你　　　　　　　的**抬腿**腳是相同方向，同時你的內側手臂往回趨向你的**推蹬**腳。」

提示它＋做它

姿勢
- ▶「（跟防守者）成直角。」
- ▶「在你出擊時保持強健。」
- ▶「在你推的時候保持驕傲。」
- ▶「在你變向時要牢不可破。」

腿部動作（推）
- ▶「把地面推開。」
- ▶「猛然脫離地面。」
- ▶「把地面推走。」
- ▶「在你推的時候保持低姿勢（或身體平坦）。」

腿部動作（抬）
- ▶「猛衝進空間裡。」
- ▶「進入（防守者的）外側。」
- ▶「從變向角戳出去（或者抬腿切進空位裡）。」
- ▶「在你（從變向角）抬腿切出去的時候保持低姿勢（或平坦）。」

手臂動作
- ▶「（把你的手臂）戳向相對側。」
- ▶「（把你的手臂）甩向相對側。」
- ▶「在你轉身時創造力矩。」
- ▶「旋轉（或者伸展）進入奔跑狀態。」

姿勢
準備：在上胸部貼一段黃色膠帶，並且在腰帶上方貼一段白色膠帶。
提示一：「在變向時保持膠帶連結。」
提示二：「保持黃色（胸部）膠帶在你的（外側）口袋內側。」
提示三：「在你從變向點出去的時候用黃色（胸口）膠帶帶領你。」

腿部動作
準備：在兩邊腳踝的外側或前方各貼一段白色膠帶，兩邊膝蓋的外側或頂端各貼一條黃色膠帶。
提示一：「把白色（腳踝）膠帶推進地面。」（強調推）
提示二：「把黃色（膝蓋）膠帶推進空位。」（強調抬）
提示三：「在你衝出地面的時候，讓（兩側的）膠帶彼此遠離。」

手臂動作
準備：在兩邊手腕上各貼一段黃色膠帶。
提示一：「把（外側）黃色膠帶朝著空位戳。」
提示二：「把（外側）黃色膠帶扔進空位。」
提示三：「驅動（外側）黃色膠帶越過你的中線。」

姿勢

「保持低姿態跟前傾，就好像
你要用肩膀側面撞倒一扇門。」
（短提示：「把門撞倒。」）

腿部動作（推）

「脫離變向角，就像響尾蛇正
要朝你的腳踝側面出擊。」
（短提示：「別被咬了。」）

腿部動作（抬）

「想像你的膝蓋是車頭燈。
把它們指向你想去的方向。」
（短提示：「照亮路徑。」）

手臂動作

「想像你的軀幹是個旋轉的陀
螺。把你的手臂拋出去跨過你
的身體，往你想去的方向去旋
轉陀螺。」（短提示：「旋轉
陀螺。」）

多向性速度訓練／側跨步變向
描述它+示範它

執行語言

概述：改變方向（側跨步是其中一種型態）指的是運動員在一個方向停止移動（也就是減速），好讓他們可以在一個新的方向產生移動（也就是加速）的任何動作。在側跨步的脈絡裡，請想像一位運動員正在設法越過一位逼近的防守者。在防守者左側或右側有空位的狀況下，運動員決定側跨步越過防守者，進攻可用的空位。雖然我們會特別去看**變向**本身的提示，重要的是確認這個動作整體需要**接近**、**變向**跟**轉換**，而在這個例子裡，這是一種線性加速（一如我們在這章稍早討論過的動作）。

姿勢：「對防守者保持原位，好讓你不至於對他們洩露你的動向。你的姿勢應該對防守者保持原位（也就是『維持應戰姿勢』），並且維持中性（也就是『驕傲的姿勢』或者『保持傲氣』〔抬頭挺胸〕）。一旦你開始推，你的姿勢就應該保持『驕傲』並且朝著變向的方向移動（**不要**朝著**推**的那條腿彎曲或傾斜）。」

腿部動作（推）：「在你靠近防守者的時候，開始放低你的身體（突然或者逐漸放低，視狀況而定）。一旦你放得夠低了（四分之一蹲或半蹲的深度，視狀況而定），把你**外側**腳的鞋釘扎實地踩進球場裡，然後把你自己側向**推**到可用空位裡（你左側或右側的90度角），同時對你跑的方向保持應戰姿勢。」

腿部動作（抬）：「就像加速時推與抬會共同合作，它們在側跨步時也會共同合作。在你的**推蹬**腳側向驅動你的時候，你的（內側）**抬腿**腳應該舉起並且側向漂移，同時仍舊指向正前方。

「在做得正確的時候，**推蹬**腳與**抬腿**腳共同合作，讓側跨步之後的下一步看起來就像是線性加速的第一步。」

手臂動作：「在側跨步時，你的手臂應該對應到另一側的腿，並且在你脫離側跨步進入加速狀態時迅速地轉換。請注意，把側向動能轉移到線性加速時你的手臂很重要，因此在你脫離側跨步的時候需要　　很有侵略性。」

多向性速度訓練／180度角變向
描述它＋示範它

執行語言

概述：改變方向（180度變向是其中一種型態）指的是運動員在一個方向停止移動（也就是減速），好讓他們可以在一個新的方向產生移動（也就是加速）的任何動作。雖然某些時候，運動會要求運動員做這樣劇烈的調動，接下來描繪的版本跟敏捷性訓練（Pro-Agility Drill）有關，這種測試因為包含在NFL聯合測試會中而變得普遍。為了向我自己的聯合測試會教練指導根源致意，我覺得有必要在這裡收錄這個項目，因為我曾經用過許多提示，來幫助運動員精通這種看似困難的訓練。因為我們已經考慮過45度角變向跟側跨步變向的詳細（而且可轉移的）提示，我們會拓展焦點，去包含在這個例子裡等於交叉步到加速（我們在本章隨後會講到的一種動作）的**接近**、**變向**與**轉換**。

途徑：「為求單純，我們會定義**接近**為進入變向階段的三步驟。我們可以把第一步指涉為**坐**（SIT）步，第二步為**軸心**（PIVOT）步，第三步為**變向**（CUT）步。關鍵在於在**坐**步放低你的質心（四分之一蹲到半蹲）；在**軸心**步旋轉、前傾然後放低（轉四分之一圈到半圈）；然後在**變向**步中，趁著蓄力於（內側）軸心腿的同時**跨越**邊線。從**軸心**步轉換到**變向**步應該是一個快速的一……二節奏。」

變向：「在**接近**做得正確時，（外側）變向腿會在（變向）線上或者就在後方，而你大多數的重量轉移到（內側）軸心腳上。在**軸心**步接受了你的體重以後，**變向**步可以用來迅速把你**推**出線外。」

轉換：「在（內側）**軸心**腿已經蓄力，就像三點起跑時的前腿一樣時，**變向**步就只是給你克服慣性所需的推動力。就像三點起跑一樣，你首先會用兩條腿**推**。一旦你創造出足夠的力，你就會驅動你的變向腳（貼近地）越過你的身體（這被稱為交叉步〔crossover〕）。在你的手臂幫助下，這個交叉步會把你投射到一個強有力的加速位置。」

接近

變向步　　軸心步　　坐步

變向

轉換

提示它＋做它

請注意：彩色輪廓線表
示動作的不同階段。

接近

變向步 _____ 軸心步 _____ 坐步

變向

轉換

途徑

▶「坐下。」（**坐步**）
▶「放低並前傾。」（**軸心步**）
▶「跨越邊線。」（**變向步**）
▶「在你進入邊線的時候壓低。」

變向

▶「把邊線戳走。」
▶「從線上彈開。」
▶「遠離邊線。」
▶「離開邊線要輕盈。」

轉換

▶「朝終點線爆炸。」
▶「把你的內側（腿）用力驅動出去。」
▶「（用你的外側膝蓋）對終點線開火。」
▶「（用你的外側膝蓋）戳到超過你的口袋。」

接近

準備：把一段黃色膠帶貼在腰帶正上方。
提示一：「在你放低身體時把膠帶轉向〔挑一個運動員在變向時會面對的目標〕。」
提示二：「在你蓄力到邊線上的時候放低膠帶。」

變向

準備：把一段黃色膠帶貼在腰帶正上方。
提示一：「讓黃色（腰部）膠帶保持在變向步的內側。」
提示二：「驅動黃色（腰部）膠帶遠離變向步。」

轉換

準備：在兩邊膝蓋外側或頂端各貼一段黃色膠帶。
提示一：「把黃色（膝蓋）膠帶朝著終點線驅動。」
提示二：「把黃色（膝蓋膠帶）戳到超過你的（內側）口袋。」

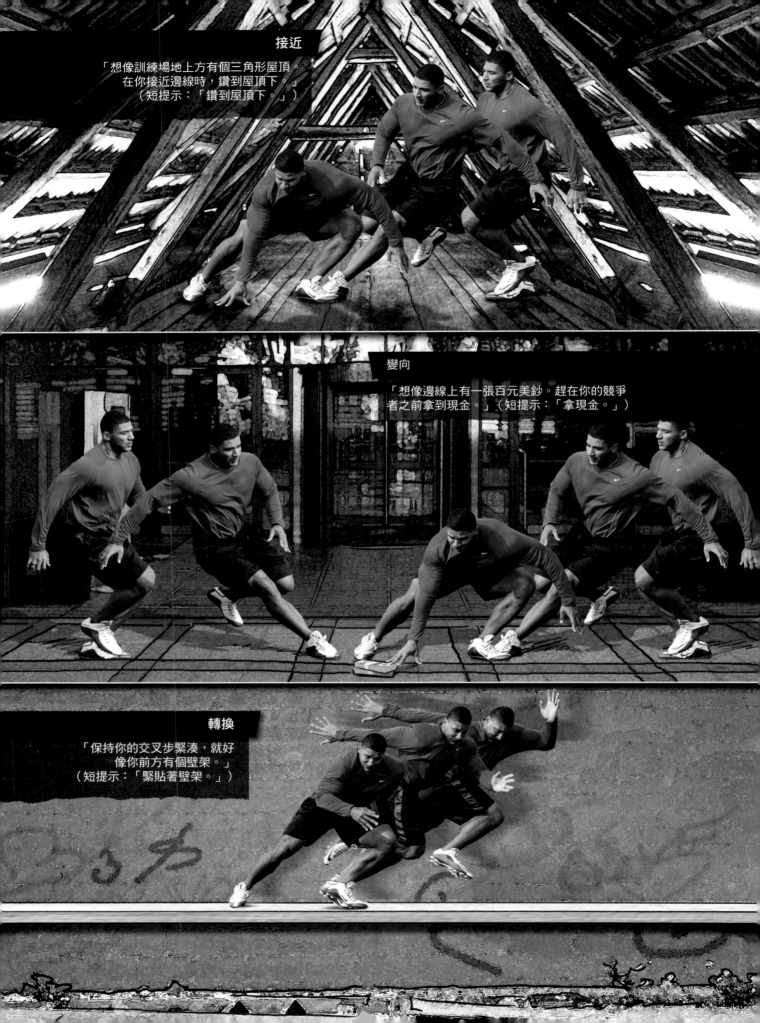

接近

「想像訓練場地上方有個三角形屋頂。
在你接近邊線時，鑽到屋頂下。」
（短提示：「鑽到屋頂下。」）

變向

「想像邊線上有一張百元美鈔。趕在你的競爭
者之前拿到現金。」（短提示：「拿現金。」）

轉換

「保持你的交叉步緊湊，就好
像你前方有個壁架。」
（短提示：「緊貼著壁架。」）

多向性速度訓練／交叉步到衝刺

描述它＋示範它

執行語言

概述：轉換動作（交叉步是其中一種型態），指的是一位運動員藉著旋轉從面對一個方向轉換到另一方向，同時沒有降低速度的任何動作。在從交叉步到衝刺的脈絡下，我們可以想像一位防守的運動員，在他們的內側或外側被人越過以後，必須迅速跨過去並且衝刺，設法趕上那個逃走的進攻者（進攻球員）。雖然我們會特別去看從交叉步到衝刺本身的提示，重要的是確認這個動作整體而言需要**接近**（典型狀況是用側併步〔shuffle〕）、**變向**跟**轉換**（也就是從交叉步衝刺）。

姿勢：「一旦你領悟到進攻者避開你了，你會希望眼睛一直盯著他們，維持中性（「驕傲」）的姿勢，如果這個姿勢會說話，它會說『我不可能被打敗』。」

腿部動作（推）：「你一領悟到進攻者移動到你的外側，你想要迅速地放低你的質心（「壓低」或者「趴下去」）然後轉移他們的方向。你的體重轉移到你想移動的方向，驅動你的（內側）**推蹬**腳，把你自己投射到逃逸進攻者的方向。」

腿部動作（抬）：「就像在加速時**推**與**抬**共同合作，它們在交叉步的時候也共同合作。在你的**推蹬**腳把你往想去的方向去時，你的（外側）**抬腿**腳應該舉起並且指向新的方向，緊貼著驅動起來跨越你的身體（把你的膝蓋想成一輛車的車頭燈；你想要車頭燈指向你要去的方向。）

「在做得正確的時候，**推蹬**腳與**抬腿**腳共同合作，讓脫離交叉步的下一步看起來就像是直線衝刺的第一步。」

手臂動作：「對於打破一個方向的動能，你的手臂扮演了重要的角色，好讓你可以把動能重新導向另一方向。就像加速一樣，你不同側的手臂跟腿共同合作。你的內側手臂驅動起來越過你的身體並且往前，跟你的**抬腿**腳同一方向，同時你的外側手臂往後朝著你的**推蹬**腳驅動。」

提示它＋做它

姿勢

▶「追蹤進攻者。」
▶「跟蹤進攻者。」
▶「在你蓄力時保持修長。」
▶「在你推的時候保持抬頭挺胸。」

腿部動作（推）

▶「用力推離地面。」
▶「把地面推開。」
▶「在你發動時保持低姿態（或身體平坦）。」
▶「在你推的時候保持水平（或身體平坦）。」

腿部動作（抬）

▶「對進攻者猛推過去。」
▶「追逐進攻者。」
▶「抬腳出交叉步外（或者進入空位）。」
▶「在你抬腳（出交叉步外）的時候保持水平（或平坦）。」

手臂動作

▶「（把你的手臂前段）戳到身體另一側。」
▶「（把你的手臂前段）甩到身體另一側。」
▶「在你轉身時創造力矩。」
▶「延伸成奔跑。」

姿勢

準備：在上胸部貼一段黃色膠帶，並且在腰帶上方貼一段白色膠帶。
提示一：「在交叉步時保持膠帶排成一列。」
提示二：「把黃色（胸部）膠帶驅動到超過你的（內側）口袋。」
提示三：「在你交叉步時用黃色（胸部）膠帶帶領你。」

腿部動作

準備：在兩邊腳踝外側或前方各貼一段白色膠帶，並且在兩邊膝蓋外側或頂端各貼一段黃色膠帶。
提示一：「把白色（腳踝）膠帶推進地面。」（強調**推**）
提示二：「把黃色（膝蓋）膠帶推進空位。」（強調**抬**）
提示三：「在你從地面衝出時，讓（相反側的）膠帶彼此分開。」

手臂動作

準備：在兩邊手腕頂端各貼一段黃色膠帶。
提示一：「朝著空位戳出（內側的）黃色膠帶。」
提示二：「把（內側的）黃色膠帶扔進空位。」
提示三：「驅動（內側的）黃色膠帶跨越你的身體中線。」

姿勢

「像導彈升空那樣發動交叉步。」
（短提示：「發射。」）

腿部動作（推）

「想像你在跟一個衝出起跑架的田徑運動員比賽。衝完你的交叉步，好讓你不至於在終點線前被打敗。」（讓運動員們彼此面對面，競速一段固定距離。）

腿部動作（抬）

「把你的膝蓋戳向另一側，就好像要把一顆棒球從一個矮T架上撞（或推）下來。」（短提示：「把球撞下來。」）

手臂動作

「想像你的內側手臂被一條帶子往回拉了。在你以交叉步衝出去的時候扯斷那條帶子。」（短提示：「扯斷帶子。」）

多向性速度訓練／交叉步衝刺
描述它 + 示範它

執行語言

概述：追蹤動作（交叉步衝刺是其中一種型態），指的是被用來追蹤一位對手的任何動作，最常見的狀況是在防守情境中。在交叉步衝刺的脈絡裡，請想像一位運動員正在防守中，而且需要有能力去追蹤一位前向移動的進攻者（進攻球員），以便維持位置或者截停。在美式足球中，這個模式容許防守後衛維持面對一位外接員的位置。同樣地，在橄欖球裡，這個動作讓一位防守球員可以逼迫他們的對手出界（越界）或者回到內側，在那裡他們可能會被防守者或者他們的隊友擒抱。說到底，交叉步衝刺是（從各種角度）往後移動，去追蹤迅速移動對手的最有效方式。

姿勢：「隨時保持你的眼睛聚焦在對手（或目標）身上，並且在你往後追蹤時維持中性（「驕傲」）的姿勢。」

腿部動作（推）：「你一領悟到進攻者在移動，你就會想要迅速放低你的質心（「壓低」或者「趴下」）然後轉移到他們的方向。隨著你的重量轉移到你想移動的方向，你會交替推出你的內側（**推**）腳跟你的外側（**抬**）腳，把你自己發射到閃躲進攻者的方向。」

腿部動作（抬）：「就像在加速時**推**與**抬**共同合作，它們在交叉步奔跑的時候也共同合作。在你的**推蹬**腳驅動你朝想去的方向去時，你的**抬腿**腳應該舉起並指向同一方向，驅動時緊貼著跨過你的身體（把你的膝蓋想成一把手電筒；你想要手電筒指向你前往的方向）。

「在做得正確時，**推**與**抬**彼此交替，容許你以你希望的角度往後加速。」

手臂動作：「就像加速，你不同側的手臂與腿共同合作。與**抬腿**腳不同側的手臂往前驅動，同時跟**推蹬**腳不同側的手臂向後驅動。」

提示它＋做它

姿勢
▶「追蹤進攻者。」
▶「跟蹤進攻者。」
▶「在你追蹤時保持備戰姿勢。」
▶「整個推的過程中保持修長。」

腿部動作（推）
▶「沿著邊線猛衝。」
▶「攻擊回去——推、推、推。」
▶「迅速把地面推走。」
▶「在你推的時候保持身體水平（或者平坦）。」

腿部動作（抬）
▶「封閉空間。」
▶「追逐空間。」
▶「在邊線上戳下去。」
▶「遠離草地。」

手臂動作
▶「切割空氣。」
▶「劃開空氣。」
▶「（把你的手臂）往後拋。」
▶「（把你的手臂）往後錘。」

姿勢
準備：在上胸部貼一段黃色膠帶，並且在腰帶上方貼一段白色膠帶。
提示一：「在跑步時保持膠帶對齊。」
提示二：「在你跑的時候保持黃色（胸部）膠帶面對進攻者。」
提示三：「在你跑的時候用黃色（胸部）膠帶帶領你。」

腿部動作
準備：在兩邊腳踝外側或前方各貼一段白色膠帶，兩側膝蓋外側或頂端各貼一段黃色膠帶。
提示一：「把白色（腳踝）膠帶推進地面」（強調**推**）。
提示二：「把黃色（膝蓋）膠帶推進空位」（強調**抬**）。
提示三：「在你衝出地面時，讓（不同側的）膠帶彼此遠離。」

手臂動作
準備：在兩邊手腕頂端各貼一條黃色膠帶。
提示一：「把黃色膠帶往後甩。」
提示二：「把黃色膠帶往後錘。」
提示三：「把膠帶推到超過你的口袋。」

姿勢

「想像你像超人一樣有雷射視線。把這些雷射指向你對手的髖部。」（短提示：「雷射鎖定。」）

腿部動作（推）

「想像地面是一面鼓，每一步都是一個節拍。創造一個響亮、迅速的鼓聲——嘭、嘭、嘭。」（短提示：「帶上嘭嘭聲」或者「帶上節拍」。）

腿部動作（抬）

「一旦你挑好你的路線，就跑得好
像那是一座懸崖的邊緣。」
（短提示：「留在邊緣。」）

手臂動作

「想像你的前臂是金屬刀鋒，就像《魔
鬼終結者 2》裡的機器人 T-1000 一樣，
而且還切過空氣。」（短提示：「切
開（或劃開）空氣。」）

多向性速度訓練／倒叉步衝刺
描述它＋示範它

執行語言

概述：轉換動作（倒叉步是其中一種型態），指的是藉著旋轉讓一位運動員從面對一個方向轉換到另一方向，卻沒有降低速度的任何動作。在倒叉步衝刺的脈絡下，請想像一位運動員倒退步以維持防守位置，並且在他們的內側或外側被人越過以後，迅速倒叉步並衝刺，嘗試趕上那位逃跑的進攻者（進攻球員）。雖然我們會特別去看倒叉步本身的提示，重要的是確認這個動作整體需要**接近**（通常是用倒退步）、**變向**與**轉換**（也就是說從倒叉步到衝刺）。請注意，交叉步一般來說被用來製造90度到135度旋轉的轉換，倒叉步一般來說則是用來做90度到180度旋轉的轉換。決定用某一個而不用另一個，要看運動員的身體性質、動作偏好與情況而定。

姿勢：「一旦你領悟到進攻者已經閃過你了，你想要緊盯著他們，並且保持像鏡子一樣對應到（或者像影子一樣跟蹤）你對手的中性（「驕傲」）姿勢。」

腿部動作（推）：「你一領悟到進攻者移動到你的外側，你就會想要迅速地放低你的質心（「壓低」或者「趴下」），然後開始（以你的外側腳為軸心）轉向他們的移動方向。追蹤進攻者會讓你能夠從轉向轉換到**推**，把你的（外側）**推蹬**腳推出去，然後把你自己發射到逃跑進攻者的方向去。」

腿部動作（抬）：「就像推與抬在加速時共同合作，它們在倒叉步的時候也共同合作。在你的**推蹬**腳驅動你到想去的方向時，你的（內側）**抬腿**腳應該舉起、甩過去（打開），然後指向新的方向。」
「在做得正確時，**推蹬**腳與**抬腿**腳共同合作，讓倒叉步之後的下一步看起來就像是線性加速的第一步。」

手臂動作：「你的手臂扮演了重要的角色，把動能從一個方向傳送出去，好讓你可以把它導引到另一個方向。就像加速，你不同側的手臂與腿共同合作。你的外側手臂跨越你的身體並且往前驅動，跟你的**抬腿**腳同方向，同時你的內側　　　　手臂往後，朝著你的**推　　　　蹬**腳方向驅動。」

提示它＋做它

姿勢

▶「追蹤進攻者。」
▶「鏡像反映他們的動作。」
▶「在你推的時候保持應戰姿勢。」
▶「在你推的時候保持傲氣。」

腿部動作（推）

▶「往後爆發。」
▶「把地面推開。」
▶「透過軸心推。」
▶「在你推的時候保持身體水平（或者平坦）。」

腿部動作（抬）

▶「爆炸進入你後面的空間。」
▶「打開進入你背後的空間。」
▶「轉進軸心。」
▶「甩或者掃開（你的腿）。」

手臂動作

▶「（你的內側手肘）往後錘。」
▶「（你的內側手肘）往後甩。」
▶「在你轉身時創造力矩。」
▶「在你轉身時肘擊空氣。」

姿勢

準備：在上胸部貼一段黃色膠帶，並且在腰帶上方貼一段白色膠帶。
提示一：「在倒叉步中保持膠帶連結。」
提示二：「在你推進倒叉步的時候，把膠帶往後驅動。」
提示三：「在你軸轉進入倒叉步的時候，黃色（胸部）膠帶應該追蹤進攻者。」

腿部動作

準備：在兩邊腳踝外側或前方各貼一段白色膠帶，兩邊膝蓋的外側或頂端各貼一段黃色膠帶。
提示一：「把白色（腳踝）膠帶往回推進地面。」（強調**推**）
提示二：「把黃色（膝蓋）膠帶甩進空間裡。」（強調**抬**）
提示三：「在你推離地面的時候，讓（不同側的）膠帶遠離彼此。」

手臂動作

準備：在兩邊手肘後面或外側各貼一段黃色膠帶。
提示一：「把（內側）黃色膠帶往後推。」
提示二：「把（內側）黃色膠帶往後甩。」
提示三：「把（內側）黃色膠帶往後錘。」

姿勢

「想像你胸口有個探照燈照出來，就像鋼鐵人那樣。保持探照燈時
時刻刻指向進攻球員。」（短提示：「一直照亮他們。」）

腿部動作（推）

「往後爆發式遠離，就好像有人
要擒抱你一樣。」

腿部動作（戳）

「想像你的身體是一道門。在你往後
驅動的時候把門甩開。」（短提示：
「開門。」）

手臂動作

「把你的內側手肘往後推，然後畫圈，
就好像要打翻一個擒抱練習不倒翁。」
（短提示：「打翻不倒翁。」）

多向性速度訓練／倒退步

描述它＋示範它

執行語言

概述：追蹤動作（倒退步是其中一種型態），指的是被用來追蹤一位對手的任何動作，最常見的狀況是在防守情境中。在倒退步的脈絡中，請想像一位運動員處於防守位置，需要有能力追蹤一位往前移動的進攻者（進攻球員）以便維持位置或者截停。在美式足球中，這個模式容許一位防守後衛維持跟一位朝防守方半場跑的外接員之間的位置。同樣地，在橄欖球中，這個動作讓防守球員可以回到防守線上。說到底，倒退步是短距離直線後退移動最有效的方式，同時防守者如果需要增加速度（或者以某個角度移動），也可以用交叉步衝刺。

姿勢：「讓你的眼睛時時刻刻聚焦在對手（或目標）身上，保持備戰姿勢，並且在你走倒退步的時候維持一個中性（「驕傲」）的姿勢。」

腿部動作（推）：「你一領悟到進攻者在移動，你就會想要迅速放低你的質心（「壓低」或者「趴下」），落入一個四分之一蹲姿。隨著你的重量放低並且往前，你就會用一種交替模式──『啵、啵、啵』──迅速向前推地，藉此往後移動。」

腿部動作（舉起）：「在一條腿**推**的時候，另一條腿會是**舉起**的狀態。這個細微的模式要求你彎曲你的膝關節，好讓你可以再次地迅速伸展，並且在下個跨步時**推**走地面。」

「頭、軀幹（姿勢）與大腿（腿的上半段）應該保持穩定（或者說靜默），所有看得見的動作都來自你的膝關節屈曲與伸展、還有你的雙臂隨著這個動作交替。」

手臂動作：「你的手臂會做出的動作，比你在衝刺時小得多；然而它們仍然會輪流動作，在腿**推**的時候，與腿不同側的手臂會往前移動，腿**舉起**的時候，不同側的手臂則往後移動。」

提示它＋做它

姿勢

▶「跟進攻者平行。」
▶「留在進攻者前方。」
▶「在你推的時候保持備戰姿勢。」
▶「在你推的時候保持驕傲。」

腿部動作（推）

▶「迅速地往後推。」
▶「迅速地把地面推開。」
▶「把地面彈走。」
▶「在你推的時候保持低姿態（或水平）。」

腿部動作（舉起）

▶「把你的腳跟（對著你的後口袋）彈出去。」
▶「舉起你的腳跟（剛好離地）。」
▶「把你的腳跟藏起來（在你的大腿後肌後面）。」
▶「盡你所能快點離地。」

手臂動作

▶「（手臂）迅速揮動。」
▶「（手臂）快速揮動。」
▶「劃開空氣。」
▶「切開空氣。」

姿勢

準備：在上胸部貼一段黃色膠帶，並且在腰帶上方貼一段白色膠帶。
提示一：「在你倒退步的時候別讓膠帶彼此更靠近。」
提示二：「讓黃色（胸口）膠帶保持在白色（腰部）膠帶前方。」
提示三：「確保進攻者可以看到黃色（胸口）膠帶。」

腿部動作

準備：在兩邊腳踝的外側或前方各貼一段白色膠帶，兩邊膝蓋的外側或頂端各貼一段黃色膠帶。
提示一：「把白色（腳踝）膠帶推進地面」（強調推）。
提示二：「把白色（腳踝）膠帶彈到黃色（膝蓋）膠帶前方」（強調推）。
提示三：「把白色（腳踝）膠帶舉在黃色（膝蓋）膠帶後面」（強調舉）。

手臂動作

準備：在兩邊手腕背面或外側各貼一段黃色膠帶。
提示一：「把黃色膠帶驅動到後面去。」
提示二：「把黃色膠帶往後揮。」
提示三：「把黃色膠帶揮到超過你的口袋。」

姿勢

「想像有一本書（或者另一個物體）放在你的頭頂。別讓那本書掉下來。」（短提示：「平衡那本書。」）

腿部動作（推）

「想像有條彈力帶縫進你的短褲跟鞋子裡。在你倒退步的時候，迅速地伸展這條帶子。」（短提示：「伸展帶子。」）

腿部動作（舉起）

「想像你光腳站在滾燙的柏油路上。盡你所能快點離開地面。」（短提示：「離開地面。」）

手臂動作

「想像你的手臂是自由鐘裡面的鐘錘。盡你所能快點敲響那個鐘。」（短提示：敲響鐘。）

參考文獻

第一章　學會這件事

1. Bjork, EL, and Bjork, RA. Making things hard on yourself, but in a good way: Creating desirable difficulties to enhance learning. In *Psychology and the Real World: Essays Illustrating Fundamental Contributions to Society.* Gernbacher, MA, Pew, RW, Hough, LM, and Pomerantz, JR, eds. New York: Worth, 56-64, 2011.
2. Brady, F. The contextual interference effect and sport skills. *Perceptual and Motor Skills* 106:461-472, 2008.
3. Cahill, L, McGaugh, JL, and Weinberger, NM. The neurobiology of learning and memory: Some reminders to remember. *Trends in Neuroscience* 24:578-581, 2001.
4. Farrow, D, and Buszard, T. Exploring the applicability of the contextual interference effect in sports practice. *Progress in Brain Research* 234:69-83, 2017.
5. Guadagnoli, MA, and Lee, TD. Challenge point: A framework for conceptualizing the effects of various practice conditions in motor learning. *Journal of Motor Behavior* 36:212-224, 2004.
6. Johnson, L, Burridge, JH, and Demain, SH. Internal and external focus of attention during gait re-education: An observational study of physical therapist practice in stroke rehabilitation. *Physical Therapy* 93:957-966, 2013.
7. Kantak, SS, and Winstein, CJ. Learning–performance distinction and memory processes for motor skills: A focused review and perspective. *Behavioural Brain Research* 228:219-231, 2012.
8. Morin, J-B, Slawinski, J, Dorel, S, Couturier, A, Samozino, P, Brughelli, M, and Rabita, G. Acceleration capability in elite sprinters and ground impulse: Push more, brake less? *Journal of Biomechanics* 48:3149-3154, 2015.
9. Porter, JM, and Beckerman, T. Practicing with gradual increases in contextual interference enhances visuomotor learning. *Kinesiology: International Journal of Fundamental and Applied Kinesiology* 48:244-250, 2016.
10. Porter, JM, and Magill, RA. Systematically increasing contextual interference is beneficial for learning sport skills. *Journal of Sports Sciences* 28:1277-1285, 2010.
11. Porter, JM, and Saemi, E. Moderately skilled learners benefit by practicing with systematic increases in contextual interference. *International Journal of Coaching Science* 4:61-71, 2010.
12. Porter, JM, Wu, W, and Partridge, J. Focus of attention and verbal instructions: Strategies of elite track and field coaches and athletes. *Sport Science Review* XIX:199-211, 2010.
13. Schmidt, RA, and Bjork, RA. New conceptualizations of practice: Common principles in three paradigms suggest new concepts for training. *Psychological Science* 3:207-218, 1992.
14. Shea, JB, and Morgan, RL. Contextual interference effects on the acquisition, retention, and transfer of a motor skill. *Journal of Experimental Psychology: Human Learning and Memory* 5:179, 1979.
15. Soderstrom, NC, and Bjork, RA. Learning versus performance: An integrative review. *Perspectives on Psychological Science* 10:176-199, 2015.
16. Weyand, PG, Sternlight, DB, Bellizzi, MJ, and Wright, S. Faster top running speeds are achieved with greater ground forces not more rapid leg movements. *Journal of Applied Physiology* 89:1991-1999, 2000.
17. Wulf, G. *Attention and Motor Skill Learning.* Champaign, IL: Human Kinetics, 2007.
18. Wulf, G. Attentional focus and motor learning: A review of 15 years. *International Review of Sport and Exercise Psychology* 6:77-104, 2013.
19. Wulf, G, McConnel, N, Gartner, M, and Schwarz, A. Enhancing the learning of sport skills through external-focus feedback. *Journal of Motor Behavior* 34:171-182, 2002.
20. Young, W, McLean, B, and Ardagna, J. Relationship between strength qualities and sprinting performance. *Journal of Sports Medicine and Physical Fitness* 35:13-19, 1995.
21. PGA Tour. Funny golf tip from J.C. Anderson. December 2010. www.youtube.com/

Anderson, BA. A value-driven mechanism of attentional selection. *Journal of Vision* 13.7, 2013.

Anderson, BA. The attention habit: How reward learning shapes attentional selection. *Annals of the New York Academy of Sciences* 1369:24-39, 2016.

Baird, B, Smallwood, J, Mrazek, MD, Kam, JW, Franklin, MS, and Schooler, JW. Inspired by distraction: Mind wandering facilitates creative incubation. *Psychological Science* 23:1117-1122, 2012.

Baker, J, Côte, J, and Abernethy, B. Sport-specific practice and the development of expert decision-making in team ball sports. *Journal of Applied Sport Psychology* 15:12-25, 2003.

Baker, J, Côté, J, and Abernethy, B. Learning from the experts: Practice activities of expert decision makers in sport. *Research Quarterly for Exercise and Sport* 74:342-347, 2003.

Bjork, EL, and Bjork, RA. Making things hard on yourself, but in a good way: Creating desirable difficulties to enhance learning. In *Psychology and the Real World: Essays Illustrating Fundamental Contributions to Society*. Gernbacher, MA, Pew, RW, Hough, LM, and Pomerantz, J, eds. New York: Worth, 56-64, 2011.

Brault, S, Bideau, B, Kulpa, R, and Craig, C. Detecting deceptive movement in 1 vs. 1 based on global body displacement of a rugby player. *International Journal of Virtual Reality* 8, 2009.

Connor, JD, Crowther, RG, and Sinclair, WH. Effect of different evasion maneuvers on anticipation and visual behavior in elite Rugby League players. *Motor Control* 22:18-27, 2018.

Conway, AR, Cowan, N, and Bunting, MF. The cocktail party phenomenon revisited: The importance of working memory capacity. *Psychonomic Bulletin & Review* 8:331-335, 2001.

Coyle, D. *The Little Book of Talent: 52 Tips for Improving Your Skills.* New York: Bantam, 2012.

Craig, A. Interoception: The sense of the physiological condition of the body. *Current Opinion Neurobiology* 13:500-505, 2003.

Csikentmihalyi, M. *Flow: The Psychology of Optimal Experience.* New York: HarperCollins, 1990.

Downar, J, Crawley, AP, Mikulis, DJ, and Davis, KD. A cortical network sensitive to stimulus salience in a neutral behavioral context across multiple sensory modalities. *Journal of Neurophysiology* 87:615-620, 2002.

Ericsson, A, and Pool, R. *Peak: Secrets From the New Science of Expertise.* Boston: Houghton Mifflin Harcourt, 2016.

Ericsson, KA. Deliberate practice and acquisition of expert performance: A general overview. *Academic Emergency Medicine* 15:988-994, 2008.

Ericsson, KA, Krampe, RT, and Tesch-Römer, C. The role of deliberate practice in the acquisition of expert performance. *Psychological Review* 100:363, 1993.

Fan, J, McCandliss, BD, Fossella, J, Flombaum, JI, and Posner, MI. The activation of attentional networks. *Neuroimage* 26:471-479, 2005.

Fecteau, JH, and Munoz, DP. Salience, relevance, and firing: A priority map for target selection. *Trends in Cognitive Sciences* 10:382-390, 2006.

Fitts, PM. Categories of human learning. In *Perceptual–Motor Skills Learning*. Melton, AW, ed. New York: Academic Press, 1964.

Fitts, PM, and Posner, MI. *Human Performance.* Belmont, CA: Brooks/Cole, 1967.

Gallagher, W. *New: Understanding Our Need for Novelty and Change.* New York: Penguin, 2011.

Gegenfurtner, A, Lehtinen, E, and Säljö, R. Expertise differences in the comprehension of visualizations: A meta-analysis of eye-tracking research in professional domains. *Educational Psychology Review* 23:523-552, 2011.

Guadagnoli, MA, and Lee, TD. Challenge point: A framework for conceptualizing the effects of various practice conditions in motor learning. *Journal of Motor Behavior* 36:212-224, 2004.

Güllich, A. Many roads lead to Rome: Developmental paths to Olympic gold in men's field hockey. *European Journal of Sport Science* 14:763-771, 2014.

Hambrick, DZ, Oswald, FL, Altmann, EM, Meinz, EJ, Gobet, F, and Campitelli, G. Deliberate practice: Is that all it takes to become an expert? *Intelligence* 45:34-45, 2014.

Kahneman, D. *Thinking, Fast and Slow.* New York: Macmillan, 2011.

Killingsworth, MA, and Gilbert, DT. A wandering mind is an unhappy mind. *Science* 330:93, 2010.

932, 2010.

Levitin, DJ. *The Organized Mind: Thinking Straight in the Age of Information Overload.* New York: Penguin, 2014.

Locke, EA, and Latham, GP. *A Theory of Goal Setting & Task Performance.* Englewood Cliffs, NJ: Prentice Hall, 1990.

Locke, EA, and Latham, GP. Building a practically useful theory of goal setting and task motivation: A 35-year odyssey. *American Psychologist* 57:705, 2002.

Macnamara, BN, Moreau, D, and Hambrick, DZ. The relationship between deliberate practice and performance in sports: A meta-analysis. *Perspectives on Psychological Science* 11:333-350, 2016.

Magill, R, and Anderson, D. Augmented feedback. In *Motor Learning and Control: Concepts and Applications.* 11th ed. New York: McGraw-Hill Education, 2017.

McVay, JC, and Kane, MJ. Why does working memory capacity predict variation in reading comprehension? On the influence of mind wandering and executive attention. *Journal of Experimental Psychology: General* 141:302, 2012.

Menon, V, and Uddin, LQ. Saliency, switching, attention and control: A network model of insula function. *Brain Structure and Function* 214:655-667, 2010.

Mooneyham, BW, and Schooler, JW. The costs and benefits of mind-wandering: A review. *Canadian Journal of Experimental Psychology/Revue canadienne de psychologie expérimentale* 67:11, 2013.

Paus, T. Primate anterior cingulate cortex: Where motor control, drive and cognition interface. *Nature Reviews Neuroscience* 2:417, 2001.

Petersen, SE, and Posner, MI. The attention system of the human brain: 20 years after. *Annual Review of Neuroscience* 35:73-89, 2012.

Posner, MI. *Attention in a Social World.* United Kingdom: Oxford University Press, 2011.

Posner, MI, and Fan, J. Attention as an organ system. *Topics in Integrative Neuroscience* 31-61, 2008.

Posner, MI, and Rothbart, MK. Research on attention networks as a model for the integration of psychological science. *Annual Review of Psychology* 58:1-23, 2007.

Ptak, R. The frontoparietal attention network of the human brain: Action, saliency, and a priority map of the environment. *The Neuroscientist* 18:502-515, 2012.

Raichle, ME. The brain's default mode network. *Annual Review of Neuroscience* 38:433-447, 2015.

Raichle, ME, MacLeod, AM, Snyder, AZ, Powers, WJ, Gusnard, DA, and Shulman, GL. A default mode of brain function. *Proceedings of the National Academy of Sciences* 98:676-682, 2001.

Raichle, ME, and Mintun, MA. Brain work and brain imaging. *Annual Review of Neuroscience* 29:449-476, 2006.

Randall, JG, Oswald, FL, and Beier, ME. Mind-wandering, cognition, and performance: A theory-driven meta-analysis of attention regulation. *Psychological Bulletin* 140:1411, 2014.

Smallwood, J, and Schooler, JW. The restless mind. *Psychological Bulletin* 132:946, 2006.

Sridharan, D, Levitin, DJ, and Menon, V. A critical role for the right fronto-insular cortex in switching between central-executive and default-mode networks. *Proceedings of the National Academy of Sciences* 105:12569-12574, 2008.

Tucker, R, and Collins, M. What makes champions? A review of the relative contribution of genes and training to sporting success. *British Journal of Sports Medicine* 46:555-561, 2012.

Uddin, LQ. Salience processing and insular cortical function and dysfunction. *Nature Reviews Neuroscience* 16:55, 2015.

Unsworth, N, and McMillan, BD. Mind wandering and reading comprehension: Examining the roles of working memory capacity, interest, motivation, and topic experience. *Journal of Experimental Psychology: Learning, Memory, and Cognition* 39:832, 2013.

Ward, P, Hodges, NJ, Starkes, JL, and Williams, MA. The road to excellence: Deliberate practice and the development of expertise. *High Ability Studies* 18:119-153, 2007.

James, W. *The Principles of Psychology.* New York: Dover Publications, 1890.

Gladwell, M. *Outliers: The Story of Success.* United Kingdom: Hachette, 2008.

Damasio, A. *Descartes' Error: Emotion, Reason, and the Human Brain.* New York: Putnam, 1994.

第三章　記得當時

1. Adolphs, R, Cahill, L, Schul, R, and Babinsky, R. Impaired declarative memory for emotional material following bilateral amygdala damage in humans. *Learning & Memory* 4:291-300, 1997.
2. Akkal, D, Dum, RP, and Strick, PL. Supplementary motor area and presupplementary motor area: Targets of basal ganglia and cerebellar output. *Journal of Neuroscience* 27:10659-10673, 2007.
3. Atkinson, RC, and Shiffrin, RM. Human memory: A proposed system and its control processes. In *Psychology of Learning and Motivation*. Elsevier, 89-195, 1968.
4. Baddeley, A. The episodic buffer: A new component of working memory? *Trends in Cognitive Sciences* 4:417-423, 2000.
5. Baddeley, A. Working memory: Looking back and looking forward. *Nature Reviews Neuroscience* 4:829, 2003.
6. Baddeley, A. Working memory: Theories, models, and controversies. *Annual Review of Psychology* 63:1-29, 2012.
7. Baddeley, AD, and Hitch, G. Working memory. In *Psychology of Learning and Motivation*. Elsevier, 47-89, 1974.
8. Ballanger, B, Thobois, S, Baraduc, P, Turner, RS, Broussolle, E, and Desmurget, M. "Paradoxical kinesis" is not a hallmark of Parkinson's disease but a general property of the motor system. *Movement Disorders* 21:1490-1495, 2006.
9. Barclay, JR, Bransford, JD, Franks, JJ, McCarrell, NS, and Nitsch, K. Comprehension and semantic flexibility. *Journal of Verbal Learning and Verbal Behavior* 13:471-481, 1974.
10. Bergson, H. *Matter and Memory*. New York: Macmillan, 1911.
11. Biran, Md. *The Influence of Habit on the Faculty of Thinking*. Baltimore: Williams & Wilkins, 1929.
12. Bower, GH. Mood and memory. *American Psychologist* 36:129, 1981.
13. Boyd, LA, and Winstein, CJ. Cerebellar stroke impairs temporal but not spatial accuracy during implicit motor learning. *Neurorehabilitation and Neural Repair* 18:134-143, 2004.
14. Broadbent, DE. *Perception and Communication*. New York: Pergamon Press, 1958.
15. Buszard, T, Farrow, D, Verswijveren, S, Reid, M, Williams, J, Polman, R, Ling, FCM, and Masters, RSW. Working memory capacity limits motor learning when implementing multiple instruc- tions. *Front Psychol* 8:1350, 2017.
16. Cahill, L, Haier, RJ, Fallon, J, Alkire, MT, Tang, C, Keator, D, Wu, J, and Mcgaugh, JL. Amygdala activity at encoding correlated with long-term, free recall of emotional information. *Proceed- ings of the National Academy of Sciences* 93:8016-8021, 1996.
17. Cahill, L, Prins, B, Weber, M, and McGaugh, JL. \gb\-adrenergic activation and memory for emotional events. *Nature* 371:702, 1994.
18. Casasanto, D, and Dijkstra, K. Motor action and emotional memory. *Cognition* 115:179-185, 2010.
19. Cowan, N. Evolving conceptions of memory storage, selective attention, and their mutual constraints within the human information-processing system. *Psychological Bulletin* 104:163, 1988.
20. Cowan, N. The magical number 4 in short-term memory: A reconsideration of mental storage capacity. *The Behavioral and Brain Sciences* 24:87-185, 2001.
21. Cowan, N. The magical mystery four: How is working memory capacity limited, and why? *Current Directions in Psychological Science* 19:51-57, 2010.
22. Craik, FI, and Lockhart, RS. Levels of processing: A framework for memory research. *Journal of Verbal Learning and Verbal Behavior* 11:671-684, 1972.
23. Craik, FI, and Tulving, E. Depth of processing and the retention of words in episodic memory. *Journal of Experimental Psychology: General* 104:268, 1975.
24. Cushion, CJ, and Jones, R. A systematic observation of professional top-level youth soccer coaches. *Journal of Sport Behavior* 24:354, 2001.
25. DeLong, MR, and Wichmann, T. Circuits and circuit disorders of the basal ganglia. *Archives of Neurology* 64:20-24, 2007.
26. Dijkstra, K, Kaschak, MP, and Zwaan, RA. Body posture facilitates retrieval of autobiographical memories. *Cognition* 102:139-149, 2007.
27. Doyon, J, Bellec, P, Amsel, R, Penhune, V, Monchi, O, Carrier, J, Lehéricy, S, and Benali, H. Con- tributions of the basal ganglia and functionally related brain structures to motor learning.

Behavioural Brain Research 199:61-75, 2009.

28. Eichenbaum, H. *The Cognitive Neuroscience of Memory: An Introduction.* New York: Oxford University Press, 2011.

29. Eichenbaum, H. Two distinct stages of memory consolidation. In *The Cognitive Neuroscience of Memory: An Introduction.* New York: Oxford University Press, 317-350, 2011.

30. Elbert, T, Pantev, C, Wienbruch, C, Rockstroh, B, and Taub, E. Increased cortical representation of the fingers of the left hand in string players. *Science* 270:305-307, 1995.

31. Ford, PR, Yates, I, and Williams, AM. An analysis of practice activities and instructional behaviours used by youth soccer coaches during practice: Exploring the link between science and application. *Journal of Sports Sciences* 28:483-495, 2010.

32. Fried, I, Haggard, P, He, BJ, and Schurger, A. Volition and action in the human brain: processes, pathologies, and reasons. *Journal of Neuroscience* 37:10842-10847, 2017.

33. Fried, I, Katz, A, McCarthy, G, Sass, KJ, Williamson, P, Spencer, SS, and Spencer, DD. Functional organization of human supplementary motor cortex studied by electrical stimulation. *Journal of Neuroscience* 11:3656-3666, 1991.

34. Gaser, C, and Schlaug, G. Brain structures differ between musicians and non-musicians. *Journal of Neuroscience* 23:9240-9245, 2003.

35. Glickstein, M, and Stein, J. Paradoxical movement in Parkinson's disease. *Trends in Neurosciences* 14:480-482, 1991.

36. Haslinger, B, Erhard, P, Altenmüller, E, Hennenlotter, A, Schwaiger, M, Gräfin von Einsiedel, H, Rummeny, E, Conrad, B, and Ceballos Baumann, AO. Reduced recruitment of motor association areas during bimanual coordination in concert pianists. *Human Brain Mapping* 22:206-215, 2004.

37. Herculano-Houzel, S. The human brain in numbers: A linearly scaled-up primate brain. *Frontiers in Human Neuroscience* 3:31, 2009.

38. Isen, AM, Shalker, TE, Clark, M, and Karp, L. Affect, accessibility of material in memory, and behavior: A cognitive loop? *Journal of Personality and Social Psychology* 36:1, 1978.

39. Jahanshahi, M, Jenkins, IH, Brown, RG, Marsden, CD, Passingham, RE, and Brooks, DJ. Self-initiated versus externally triggered movements: I. An investigation using measurement of regional cerebral blood flow with PET and movement-related potentials in normal and Parkinson's disease subjects. *Brain* 118:913-933, 1995.

40. James, W. *The Principles of Psychology.* New York: Dover Publications, 1890.

41. Jenkins, IH, Jahanshahi, M, Jueptner, M, Passingham, RE, and Brooks, DJ. Self-initiated versus externally triggered movements: II. The effect of movement predictability on regional cerebral blood flow. *Brain* 123:1216-1228, 2000.

42. Kane, MJ, and Engle, RW. The role of prefrontal cortex in working-memory capacity, executive attention, and general fluid intelligence: An individual-differences perspective. *Psychonomic Bulletin & Review* 9:637-671, 2002.

43. LePort, AK, Mattfeld, AT, Dickinson-Anson, H, Fallon, JH, Stark, CE, Kruggel, F, Cahill, L, and McGaugh, JL. Behavioral and neuroanatomical investigation of highly superior autobiographi- cal memory (HSAM). *Neurobiology of Learning and Memory* 98:78-92, 2012.

44. Lim, I, van Wegen, E, de Goede, C, Deutekom, M, Nieuwboer, A, Willems, A, Jones, D, Rochester, L, and Kwakkel, G. Effects of external rhythmical cueing on gait in patients with Parkinson's disease: A systematic review. *Clinical Rehabilitation* 19:695-713, 2005.

45. Lisberger, SG, and Thach, WT. The cerebellum. In *Principles of Neural Science.* 5th ed. Kandel, ER, Schwartz, JH, Jessell, TM, Siegelbaum, SA, Hudspeth, AJ, eds. New York: McGraw-Hill, 2013.

46. Loukas, C, and Brown, P. Online prediction of self-paced hand-movements from subthalamic activity using neural networks in Parkinson's disease. *Journal of Neuroscience Methods* 137:193- 205, 2004.

47. Magill, RA, and Anderson, DI. Memory components, forgetting, and strategies. In *Motor Learning and Control: Concepts and Applications.* 11th ed. New York: McGraw-Hill Education, 2017.

48. Maguire, EA, Gadian, DG, Johnsrude, IS, Good, CD, Ashburner, J, Frackowiak, RS, and Frith, CD. Navigation-related structural change in the hippocampi of taxi drivers. *Proceedings of the National Academy of Sciences* 97:4398-4403, 2000.

49. Maguire, EA, Valentine, ER, Wilding, JM, and Kapur, N. Routes to remembering: The brains

Behind superior memory. *Nature Neuroscience* 6.90, 2003.

Manto, M, Bower, JM, Conforto, AB, Delgado-García, JM, da Guarda, SNF, Gerwig, M, Haba-C, Hagura, N, Ivry, RB, Mariën, P, Molinari, M, Naito, E, Nowak, DA, Ben Taib, NO, Pelisson, D, Tesche, CD, Tilikete, C, and Timmann, D. Consensus paper: Roles of the cerebellum in motor control—The diversity of ideas on cerebellar involvement in movement. *Cerebellum (London, England)* 11:457-487, 2012.

McGaugh, JL. Memory: A century of consolidation. *Science* 287:248-251, 2000.

McRobbie, LR. Total recall: The people who never forget. *The Guardian.* February 2017. www. theguardian.com/science/2017/feb/08/total-recall-the-people-who-never-forget.

Miller, EK, and Cohen, JD. An integrative theory of prefrontal cortex function. *Annual Review of Neuroscience* 24:167-202, 2001.

Milner, B, Corkin, S, and Teuber, H-L. Further analysis of the hippocampal amnesic syndrome: 14-year follow-up study of HM. *Neuropsychologia* 6:215-234, 1968.

Nachev, P, Wydell, H, O'Neill, K, Husain, M, and Kennard, C. The role of the pre-supplementary motor area in the control of action. *Neuroimage* 36:T155-T163, 2007.

Pessiglione, M, Seymour, B, Flandin, G, Dolan, RJ, and Frith, CD. Dopamine-dependent prediction errors underpin reward-seeking behaviour in humans. *Nature* 442:1042, 2006.

Potrac, P, Jones, R, and Cushion, C. Understanding power and the coach's role in professional English soccer: A preliminary investigation of coach behaviour. *Soccer & Society* 8:33-49, 2007.

Pulvermüller, F, Hauk, O, Nikulin, VV, and Ilmoniemi, RJ. Functional links between motor and language systems. *European Journal of Neuroscience* 21:793-797, 2005.

Rizzolatti, G, and Kalaska, JF. Voluntary movement: The parietal and premotor cortex. In *Principles of Neural Science.* 5th ed. Kandel, ER, Schwartz, JH, Jessell, TM, Siegelbaum, SA, Hudspeth, AJ, eds. New York: McGraw-Hill, 2013.

Rizzolatti, G, and Kalaska, JF. Voluntary movement: The primary motor cortex. In *Principles of Neural Science.* 5th ed. Kandel, ER, Schwartz, JH, Jessell, TM, Siegelbaum, SA, Hudspeth, AJ, eds. New York: McGraw-Hill, 2013.

Schacter, DL. Implicit memory: History and current status. *Journal of Experimental Psychology: Learning, Memory, and Cognition* 13:501, 1987.

Schacter, DL. The seven sins of memory: Insights from psychology and cognitive neuroscience. *American Psychologist* 54:182, 1999.

Schacter, DL, and Wagner, AW. Learning and memory. In *Principles of Neural Science.* 5th ed. Kandel, ER, Schwartz, JH, Jessell, TM, Siegelbaum, SA, Hudspeth, AJ, eds. New York: McGraw- Hill, 2013.

Schneider, D, Mertes, C, and Wascher, E. The time course of visuo-spatial working memory updating revealed by a retro-cuing paradigm. *Scientific Reports* 6:21442, 2016.

Scoville, WB, and Milner, B. Loss of recent memory after bilateral hippocampal lesions. *Journal of Neurology, Neurosurgery, and Psychiatry* 20:11, 1957.

Seidler, RD, Bo, J, and Anguera, JA. Neurocognitive contributions to motor skill learning: The role of working memory. *Journal of Motor Behavior* 44:445-453, 2012.

Squire, LR. The legacy of patient HM for neuroscience. *Neuron* 61:6-9, 2009.

Tulving, E. Episodic and semantic memory. In *Organisation of Memory.* Tulving, E, Donaldson, W, eds. New York: Academic Press, 1972.

Tulving, E. How many memory systems are there? *American Psychologist* 40:385, 1985.

Tulving, E, and Thomson, DM. Encoding specificity and retrieval processes in episodic memory. *Psychological Review* 80:352, 1973.

Vaidya, CJ, Zhao, M, Desmond, JE, and Gabrieli, JD. Evidence for cortical encoding specificity in episodic memory: Memory-induced re-activation of picture processing areas. *Neuropsychologia* 40:2136-2143, 2002.

Wichmann, T, and DeLong, MR. The basal ganglia. In *Principles of Neural Science.* 5th ed. Kandel, ER, Schwartz, JH, Jessell, TM, Siegelbaum, SA, Hudspeth, AJ, eds. New York: McGraw-Hill, 2013.

Wolpert, DM, and Flanagan, JR. Motor prediction. *Current Biology* 11:R729-R732, 2001.

Wu, T, Kansaku, K, and Hallett, M. How self-initiated memorized movements become automatic: A functional MRI study. *Journal of Neurophysiology* 91:1690-1698, 2004.

Hebb, DO. *The Organization of Behavior: A Neuropsychological Theory.* Mahwah, NJ: Lawrence

Erlbaum Associates, 2009.

5. Schacter, DL. The seven sins of memory: Insights from psychology and cognitive neuroscience. *American Psychologist* 54:182, 1999.

7. Miller, GA. The magical number seven, plus or minus two: Some limits on our capacity for processing information. *Psychological Review* 63:81, 1956.

8. Foer, J. *Moonwalking With Einstein: The Art and Science of Remembering Everything*. New York: Penguin, 2012.

9. Claparède, E. Recognition and "me-ness." In *Organization and Pathology of Thought*. Rapaport, D, ed. New York: Columbia University Press, 58-75, 1951.

0. Graf, P, and Schacter, DL. Implicit and explicit memory for new associations in normal and amnesic subjects. *Journal of Experimental Psychology: Learning, Memory, and Cognition* 11:501, 1985.

1. Schacter, DL. Implicit memory: History and current status. *Journal of Experimental Psychology: Learning, Memory, and Cognition* 13:501, 1987.

2. Eichenbaum, H. To cortex: Thanks for the memories. *Neuron* 19:481-484, 1997.

3. Soderstrom, NC, and Bjork, RA. Learning versus performance: An integrative review. *Perspectives on Psychological Science* 10:176-199, 2015.

4. Foer, J. Feats of memory anyone can do. February 2012. www.ted.com/talks/joshua_foer_feats_of_memory_anyone_can_do#t-88395.

5. Michael J Fox Parkinson's disease. April 2009. www.youtube.com/watch?v=ECkPVTZlfP8.

6. Wolpert, D. The real reason for brains. July 2011. www.ted.com/talks/daniel_wolpert_the_real_reason_for_brains.

第四章　找到焦點

Al-Abood, SA, Bennett, SJ, Hernandez, FM, Ashford, D, and Davids, K. Effect of verbal instructions and image size on visual search strategies in basketball free throw shooting. *Journal of Sports Sciences* 20:271-278, 2002.

An, J, Wulf, G, and Kim, S. Increased carry distance and X-factor stretch in golf through an external focus of attention. *Journal of Motor Learning and Development* 1:2-11, 2013.

Andrieux, M, and Proteau, L. Observation learning of a motor task: Who and when? *Experimental Brain Research* 229:125-137, 2013.

Andrieux, M, and Proteau, L. Mixed observation favors motor learning through better estimation of the model's performance. *Experimental Brain Research* 232:3121-3132, 2014.

Baumeister, RF. Choking under pressure: Self-consciousness and paradoxical effects of incentives on skillful performance. *Journal of Personality and Social Psychology* 46:610, 1984.

Beck, EN, Intzandt, BN, and Almeida, QJ. Can dual task walking improve in Parkinson's disease after external focus of attention exercise? A single blind randomized controlled trial. *Neurorehabilitation and Neural Repair* 32:18-33, 2018.

Becker, KA, and Smith, PJ. Attentional focus effects in standing long jump performance: Influence of a broad and narrow internal focus. *Journal of Strength & Conditioning Research* 29:1780-1783, 2015.

Beilock, S. *Choke: What the Secrets of the Brain Reveal About Getting It Right When You Have To.* New York: Simon and Schuster, 2010.

Beilock, SL, and Carr, TH. On the fragility of skilled performance: What governs choking under pressure? *Journal of Experimental Psychology: General* 130:701-725, 2001.

0. Beilock, SL, Carr, TH, MacMahon, C, and Starkes, JL. When paying attention becomes counterproductive: Impact of divided versus skill-focused attention on novice and experienced performance of sensorimotor skills. *Journal of Experimental Psychology: Applied* 8:6-16, 2002.

1. Beilock, SL, and Gray, R. From attentional control to attentional spillover: A skill-level investigation of attention, movement, and performance outcomes. *Human Movement Science* 31:1473-1499, 2012.

2. Benjaminse, A, Otten, B, Gokeler, A, Diercks, RL, and Lemmink, KA. Motor learning strategies in basketball players and its implications for ACL injury prevention: A randomized controlled trial. *Knee Surgery, Sports Traumatology, Arthroscopy* 1-12, 2015.

3. Benjaminse, A, Welling, W, Otten, B, and Gokeler, A. Transfer of improved movement tech-

Bernstein, NA. *The Coordination and Regulation of Movements.* New York: Pergamon Press, 1967.

Castaneda, B, and Gray, R. Effects of focus of attention on baseball batting performance in players of differing skill levels. *Journal of Sport and Exercise Psychology* 29:60-77, 2007.

Christina, R, and Alpenfels, E. Influence of attentional focus on learning a swing path change. *International Journal of Golf Science* 3:35-49, 2014.

Coker, C. Combining attentional focus strategies: Effects and adherence. *Physical Educator* 76:98-109, 2019.

DeCaro, MS, Thomas, RD, Albert, NB, and Beilock, SL. Choking under pressure: Multiple routes to skill failure. *Journal of Experimental Psychology: General* 140:390-406, 2011.

Diekfuss, JA, and Raisbeck, LD. Focus of attention and instructional feedback from NCAA division 1 collegiate coaches. *Journal of Motor Learning and Development* 4:262-273, 2016.

Fietzer, AL, Winstein, CJ, and Kulig, K. Changing one's focus of attention alters the structure of movement variability. *Human Movement Science* 62:14-24, 2018.

Fitts, PM, and Posner, MI. *Human Performance.* Belmont, CA: Brooks/Cole, 1967.

Ford, P, Hodges, NJ, and Mark Williams, A. An evaluation of end-point trajectory planning during skilled kicking. *Motor Control* 13:1-24, 2009.

Freudenheim, AM, Wulf, G, Madureira, F, Pasetto, SC, and Corrêa, UC. An external focus of attention results in greater swimming speed. *International Journal of Sports Science and Coaching* 5:533-542, 2010.

Gokeler, A, Benjaminse, A, Welling, W, Alferink, M, Eppinga, P, and Otten, B. The effects of attentional focus on jump performance and knee joint kinematics in patients after ACL reconstruction. *Physical Therapy in Sport* 16:114-120, 2015.

Gokeler, A, Neuhaus, D, Benjaminse, A, Grooms, DR, and Baumeister, J. Principles of motor learning to support neuroplasticity after ACL injury: Implications for optimizing performance and reducing risk of second ACL injury. *Sports Medicine* 49:853-865, 2019.

Gray, R. Attending to the execution of a complex sensorimotor skill: Expertise differences, choking, and slumps. *Journal of Experimental Psychology: Applied* 10:42-54, 2004.

Gray, R. Transfer of training from virtual to real baseball batting. *Frontiers in Psychology* 8:2183, 2017.

Gray, R. Comparing cueing and constraints interventions for increasing launch angle in baseball batting. *Sport, Exercise, and Performance Psychology* 7:318, 2018.

Guss-West, C, and Wulf, G. Attentional focus in classical ballet: A survey of professional dancers. *Journal of Dance Medicine & Science* 20:23-29, 2016.

Halperin, I, Chapman, DW, Martin, DT, Abbiss, C, and Wulf, G. Coaching cues in amateur boxing: An analysis of ringside feedback provided between rounds of competition. *Psychology of Sport and Exercise* 25:44-50, 2016.

Hitchcock, DR, and Sherwood, DE. Effects of changing the focus of attention on accuracy, acceleration, and electromyography in dart throwing. *International Journal of Exercise Science* 11:1120-1135, 2018.

Hodges, N, and Williams, AM. *Skill Acquisition in Sport: Research, Theory and Practice.* New York: Routledge, 2012.

Hommel, B, Müsseler, J, Aschersleben, G, and Prinz, W. The theory of event coding (TEC): A framework for perception and action planning. *Behavioral and Brain Sciences* 24:849-878, 2001.

Ille, A, Selin, I, Do, MC, and Thon, B. Attentional focus effects on sprint start performance as a function of skill level. *Journal of Sports Sciences* 31:1705-1712, 2013.

Jeannerod, M. The representing brain: Neural correlates of motor intention and imagery. *Behavioral and Brain Sciences* 17:187-202, 1994.

Kim, T, Díaz, JJ, and Chen, J. The effect of attentional focus in balancing tasks: A systematic review with meta-analysis. *Journal of Human Sport and Exercise* 12:463-479, 2017.

Komar, J, Chow, J-Y, Chollet, D, and Seifert, L. Effect of analogy instructions with an internal focus on learning a complex motor skill. *Journal of Applied Sport Psychology* 26:17-32, 2014.

Lee, DN, Lishman, JR, and Thomson, JA. Regulation of gait in long jumping. *Journal of Experimental Psychology: Human Perception and Performance* 8:448, 1982.

cal stress. *Journal of Sport & Exercise Psychology* 24:289-305, 2002.

Lohse, K, Wadden, K, Boyd, L, and Hodges, N. Motor skill acquisition across short and lo time scales: A meta-analysis of neuroimaging data. *Neuropsychologia* 59:130-141, 2014.

Lohse, KR, Jones, M, Healy, AF, and Sherwood, DE. The role of attention in motor contr *Journal of Experimental Psychology: General* 143:930-948, 2014.

Lohse, KR, Sherwood, DE, and Healy, AF. How changing the focus of attention affects perfo nance, kinematics, and electromyography in dart throwing. *Human Movement Science* 29:54 555, 2010.

Marchant, DC, Greig, M, and Scott, C. Attentional focusing instructions influence force produ ion and muscular activity during isokinetic elbow flexions. *Journal of Strength & Conditioni Research* 23:2358-2366, 2009.

Masters, RS. Knowledge, knerves and know how: The role of explicit versus implicit knowledg n the breakdown of a complex motor skill under pressure. *British Journal of Psychology* 83:34 358, 1992.

Maurer, H, and Munzert, J. Influence of attentional focus on skilled motor performance: Pe formance decrement under unfamiliar focus conditions. *Human Movement Science* 32:730-74 2013.

Miles, GF. Thinking outside the block: External focus of attention shortens reaction times collegiate track sprinters. In *College of Science and Health Human Performance*. La Cross Uni- versity of Wisconsin, 2018.

Muller, H, and Loosch, E. Functional variability and an equifinal path of movement during ta geted throwing. *Journal of Human Movement Studies* 36:103-126, 1999.

Ong, NT, Bowcock, A, and Hodges, NJ. Manipulations to the timing and type of instructions examine motor skill performance under pressure. *Frontiers in Psychology* 1:1-13, 2010.

Park, SH, Yi, CW, Shin, JY, and Ryu, YU. Effects of external focus of attention on balance: short review. *Journal of Physical Therapy Science* 27:3929-3931, 2015.

Parr, R, and Button, C. End-point focus of attention: Learning the "catch" in rowing. *Interna ional Journal of Sport Psychology* 40:616-635, 2009.

Porter, JM, Wu, W, and Partridge, J. Focus of attention and verbal instructions: Strategies elite track and field coaches and athletes. *Sport Science Review* XIX:199-211, 2010.

Prinz, W. Perception and action planning. *European Journal of Cognitive Psychology* 9:129-15 997.

Raisbeck, LD, Suss, J, Diekfuss, JA, Petushek, E, and Ward, P. Skill-based changes in moto performance from attentional focus manipulations: A kinematic analysis. *Ergonomics* 59:941 949, 2016.

Redgrave, P, Rodriguez, M, Smith, Y, Rodriguez-Oroz, MC, Lehericy, S, Bergman, H, Agid, Y DeLong, MR, and Obeso, JA. Goal-directed and habitual control in the basal ganglia: Implica ions for Parkinson's disease. *Nature Reviews: Neuroscience* 11:760-772, 2010.

Rocha, PA, Porfirio, GM, Ferraz, HB, and Trevisani, VF. Effects of external cues on gait param eters of Parkinson's disease patients: A systematic review. *Clinical Neurology and Neurosurger* 24:127-134, 2014.

Rohbanfard, H, and Proteau, L. Learning through observation: A combination of expert and novice models favors learning. *Experimental Brain Research* 215:183-197, 2011.

Schorer, J, Baker, J, Fath, F, and Jaitner, T. Identification of interindividual and intraindividua movement patterns in handball players of varying expertise levels. *Journal of Motor Behavio* 39:409-421, 2007.

Schutts, KS, Wu, WFW, Vidal, AD, Hiegel, J, and Becker, J. Does focus of attention improv snatch lift kinematics? *Journal of Strength & Conditioning Research* 31:2758-2764, 2017.

Scott, MA, Li, F-X, and Davids, K. Expertise and the regulation of gait in the approach phase o he long jump. *Journal of Sports Sciences* 15:597-605, 1997.

Shea, CH, and Wulf, G. Enhancing motor learning through external-focus instructions and eedback. *Human Movement Science* 18:553-571, 1999.

Spaulding, SJ, Barber, B, Colby, M, Cormack, B, Mick, T, and Jenkins, ME. Cueing and gai mprovement among people with Parkinson's disease: A meta-analysis. *Archives of Physical Medicine and Rehabilitation* 94:562-570, 2013.

mance? *International Journal of Sports Science and Coaching* 6:99-108, 2011.

63. Vance, J, Wulf, G, Tollner, T, McNevin, N, and Mercer, J. EMG activity as a function of the performer's focus of attention. *Journal of Motor Behavior* 36:450-459, 2004.

64. Vereijken, B, Emmerik, REv, Whiting, H, and Newell, KM. Free(z)ing degrees of freedom in skill acquisition. *Journal of Motor Behavior* 24:133-142, 1992.

65. Vidal, A, Wu, W, Nakajima, M, and Becker, J. Investigating the constrained action hypothesis: A movement coordination and coordination variability approach. *Journal of Motor Behavior* 1-10, 2017.

66. Weiss, SM, Reber, AS, and Owen, DR. The locus of focus: The effect of switching from a preferred to a non-preferred focus of attention. *Journal of Sports Sciences* 26:1049-1057, 2008.

67. Wolpert, DM, Ghahramani, Z, and Jordan, MI. An internal model for sensorimotor integration. *Science* 269:1880-1882, 1995.

68. Wulf, G, and Dufek, JS. Increased jump height with an external focus due to enhanced lower extremity joint kinetics. *Journal of Motor Behavior* 41:401-409, 2009.

69. Wulf, G, Dufek, JS, Lozano, L, and Pettigrew, C. Increased jump height and reduced EMG activity with an external focus. *Human Movement Science* 29:440-448, 2010.

70. Wulf, G, Lauterbach, B, and Toole, T. The learning advantages of an external focus of attention in golf. *Research Quarterly for Exercise and Sport* 70:120-126, 1999.

71. Wulf, G, and Lewthwaite, R. Effortless motor learning? An external focus of attention enhances movement effectiveness and efficiency. In *Effortless Attention: A New Perspective in Attention and Action*. Bruya, B, ed. Cambridge, MA: MIT Press, 75-101, 2010.

72. Wulf, G, and Lewthwaite, R. Optimizing performance through intrinsic motivation and attention for learning: The OPTIMAL theory of motor learning. *Psychonomic Bulletin & Review* 23:1382- 1414, 2016.

73. Wulf, G, McConnel, N, Gartner, M, and Schwarz, A. Enhancing the learning of sport skills through external-focus feedback. *Journal of Motor Behavior* 34:171-182, 2002.

74. Wulf, G, McNevin, N, and Shea, CH. The automaticity of complex motor skill learning as a function of attentional focus. *The Quarterly Journal of Experimental Psychology* 54:1143-1154, 2001.

75. Wulf, G, McNevin, NH, Fuchs, T, Ritter, F, and Toole, T. Attentional focus in complex skill learning. *Research Quarterly for Exercise and Sport* 71:229-239, 2000.

76. Wulf, G, Shea, C, and Park, JH. Attention and motor performance: Preferences for and advantages of an external focus. *Research Quarterly for Exercise and Sport* 72:335-344, 2001.

77. Zachry, T, Wulf, G, Mercer, J, and Bezodis, N. Increased movement accuracy and reduced EMG activity as the result of adopting an external focus of attention. *Brain Research Bulletin* 67:304- 309, 2005.

78. Gallwey, TW. *The Inner Game of Tennis: The Classic Guide to the Mental Side of Peak Performance*. New York: Random House, 2010.

79. Chater, N. *The Mind Is Flat: The Remarkable Shallowness of the Improvising Brain*. New Haven, CT: Yale University Press, 2018.

80. Wulf, G. *Attention and Motor Skill Learning*. Champaign, IL: Human Kinetics, 2007.

81. Bijl, P. 10 step plan to the perfect power gybe. January 2016. http://pieterbijlwindsurfing.com/tutorialpowergybe.

82. Wulf, G, Hoss, M, and Prinz, W. Instructions for motor learning: Differential effects of internal versus external focus of attention. *Journal of Motor Behavior* 30:169-179, 1998.

83. James, W. *The Principles of Psychology*, Vol. 2. New York: Henry Holt and Company, 1890.

84. Stock, A, and Stock, C. A short history of ideo-motor action. *Psychological Research* 68:176-188, 2004.

85. Wulf, G, McNevin, N, and Shea, CH. The automaticity of complex motor skill learning as a function of attentional focus. *The Quarterly Journal of Experimental Psychology* 54:1143-1154, 2001.

86. Castaneda, B, and Gray, R. Effects of focus of attention on baseball batting performance in players of differing skill levels. *Journal of Sport and Exercise Psychology* 29:60-77, 2007.

87. Liao, C-M, and Masters, RS. Analogy learning: A means to implicit motor learning. *Journal of Sports Sciences* 19(5):307-319, 2001.

88. Lam, WK., Maxwell, JP., and Masters, RSW. Analogy versus explicit learning of a modified

basketball shooting task: Performance and kinematic outcomes. *Journal of Sports Sciences* 27(2):179-191, 2009.

89. Choosing music over meds, one man's quest to retrain his brain to overcome dystonia. *Globe and Mail*. https://youtu.be/IpcXkV_ex8Y.

90. Beilock, SL. Why we choke under pressure—and how to avoid it. November 2017. www.ted. com/talks/sian_leah_beilock_why_we_choke_under_pressure_and_how_to_avoid_ it?language=en.

91. Wulf, G. Attentional focus and motor learning: A review of 15 years. *International Review of Sport and Exercise Psychology* 6(1):77-104, 2013.

92. McNevin, NH, Shea, CH, and Wulf, G. Increasing the distance of an external focus of attention enhances learning. *Psychological Research* 67:22-29, 2003.

93. Bernstein, NA. *The Coordination and Regulation of Movements*. New York: Pergamon Press, 1967.

第五章　下提示

1. Abdollahipour, R, Wulf, G, Psotta, R, and Palomo Nieto, M. Performance of gymnastics skill benefits from an external focus of attention. *Journal of Sports Sciences* 1-7, 2015.

2. Becker, KA, Georges, AF, and Aiken, CA. Considering a holistic focus of attention as an alternative to an external focus. *Journal of Motor Learning and Development* 1-10, 2018.

3. Beilock, SL, Carr, TH, MacMahon, C, and Starkes, JL. When paying attention becomes counterproductive: Impact of divided versus skill-focused attention on novice and experienced performance of sensorimotor skills. *Journal of Experimental Psychology: Applied* 8:6-16, 2002.

4. Bredin, SS, Dickson, DB, and Warburton, DE. Effects of varying attentional focus on health-related physical fitness performance. *Applied Physiology, Nutrition, and Metabolism* 38:161-168, 2013.

5. Calatayud, J, Vinstrup, J, Jakobsen, MD, Sundstrup, E, Brandt, M, Jay, K, Colado, JC, and Andersen, LL. Importance of mind-muscle connection during progressive resistance training. *European Journal of Applied Physiology* 116:527-533, 2016.

6. Calatayud, J, Vinstrup, J, Jakobsen, MD, Sundstrup, E, Colado, JC, and Andersen, LL. Mind-muscle connection training principle: Influence of muscle strength and training experience during a pushing movement. *European Journal of Applied Physiology* 117:1445-1452, 2017.

7. Calatayud, J, Vinstrup, J, Jakobsen, MD, Sundstrup, E, Colado, JC, and Andersen, LL. Influence of different attentional focus on EMG amplitude and contraction duration during the bench press at different speeds. *Journal of Sports Science* 36:1162-1166, 2018.

8. Castaneda, B, and Gray, R. Effects of focus of attention on baseball batting performance in players of differing skill levels. *Journal of Sport and Exercise Psychology* 29:60-77, 2007.

9. Coker, C. Optimizing external focus of attention Instructions: The role of attainability. *Journal of Motor Learning and Development* 4:116-125, 2016.

10. Corbin, JC, Reyna, VF, Weldon, RB, and Brainerd, CJ. How reasoning, judgment, and decision making are colored by gist-based intuition: A fuzzy-trace theory approach. *Journal of Applied Research in Memory and Cognition* 4:344-355, 2015.

11. Couvillion, KF, and Fairbrother, JT. Expert and novice performers respond differently to attentional focus cues for speed jump roping. *Frontiers in Psychology* 9:2370, 2018.

12. De Giorgio, A, Sellami, M, Kuvacic, G, Lawrence, G, Padulo, J, Mingardi, M, and Mainolfi, L. Enhancing motor learning of young soccer players through preventing an internal focus of attention: The effect of shoes colour. *PloS One* 13:e0200689, 2018.

13. Ducharme, SW, Wu, WF, Lim, K, Porter, JM, and Geraldo, F. Standing long jump performance with an external focus of attention is improved as a result of a more effective projection angle. *Journal of Strength & Conditioning Research* 30:276-281, 2016.

14. Gokeler, A, Benjaminse, A, Welling, W, Alferink, M, Eppinga, P, and Otten, B. The effects of attentional focus on jump performance and knee joint kinematics in patients after ACL reconstruction. *Physical Therapy in Sport* 16:114-120, 2015.

15. Halperin, I, Williams, KJ, Martin, DT, and Chapman, DW. The effects of attentional focusing instructions on force production during the isometric mid-thigh pull. *Journal of Strength & Conditioning Research* 30:919-923, 2016.

16. Ille, A, Selin, I, Do, MC, and Thon, B. Attentional focus effects on sprint start performance as a

function of skill level. *Journal of Sports Sciences* 31:1705-1712, 2013.

17. Marchant, DC, Greig, M, Bullough, J, and Hitchen, D. Instructions to adopt an external focus enhance muscular endurance. *Research Quarterly for Exercise and Sport* 82:466-473, 2011.

18. Marchant, DC, Greig, M, and Scott, C. Attentional focusing instructions influence force production and muscular activity during isokinetic elbow flexions. *Journal of Strength & Conditioning Research* 23:2358-2366, 2009.

19. McNevin, NH, Shea, CH, and Wulf, G. Increasing the distance of an external focus of attention enhances learning. *Psychological Research* 67:22-29, 2003.

20. Perkins-Ceccato, N, Passmore, SR, and Lee, TD. Effects of focus of attention depend on golfers' skill. *Journal of Sports Sciences* 21:593-600, 2003.

21. Porter, JM, Anton, PM, Wikoff, NM, and Ostrowski, JB. Instructing skilled athletes to focus their attention externally at greater distances enhances jumping performance. *Journal of Strength & Conditioning Research* 27:2073-2078, 2013.

22. Porter, JM, Anton, PM, and Wu, WF. Increasing the distance of an external focus of attention enhances standing long jump performance. *Journal of Strength & Conditioning Research* 26:2389- 2393, 2012.

23. Read, K, Macauley, M, and Furay, E. The Seuss boost: Rhyme helps children retain words from shared storybook reading. *First Language* 34:354-371, 2014.

24. Schoenfeld, BJ, and Contreras, B. Attentional focus for maximizing muscle development: The mind-muscle connection. *Strength & Conditioning Journal*, 2016.

25. Schutts, KS, Wu, WFW, Vidal, AD, Hiegel, J, and Becker, J. Does focus of attention improve snatch lift kinematics? *Journal of Strength & Conditioning Research* 31:2758-2764, 2017.

26. Stins, JF, Marmolejo-Ramos, F, Hulzinga, F, Wenker, E, and Canal-Bruland, R. Words that move us: The effects of sentences on body sway. *Advances in Cognitive Psychology* 13:156-165, 2017.

27. Vance, J, Wulf, G, Tollner, T, McNevin, N, and Mercer, J. EMG activity as a function of the performer's focus of attention. *Journal of Motor Behavior* 36:450-459, 2004.

28. Winkelman, N. Theoretical and practical applications for functional hypertrophy: Development of an off-season strategy for the intermediate to advanced athlete. *Professional Strength & Conditioning* 16, 2009.

29. Wulf, G. Attentional focus effects in balance acrobats. *Research Quarterly for Exercise and Sport* 79:319-325, 2008.

30. Wulf, G, and Su, J. An external focus of attention enhances golf shot accuracy in beginners and experts. *Research Quarterly for Exercise and Sport* 78:384-389, 2007.

31. Winkelman, NC. Attentional focus and cueing for speed development. *Strength & Conditioning Journal* 40:13-25, 2018.

32. Bell, JJ, and Hardy, J. Effects of attentional focus on skilled performance in golf. *Journal of Applied Sport Psychology* 21:163-177, 2009.

33. Porter, JM, Ostrowski, EJ, Nolan, RP, and Wu, WF. Standing long-jump performance is enhanced when using an external focus of attention. *Journal of Strength & Conditioning Research* 24:1746- 1750, 2010.

34. Pulvermüller video, August 2016. http://serious-science.org/neuropragmatics-and-language-5989

35. Pulvermüller, F, Härle, M, and Hummel, F. Walking or talking? Behavioral and neurophysiological correlates of action verb processing. *Brain and Language* 78:143-168, 2001.

36. Pulvermüller, F, Härle, M, and Hummel, F. Walking or talking? Behavioral and neurophysiological correlates of action verb processing. *Brain and Language* 78:143-168, 2001.

37. Raposo, A, Moss, HE, Stamatakis, EA, and Tyler, LK. Modulation of motor and premotor cortices by actions, action words and action sentences. *Neuropsychologia* 47:388-396, 2009.

38. van Dam, WO, Rueschemeyer, SA, and Bekkering, H. How specifically are action verbs represented in the neural motor system: An fMRI study. *Neuroimage* 53:1318-1325, 2010.

39. Boulenger, V, Roy, AC, Paulignan, Y, Deprez, V, Jeannerod, M, and Nazir, TA. Cross-talk between language processes and overt motor behavior in the first 200 msec of processing. *Journal of Cognitive Neuroscience* 18:1607-1615, 2006.

40. Boulenger, V, Silber, BY, Roy, AC, Paulignan, Y, Jeannerod, M, and Nazir, TA. Subliminal display of action words interferes with motor planning: A combined EEG and kinematic study.

Journal of Physiology–Paris 102:130-136, 2008.

41. Frak, V, Nazir, T, Goyette, M, Cohen, H, and Jeannerod, M. Grip force is part of the semantic representation of manual action verbs. *PLoS One* 5:e9728, 2010.

42. Aravena, P, Delevoye-Turrell, Y, Deprez, V, Cheylus, A, Paulignan, Y, Frak, V, and Nazir, T. Grip force reveals the context sensitivity of language-induced motor activity during "action words" processing: Evidence from sentential negation. *PLoS One* 7:e50287, 2012.

43. Becker, J, and Wu, WF. Integrating biomechanical and motor control principles in elite high jumpers: A transdisciplinary approach to enhancing sport performance. *Journal of Sport and Health Science* 4:341-346, 2015.

44. Schoenfeld, BJ, Vigotsky, A, Contreras, B, Golden, S, Alto, A, Larson, R, Winkelman, N, and Paoli, Differential effects of attentional focus strategies during long-term resistance training. *European Journal of Sport Science* 18:705-712, 2018.

45. Winkelman, NC, Clark, KP, and Ryan, LJ. Experience level influences the effect of attentional focus on sprint performance. *Human Movement Science* 52:84-95, 2017.

46. MacPherson, A, Collins, D, and Morriss, C. Is what you think what you get? Optimizing mental focus for technical performance. *The Sport Psychologist* 22:288-303, 2008.

第六章　做類比

1. Arendt, H. *Men in Dark Times.* San Diego, Houghton Mifflin Harcourt, 1968.

2. Beilock, SL, Lyons, IM, Mattarella-Micke, A, Nusbaum, HC, and Small, SL. Sports experience changes the neural processing of action language. *Proceedings of the National Academy of Sciences* 105:13269-13273, 2008.

3. Bergen, BK. *Louder Than Words: The New Science of How the Mind Makes Meaning.* New York: Basic Books, 2012.

4. Borreggine, KL, and Kaschak, MP. The action–sentence compatibility effect: It's all in the timing. *Cognitive Science* 30:1097-1112, 2006.

5. Bowdle, BF, and Gentner, D. The career of metaphor. *Psychological Review* 112:193, 2005.

6. Calvo-Merino, B, Glaser, DE, Grèzes, J, Passingham, RE, and Haggard, P. Action observation and acquired motor skills: An FMRI study with expert dancers. *Cerebral Cortex* 15:1243-1249, 2005.

7. Calvo-Merino, B, Grèzes, J, Glaser, DE, Passingham, RE, and Haggard, P. Seeing or doing? Influence of visual and motor familiarity in action observation. *Current Biology* 16:1905-1910, 2006.

8. Geary, J. *I Is an Other: The Secret Life of Metaphor and How It Shapes the Way We See the World.* New York: HarperCollins, 2011.

9. Gentner, D. Why nouns are learned before verbs: Linguistic relativity versus natural partitioning. *Center for the Study of Reading Technical Report* 257, 1982.

10. Glenberg, AM, and Kaschak, MP. Grounding language in action. *Psychonomic Bulletin & Review* 9:558-565, 2002.

11. Graesser, A, Mio, J, and Millis, K. Metaphors in persuasive communication. In *Comprehension and Literary Discourse: Results and Problems of Interdisciplinary Approaches* Meutsch, D, Viehoff, R, eds. Berlin: De Gruyter, 131-154, 1989.

12. Hofstadter, D, and Sander, E. *Surfaces and essences: Analogy as the fuel and fire of thinking.* Basic Books, 2013.

13. Holt, LE, and Beilock, SL. Expertise and its embodiment: Examining the impact of sensorimotor skill expertise on the representation of action-related text. *Psychonomic Bulletin & Review* 13:694-701, 2006.

14. Liao, C-M, and Masters, RS. Analogy learning: A means to implicit motor learning. *Journal of Sports Sciences* 19:307-319, 2001.

15. Pollio, HR, Barlow, JM, Fine, HJ, and Pollio, MR. *Psychology and the Poetics of Growth: Figurative Language in Psychology, Psychotherapy, and Education.* Hillsdale, NJ: Erlbaum, 1977.

16. Poolton, JM, Masters, RS, and Maxwell, JP. The development of a culturally appropriate analogy for implicit motor learning in a Chinese population. *Sport Psychologist* 21:375-382, 2007.

17. Poolton, JM, Masters, RSW, and Maxwell, JP. Analogy learning as a chunking mechanism. In *Hong Kong Student Conference in Sport Medicine, Rehabilitation, & Exercise Science.* Hong Kong, 2003.

19. Stanfield, RA, and Zwaan, RA. The effect of implied orientation derived from verbal context on picture recognition. *Psychological Science* 12:153-156, 2001.
19. Zwaan, RA, Stanfield, RA, and Yaxley, RH. Language comprehenders mentally represent the shapes of objects. *Psychological Science* 13:168-171, 2002.
20. Piaget, J, and Inhelder, B. *The Psychology of the Child*. New York: Basic Books, 2000.
21. Gentner, D. Structure-mapping: A theoretical framework for analogy. *Cognitive Science* 7:155-170, 1983.

第七章　道路地圖

1. Clear, J. *Atomic Habits: An Easy & Proven Way to Build Good Habits & Break Bad Ones*. New York: Penguin Random House, 2018.
2. Duhigg, C. *The Power of Habit: Why We Do What We Do in Life and Business*. New York: Random House, 2014.

生活風格　FJ1075

教練的語言學

動作教學指導的藝術與科學，從實證研究教你如何透過精準提示大幅提升運動表現
The Language of Coaching: The Art & Science of Teaching Movement

作　　　者	尼克・溫克爾曼（Nick Winkelman）
譯　　　者	吳妍儀
審 訂 者	江杰穎
責 任 編 輯	謝至平
行 銷 企 畫	陳彩玉、林詩玟、陳紫晴、林佩瑜、葉晉源
封 面 設 計	陳文德

發 行 人	涂玉雲
編 輯 總 監	劉麗真
出　　　版	臉譜出版
	城邦文化事業股份有限公司
	臺北市中山區民生東路二段141號5樓
	電話：886-2-25007696　傳真：886-2-25001952
發　　　行	英屬蓋曼群島商家庭傳媒股份有限公司城邦分公司
	臺北市中山區民生東路二段141號11樓
	客服專線：02-25007718；25007719
	24小時傳真專線：02-25001990；25001991
	服務時間：週一至週五上午09:30-12:00；下午13:30-17:00
	劃撥帳號：19863813　戶名：書虫股份有限公司
	讀者服務信箱：service@readingclub.com.tw
	城邦網址：http://www.cite.com.tw
香港發行所	城邦（香港）出版集團有限公司
	香港灣仔駱克道193號東超商業中心1樓
	電話：852-25086231　傳真：852-25789337
新馬發行所	城邦（新、馬）出版集團
	Cite（M）Sdn. Bhd.（458372U）
	41, Jalan Radin Anum, Bandar Baru Sri Petaling,
	57000 Kuala Lumpur, MalaysFia.
	電話：603-90563833　傳真：603-90576622
	電子信箱：services@cite.my

一 版 一 刷　2023年3月

城邦讀書花園
www.cite.com.tw

ISBN 978-626-315-224-3（紙本書）
ISBN 978-626-315-222-9（EPUB）

售　價　NT$ 990

版權所有・翻印必究
（本書如有缺頁、破損、倒裝，請寄回更換）

國家圖書館出版品預行編目資料

教練的語言學：動作技巧教學的藝術與科學, 從實
證研究教你如何透過精準提示大幅提升運動表現
／尼克・溫克爾曼（Nick Winkelman）著；吳妍
儀譯. -- 一版. -- 臺北市：臉譜出版：英屬蓋曼群
島商家庭傳媒股份有限公司城邦分公司發行,
2023.03
　面；　　公分. --（生活風格；FJ1075）
譯自：The language of coaching : the art & science
　　　of teaching movement.
ISBN 978-626-315-224-3（平裝）

1. CST：教練　2. CST：運動教學　3. CST：運動訓練

528.915　　　　　　　　　　　　　111018547